博士文库

中国广告学术史
（1815—1949）

China's Academic History of
Advertising(1815—1949)

武 齐◎著

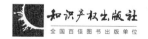

知识产权出版社
全国百佳图书出版单位

图书在版编目（CIP）数据

中国广告学术史（1815—1949）/武齐著.—北京：知识产权出版社，2014.5
ISBN 978-7-5130-2744-1

Ⅰ.①中… Ⅱ.①武… Ⅲ.①广告－历史－中国－近代 Ⅳ.①F713.8-092

中国版本图书馆 CIP 数据核字(2014)第 105641 号

内容提要

这是第一本系统研究近代中国广告学术史的专著。

本书首次对近代中国广告学术史进行了分期，认为 1918 年是近代中国广告学术元年，实践基础、理论基础和职业化基础等是中国广告学理论得以产生的基石。在每一章中，先纵向地搜集和罗列了丰富的广告文献资料，整体展现了不同时期的广告学术风貌，接着对各种广告文献资料作了具体的评述，最后是小结部分。本书对我国广告学理论的源流、产生，广告学理论在近代中国的演进做了比较全面的历时性的论述，对近代广告教育、期刊及学术交流平台的情况作了阐述，并对期间发生的热点问题进行了探讨，旨在厘清西学东渐背景下中国近代广告学学术风貌。

责任编辑：张　珑　　　　　　　　　责任出版：刘译文

中国广告学术史（1815—1949）
ZHONGGUO GUANGGAO XUESHUSHI（1815—1949）

武齐 著

出版发行：知识产权出版社有限责任公司　　网　址：http://www.ipph.cn
　　　　　　　　　　　　　　　　　　　　　　　　 http://www.laichushu.com
电　话：010-82004826
社　址：北京市海淀区马甸南村 1 号　　　　邮　编：100088
责编电话：010-82000860 转 8540　　　　　责编邮箱：riantjade@sina.com
发行电话：010-82000860 转 8101/8029　　 发行传真：010-82000893/82003279
印　刷：三河市国英印务有限公司　　　　　经　销：各大网上书店、新华书店及相关专业书店
开　本：720mm×1000mm　1/16　　　　　印　张：26.75
版　次：2014 年 9 月第 1 版　　　　　　　　印　次：2014 年 9 月第 1 次印刷
字　数：451 千字　　　　　　　　　　　　 定　价：69.80 元
ISBN 978-7-5130-2744-1

出版权专有　侵权必究

如有印装质量问题，本社负责调换。

摘　要

　　本书选择近代广告学术史作为研究对象，站在学术史的高度来探析近代中国广告学术发展的脉络，由术到学、从外到内，旨在厘清西学东渐背景下中国近代广告学术风貌。为此，本书首次尝试对近代中国广告学术史进行分期，将1815—1949年近代中国广告学术演进划分为三个时期：前广告学时期即酝酿期、建立期和初步发展期。认为1918年是近代中国广告学术元年，实践基础、理论基础和职业化基础等是中国广告学理论得以产生的基石。在每一个时期，本书的结构是，先纵向地搜集和罗列广告文献资料，尽可能地丰富，让大家对那个时期的广告学术风貌有一个整体的认识；接着横向切入，对各种广告文献资料的内容作了具体的论述、评价；最后小结部分则再次对各个时期的广告学术风貌及学术成果进行总结。本书对我国广告学理论的源流、产生，广告学理论在近代中国的演进作了比较全面的历时性论述，对近代广告教育和期刊及学术交流平台的情况作了阐述，并对那个期间发生的热点问题如广告伦理、广告学基础的三大争论、虚假广告、读者本位与广告本位等进行了探讨。这些问题迄今具有现实的意义。

　　【关键词】近代中国；广告学；学术史；历史分期

ABSTRACT

In this book, the academic history of modern advertisement as the research object, standing in the academic history of modern China to advertising theory development vein, from surgery to learn, from the outside to the inside, to clarify the situation under the background of modern Chinese academic style of advertisement. This paper try to modern China's advertisement academic history of the stage, from 1815 to 1949, modern Chinese advertising theory of evolution is divided into three stages: the before advertising period means gestation period, establishing period and initial development period. Thinking 1918 is the modern China's advertisement academic year, practical basis, theoretical basis and occupation foundation is the cornerstone of Chinese advertising theories can produce. In each period, the structure of this paper is, first collect and listed advertising literature longitudinally, as far as possible, so that everyone on the period of the academic style of advertising have a whole understanding, then transversely cut, discussed, concrete evaluation for all advertising literature content, finally summary part again to each time advertisement academic style and academic achievements are summarized. In this paper, the origin of Chinese advertising theory, evolution theory of advertising in modern China. The paper discusses the diachronic comparison of comprehensive. On modern advertising education and journals and academic exchange platform situation described. And during the hot issues such as advertising, advertising basis three arguments, false advertising, reader oriented and advertising standard etc are discussed. These problems have so far has realistic significance.

【Key words】 Modern China, Advertising, Academic history, The historical period

目　录

第一篇　引言

中国古代广告的历史源远流长，而以报刊广告为肇始的现代广告则是外来文化渗透的结果。值得注意的是，任何外来文化的入境，都必须有一个本土化的过程。近代中国广告学的萌芽和发展，也经历了引进、交流、碰撞与涵化的必由之路。

第一章 本选题的研究意义及创新之处

近代中国是一个西学东渐的历史，在这股浪潮中，以外来传教士报刊为肇始产生了近代新闻事业。广告起先依附新闻，伴随着新闻事业及广告实践的发展，伴随着相关学科研究的丰富及学术的职业化，近代广告理论及学术研究才完成了从准备期和萌芽期的嬗变，最后独立为专门的学问，并于20世纪30~40年代，出现了中国近代广告学术研究的第一个高峰。中国广告学术流变就是沿着这条轨迹从术到学、由西向东逐渐演进的。本书从学术史的视角切入，对近代广告学理论及研究实况作了一次系统而全面的审视。

第一节 本选题的研究意义

改革开放30年，中国广告学术研究取得了丰硕的成果，但"术"的研究占据了半壁江山。审视当今的广告学术研究，一是重"术"轻"学"、重实务轻学理，突出表现为广告学理方面的研究成果，无论在数量上，还是在研究的多样性方面，都显得单薄。学术规范性不够，学术期刊平台欠缺。《现代广告》学术理论版、《广告大观》理论版的出刊，推动了广告学术理论的研究，但这是屈指可数的公开出版发行的两本广告学术性期刊，远逊于新闻传播学科拥有十几种核心期刊的现状。二是关于广告学术史方面的研究更少，可供深耕细挖之处颇多。从史的角度研究广告学术活动，探讨中国广告学术活动及理论流变，一方面可以查遗补缺，为进一步的广告学理研究提供准备；另一方面，可以为当前热议的广告学科升级及学科属性问题提供必要的历史反思和学理支持。广告学目前还是新闻传播学下的二级学科，要想实现广告学科的升级和真正意义上的独立，尚须做许多工作。没有学理上的厚实，没有相关学科理论与广告学的交融，广告学科升级及广告学真正意义上的独立，就会虚无根基。广告学术活动亟须突破，从广告学、广告策划、广告创意、广告设计与制作等传统视角的窠臼中突围出来。广告学脱胎于新闻学，在新闻学理论建树日渐丰富的同时，广告学该何去何从？是否该从重"术"轻"学"、重实践轻学理的现象中突围？如何突围？

以上就是本书研究的出发点，本书希望通过对广告学术史的历时性的系统探索，回顾广告学在我国的发展演进轨迹，引起人们对广告学术史研究的重新思索，拓展广告学研究的方法和视野，这也是选题的意义所在。历史惊人地相似，我们现在讨论的许多问题如广告伦理、虚假广告、媒介商业化、学科设置、学科属性等，历史上都曾经出现过，甚至是当时业界讨论的焦点。以史鉴今，其中或许有一些值得学习参考的瑰宝，可以拓展我们进行广告学理研究的视角。

第二节　研究的主要内容

本书是对近代中国广告学术研究的研究。首先，概述了什么是广告学术史；其次，对广告学术发展史进行了分期，并对各个时期的广告学术风貌进行了深入的探讨；最后，进一步归纳和总结了近代中国广告学术的成果及有待解决的问题。

一、关于广告学术史的概述

既然是研究近代中国广告学术史，那么，就必须明确什么是广告学术史。

在回答这个问题之前，就须先厘清学术和学术史的概念。有什么样的学术，就会有什么样的学术史。本书倾向于认为，学术是指有系统的专门学问。进一步讲，学术这个概念，在人文社会科学领域内，是指各门类知识系统和方法系统，在自然科学领域则是各种科学学说和方法论。总之，学术包含学与术两个部分。学是指理论传承，术是门径、方法。学术史则是对各学科门类已有的学说和方法论，"藉其文本和成果，通过考镜源流、分源别派，历史地呈现其学术延续的血脉和趋势"。❶在此基础上，本书对广告学术史的定义是，广告学术史是对广告研究的再研究，是对以广告活动及其发展规律为研究对象的广告学术实践和方法论的再研究活动。此处，广告学术实践包括著书立说、各种学术活动如会议和组建学会团体等。"各个时期具有学术创新性的学问家、经学家、思

---

❶ 张立文：《中国学术的界说、演替和创新——兼论中国学术史与思想史、哲学史的分殊》，《中国人民大学学报》，2004，（1）：1-9.

想家、哲学家、科学家、宗教家、文学家、史学家等的学术宗旨，治学思路、方法、范围、成就、学术源流、派别，各个时期有代表性的专门学术、学术事件、活动的记录，汇聚成的各个时期的学术思潮及其演变的总和，构成了学术史研究的对象。"❶这段话中关于学术史研究对象的表述，对广告学术史的研究具有很大的启示意义。总体上看，广告学术史是以广告学理论和方法论为主要研究对象，研究内容可以包括论著文献的评述，学人评传，对广告理论及观点进行研究，对广告学教育及学科发展、学会团体及学术活动、专业期刊及出版的研究，广告主题研究等。只要有利于广告学术建树的内容，都可以纳入广告学术史的研究范畴。可以对某一年、某一个阶段的学术史进行研究，也可以对一个国家或地区的广告学学术史进行研究。至于学术史的研究方法，国学大师钱穆推崇以义理、考据和辞章三者合而为一的方法进行学术史的研究，这在当今依然具有借鉴价值。但我们今天研究学术史，方法不能局限于此，应该更加丰富，可以广泛借鉴其他学科领域的研究方法，如将定量调查和计量模型应用到广告学的研究中。不仅可以进行定性研究，也可以进行定量研究。在具体的研究中，常见的是历时性的研究，可以以学术流变为线索，也可以以论著文献或学人为线索，按照时间先后顺序来写。总之，学术史的研究，就是要对既有的成果，"通过评判高下、辨别良莠、叙述师承、剖析潮流，让后学了解一代学术发展的脉络与走向，鼓励和引导其尽快进入某一学术传统，免去许多暗中摸索的功夫——此乃学术史的功用"。❷

二、近代广告学生成的基石

任何事物都脱离不了周围环境的影响。广告学的发展也不例外。在内因和外因的共同作用下，促成了近代中国本土广告学的出现。此部分论证了西学东渐背景下本土广告学得以生成的基石——实践基础、理论基础和学术职业化基础。

三、各个时期广告学术风貌

本书将近代中国广告学术史分为前广告学时期即准备期、广告学诞生时期和广告学初步发展期三个阶段，并对每一个历史时期的广告学术情况详细进行了阐述。

---

❶ 张立文：《中国学术的界说、演替和创新——兼论中国学术史与思想史、哲学史的分殊》，《中国人民大学学报》，2004，（1）：1-9.

❷ 陈平原：《触摸历史与进入五四》"学术史丛书"总序. 北京：北京大学出版社，2005，1.

1. 前广告学时期（1815—1917）

这个时期中国广告学理论尚未出现，但广告的观念已被社会各界普遍接受，并受到了特定社会群体的重视，在一些报刊、文集、告白、政府文件及相关书籍中，广告方面的内容已初见端倪。这时的广告学研究是零散的、粗线条的，偏重于应用方面，是广告学出现之前的酝酿阶段。

2. 广告学诞生时期（1918—1937）

任何一门学科的产生都不是单一的事件，也不可能一蹴而就，会有一个从萌芽、产生到持续完善的过程。广告学的生成概莫能外。在这个时期，广告教育的兴起、广告学科意识的明确、以丰富的广告学著作为代表的学科体系的独立，标志着近代中国广告学理论的最终建立。为什么说中国近代广告学开始于1918年呢？因为这一年出现了一系列标志性事件。1918年，第一个广告学术研究团体北京大学新闻学研究会成立；1918年，第一本广告著作《广告须知》出版；1918年，《东方杂志》连载徐宝璜的讲稿《新闻学大义》，其中有一章专门论述了新闻纸之广告；1918年，第一篇广告学论文《广告与道德》发表。因此，本书认为，1918年当之无愧是中国近代广告学术元年。

3. 广告学发展时期（1938—1949）

这是中国近代广告学的初步发展时期，因为战争，这个时期的广告学发展虽然曾经一度减缓，但并没有完全停下发展的步伐。这个时期，我国广告学研究主体开始多样化和专业化，广告学研究成果的质量大幅提高，广告学研究的空间从深广度上进一步得到了拓展，出现了近代中国广告学学术研究的第一个高峰。与广告学建立期和诞生时期的特点不同，这个时期本土的广告学理论研究成果占据了上风，并且对以美国为代表的西方广告学理论及广告新动态、新技术的引进与介绍不遗余力，非常及时。这点也体现了我国广告学理论中西结合的体用特征。

此外，本书还重视近代广告学术交流平台的研究。对近代中国广告学术发展过程中出现的主要学术组织、学术期刊、重要人物和重大事件作了不遗余力的论述。限于篇幅及资料的原因，没有独立成章，而是穿插在广告学术史发展的整个过程中进行考察。

第三节　研究的重点、难点、主要观点和创新之处

本书选择近代广告学术史作为研究对象，站在学术史的高度来探析近代中

国广告学发展的脉络，由术到学、从外到内，旨在厘清西学东渐背景下中国近代广告学学术流变，初步勾勒出近代中国广告学术史的框架。这是本研究的重点所在。

本研究的难点在于：一是将1949年前的广告学分为前广告学时期、建立期和初步发展期三个时期来写，疑问是这样的划分标准是否合理可行，是否还有更科学的划分标准。目前的书籍上找不到可供借鉴的广告学术史的明确划分标准。本书关于广告学术史的划分，只是想作个尝试。二是近代保存下来的文献资料极其丰富，而广告学是综合性边缘学科，牵涉到的学科领域比较多，这给资料的收集、查阅和筛选带来了一定的难度，精力和财力耗费较大。本书是2006年开始搜集资料及动笔写作的，当时各图书馆数字化工作正在进行中，国家图书馆刚刚搬新馆，许多资料不对外，只好联系其他图书馆查阅，如北大、清华、北师大、首师大、人民大学、中国传媒大学、厦门大学、浙江大学、南京大学、复旦大学等高校图书馆，去过首都图书馆及南京、上海、厦门、天津等地图书馆，绝大部分资料都靠人工翻阅，有些资料只能委托工作人员翻拍成图片带回来。中间所遇到的各种艰辛，迄今回忆起来感触颇深。整本整本翻拍时，甚至被怀疑过借书的动机，只好不停地解释和说好话。在论文完成之际，感到欣慰的是，民国时期的报刊、书籍资料的数字化工作现在已经初具规模，这得感谢大成民国老旧书刊数据库、全国报刊文献索引数据库等方的努力，为后续的研究工作提供了许多便利。三是广告学术史的研究是一块待开垦的处女地，当今可供参考的研究近代广告学术史的文献较少。而近代可供广告学术史研究参考的相关文献资料，不仅非常分散，而且因为距今时间久远，收集起来不容易，且部分文献仅存目录，原作已无从查阅。这对研究和论文写作是一个极大的挑战。

本研究的主要观点：全面梳理了1815—1949年中国近代广告学术发展史，对近代广告教育和期刊的情况及学术交流平台的作用进行了论述。首次尝试将1815—1949年近代广告学理论的演进划分为三个时期：前广告学时期即酝酿期、建立期和初步发展期。认为1918年是近代中国广告学术元年，实践基础、理论基础和学术职业化基础等是中国广告学理论得以产生的基石。在每一个时期，本书的结构是，先纵向地搜集和罗列广告文献资料，尽可能地丰富，让大家对那个时期的广告学术风貌有一个整体的认识；接着横向切入，对各种广告文献资料的内容作具体的论述、评价；最后小结部分则再次对各个时期的广告学术风貌及学术成果进行总结。本书对我国广告学理论的源流、产生，广告学理论在近代中国的演进作了比较全面的历时性的论述，并对其间发生的热点问题如广告伦理、广告学基础的三大争论、虚假广告、读者本位与广告本位等进行了探讨。这些问题迄今具有现实的意义。

本书的创新之处在于：一是研究视角的选取非常冷门，目前关于这方面的研究比较少。二是在具体内容上，不单纯就广告来写广告，而是站在一个全新的角度，在一个西学东渐的大背景下，考察广告学术活动得以产生和发展的条件——实践基础、理论基础和学术职业化。三是借鉴报学和新闻史的分期理论，尝试对1815—1949年的近代中国广告学术史进行了分期，并就各个时期的学术特点和理论成果作了介绍和评析。四是概述了近代广告学术史，对近代中国广告学的理论来源和构建、广告学科的产生与发展、广告学受其他学科的影响、重要文献及代表人物的学说等，进行了历时性和共时性的文本解读和分析。

第二章　文献研究综述

学术史的研究是我国当代广告学研究中相对薄弱的环节，但审视历史，继往开来，梳理广告学术研究的发展历程，厘清脉络，又是我国广告学研究必不可少的基础工作，是自觉夯实广告学研究的一个重要标志。纵观学人对中国广告学术史的研究，以1949年新中国成立为界限，可以分成两个部分：一是对1949年新中国成立后的当代中国广告学术史的研究；二是对1949年之前（含1949年）的近代中国广告学术史的研究。

第一节　关于中国当代广告学术史的研究

关于当代广告学术史的研究成果，主要内容如下。

一是对一段时期或某一年的中国广告学术史进行研究。在历年的全国广告学术研讨会论文集萃、博硕士论文、广告期刊以及新闻传播类文集、论著、期刊等中，既有部分文章的内容涉及了当代广告学术史的研究，也有以当代广告学术史为研究主题的单篇文献。《创新与开拓：中国广告理论探索三十年》是中国广告协会学术委员会编选的论文集，收录了2008年中国广告协会学术委员会年度会议论文32篇，与广告学术史相关的研究论文有丁俊杰、赵子忠的《中国广告观念三十年变化》，杨海军、于晓娟的《中国广告理论研究三十年回眸》，许正林的《新时期广告学研究30年的历史与现状》。王怡红和胡翼青主编的《中国传播学30年（1978—2008）》论文集（中国大百科全书出版社，2010）则收录了王凤翔的《中国大陆广告学研究30年（1978—2008）》一文，该文对1978—2008年这30年的广告学研究进行了分期，分成了"社会主义广告"研究时期（1978—1991）即广告学恢复与初步建设阶段（1978—1983）及社会主义商品阶段广告学发展时期（1984—1991）、市场广告研究时期（1992—2000）和学术自觉研究时期（2001—2008）三个时期，分别对各时期的学术成果、研究活动及学科建设等进行了探讨。这方面的硕士论文有涂妍的《改革开放以来我国广告学术研究的轨迹与规律：以〈新闻与传播研究〉等五本期刊为样本》（江西师范大学，2011）、杨德倩的《从期刊学术论文管窥中国网络广告学术研究：基于CNKI 的1997—2008中国网络广告学术论文文献计量和重点研究主题研究状况的分析》（北京大学，2009）、谭宇菲的《从广告专业期刊看改革开放以来中国广告观念之流变——以〈中国广告〉为例》（西北大学，2007）、公克迪的《中国当代广告事业研究：大陆部分（1979—2005）》（厦门大学，2006）、刘婷的《1981—2005，中国广告关键词解析》（上海师范大学，2006）、于静的《中国广告学术发展研究——1989—2003年广告期刊、论文统计分析》（东北师范大学，2004）等。新闻类期刊、广告专业期刊和大学学报是当代广告学术史的重要阵地，也刊载了一些这方面的论文。检索到的有刘英华的《知行道理辩章学术：中国当代广告教育与学术研究三十年回眸》（《现代传播》2009年第4期），祝帅的《新中国前30年广告研究的格局及其基本面向：1949—1979年间中国的广告学术论著的历史与分析》（《广告大观（理论版）》2009年第4期），吴琼、李凤成的《21世纪初我国广告学术研究态势分析：以〈当代传播〉（2000—2009）广告文献为研究样本》（《昆明理工大学学报（社会科学版）》2011年第2期），祝帅的《"实务导向"与"学科建设"：1992—2001年中国广告学研究的两种话语》（《广告大观（理论版）》2012年第4期）。丁俊杰教授的《我国广告传播研究的现状及趋势》项目则获得了2007年国家社科基金资助，是广告学学术史研究的一大突破。许正林、黄泠莅的《2012年中国广告学术研究综述》（《中国广告》2013年第2期）及李子的《2011年中国广告学术研究概览：基于8种专业期刊中广告学术论文刊发情况的分析》（《湛江师范学院学报》2013年第1期）则是研究某一年的中国广告学术研究状况。

二是对期刊某一时期广告研究成果的再研究。如丁俊杰、初广志、李杉的《新闻传播期刊中广告学术研究成果再研究》（《现代传播（中国传媒大学学报）》2009年第6期），王红缨的《我国广告学研究阶段及主题变迁：对期刊广告学术成果的再研究》（《新闻知识》2013年第6期），张金海、陈玥的《未曾超越的超越：中国广告研究的整体回顾：基于期刊论文的实证分析》（《现代传播（中国传媒大学学报）》2012年第11期），顾亮的《大陆学术期刊中广告研究概览：以〈现代传播〉为例》（《科技传播》2009年第6期），康瑾的《交叉学科视角下的广告学术研究：2000—2009年CSSCI期刊广告文献分析》（《国际新闻界》2010年第9期），李国程的《〈中国广告〉20年主题元与作者源分析》（《市场论坛》2005年第6期）。

三是关于某一方面或某一种广告研究的综述。例如，肖玉琴的《国外倡导广告研究综述》（《广告大观（理论版）》2009年第1期），刘寅斌、肖萍、陈永的《网络广告研究综述》（《国际新闻界》2010年第11期），张傲的《公益广告研究综述》（《新闻世界》2013年第6期），黄合水、莫莉的《负面竞选广告研究综述》（《国际新闻界》2012年第3期），吕文澎、张岭的《论21世纪中国公益广告研究的新趋势》（《美中外语》2009年第5期），郭志菊、陈培爱的《中国古代广告研究述评》（《内蒙古大学学报（哲学社会科学版）》2009年第3期），祝帅的《"广告史"研究在中国：基于史学史视角的一种反思》（《广告大观（理论版）》2010年第2期），董婧、祝帅的《广告研究与中国广告业的发展——暨〈广告研究〉创刊五周年研讨会综述》（《广告大观（综合版）》2010年第11期）。

四是关于西方广告学对我国广告学理论发展的影响研究。如张金海的《20世纪广告传播理论研究》（2002）对美国的广告理论进行了梳理与总结，认为无论是研究方法还是广告理论，来自美国的是最多的，美国的广告理论是"我国广告理论的教科书"。

总之，迄今以中国当代广告学术史为研究视角的文献数量有限，仅有的研究也主要是以各类报刊的广告文献为研究对象，而研究中国近代广告学术史的文献就更少了。不过，当代广告学术史的研究文献，为本书开展近代广告学术史的探索从学理、研究范式及方法论上提供了支持。

第二节　关于中国近代广告学术史方面的研究

关于中国近代广告学术史方面的研究主要存在于两个方面：一是专门文献，即直接以近代中国广告学术研究为主题的文献，可用稀少两个字来描述；二是相关文献，这类文献并非专门研究近代广告学术，但在其篇章结构里零星地涉及了广告学术研究方面的内容，多是站在各自的学术视野角度进行研究，缺乏学术史应有的深广度。

一、新闻及广告类研究专门文献

近代广告学术史的研究是广告学研究的薄弱环节，其研究成果散见于各类新闻及广告类研究文献。相对独立、系统地研究广告学术史的成果十分稀少，可谓凤毛麟角。目前仅见到几种。

1. 期刊论文

郭瑾的《民国时期的广告研究及其当代意义》（《广告大观（理论版）》2006年第6期），以43种文献为基础，从作品内容、出版社、作者背景、参考书目、研究体例和广告学术研究的社会反响等方面，对民国时期（1911—1949）的广告学术研究总体情况作了整理和分析介绍，并结合民国实况，以史鉴今，探讨了广告学领域三大悬而未决的问题：广告学科性质的界定、广告学基础的争论和广告代理制。该文所列的43种文献，无疑为进一步研究近代广告学术史提供了门径。祝帅的几篇论文《中国广告的百年叙事》（《艺术与设计》2011年第9期）、《20世纪上半叶中国广告研究综论》（《美术观察》2010年第9期）、《"Advertising"为何是"广告"：现代"广告"概念在中国的诞生》（《新闻与传播研究》2009年第5期）、《早期中国新闻学中的广告学研究》（《国际新闻界》2009年第9期）和《心理学、经济学与早期中国广告学的发生》（《广告大观（理论版）》2010年第5期），分别从不同的侧面如广告表现、研究综论、基本概念、新闻广告、学理来源等对中国近代广告学术史进行了探索。这是作者以博士论文为基础发表的一系列论文，后以专著形式由北京大学出版社出版《中国广告学术史论》。

2. 论文集

在《广告教育定位与品牌塑造》一书的下编中，收录了2篇硕士论文，其中之一是张亚萍的《民国时期广告学术风貌初探》。该文献的主要内容如下：一是对"广告观""广告学说""广告学术"基本概念进行了界定。二是论述了中国广告学术生成的可能性。三是以广告论著为基础，将广告学术发展历程分为两个阶段，1918年至20世纪20年代中后期为第一个阶段，主要是西方广告学的引进与吸收时期；20世纪30年代初至1949年是第二个阶段，为本土广告学的勃兴期。并对中国广告学术生成的特点与轨迹作了探讨。这是迄今仅见的最早研究近代广告学术发展概况的专门文献，对近代广告学术史的研究具有重要的参考价值。

3. 图书

祝帅的《中国广告学术史论》是目前所见的唯一以广告学术史命名的论著。

该书分上、下编，上编分"二十世纪上半叶—新中国前三十年—改革开放之后"三个阶段对中国现当代广告学研究的发展演变进行了研究；下编则主要探讨了不同时期广告学科建设的问题，包括现代广告学生成的知识谱系、对西方广告学理论的翻译引进及修正、研究范式及研究方法等内容。该书资料搜集广泛，特别是部分比较少见的近现代图文资料和对老广告人的独家访谈，史料价值很高。该书篇章中涉及近代中国广告学术史研究的内容非常丰富，也是迄今所见对中国近代广告学术史的研究比较系统的一本专著。

4. 博硕士论文

仅查到两篇：祝帅的博士论文《中国广告学的学术历史与学科反思——基于学术史视角的一种分析》（北京大学，2010）和张亚萍的硕士论文《民国时期广告学术风貌初探》，这两篇论文具体内容前面已经作介绍，此处略。

上述研究对广告学术史的研究都具有一定的借鉴，不足的地方是，除个别论著外，大部分文献的资料收集不够丰富，缺少报刊类型的近代广告研究文献。多数都是从现存广告论著入手研究学术史，显得有点儿单薄。对广告学术史的研究应该拓宽视角，除了论著之外，还应对广告学术团体、学术刊物、重大事件、代表人物等展开研究，让广告学术史的研究既有广度，更有深度，更加客观、全面和饱满。这样的广告学术史的研究结果才会丰满。

二、涉及近代广告学术研究内容的相关文献

涉及近代广告学术研究内容的相关文献，主要有以下几种形式：图书、论文和课题。

1. 图书

涉及近代广告学术研究内容的图书主要包括以下几种类型。

（1）作品赏析类或围绕某个专题挖掘史料的知识性读物。如由国庆的《与古人一起的广告》，文图并茂，评说结合，以介绍性和欣赏性内容为主。类似读物还有《老广告》《东北老招幌》《近代广告文化》《都会摩登——月份牌（1910—1930）》《中国报纸广告一百年》《工商侧影——一个世纪的广告经典》等。以上图书学术性不强，可作为进一步研究的必要参考。

（2）广告史和广告学方面的图书以及教材。较早关注近代广告学术研究的是丁俊杰的《现代广告活动理论与操作》，该书第一章"广告和现代广告"、第二章"广告学说的形成和发展"，对近代中外广告学术研究风貌作了较系统的阐述。与以往不同的是，该书不再局限于广告学研究和广告教育粗线条的概述，而是融入了一些独到的见解，如该书认为现代意义的"广告"一词来源于日本，我国广告学研究起始于1920年前后等。其他的如丁俊杰的《广告学》、陈培爱的《中外广告通史》、刘家林的《新编中外广告通史》、刘志明和倪宁的《广告传播学》、杨海军主编的《中外广告史》等，对近代广告研究与广告教育略有涉及，但因为是教材，多数涉入不深。

（3）文集，名家学术文集或论文汇编。书中收录了近代广告方面的论文。如唐忠朴的《中国本土广告论丛》、黄升民的《广告观》、北京工商大学的《经济新闻与广告研究》论文集，特别是《广告观》一书中的《申报的经营与广告》一文，是国内较早研究《申报》及广告经营的重要论文。

（4）再版书。如出版社整理出版了戈公振的《中国报学史》、徐宝璜的《新闻学》等近代重要文献。受限于当时的历史条件，戈公振的《中国报学史》不可避免地存在一些疏漏差错之处，宁树藩、方汉奇和王凤超等对此进行了纠正和勘误，此书的学术价值和史料价值都非常高。

（5）其他学科领域特别是新闻学和报业经营的著作中，常有涉及近代广告及广告学研究方面的内容。赵凯、丁法章和黄芝晓主编的《二十世纪中国社会科学·新闻学卷》，将近代广告学的形成和发展放在"新闻学边缘学科研究"中进行了考察。同类文献还有徐培汀、裘正义的《中国新闻传播学说史》，单波的《20世纪中国新闻学与传播学·应用新闻学卷》，童兵、林涵的《20世纪中国新闻学与传播学·理论新闻学卷》，这些文献的研究主题都是新闻学，广告学只被视作新闻学理论体系的组成部分，对近代广告学术史的介绍都是为论述新闻学主题服务。新加坡卓南生的《中国近代报纸发展史（1815—1874）》，虽然没有直接研究近代广告学术，但对我们研究近代广告学产生的实践基础——近代早期中国报纸广告及报业经营具有重要的参考价值。

2. 期刊论文

期刊论文可以分两类，一类是以知识性介绍为主的论文，如《漫谈初期报刊的年画和日历》等，学术性不强，具有史料价值；另一类是学术论文，数量庞大，内容丰富，对近代广告的方方面面进行了探讨。例如，民国时期是中国广告转型发展的重要时期。郭瑾的《近二十年民国广告研究述评》(《广告大观（理论版）》2007年第2期）对当代学者近二十年来在民国广告研究方面的研究概况、研究热点、研究成果和存在的问题作了述评。这些学术论文研究主体多元化，学术视野拓宽至新闻学、传播学、心理学、经济学、社会学、历史学等学科范畴。近代广告学术史的内容零星地散见于这些期刊论文的篇幅中，只言片语，内容很少，欠缺系统性和学理性，但为进一步研究提供了启示和借鉴。

3. 学位论文

专门研究近代广告方面的学位论文数量不多，《〈申报〉广告与上海市民的消费主义意识形态——1920—1930年代〈申报〉广告研究》影响较大，作者是上海师范大学历史系的博士生，在资料收集和论证上很见功力，因为研究者非广告专业出身，在广告学理的阐述上比较欠缺。广告对他们来说只是看问题的一个视点，是工具理性，而非价值理性。

4. 课题

如河南大学杨海军教授在其主持的国家社科基金项目"中国古代广告史研究"中，就有"中国近现代商业广告史"子课题，少量地涉及了关于近代广告学术史方面的内容。

综上所述，学术史的研究本就属于小众的课题，须耐得下性子，静得下心，受得了枯寂的苦，还得时时保持充沛的战斗力。广告学属于二级学科，乐意关注广告学术史并进行研究的就更少了。不能因为研究者少就知难而退，学术研究应该少点儿功利，多点儿兴趣和坚持，这也是本书关注和研究近代广告学术史的出发点之一。此外，在研究过程中，还有一些关于广告学研究方法论方面的文献，也为本书进行中国近代广告学术史的研究提供了学理构建及方法论上的借鉴。如陈刚的《当代中国广告研究方法的三个问题》（《中国广告》2006年第7期）、《对当代广告研究发展的一些思考》（《中国广告》2006年第8期）、《广告研究与学术规范》（《广告大观（理论版）》2010年第3期），丁俊杰的《创造中国广告学术研究的话语体系》（《广告大观（理论版）》2007年第1期），祝帅的《近二十年中国广告研究方法讨论的再思考：兼论广告研究的定量与定性之争》（《广告大观（理论版）》2011年第6期）、《"广告学"的知识建构及其生成》（《广告大观（理论版）》2010年第3期），刘平的《符号学、结构主义和广告——试析符号学思想对广告研究的启发》（《新闻界》2005年第6期），杨文的《广告研究之我见》（《中国广告》2001年第7期）。

第三章　本书的基本思路和方法

梁启超认为写学术史应该做到四点：一是"叙一个时代的学术"，必须"全数网罗"该时代的重要学派；二是"叙某家学说，须将其特点提挈出来"；三是"忠实传写"；四是结合个人的"生平和时代"。本书在写作的时候也结合了梁启超的观点。按照时间顺序，将近代中国的广告学术活动划分为三个时期。在论述各个时期的广告学术研究方面，既有以著作为依据对相关人物及代表性成果的专门阐述，又有分门别类的研究主题，对一个时期的整体广告学术风貌作系统的、宏观的综述，并采取了评述结合的方法。既有一般的综述，又有重点的论证。

关于广告学术史的写作体例问题。可以以某个时期的学科学术论著为研究对象，按照时间先后来写；也可以按照时间先后，以某个时期的学科思潮及理论观点为研究视角来写。本书主要采用了前者，以学术论著为中心，按照出版时间先后来写，先阐述主要内容，再对该文献进行评述，评述时结合作者生平及时代背景进行，以求尽量客观。这样做的原因，一是这个时期的资料比较杂、比较散、比较多，没有人对此系统整理过，笔者想对1815—1949年出现的文献作系统的梳理，尽可能地留存，从史料价值上，为人做嫁妆，便于后续及他人的研究。如戈公振的《中国报学史》就收录了不少其他地方已经散佚的文献。二是参考了相关学术史文献的写作方法，如梁启超的《近三百年中国学术流变》、李秀云的《中国新闻学术史》、徐培汀的《中国新闻传播学说史》等。三是近代中国广告学理论尚处于引进和构建期，加上理论本身的发展性，很难界定某个观念和学说在国内具体的成形时间。故此，本书以文献为主要研究对象，兼及学术组织、学术活动、学术事件。笔者觉得学术史可以自由书写，但要突破一定的窠臼，不拘一格才对。

本书在研究近代中国广告学术史时，主要采用了历史研究法。所谓历史研究法，就是指通过对已有历史文献的文本分析来完成某项学术主题的解读。这是常用的学术史的研究方法。在观点和立场上，本书坚持用马克思主义的哲学方法来思考问题和分析问题。在具体的论述中，采取定性分析和定量分析相结合的研究方法。以定性分析为主，定量分析为辅。在论文的写作阶段，从收集材料、查阅书报刊到确定写作大纲、写作思路和论文写作，始终离不开这两种方法的配合运用。在收集和整理相关的研究资料时，运用了文献调查法和定性分析法，从广告史、广告学、新闻史等著作中，从现存的近代报刊书籍等实物资料中，通过挖掘零星的存在其中的近代广告学的材料，来依稀辨别广告学术活动的一个发展脉络。在分析和论文写作阶段，则辅以定量分析法如数理统计，再结合当时的政治、经济、社会文化等情况，对近代广告学术发展史作一个系统的研究和分析，力争多视角、系统全面地对近现代广告学术发展史进行梳理，述评结合。

第二篇　近代中国广告学
滥觞的社会基础

　　早在上古社会，人类的广告活动就已经出现了，而广告学姗姗来迟，直到 20 世纪初才形成。我国封建社会如唐朝就已经有了报纸，而最早的报刊广告延至 19 世纪一二十年代才出现。原因何在？任何现象背后都有符合逻辑规律的内在原因。近代中国广告学的产生离不开一定社会基础的支持，社会的需要、媒介物质技术和条件的改善以及广告业自身发展的必然规律是促使广告学形成于近代的重要原因。在工业文明时代，民族资本主义工商业的出现及对广告推销功能的依赖，产生了持续巨大的广告消费需求，推动了近代报刊广告及广告代理机构的产生和发展。在此过程中，出于实际的需要，以报人为主体的广告学术研究活动就已经出现。随着各方广告实践的深入，进一步地产生了对广告研究和拥有广告知识技能专门人才的渴求，广告教育应时而生。加上在西学东渐背景下，西方现代学科范畴和学术体系的引入与嫁接，唤醒了国人的学科意识，最终促成广告学逐渐脱离新闻学，获得了独立发展的空间。因此，本书认为，研究广告学术历史，不能脱离其存在的时代，经济基础、媒介基础、职业基础是近代中国广告学得以形成的三大基石，也是推动近代广告及其学术研究的根本动因。以此为切入点，抽丝剥茧，探索前广告学时期的广告研究和促成广告学产生的社会根源。

第一章　商本主义思想与
中国近代民族工商业广告主产生

——广告学诞生的经济基础

　　广告学术研究以广告产业发展为对象，而广告产业的发展又与一个时代的政治、经济、文化的状况密切相关。商本主义思想是中国近代民族资本主义工业诞生的思想基础，是近代中国广告主滥觞的内因。明末清初注重经世致用、以"明道救世"为学术宗旨的实学，是近代商本思想的启蒙。鸦片战争后，中国社会"师夷长技以制夷"的经世致用思潮奋然兴起，为兴办洋务事业作好了理论铺垫。到了19世纪60年代至90年代，求强求富的洋务运动兴起，标志着近代中国西学从理论到实践的转变。而洋务派兴办的近代军事及民用工业，是近代中国民族资本主义工业的萌芽，是近代中国广告主的滥觞。随着洋务运动的发展和资本主义生产方式的出现，传统中国"重农抑商"的观念遭遇前所未有的冲击，工商业及商人的社会地位明显提升。重商主义的商本思想也相伴而生。

　　众所周知，传统中国社会是一个小农经济的社会，以手工作坊和小生产者的产业结构为主要模式，与之相适应的，是一些传统的广告方式，如吆喝、陈列、牌匾、揭帖等，当时的人们广告意识淡薄，广告效力受限。

　　近代中国工业的诞生，代表一种那个时代相对新型的生产方式，生产模式以机器取代了人工，大生产大销售，必定需要借助一种新的推销方式、一种新的信息传播通道，在更广大的地域范围内传播和销售产量陡增的工业产品。况且，伴随着近代中国工业发展所产生的民族资本家群体，也有一定的经济实力，利用报刊广告等新式商业工具来实现自身的商业目的。此时，近代纯商业报刊的出现，恰好为满足这一需求提供了可能。只不过此时华商还处于广告意识的启蒙和觉醒阶段。

在中国近代工业的产生与发展过程中所造就的中国近代广告主，即华商，在与列强的商品倾销的争斗中，完成了广告意识的觉醒，认识到了广告的重要作用，开始效仿外商来学习和运用广告。为了提高广告的传播效果，华商在广告运用的实践中，不断探索，不断积累经验，不自觉地对广告术进行了探究，开始了对广告术的"被研究"状态。这种对广告术的"被研究"行为，不仅为广告研究职业化提供了可能，而且其研究成果也为广告学术研究提供了不可多得的史料，为日后广告学的诞生和广告学术研究奠定了一个实践的基础。

第一节　经世致用——近代重商主义思想的火花

商本主义思想是中国近代民族资本主义工业诞生的思想基础，是近代中国广告主滥觞的内因。商本思想可以追溯至明末清初的实学，注重经世致用，以"明道救世"为学术宗旨，反对空疏游谈。代表人物有顾炎武、黄宗羲、王夫之，如黄宗羲倡导的"工商皆本"思想，进步性显而易见，可视为近代商本思想的启蒙。

虽然明朝中叶以后，中国江南就出现了资本主义生产关系的萌芽，但因为中国几千年重农抑商、重本轻末思想的钳制，加上封建统治阶级的打压，真正意义上的资本主义生产关系发展缓慢，只能在封建体制内生根发芽。其开花结果即近代中国民族资本主义工业的诞生，则来源于清代的洋务运动。

鸦片战争后，列强凭借坚船利炮撞开了古老中国的大门，闭关锁国、妄自尊大的蒙昧政策遭遇当头棒喝。中国社会经济的变化，也引起了思想文化领域的极大震动。中国社会经世致用的实学思潮，奋然兴起。以林则徐、魏源❶为代表的开明封建士人发出了"师夷长技以制夷"的口号，认为中国可以学习西方国家富强之道，不仅应学习西方的养兵练兵之道，还应着手建立一套近代化工业，设立造船厂和火器局，并允许民间自己设厂。"尽得西洋之长技，为中国之长技。"这是近代重商主义思想的火花，也是对明末清初黄宗羲"工商皆本"实学思想的发展，对后世中国思想界影响深远。

---

❶ 魏源主编的《皇朝经世文编》也集中体现了其通经致用的思想。对关系国计民生的四大政"漕运、盐法、河工、兵饷"均有独到见地。例如，漕运就是清廷将在南方产粮地区所征之粮食通过大运河转运至京城，转运途中环节复杂，以致营私舞弊风日甚。因此，魏源等提出了"南漕海运"的建议。他还提议以商运取代官运，隐约可见其重商主义的思想火花。

经世致用派的崛起，开辟了近代中国思想史的大门，从思想上对洋务运动创办近代民族工商业产生了深远的影响。经世致用派意识到清政府的腐败积重难返和列强军事上的先进，主张学习西方的"坚船利炮"，仿效西方创办近代工业。但其更多的是停留在著述和口头中，停留在思想上，未能付诸实践，这是当时的社会环境使然。重商主义和创办近代工业的思想启蒙，对洋务运动及近代中国民族工业的诞生起到了不可磨灭的刺激作用，开启了一代国人"民智"。而他们重视人才，遍译外国书报的做法，对近代国人办报行为也起到了很好的示范和鼓励作用。

第二节　洋务运动——近代民族工商业的摇篮

随着列强对中国政治、经济、文化侵略的加深，中国社会面貌发生了翻天覆地的变化，中国正面临一场内忧外患的变数，危机四伏，"古今之变局"的论调响起。奕䜣、李鸿章、王韬、沈葆桢、薛福成等一再强调"变局"观，"千古变局，庸妄人不知，而秉钧执政亦不知，岂甘视其沉胥耶？"❶"方今中外之势，古今之变局也。"❷

诸如此类的思想，为兴办洋务事业作好了理论铺垫。

如果说鸦片战争后林则徐、魏源等经世致用思潮"师夷长技以制夷"仅停留在理论思想的阐发，那么，洋务运动则标志着近代中国西学从理论到实践的转变。

19世纪60年代至90年代，求强求富的洋务运动兴起。这是封建统治阶级内部分离出的一个政治派别，旨在学习西方，救亡图存。洋务运动时期民族工业的诞生，则标志着近代中国广告主的滥觞。

洋务派还通过著书立说和兴办报刊来配合洋务事业的开展，开创了中国近代新闻事业的先河。为了培养西学人才，满足洋务事业的需要，洋务派又奏请清政府直接向西方输出留学生或派员出访游历、交流，直接地学习西文、军事及工商科技，客观上推进了中国教育近代化及对外交往的发展。而洋务派兴办的近代军事及民用工业，是近代中国民族资本主义工业的萌芽。随着洋务运动的发展和资本主义生产方式的出现，传统中国"重农抑商"的观念遭遇前所未

---

❶ 李鸿章：《复朱久香学使》，《李文忠公全书·朋僚函稿》卷六，台湾台北文海出版社 1980 年版。
❷ 薛福成：《上曾侯相·筹海防》，《庸庵全集·庸庵文外编》卷三，上海古籍出版社 1985 年版。

有的冲击，工商业及商人的社会地位明显提升。重商主义的商本思想也相伴而生。西方列强的制造技术和器物，不再被视为"奇技淫巧"，而被视作"制造之精"。洋务运动从思想和实践两个层面，突破了中国封建社会农本主义的思想桎梏。而近代中国民族资本主义工业的出现，促进了中国近代民族工商业广告主的诞生以及对广告应用性研究的重视。

一、"中体西用"与"工商立国"论

众所周知，"中体西用"即"中学为体，西学为用"，是洋务运动的指导思想，后来进一步繁衍并成为维新改良派的政治原则。中学是旧学，"四书、五经、中国史事、政书、地图为旧学"；西学是新学，"西政、西艺、西史为新学"。应该"新旧兼学"❶。洋务派从政治目的"制夷"的角度出发，倡导学习西法，学习西方坚船利炮及工商科技，但应以中学为根本。"但当与我相辅而行可已。""器则取诸西国，道则备当自躬。"❷"中学其体也，西学其末也，主以中学，辅以西学。"❸"中学体用"的洋务思想显然比"师夷""制夷"思想更上了一层级。

"中体西用"思想发轫于19世纪60年代初，洋务派中的部分官僚在镇压农民起义和与列强交往的过程中，身临其境地体会到了西方各国坚船利炮的威力，对处于内忧外患、风雨飘摇的清王朝政权忧心如焚，主张学习西方军事和工商科技，来慰藉内心深处的不安全感，也使西学在中国的传播进入了一个新的历史时期。

"目前资夷力以助剿济运，得纾一时之忧，将来师夷智以造炮制船，尤可期永远之利。"❹"自强以练兵为要，练兵以制器为先"，"识时务者莫不以采西学、制洋器为自强之道"。❺"中国文武制度，事事远出西人之上，独火器不能及。"❻西方列强"器利"兵强，百倍于中国，如若"不亟亟焉求富强，中国将何以自立耶？"❼

地主阶级改革派（后从洋务派中分离出来成为早期维新派代表人物）冯桂芬1861年在《采西学议》中说："如以中国之伦常名教为原本，辅以诸国富强之

---

❶ 张之洞：《劝学篇》，《张之洞全集》卷十二，河北人民出版社1998年版。
❷ 王韬：《杞忧生易言跋》，《弢园文录外编》，中华书局1959年版。
❸ 郑观应：《盛世危言》，华夏出版社2002年版。
❹ 曾国藩：《曾文正公全集·奏稿》第十五卷，吉林人民出版社1995年版。
❺ 田正平，肖朗：《论中国教育近代化起步阶段的成就、特点与问题》，《教育研究》1998年第10期，第61-68页。
❻ 中华书局编辑部：《筹办夷务始末》同治朝卷二十五，中华书局2008年版，第9页。
❼ 李鸿章：《李文忠公全书·朋僚函稿》卷六，台湾台北文海出版社1980年版，第37页。

术，不更善之善者哉？"此为"中学体用"思想之发轫。"工商立国"论就在这样的大背景下产生了。

洋务派倡导"工商立国"论，主张"商本""商战"。如1862年曾国藩就发出了"商鞅以耕战，泰西以商战"和"泰西以商战二字为国"的论调。针对西方列强以通商之名而行侵略之实，洋务派的"制夷"策略是"以商敌商""以商制商"。[1]洋务派后期代表人物张之洞提倡"以工商立国"论，"以商务为体，以兵战为用"。[2]1989年刘铭传奏请光绪帝，"讲求商政"，"招集殷商富户"，"分头认办各种工商实业"。"内地办理得法，推而至于边省；中土行销既畅，推而至于外洋……行之数十年，物阜民康，无敌于天下，此所谓商战从容坐镇而屈人者也"。[3]

洋务派的"工商立国"论，是商本思想的具体体现，散发着抵御外辱的政治气息。随着列强对中国侵略的进一步加深，危机四起，洋务派明显地感受到了救亡图存的紧迫感，初步认清了侵略者的本来面目，即借通商之名行侵略之实，主张以牙还牙，坚决抵制西方资本主义国家的经济侵略，大力发展民族资本主义工商业。"工商立国"论蕴含着近代资本主义思想的基因，在此思想的指导下，洋务派进行了创办军事及民用工业的实践，推动了近代中国民族资本主义工商业的产生。

中国民族资本主义工商业在生产和发展的过程中，大量借助广告来促销货品，反击洋货，参与了市场竞争，并通过广告呼吁国人使用国货，掀起了一波又一波的使用国货运动，有效地抗击了洋货的倾销，锤击了西方资本主义国家的经济侵略。这不能不说是受洋务派"工商立国"论思想的激励。

二、践行："求强"和"求富"两个阶段

洋务运动可以分为两个阶段，分别是"求强"和"求富"。随着洋务运动对西学认识的不同，洋务运动两个阶段的侧重点也不同。近代民族工业就在这样的历史背景下产生了。近代民族工业的发展又造就了数量众多、具有一定经济实力的广告客户群体，为近代中国广告的发展从广告主的层面做好了准备。

---

[1] 李璠：《光绪四年四月十九日李璠奏》，中国近代史资料丛刊《洋务运动》第一册，上海人民出版社1961年版，第166页。

[2] 张之洞：《札司局设局讲习洋务》，中国近代史资料丛刊《洋务运动》第一册，上海人民出版社1961年版，第324页。

[3] 刘铭传：《光绪十五年二月十八日刘铭传奏》，中国近代史资料丛刊《洋务运动》第六册，上海人民出版社1961年版，第249页。

1.19世纪六七十年代，以求强为主

19世纪六七十年代，洋务派以求强为主，重点是编练新兵和开办军工企业。洋务派从"古今之变局"论出发，提出了"借法自强"的口号。"借法自强"就是"力师西法"，以求自强。在"中学为体""西学为用"思想的指导下，洋务派认为第一要务是先购买洋船，后自造，创办军工及民用企业。"访募覃思之士，智巧之匠，始而演之，继而试造。"❶于是洋务派把编练新式海陆军、制洋器、筹设"海防"和"塞防"作为求强主要内容，创办了一批军工企业，成立了近代海军，初步建立了近代军事体系。

面临中、西两种不同介质文化的交流碰撞，洋务派采行"中体西用"的态度，"以中国之伦常名教为原本，辅以诸国富强之术"，这也是洋务运动的指导思想。洋务派在认识到"采西学""制洋器"重要性的基础上，积极践行，把思想理论付诸行动，标志着近代中国学习西方实践阶段的开始。洋务派继承了以林则徐、魏源为代表的经世致用派"师夷长技以制夷"的思想，并在实践中发扬光大。

1861年曾国藩在安庆开办了洋务派最早的军工企业安庆军械所。从1865年开始，引进国外设备，进行机械化生产方式的真正的近代军工企业出现。著名的有江南制造总局、金陵机器局、福州船政局、天津机器局、湖北枪炮厂等。这些军事工业均属官办性质，经费主要来自海关关税、厘金、军饷等，其封建色彩浓厚，效率低下，无法与西方近代资本主义工业相提并论。但客观上促进了中国生产力的发展，对后期资本主义民用工业的开办起到了借鉴作用，开了封建中国创办近代工业的先河。

2.19世纪70年代始，以求富为主

从19世纪70年代开始，洋务派在创办军事工业和新式海陆军的过程中，经费紧张，深感经济实力是国家强盛的基础。"西洋方圆千里，数百里之国，岁入财赋以数万万计，无非取资于煤铁五金之矿，铁路、电报、信局、丁口等税。"❷为了弥补开办军事工业的亏空，于是仿效西方开办了一批纺织、冶炼、矿业、电报等中国近代民用工业，中国具有资本主义性质的近代企业萌芽，开了中国近代民族资本主义工业的先河。"夫欲自强，必先裕饷；欲浚饷源，莫如振兴

---

❶ 曾国藩：《曾文正公全集·奏稿》第十四卷，吉林人民出版社 1995 年版，第10-11页。
❷ 李鸿章：《李文忠公全书·朋僚函稿》卷六，台湾台北文海出版社 1980 年版，第25页。

商务。"❶

在洋务派官督商办企业的带动下，社会上还出现了一些纯商办企业。这是近代中国民族资本主义工业的滥觞。商办企业的组成主要是由官僚、地主、买办、商人和旧时手工业作坊主转化而来。这些商办企业数量较少，设备陈旧，技术落后，以生产日用品为主，但标志着一股新的社会经济力量的崛起。据统计，从1869年至1894年，商办企业数量只有50多家，总资产为500余万元。其中较为重要的有发昌机器厂、继昌隆机器缫丝厂、贻来牟机器磨坊、公和永缫丝厂、坤记丝厂、同文书局、自来火公司、通久源扎花厂、燮昌火柴公司等。

出于兴办军事工业及工矿企业的目的，洋务派翻译出版了许多数学、物理、化学、天文、地理学等方面的书籍，如《决疑数学》《代数学》《格致启蒙》《格致小引》《格物入门》《格物测算》《物理学》《化学鉴原》《金石识别》《化学考质》《化学求数》《矿物学手册》《矿石图说》《开煤要法》《地学浅释》《谈天》等。部分法律和史志类书籍也被引入中国，如《新加坡律列》《公法便览》《各国交涉公法论》《英律全书》等。其他还有，中国出现的第一部国际法著作《万国公法》，第一部外交学图书《星轺指掌》，第一部经济学著作《富国策》。西方传入的史志类书籍则有《欧洲史略》《大英国志》《法国合盟本末》《希腊志略》《万国通志》《列国变通兴盛记》等。《泰西新史揽要》一书"述百年以来欧美各国变法自强之迹"❷，对维新派影响较大，康有为曾将此书呈献给光绪帝。

中国近代史上第一次译介西学的高潮出现在这个时期，以介绍数理化、天文、地质等自然科学知识为主，对洋务派兴办近代工业产生了重大的影响。焕然一新的西方近代科技知识开阔了封建人士的眼界和思维，《谈天》和《地学浅释》两本书中所蕴含的天体演变和自然界发展的进化知识深深地刺痛了中国思想界，涵化成资产阶级维新派变法运动的思想工具。

除了设置北京同文馆、上海广方言馆、江南制造总局翻译馆等译述机构，办报也是洋务运动的一项重要文化事业。近代中国报刊最早由外国人创办，属于"欧风西雨"的产物。这个时期国人自办了《昭文新报》《汇报》《新报》等，在介绍西方先进自然科学文化知识、沟通商情、开拓民众视野和推动洋务运动的进程上，产生了十分重要的影响。中国人开创的新闻事业滥觞于此。

开办洋务需要大量拥有西学知识的人才，而旧式教育体制根本无法满足对

---

❶ 李鸿章:《李文忠公全书·奏稿》卷三十九，台湾台北文海出版社1980年版。

❷ 王彦威等:《清季外交史料》第七十一卷，书目文献出版社1987年版，第4-5页。

通晓西学洋务人才的需求。洋务派于是通过两种方式培养洋务人才。一是兴办新式学堂；二是奏诸清政府派员出国考察及派遣留学生。据统计，从1862年奕䜣在北京开办同文馆，到1894年烟台海军学堂的设立，洋务派共创设了24所新式学堂。以培养外语翻译人才、军事人才及技术人才三大类为主。军事人才和技术人才满足了洋务派兴办军工及民用企业的需求，而外语与翻译人才在对外交往、翻译西书、"熟悉夷情"等方面起着重要作用。受洋务思潮的影响，清政府开始派员出访，考察学习，如1875年派郭嵩焘出使英国。1877—1887年总理衙门奏定的《出洋游历人员章程》，标志着清政府从制度上鼓励官员出国学西学。

"各国语言文字、天文、算学、化学、重学、光学及一切测量之学、格致之学，各该员如有曾经留意及出游之后能于性情相近者选择学习"，就可提出申请，"以所写手册录"交到总理衙门，"以备查考"。❶1872年始，清政府又先后多次公费派遣留学生赴美、英、法、德等国深造。这些留学生学成归国后，很多成为著名人士，如杰出铁路工程师詹天佑、近代著名启蒙思想家严复等。

第三节　从"好酒不怕巷子深"到洋商广告的示范效应

中国近代民族工业是在列强的侵略及封建政权的压制下被动产生的，这也体现在其日常企业广告经营中。中国华商和企业受儒家隐忍文化的影响，初期对广告的认识，依然非常传统，停留在"好酒不怕巷子深""皇帝女儿不愁嫁"的观念阶段，广告意识淡漠。认为只要东西好，质量过硬，就不用担心销售，识货者大有人在。

这与中国几千年传统文化内敛含蓄的精神内核相适应。在政治领域也是如此。文人骨子深处有一种深深的隐士文化的烙印，所谓"大隐隐于市，中隐隐于寺，小隐隐于山"，所谓"真人不露相，露相非真人"。这些语言字字珠玑，被国人牢记于心中。诸葛亮非三顾茅庐不得见等耳熟能详的历史故事，似乎也验证了内敛的士人文化的特征。

中国文化的隐忍内核也深刻地影响到了古代的商业领域。重本抑末、重农轻商思想历来被封建统治者奉为治世圭臬。认为本正，才得以定邦安民，也是做一切事情的根本问题。广告的历史几乎等同于人类社会的发展史，原始社会就出现了广告的萌芽，直到原始社会末和奴隶社会初，随着生产力的发展，随

---

❶ 费正清：《剑桥中国晚清史》下，中国社会科学出版社1985年版，第4-7页。

着商品生产和交换的出现，早期的商品广告呱呱坠地。这时期的广告以叫卖和陈列为主。后来随着社会经济的发展，慢慢出现了实物广告、旗帜广告、标记广告、诗文广告、牌匾广告等。但从这些广告形式考量，大多属于提示型的信息传播广告，少有夸耀型的形象广告。传统观念认为，商品质量好，就一定会有人来买，就好比"天生我材必有用"，充其量挂个招牌、做个标记，来提醒买家留心就可。如果广告宣传，可能会过犹不及，反落入俗套，成了"王婆卖瓜，自卖自夸"。在这样的大环境下，中国古代商人少有大张旗鼓做广告的，也就谈不上对广告进行研究了，大不了费点儿心思，把招牌做得美观大方、醒目就行。

与此同时，洋货在报刊广告等的帮助下，渐渐地销行于中国。进入近代，列强凭借坚船利炮轰开了中国大门，中国成了西方资本主义国家倾销商品、掠夺原材料及廉价劳动力的地方。中国丰裕的人口、物产、巨大的市场曾经一度令列强垂涎三尺，虎视眈眈。1840年鸦片战争后，列强蜂拥而入，迫不及待地在中国倾销商品。这一点从时人的记述中可略见一斑。西方列强"好像全部都发了疯似的"，"这个世界是这样的广阔，倾兰开厦全部工厂的出产也不够供给她一省的衣料"。❶"今若能将数个连贯该帝国各部分的口岸，为过去欧美人士所未曾进入者，予以开放，对于美国产品的需求的扩大，必无疑义。"❷据统计，英国输华商品货值，1937年（鸦片战争前）为90多万英镑，到1845年升到了239.4万英镑。棉制品在英国输华商品中占较大比重。1842年英国输华棉纺织品为70多万英镑，1945年上升到173万英镑。❸

列强倾销商品的美梦初期并不成功。西方潮水般涌入的商品并未畅行无阻，而是遭遇了当头一棒，令列强懵然惊醒，中国几千年延续下来的自给自足的封建小农经济没有溃不成军，其对外来元素有天然的抵制力。西方列强在中国市场上倾销的洋货，消费对象十分狭窄，以少数买办、官僚、西方人等为主。洋货价格高昂，普通民众即使想购买，亦非易事。初时洋货在中国市场销售不畅，与时人购买力低下也有关系。

于是，洋商及其代理人买办借用广告作为武器，推销商品、传递商品，影响国人的生活习惯和消费心理，使国人对待洋货的态度由拒绝接受或态度漠然，逐渐变为惊奇、试用、接受。国人消费心理及消费态度、生活方式的转变不是

---

❶ 列岛：《英国资产阶级纺织利益集团与两次鸦片战争史料》，《鸦片战争史论文专集》，人民出版社，第71页。

❷ 卿汝楫：《美国侵华史》第一卷，上海生活·读书·新知三联书店1953年版，第51页。

❸ 李侃等：《中国近代史》，中华书局1994年版，第33页。

一蹴而就的，而是经历了一个缓慢的过程。近代广告作为舶来品，是随着近代报刊在中国的发展及外商倾销洋货的需要而输入中国，是洋商掠夺中国市场的利器。除了借助广告敲打中国市场的大门外，洋货还通过打价格战、让货品花样翻新等经营手段来挤压中国处于萌芽状态的民族资本主义工业，使民族工业发展缓慢，步履艰难。与此同时，洋货在广告的助阵下渐渐畅行中国，从通商口岸到沿海城市再到内陆地区，从城市到乡村。洋广告亦随着洋货的扩散而影响日盛。

关于当时在华外商对广告的重视和运用，可以用一些资料来佐证。

如19世纪后期，德国在华最大的贸易商行——美最时洋行（C.Melchers and Company），特别擅长借助广告在中国促销其商品。为了吸引消费者的注意力，扩大货品的影响范围，美最时洋行在各地大做广告，张贴商标、涂刷墙画、分发彩色卡片，推销廉价的德国造墙灯等，广告宣传的花样很多。❶

美国花旗银行在鸦片战争后就进入中国，它十分注重广告宣传。"美国花旗银行原名 International Banking Corporation，意为国际银行，其总行设在纽约。自1844年《望厦条约》订立后，美国国际银行即花旗银行即在我国上海筹设远东区分行，并运用夸大欺骗的广告术，把它的国旗用来作为分行行名，称为花旗银行。"❷

美商老晋隆洋行专门经销英美烟草，为了打开洋烟的销路，"雇了船只，派推销员深入我国内地，在各城市、各乡镇贴招贴，散发小册子，张广告，逢人赠送'试吸香烟'，使平时吸旱烟和水烟者，人手一支，改吸香烟"。❸美商老晋隆洋行的广告策略已不限于平面广告宣传，采用了类似今天"免费品尝"派送的促销策略，意在改变国人多年来养成的抽水烟和旱烟的习惯，改抽洋烟，可谓用心良苦。

根据现代广告学理论，重复诉求的广告可以起到提醒注意、加深印象、促进销售的作用。当时在华洋商为了推销商品，已经不吝斥资经年累月地大做报刊广告。如叶澄衷的老顺记洋货行为了出售一艘轮船，从1876年到1877年在《申

---

❶ [美]高家龙著，程麟苏译：《大公司与关系网（1880—1937）——中国境内的西方、日本和华商大企业》，上海社会科学院出版社2002年版，第28-29页。

❷ 董明藏：《汉口花旗银行的掠夺》，选自全国政协文史资料委员会编《淘金旧梦：在华洋商纪实》，中国文史出版社2001年版。

❸ 陈子谦，平襟亚：《英美烟草公司史话》，选自全国政协文史资料委员会编《淘金旧梦：在华洋商纪实》，中国文史出版社2001年版。

报》上持续刊登了长达10个月之久的广告。❶

在华洋商对广告的运用起了十分突出的示范作用，对近代中国工商业广告的产生和发展影响巨大，功不可没。中国民族工商业开始效仿外商使用广告促销商品，参与竞争。这加快了中国商业广告"由传统走向近代化的步伐"。❷

第四节　华商广告意识的觉醒与
近代民族工商业广告的兴起

中国近代民族工商业广告的兴起与中国民族资本主义的出现颇为相似，都是迫于外来力量的冲击，出于某种原因而发轫。民族资本主义工业的出现是为了洋务派弥补兴办军工企业经费不足的政治目的，在洋务派兴办民用工业的带动下，中国近代纯商办的企业开始诞生。中国民族资本主义在诞生和成长的过程中，受到了两股力量的干扰：封建主义和外国资本主义。这就决定了民族资本主义，一方面为了自身的生存和发展目的，不得不在政治上寻求清政府的庇护，不得不依赖外国资本主义的经济体系，互为沆瀣；另一方面，民族资本主义与洋商之间的市场竞争又十分残酷。

1840年鸦片战争后，外国商人涌入中国，设厂、经商、开展进口贸易，广告被洋商普遍应用。在华的洋商对广告的示范性运用，唤醒了中国近代民族工商业的广告意识。

中国民族工业在市场竞争及与外国商品倾销的战役中，也深深感到广告在促销、传递商情、宣传爱国思想上的重要性。为了生存和发展的目的，为了市场竞争和推销商品的需求，华商在日常经营及与洋商的较量中，开始借助大众媒介及广告作为经营的一种辅助手段，并开始学习运用以报刊为代表的现代广告这一市场利器。在效仿和借鉴的基础上，华商广告即中国近代民族工商业广告开始出现在报刊、印刷品等媒介上。由此，中国近代民族工商业广告主诞生了。

为了提高广告的有效性和针对性，华商在投放广告前，少不了会研究媒介信息，如报刊详情、发行量、受众面、广告版面、广告费用、投放频率、市场反馈、竞争对手广告及销售状况等；此外，中国民族工业还得研究企业自身情况，如商品特点、适合人群、定价、推销渠道及方式、广告费预算、市场竞争

---

❶ 周建波：《洋务运动与中国早期现代化思想》，山东人民出版社2001年版，第144页。
❷ 由国庆：《再见老广告》，百花文艺出版社2004年版，第35页。

状况等。这是从企业自身生存发展及市场竞争的角度出发，对广告进行研究的行为。这是华商在企业广告投放的过程中，呈现出的一种自发的、非主流的广告研究形式，闪现着广告学术研究的火花。关于广告的研究观点散见于时人的著述中，散见于报刊与书籍。这时的研究还只是停留在工具理性的层面，更多的是为了竞争和生产的需要，研究的也多半是广告"术"的层面，如对竞争对手广告和广告促销手段的运用等的研究。但可喜的是，广告学术萌芽的种子已开始种下了，它必将在古老的中华大地上生根、发芽、开花结果。

翻看鸦片战争前后的报刊就能发现，那个时期的报刊广告，主要登载的是外商广告，其内容涉及日用品、船期、商情等，而少见中国人的商品广告。直至19世纪70年代后，洋务运动由"求强"阶段转入"求富"阶段，在中国开办官督商办民用工业，中国民族资本主义由此出现。中国资本主义工商业广告频繁出现于报刊，始于19世纪70年代。这不是一种巧合，而是一种必然，是中国民族资本主义诞生后迫于市场竞争的必然选择。中国近代工商业广告伴随着中国民族工业的诞生而发端，而近代民族工商业的广告活动又是近代中国广告实践和研究的基础。

第五节　结论

19世纪60~90年代兴起的洋务运动，实际上是封建地主阶级集团内部分离出的一支政治派别救亡图存、挽救清朝政权的运动，是封建王朝的一种自救行动，代表着大地主阶级的利益。在当时国家不独立的半殖民地半封建社会，他们学习西方的"坚船利炮"，组织开展科学技术的西学传播活动，最终以失败告终，求强求富的愿望只能成了美好的回忆。洋务运动是近代中国传播西学的一次高潮，对封建落后的古老中国的影响波及政治、经济、文化、教育、思想等方面。1895年中日甲午战争爆发，彻底击破了洋务派求富求强的肥皂泡。

在洋务派"借法自强""中体西用""工商立论"思想的冲击下，一些封建士子的传统思想大堤裂开了缺口，对后来资产阶级的维新变法及革命起了思想启蒙作用。洋务派出于兴办洋务的需要，培养了大批政治、外交、军事、技术、翻译及经营人才，推动了近代中国社会发展的进程，而创办的新式学堂，则开了中国新式教育的先河。译书机构及报刊的创办，是重要的思想启蒙和西学传播活动，给中华大地吹来了一片新风新雨。"西书"及报刊所传递的信息的价值，远大于它们本身，开启了民智，影响了民俗，中国衣食住行的社会风尚也发生了变化。

洋务运动时期出现的官办军工企业、官督商办民用厂矿、商办企业，是中国民族资本主义的萌芽。一种全新的资本主义生产关系出现了，传统社会理念受到了冲击。"士"为"四民"之首、"商"为"四民"之末的陈旧观念被无情地鞭挞，商人的地位随着商业的进步而不断提高。近代资本主义工业产生了，它是近代中国广告业发展的助推器，丰富了中国广告主的构成。而广告主是广告活动的主体，也是广告活动的起源和归属。没有广告主的存在，广告市场和广告产业就失去了存在的现实基础。

更重要的是，"西书"及报刊不仅启蒙了资产阶级改良派的思想，而且对近代中国新闻事业的发展、报刊及广告的经营也带来了潜移默化的影响。广告是商品生产和市场竞争的利器，在列强借助广告大量倾销商品、掠夺原材料和劳动力的过程中，中国近代资本主义工商业也学会了运用广告去参与市场竞争。在与外国资本主义展开竞争的同时，广告学术研究肇显，如报刊广告经营人员和中国民族工业分别从生存和发展的角度出发，站在各自立场上，展开了广告研究。此时的广告研究是零星的、非系统的，甚至是非自愿的，更多的，是出于市场竞争及报刊本身发展的需要。报刊和华商都需要借助广告经营来支持生存和发展，为此，就必须在广告经营上钻研，如研究版面的大小、编排，广告客户的开发、接洽，与竞争对手的差异性等。这样，非系统的、零散的广告术理论研究产生了。零星的广告见解散见于当时的报章、书籍及言论中，近代中国新闻及广告学术活动由此发端。

可见，商本主义是中国近代民族工商业产生的思想根源，洋务运动则最终直接促进了民族工商业的诞生。在西学东渐和工业文明的大背景下，伴随着近代中国民族工商业的产生与发展，近代报刊广告实践不断向纵深挺近，我国由传统广告向近代广告即大众传媒广告时代过渡。丰富多彩的近代民族工商业的广告活动又是近代中国广告实践的重要组成部分和推动力量，是广告业得以持续发展的市场基础。前广告学时期，我国的广告学术研究活动，是伴随近代广告实践的发展而萌芽，以"术"为主，"学"为"术"服务，散发着浓郁的实用色彩。广告术与广告学并驾齐驱，为20世纪30至40年代中国近代广告业的繁荣起了一个良好的开头。

第二章　近代报刊及报刊广告实践的发展

——广告学诞生的媒介基础

任何一门学科的发展都不是一蹴而就的，会有一个渐进的演变过程。广告学学科的独立呈现，概莫能外。近代报刊及报刊广告实践的发展，为我国近代广告学诞生奠定了良好的媒介基础。理论离不开实践，实践是理论的基础，理论推动实践的深入。近代广告学术研究的不断深入，离不开近代广告实践的发展，而近代广告实践则主要以报刊广告经营为基础存在。报刊广告出现后，凭借自身的优点，迅速替代了传统的招贴和牌匾等形式，被广泛关注与应用，成为1918年后中国近代应用最普遍、最重要、最受瞩目的广告形式。因此，通常认为，报刊广告的出现是近代广告诞生的"最显著的标志"❶。此时，中国报业的发展还不充分，工商业兴衰直接影响到报刊广告的刊登，广告实践以与工商业联系紧密的报刊广告活动为主。报刊广告实践所作的各方面的尝试，是传播主体报人关心和研究的主要对象，理论层面的著述很少。有关广告方面的研究，零星的成果散见于各类报刊，相关的广告学科尚未建立。说到这里，我们就不得不先来探讨一下近代中国报刊广告的实践。这可以从两个方面来考察。一是丰富多彩的报业广告活动，为学术理论研究提供了素材和内容；二是报刊出于实际的需要，不自觉地对自身的广告实践开始了理论层面的探讨。

第一节　丰富多彩的报刊广告实践为
理论研究提供了良好的素材和内容

从1815年到1917年的百余年间，教会报刊、商业报刊、国人自办报刊、政

---

❶ 陈培爱：《中外广告史》，中国物价出版社，第37页。

党报刊先后兴起，在中国新闻传播业的舞台上，主角不断变换。不过众所周知，中国近代化报刊是西学东渐的产物。最早来华从事报刊实践的人是基督教的传教士及外国人。近代中国报刊广告实践最早是从教会报刊开始，开始于19世纪一二十年代；商业报刊紧随其后，开始于19世纪20年代；19世纪50年代中叶，国人自办报刊出现；政党报刊的报刊广告实践最晚出现，开始于19世纪90年代。教会报刊是最早创办的近代中文报刊，办刊宗旨表面上是传教或传播西学，实际上是为了配合西方列强的侵略行径，妄图从思想和心灵上愚弄和麻痹中国人民。但是，教会报刊将报刊与广告结合，最先将西方大众化报业时代的报刊广告模式引入中国。

一、鸦片战争前的中国近代报刊广告实践

虽然中国是世界上最早拥有报刊的国家之一❶，但真正意义上的近代报刊产生于19世纪初，是西学东渐的产物。中国近代报刊最早是由外国人所创办的。鸦片战争前，外国人所办的中国近代报刊分两类：一类是传教士报刊，大多创办于东南亚；另一类是商业报刊，大多创办于中国境内的澳门、广州。报刊出版地选择东南一隅的澳门、广州和中国境外的东南亚，主要原因是清代的禁教和闭关锁国政策，使西方人妄图在中国传教及办刊几无可能❷。

除了少量商业报刊外，近代早期中文报刊以教会报刊为主。因此，鸦片战争前近代中国报刊的办报主体也以传教士为主，兼及商人、政客等，全是外国人。据不完全统计，鸦片战争前创办了20多种中外文报刊❸。其中，传教士创办的报刊有17种（6家中文报刊和11家外文报刊）。❹这一时期除了训练有素的少量

❶ 唐玄宗开元年间出现的《邸报》是我国现存最早的报纸。《邸报》主要内容为皇帝的诏书、封建王朝的法令、官员的任免褒贬、各级官僚的奏章疏表及军情等。《邸报》相当于现存的政府机关报，至清代改为《京报》。无论是《邸报》还是《京报》，均为不定期出版，发行量小，仅在朝廷及官僚间流传，不刊登商业广告，报纸的政治色彩浓厚，商业功能空白。因此，不能看作真正意义上的近代报刊。

❷ 如 1811 年（嘉庆十六年）清政府颁布的禁教上谕对违令者的处罚十分严厉。"嗣后西西方人有私自刊刻经卷，倡立讲会，蛊惑多人及旗民人等向西西方人转为传习，并私立名号，煽惑及众确有实据，为首者，意当定为绞决；其传教煽惑而无名号者，着定为绞；其仅止听从人教不知悔改者发往黑龙江，给索伦达呼尔为奴，旗人销去旗档……"关于传教处境不妙此点，从马礼逊 1815 年在向伦敦方面汇报时的内容也可得到印证。"余等在中国之传教及印刷业，均受当局所限，即或个人居留尚属疑问，是以急需在中国邻近寻觅一属基督教之欧洲政府统治之地区，设立华人宣教总部。"东南亚、澳门当时均为欧洲列强殖民地。东南亚华人、华侨多，靠近中国，便于对华传教，于是被传教士择为根据地进行对华传教活动。作为文化思想重要载体的报刊于是以东南亚、澳门、广州为中心诞生。至于为什么选择创办报刊进行"学术传教"，是因为"别的方法可以使成千的人改变头脑，而文字宣传可以使成百万的人改变头脑"。而且中国方言众多，但"文字"及"文章的体裁"却是统一的。

❸ 杨海军：《中外广告史》，武汉大学出版社 2006 年版，第 121 页。

❹ 王炎龙：《西学东渐：中国近代报业发展的历史阐释》，《广西师范大学学报（哲学社会版）》2003 年第 4 期，第 139 页。

外国传教士通晓汉文之外，多数外国人均不谙中文，故所办报刊以外文报刊居多。外国人所办中国近代报刊，都比较重视报刊的商业功能，注重报刊的广告经营，辟有广告专版来延揽广告业务。报刊广告的出现是"近代广告发展的最显著的标志"，早在鸦片战争前，中国近代报刊广告就已经出现了。近代报刊及报刊广告的出现，标志着中国广告从传统走向近代。

报刊及报刊广告的发展，不仅丰富了广告理论研究的内容，促使广告理论研究活动的出现，还为广告理论研究提供了刊载和传播的平台。

1. 传教士报刊的广告实践

我国的近代报刊肇始于外国传教士的教会报刊，"以阐发基督教教义为根本要务"[1]。早期教会报刊说教色彩浓厚。只不过当时"天朝上国"视基督教为异端，对远涉重洋而来的"远人"十分排斥。在这种状况下，外国传教士直接从事传教活动不可能成功，为了消弭华人对外来文化的抵触情绪，其施行了温和的方式，采取"学术传教"的策略。"将一般知识普及和基督教的推广活动相结合"[2]，企图通过文字（办报）和教育（办学）布道传教，实行文化渗透，为列强进一步的政治、经济及军事侵略作准备。后期的教会报刊内容发生了转变，不再是定期的宗教出版物，而是重点宣传和夸耀西方文明的优越性，提供各国概况和商业信息满足中国社会"睁眼看世界"的需要，企图用炫耀西方文明的优越性来扭转中国人对西方的"成见"。

西方传教士报刊将报刊与广告相结合，最先将西方大众化报业时代的报刊广告模式引入中国。1815年8月5日，英国传教士马礼逊和米怜在马六甲创办了第一份中文近代化报刊《察世俗每月统记传》，以阐述基督教教义为第一要务，每期面向东南亚一带的华侨发行500~1000份。该刊创刊号上就刊登了广告，即《立义馆告帖》："愚已细想过教子弟之好处与不教子弟之恶处，所以今定呷地而立一义馆。请中华广、福两大省，各兄台中，所有无力从师之子弟，来入敝馆，从事学道成人。其延先生教授一切之事，及所有束金、书、纸、笔、墨、算盘等项，皆在弟费用。兹择于七月一日，在敝处开馆。理合将寓意写明，申告各仁兄，任凭将无力从师之子弟，送来进学……"这实际上是一则招生广告（告诉读者一间免费学校即将开课，欢迎家长携子女前往报名学习）。"义馆"是一所由马礼逊、米怜等传教士免费面向中国人创办的学校。《立义馆告帖》是近代

---

[1] 米怜：《基督教在华最初十年之回顾》，马六甲英华书院 1820 年版。
[2] William Milne:A Retrospect of the First Ten Years of the Protestant Mission to China,p138.

中文报刊上最早刊登的广告。该刊十二月号上又刊登了一则《告帖》:"凡属呷地各方之唐人，愿读察世俗之书者，请每月初一、二、三等日，打发人来到弟之寓所受之……弟即均为奉送可也。"❶这是一则赠送《察世俗每月统记传》的报刊发行广告。该报刊还刊登过"吗喇呷（马六甲）济困会"❷的会务报告，具有广而告之的功能。除此之外，几乎没什么商业性广告。

1823年，英国传教士麦都思在巴达维亚（现雅加达）创办中文报刊《特选撮要每月纪传》，最初每月发行份。麦都思曾协助米怜办刊，创办《特选撮要每月纪传》旨在继承米怜遗志，同时扩大伦敦布道会在恒河以东区域的影响。❸"夫从前到现今已有七年，在吗啦呷（现马六甲）曾印一本书出来，大有益于世，因多论各样道理。惜哉作文者，一位老先生。仁爱之人已过世了，故不复得印其书也，此书名叫察世俗每月统记传……弟要成老兄之德业，继修其功，而作文印书，亦欲利及后世也，又欲使人有所感发其善心，而接邁去其欲也。弟如今继续此察世俗书，则易其书之名，且叫做《特选撮要每月纪传》。此书名虽改，而理仍旧矣。"❹

《特选撮要每月纪传》相当于《察世俗每月统记传》的"巴达维亚版"，也有少量的告帖，二者内容无异，后者说教色彩更浓烈些。1826年，《特选撮要每月纪传》停刊。

1828年，时任英华书院院长❺、教授的英国传教士吉德（Samuel Kidd，1799—1843）❻在马六甲创办中文月刊《天下新闻》，主要内容为中国新闻及西方知识、欧洲的科学、历史地理、宗教与伦理等，1929年停刊。《天下新闻》是否刊登过广告或辟有广告专栏，因目前原件缺失，不敢妄下结论，详情留待今后进一步的发掘与研究。

---

❶ [新加坡]卓南生:《中国近代报业发展史（1815—1874）》增订版，中国社会科学出版社2002年版，第31页。

❷ "吗喇呷济困会"是伦敦布道会马六甲分会所属的一个济贫组织，会务报告内容有捐款的情况、款项进出情况等。

❸ 此参见卓南生:《中国近代报业发展史（1815—1874）》，中国社会科学出版社2002年版。

❹ 《特选撮要序》，《特选撮要每月纪传》1823年7月号，第2-3页，转引自卓南生书。

❺ 英华书院（Anglo-Chinese College）于1819年11月10日由传教士米怜在马六甲创立，旨在促进中国与欧洲文学的相互学习及传播基督教，为西方传教士、大学教师、商人、领导馆馆员等提供学习中国语言文学的地方，文学在这儿只是手段而非目的。直到1842年《南京条约》签订为止，英华书院都是为欧美培养"中国通"的唯一学校。参见卓南生书。

❻ 吉德精通中文，曾任马六甲教会学校英华书院中文教师、院长，1937年成为伦敦大学中国语文与中国文学讲座教授。

　　1833年8月1日，德国传教士郭士立❶在广州创办《东西洋考每月统记传》，这是在中国境内出版的第一份近代中文报刊。"这份刊物的发行目的虽在传教，但方法上是由传播西方知识入手"❷，把宣传西学、改变中国人对西方文明的看法作为头等要事。该刊设有史记、地理、贸易、新闻等栏目，分别介绍西方的历史、地理、政治、经济、法律、天文、科学技术等知识。该刊几乎每期都辟有"新闻"栏，这是以往教会报刊所没有的。"新闻"栏名不副实，刊登的是介绍西方各国概况的文章，而非新闻报道。1834年1月刊登了一篇《新闻纸略论》的文章，介绍了报纸在西方的起源和发展及有关新闻自由的制度和法律、英美法三国的新闻纸概况等，是一篇研究早期新闻传播学不可多得的好文章，极具参考价值。可惜该篇文章里未出现只言片语有关广告研究方面的内容。

　　《东西洋考每月统记传》为中国人打开了一扇了解西方文化的窗口，其"宗教内容已退居次位，解释教义的专文没有了，阐发基督教教义已不是刊物的基本要务"❸。其刊物的编辑重点从传教转为"宣传与夸耀西方文明的优越性。"❹郭士立及其所办刊物对西方文化不遗余力的鼓吹，客观上"符合中国内部进步力量进行变革的需要，帮助了先进的中国人认识时代并寻求挽救民族危亡的途径"。鸦片战争后中国经世思潮兴起，其中的代表人物林则徐、魏源应该说都不同程度地受到了《东西洋考每月统记传》的影响，从中汲取了些许养分。❺

　　《东西洋考每月统记传》从道光癸巳年六月（1833年8月）创刊，至道光戊戌年九月（1838年10月）停刊，历时5年，在近代中国西学东渐的进程中占有重要的地位，不仅是当时国人了解西学的窗口，对于我们现在研究近代史的相关问题如报刊、新闻、广告等都是难得的珍贵史料（据黄时鉴考证，该刊现存39期，但其中6期内容完全一样）。

　　《东西洋考每月统记传》商业广告刊载量较多。从道光甲午年（1834年）正月出版的第8期开始，增辟"市价篇"，刊登"各货现时市价"表。如甲午年（1834

---

　　❶ 郭士立为伦郭布道会传教士，职责是从事基督教新教的拓教活动，但1931—1933年，他三次搭乘不同船只前往中国沿海地区进行侦察活动，搜集中国各个港湾的军备、战舰与炮台布局等军事情报，并绘制了详细的航海图。情况公诸于世后，引起震惊，一方面清政府腐败无能暴露无疑；另一方面英国人开始精心策划战争，企图以武力打开通往闭关锁国的清朝的经商大门。郭士立还以所见所闻，建议以行贿清朝官员的手段来达到鸦片贸易的目的。鸦片战争后，他是《南京条约》起草文的中文译者。西方传教士打着传教的幌子行侵略之实，从事着与身份不符的肮脏勾当。

　　❷ 蔡武：《谈谈〈东西洋考每月统记传〉》，《国立中央图书馆馆刊》第2卷第4期。

　　❸ 方汉奇：《中国新闻事业通史》第一卷，中国人民大学出版社1992年版，第266页。

　　❹ 卓南生：《中国近代报业发展史》，中国社会科学出版社，第61页。

　　❺ 据黄时鉴考证，魏源《海国图志》共引用《东西洋考每月统记传》13期，引用该刊的文字多达28处，引用文章24篇。爱汉者：《东西洋考每月统记传》，中华书局1997年版，第28页。

年）二月至五月号"市价篇"上，刊登了"省城洋商与各国远商相交买卖各货现时市价"，详细陈列了"入口的货"（进口货物）的种类、等级及交易价格。一般认为，《东西洋考每月统记传》的"市价篇"，是中国境内中文刊物刊登商业广告的滥觞。

《东西洋考每月统记传》1837年迁至新加坡出版，更加重视对商业信息的刊登。"原来读斯记传，为商贾多矣。是以开洋货单、论生理之事，欲读者加意顾东西洋考。"❶在戊戌正月（1838年2月）该报刊一篇谈论《东西洋考每月统记传》的文章中，编者（郭士立）指出："本年每月应说明广州府、新嘉坡二处之市价。各商知此，有益于行务也。亦说明载人运出之货，而陈经营之形势矣。且传东西洋之新闻消息。各商要投卖货物，或有他事，致可通知，得以明说而登载之。"编者意识到该报刊读者中"商贾多矣"，于是开始加大商业信息的刊载来为读者服务。同时，还公告"各商贾"，该报刊可为"投卖货物"作宣传，登载广告。这一方面体现了编者的广告意识；另一方面也体现编者的读者本位思想。关于这一点，可从1838年开设"贸易"栏更进一步地得到佐证。

1838年10月18日，《各国消息》中文月刊在广州出版，由麦都思及其女婿奚礼尔（Charles Batten Hillier, 英国人）创办。该刊现仅存两册，原件藏于大英图书馆。《各国消息》虽为传教士报刊，但已不刊登宗教内容的文章，而是以介绍各国国情概况和广州进出口货物行情及资讯为中心。刊物编辑方针的变化，不仅体现了主办者的办刊宗旨及思想观念上的改变，更是当时社会现实的观照，介绍各国国情迎合了鸦片战争前夕中国封建社会内部中上层开明人士"悉夷情"的心理；广州"十三行"为清政府指定的对外贸易垄断机构，该报对"入口货""出口货"及"广东省城洋商与各国远商相交买卖各货现时市价"的刊载，可以满足"十三行"及相关商人对商业资讯的渴求。这也从另一个侧面反映了鸦片战争前中国东南沿海城市的社会风貌，国民的心态由封闭趋向"悉夷情"，开始打量周边世界，"天朝上国"的自大蒙昧心态受到了外来文化的挑战，重商主义思潮的因子孕育待产。《各国消息》与《天下新闻》一样，均因为创刊时间太短（创刊第二年即告停刊）而影响不大。

从现存两册的目录上看，《各国消息》是以《东西洋考每月统记传》为范本来进行内容及版式的编排的，其中的"省城""入口货""出口货"（1838年10月总第一期）及"广东省城洋商与各国远商相交买卖各货现时市价"（1838年11

---

❶ 丁酉正月即1837年2月新《东西洋考每月统记传》序文。

月总第二期）栏是刊登商情的广告栏目。详见表2-2-1。❶

表2-2-1　《各国消息》版式及内容

第一号　戊戌年九月朔日 (1838年10月18日)立		第二号　戊戌年十月朔日 (1838年11月17日)立	
版式	内容	版式	内容
第一页至第二页	郭尔喀国（尼泊尔）阿瓦国（缅甸的一部分）	第一页至第二页	英吉利国
第二页	省城（刊登广州商业资讯）	第二页	比耳西国
第三页	前月间外洋风飓不测坏船无数入口货出口货	第三页至第七页	广东省城洋商与各国远商相交买卖各货现时市价

2. 商业报刊的广告实践

上述是鸦片战争前传教士报刊刊登广告的情况。该时期非教会报刊登载广告的情况又是怎样的呢？鸦片战争前外国人还创办了一些非宗教性质的商业报刊，都是外文报刊。1822年8月，中国境内出版的第一份外文报刊——葡文周刊《蜜蜂华报》在澳门创刊，创办者是澳门立宪派发动民主运动的领袖——葡萄牙人巴波沙少校。葡萄牙人在澳门创办了36种葡文刊物，如1834年的《澳门抄报》、1836年的《帝国澳门人》、1838年的《澳门政府公报》等。

当时商业类报纸比较少，虽然社会上已经初现渴求商业资讯的苗头。1827年11月18日，英文商业报刊《广州纪录报》（Canton Register）在广州创刊，这是广州出现的第一家英文报刊，由英国大鸦片贩子马地臣出资兴办，以"发表丰富而准确的物价行情"为中心。该报的最初名称是《广州纪录和行情报》，为英国商人在中国倾销商品和获取商情资讯服务。该报馆附出的《广州行情周报》（Canton General Price Current）是一份明显带有广告性质的报纸。❷

广州当时是清政府指定的对外贸易集散地，澳门则为葡萄牙殖民地，故此两地集聚了大量的外国商人等，为商业报刊在这两地的创办提供了肥沃的土壤。当时外国人办的各类外文商业类报刊，刊载商业资讯，促进商品销售，主要是为从事对华贸易的外国商人、政客等服务。由于实行商业化经营的办报方针，

---

❶ 转引自卓南生：《中国近代报业发展史》，第6页。
❷ 丁淦林：《中国新闻事业史》，高等教育出版社2002年版，第40页。

作为报馆重要经济来源的广告就十分受重视。教会报刊从1815年的《察世俗每月统记传》到1838年的《各国消息》，传教内容逐渐淡漠，直至消失。但其办刊宗旨是以宣传基督教为主，经营上非商业化，广告栏目的开辟只是为满足商人读者及扩大教会刊物的影响，对广告的重视程度不如商业类报刊。

二、商业报刊时代——鸦片战争后中国近代报刊广告实践

鸦片战争的失败，标志着清政府闭关锁国政策的终结。西方列强用军事侵略迫使清政府签订了一系列不平等条约，攫取了众多特权，其中就有办报的权利。外国人办报活动迅速发展起来，报刊数量剧增。据统计，从19世纪40年代到90年代的近半个世纪里，外国人先后在我国创办了170种中外文报刊，约占同期我国报刊总数的95%。[1]报刊出版地从广州、澳门及东南亚逐渐移至中国境内。随着通商口岸的不断增加及列强势力的侵入，出版地由南向北、向东南沿海沿河及内陆省份扩展，并形成了以上海、香港为中心的新的报刊出版基地。

商业报刊发展迅速，居于这一时期报刊的主导地位。因此，本书将这个阶段称为商业报刊时代。传教士办报依然活跃，所办报刊以中文为主，宗教内容已退居其次。19世纪中叶开始，国人早期办的报刊出现于广州、香港、上海、汉口、天津、青岛等地。

1. 鸦片战争后商业性报刊与广告实践

鸦片战争以后，西方传教士、商人、政客等大量涌入中国开放的口岸，迫切需要了解中国时政新闻和商业资讯。以这些人为阅读对象的外文报刊应运而生，尤其商业性外文报刊发展更加迅猛。

发展迅速的商业性报刊，取代了教会报刊，成为这一时期的报业主流。早期的商业类报刊以英文报刊居多，出版者为外国商人，受众是外国人。新闻报道、广告、行情、船期是这些外文商业报刊的主要内容。虽为商业报刊，但不乏政治色彩，为维护外国人在华利益及为殖民政策作辩护服务。"保卫外国在中华之所有政治商务利益，并抵拒华人之舆论。"[2]代表性报刊有1842年3月17日英商奥斯威尔德创刊于澳门、同月24日出第二期时迁到香港的《中国之友》，1845年英商肖锐德创刊于香港的《德臣报》（香港历史最长、影响最大的英文报），1857年美商茹达和英商莫罗在香港创办的《孖剌报》（外国人在华创办的第一份

---

❶ 袁军，哈艳秋：《中国新闻事业教程》，中国广播电视出版社1996年版，第25页。

❷ 《北华捷报》。

日报），1861年11月英商字林洋行创办的《上海新报》，1872年4月30日英人美查兄弟在上海创办的《申报》（标志着中国近代商业报纸的开端），1882年4月字林洋行在上海创刊的《字林沪报》（1890年后，此报售给中国人办的"赵新记"商号，1898年5月转由中国人姚文藻的"协记"经营），1886年天津的《时报》，1893年2月17日英商丹福士在上海创办的《新闻报》（1899年转与美商福开森），1893年汉口的《字林汉报》等。

上海和香港是19世纪40年代至90年代末中国报刊的两个出版基地。据统计，1841—1894年，两地出版的外文报刊占全国报刊总数的80%，两地出版的中文报刊占全国报刊总数的50%。

香港是最早的出版中心。19世纪60年代以后，上海伴随着自身政治、经济地位的提升，逐渐取代香港成为中国报刊出版中心。1864年英商字林洋行创办《字林西报》，1867年《大美晚报》在上海创刊，1881年8月15日史密斯于香港创办《士蔑西报》，1881年《南华早报》在香港创办，1886年《天津时报》在天津创刊。这些外文商业报纸主要面向外国人发行，在相当长的一段时间内，广告主以外商为主，刊登了不少外商及洋货的广告。

商业报纸在中国的发展是一个渐进的过程。早期的商业性报刊均为外文报刊，从1827年的《广州纪录报》到1857年香港的《孖剌报》，读者对象和广告客户几乎都是外国人和外商，发行量和辐射范围有限。19世纪50年代末，随着列强经济势力的渐渐深入，商业报刊开始兼顾中外读者，外商仍是主要广告客户，但发行量和影响范围扩大了。1857年的《香港船头货价纸》是其中的典型，它与外文商业报刊关系密切，是英文日报《孖剌报》的中文版子报，广告约占2/3篇幅。19世纪60年代后，中文商业报刊在上海、天津、广州等地陆续出现，读者对象以中国的普通百姓为主，兼顾外国人；广告客户中华商与洋商兼有；发行量和影响力大大提升。19世纪70年代前，中国报界是外国人创办中国报刊的天下。19世纪50年代后，中国自办报刊出现。1874年1月5日，王韬和黄胜在香港创办《循环日报》，这是中国人自办成功的最早的中文日报。

19世界70年代开始，随着《申报》《字林沪报》《新闻报》等的陆续问世，报刊在经营方式、业务观念、内容编排、物质技术等方面进行了重大的革新，标志着外国人所办的商业报刊巅峰时期的来临。

无论是外文商业报刊，还是中文商业报刊，除了刊登新闻报道、商贾贸易、行情船期等主要内容外，都十分注重广告经营。广告成为刊物的重要组成。一方面，商业报刊的生存与发展依赖发行和广告；另一方面，外商又必须依附报刊广告来实现商业目的。此时期的广告主以外商居多，随着时间的推移，华商开始效仿洋商，逐步地加入了报刊的广告竞争中。例如，《香港纪录报》（1843年,《广州纪录报》迁往香港易为此名）、《中国之友》（1842年）、《德臣报》（1845年）、《孖剌报》（1857年）、《士蔑西报》（1881年）均属英文商业报刊，以刊登新闻、商情、船期、广告为主要内容。

《北华捷报》是上海第一家英文报刊,1850年8月3日由英国拍卖行商人 Henry Shearman 在上海创办，周六出版，主要刊载广告、行情和船期等商业信息，发布过分类广告和头版广告。

《香港船头货价纸》（1857年11月3日）是中国最早的中文商业报刊，是英商孖剌所办英文日报《孖剌报》的中文版，每周三期，分别于每周二、四、六出版。该报每期两页，正反面印刷，是第一家小型版形式的近代报纸，与此前近代报刊采取线装书装订方式相区别。该报规格为长41厘米，宽28厘米，第一、二页报版均为竖式四栏，每栏又分为若干不等小栏。第一版上方为通栏的报头及出版日期、期号等，第一版右上方第一栏的第一条几乎期期都固定刊登"未士孖剌新文纸馆谨启"（相当于现在报刊广告刊例），其下面的第二条通常是"新闻"；第四栏最后一条通常刊登"鸦片行情"；其余为"前往旧金山""洋船出赁""洋船出卖""桅木出卖"等商情及广告。第二版右上刊登的"现在香港澳门黄埔落货往各埠之船列左"广告，几乎每期都有，内容为"船名""船主名"及"庄口名"（停靠站点），约占第一栏至第三栏版面的2/5。其余内容是"洋硝出卖""药材出卖""天源公司""前往上海""请人雇工""英国大状师"等广告及商业资讯。为了照顾中国商人的阅读习惯，该报行文采用竖版从右到左、无标点的书写格式。值得注意的是该报的每个广告都加了三五字的醒目标题，广告内容一目了然，也便于商家阅读和获取信息。给广告加上小标题也是现代报刊广告的规范要求之一。

《香港船头货价纸》还为部分广告配上了图案。图案共有四种，分别代表一定的内容。第一种图案是木帆船，多与"洋船出赁""洋船出卖""前往福州"等洋船出租、出售及船期广告搭配使用。第二种图案是"火轮船"，与火轮船工商广告搭配使用。第三种是拍卖场景的图案，搭配在货物出投的广告中。第四种是房屋的图案，搭配在房屋及货仓的租售广告中使用。这些图案在广告中的使用，十分醒目，辅助广告文案信息的传播，使广告内容一目了然，而且图文并茂，既丰富了版面风格，又容易抓住受众的视线。此种文图并茂的广告风格，为近代中国报刊广告的发展提供了有益的启示。其后的中文报刊广告如《申报》《香港中外新报》等都或多或少地受到了该报的影响。《香港船头货价纸》的出现，标志着相关商业社会的形成，以及中文商业报刊的崛起，堪称"中国第一家以报纸形态出版、两面印刷的近代化中文报刊"（戈公振语）。

《香港船头货价纸》后易名为《香港中外新报》《中外新报》。根据新加坡学者卓南生的研究：《香港中外新报》大约诞生于19世纪60年代，1872年5月4日之前，该报每周二、四、六出版"新闻纸"，并刊登行情新闻，每周一、三、五发行"行情纸"。1872年5月4日之后，该报不再在"新闻纸"上刊登行情新闻，而是"另纸刊印"，每天都印发"行情纸"（周日除外），"新闻纸"则仍然只在每周二、四、六出版。可见，该报对商业及广告相当重视，这也是适应了当时社会发展的需要。

《上海新报》（1861年11月）是英文报《北华捷报》的中文版商业性报刊，也是鸦片战争后上海创刊的第一份近代中文报刊。该报分四版，除少量报道新闻外，第一版、第三版、第四版都大量刊登广告，且图文并茂，其广告专版亦称"船头货价纸"，大概受到了1857年创刊之《香港船头货价纸》的启示。《申报》创办之前，《上海新报》在上海报界处于龙头老大的地位。

《香港华字日报》1872年4月27日创办❶，与《香港中外新报》《循环日报》并称为"19世纪香港最早发行的三大华文日报"。其前身是英文报《德臣报》于每周六出版一次的中文专页《中外新闻七日报》，由陈蔼廷任主笔。内容以中文新闻为主，少量刊登广告。1872年4月改名《香港华字日报》，独立出版，编辑风格大变，每期四版，竖排版面。第一版为"各等什货并股份行情"，横排五栏；第二版为新闻版："中外新闻""羊城新闻""京报"，竖排六栏（下同）；第三版主要是告白（广告），并有船期及"各股份公司行情"；第四版为广告及商船所载货物及价格信息。由此可见，该报对商业广告、股份公司行情及船期极为重视。这也从第一版该报报头下方的副题"并附船舶消息货价行情"上得到体现，商情及广告是该报的重点，经营上的商业色彩十分浓厚。

《申报》是近代中国最有影响力的商业报刊。由英商美查创办，后转给中国民族资产阶级经营。商业报刊是以赚钱为目的，"夫新报之开馆卖报也，大抵以

---

❶ 也有观点认为此报应创刊于 1864 年，本书同意新加坡卓南生的观点，参见其所著《中国近代报业发展史》第 153-161 页。

行业营生为计"。"若本报之开馆，余愿直言不讳焉，原因谋业所开者耳。"❶《申报》毫不讳言其作为一份商业化报纸的"营生"赢利的办刊宗旨，因此对报纸的两大营收来源——发行和广告十分重视。1872年4月30日《申报》创刊号共出八"章"（版），总计刊登了20条广告。创刊号头版头条就刊登了《本馆告白》，其后接载《本馆条例》，专门介绍该报的发行和广告事宜。当天报纸第六"章"（版）后附刊了发行和广告事宜。第七章（版）为广告版，共计9条广告；第八章（版）为"各货行情"表及船期。从创刊第2年起，《申报》广告版面就占了一半左右。

《申报》初创期刊载的主要是洋商洋货广告，翻阅那时的报纸，满目皆是"彩票""拍卖""招股"等内容的洋商广告。中国民族资本主义工商业尚处于稚嫩期，华商数量少，实力小，市场地位弱。针对华商广告客户资本少的特点，《申报》推出了洋贵华廉的广告刊登特例，可谓用心良苦，所以很快就赢得了大批华商广告客户的青睐。到后来，《申报》的发行量和发行范围日益扩大，影响剧增，不论是洋商还是华商，凡是在上海做生意者，一般都会选择在《申报》上投放广告，宣传产品，为参与上海市场的竞争作好铺垫。

《新闻报》也是近现代上海地区的知名商业报刊，于1893年2月17日由英商丹福士创办，1899年转给美商福开森（John C.Ferguson, 1866—1945）。该报以经济新闻、商业资讯及广告为主要内容，并且非常重视广告和发行，将两者视为"经济命脉"和"养命之源"。因晚于《申报》21年诞生，《新闻报》初期的经营压力很大，广告招商维艰。例如，戏院节目预告是当时报刊广告的重头戏，而在上海地区刊登戏目广告，戏院都选择《申报》，因为《申报》办报时间长，在上海市民中的影响大，发行量也大。于是，为了与《申报》竞争，扩大发行量，赢取戏院老板的好感及市民的关注，《新闻报》每天都派人到各戏院抄录戏目，慢慢地取得了广告客户和市民的信赖，在上海市站住了脚跟。该报每期发行量也从仅销300份，增加到1894年的期销3000份。到1928年发行量突破15万份，超过《申报》，创下中国日报发行量的最高纪录。《新闻报》的广告随之发达起来，2/3版面被广告占领，年营业额达百万元，终于发展成为中国近现代上海地区的一份著名商业大报，与《申报》相媲美。❷

---

❶ 《论本馆作报本意》，1875年10月11日《申报》第1版。
❷ 刘家林：《新编中外广告通史》，暨南大学出版社2000年版，第160-162页。

2. 国人自办近代化报刊的广告实践

中国人自办近代化报刊的尝试开始于19世纪50年代，主要仿照外报范式。到19世纪70年代，中国人主办之商业报刊纷纷出现。国人所办的商业报刊都仿效外报范式，改进了报刊业务，比较重视广告的经营。其中，比较著名的有《循环日报》和《述报》。

《循环日报》（1874年）是早期国人自办报刊中影响最大的一份中文报刊。创办者王韬是中国近代的著名报人，也是早期维新思想的代表人物。因此，《循环日报》非常重视政论，十余年间刊发了数百篇王韬执笔的政论文章，积极宣传资产阶级改良思想，推崇君主立宪制，并主张学习西方，走"恃商为国本"的道路，"以其为长，夺其所恃"，大力扶持民族资本主义工商业，以实现国富民强。就是这样一份"广见闻""通上下"以政论为主的报刊，广告也占有一定的篇幅。该报每日出版两页四个版面，星期日休刊。第一版为横排分栏，刊发"杂货行情"及"各公司股份行情"类经济新闻；第二版至第四版均为竖排五栏，第二版和第三版是新闻版，刊登"京报全录""羊城新闻""中文新闻"，也转载其他报纸（如《申报》）的文章，第三版左上方为"香港、黄埔、澳门等处落货往各埠"的船期表；第四版是广告版。可见与同时期外国人所办的中文报刊相比，《循环日报》的广告并不多，原因可能是该报标榜为"华人社会之喉舌"，民族意识鲜明，较难获得洋商的信赖和支持，故早期关于船务、洋行及药局等洋商的广告很少。当然，报刊初创，经营尚未稳固，前途未卜，这应该也是其难获洋商认可的原因之一。

为了缓解初期报刊经费紧张的状况，而外商广告又少，王韬不得不用所办之中华印务总局（前身为英华书院，1872年初王韬与友人黄胜筹资买下）的营收来补贴办报亏空。中华印务总局的广告经常出现于《循环日报》上，特别在初期几乎天天刊登中华印务总局的印刷、售书、售药等广告。可见在办报的同时，中华印务总局的经营一直在持续。为了扩大发行量，招揽广告，除了香港与澳门，该报还在五大通商口岸及海外华侨聚集地如旧金山等设立代理店，并为外埠读者提供邮寄报刊的服务。为了邮寄方便，将每周所刊登的新闻、广告及"行情纸"另行刊印，装订成一册，目的是便于邮寄和外埠客商的翻阅与保存。"每礼拜日即将前六日之新闻积累连续，另行刊印装订一本"，"行情告白等件，亦皆刊列在内"。❶

---

❶ 《循环日报》1874 年 2 月 11 日之《本局告白》。

　　为了在第一时间将所获得的信息传递给读者，《循环日报》每天都发行"行情纸"，以小纸印刷，将报刊截稿后接获的重要的最新消息刊登于此，且不受版面限制。"特印小纸，以便先得览观。"❶《循环日报》从创刊开始，就常在新闻版刊登《京报全录》，转载《京报》上的重要新闻。为了强调新闻的时效性，《京报》采用邮递而非船运来获取，"系从京师邮递至粤"，比船运南来快捷，足见该报对读者的重视。也是出于竞争的需要，抢先刊登重要新闻，吸引读者的注意，扩大发行量和增加广告的收入。

　　始于19世纪50年代中叶的国人自办报刊中，创刊于广州的《述报》是其中的佼佼者。广州是中国近代史上一个非常著名的城市。鸦片战争前，广州的"十三行"在清政府的庇护下，垄断了当时中国的对外贸易，深受西方人喜欢的中国的丝、茶、瓷器等商品都是通过广州出口到国外的。鸦片战争后广州又成为中国最早的通商口岸，实行对外开放。广州在中国近代史上的地位也十分显赫。据统计，鸦片战争前，外国创办了约23种中国近代报刊（6种中文报刊和17种外文报刊），其中有2种中文报刊和5种英文报刊是在广州出版发行的，约占当时报刊总数的1/3。可见，广州不仅是对外贸易的商埠，还是近代中国报刊出版的重要基地和文化窗口。虽然鸦片战争后，通商口岸的相继开放，上海和香港的迅速崛起，使广州的垄断地位开始被打破，但这丝毫不能影响其在中国近代新闻传播史上的重要地位。在这样的背景下，《述报》在广州诞生了。《述报》从1884年4月18日创刊到1885年4月5日休刊，共353天，扣除33天休息日，实际出刊总共320天。❷《述报》是近代中国最早出版的石印日报，也是第一家使用图片报道新闻的国人自办中文报刊。其创办者不详。该报格式"平分四页，第一、二页，述中外紧要时事。第三页，译录西国一切图式书籍。第四页，各行告白及货物行情，轮船出入日期。各页不相混乱，积至月朔和年终，分装类编，便成有用之书"❸。"时事，评论部分称《中西近事汇编》，译录部分称《格致便览》"❹。在汇编成册时，该报上的广告内容，由于时效性，登载各行告白、货物行情及船期的第四页被剔除在外。该报非常重视广告和发行。《述报》每卷报头之下，均有"广告刊例"相关文字，如"凡登印告白，第一日每字价银四厘，第二日至第七日，按日每字价银三厘，第八日起，按日每字价银二厘。不论登报几天，

---

❶ 1874 年 5 月 4 日《循环日报》，转引自卓南生书第 192 页。

❷ 李磊：《述报研究——对近代国人第一批自办报刊的个案研究》，兰州大学出版社 2002 年版，第 12 页。

❸ 《述报缘起》，《述报》甲申年卷一，第 2 页，转引自李磊书第 2 页。

❹ 方汉奇：《中国新闻事业通史》第一卷，中国人民大学出版社 1992 年版，第 481 页。

至少以五十字起计，多则以十字递加，图样另议"。《述报》不仅刊登文字性广告，还提供图样广告刊登。"凡中西图样，无论如何精细，皆可代为绘出，登诸告白。"❶

《述报》创刊号上的"本报章程"就有与广告相关的内容："本报格式，平分四页……第四页，各行告白及货物行情，轮船出入日期"，"省城向无报馆，各行告白，遍贴通衢，雨淋日炙，暂而难就。登录本报，则所费无多，而传播更远。况惜字获福，尤人所共知者也。本馆聘有精于图绘之人，凡中西图样，无论如何精细，皆可代为绘出，登诸告白"。也说明该报是广州第一份刊登广告的国人自办日报。

广告客户的多寡与报刊的发行密切相关。为了生计及招揽广告，《述报》对发行工作也很重视。在每卷《述报》刊头下面均有"发行条例"，内容如下："本报每日一张，每月逢十，书局照例停工，本馆开设伊始，事皆草创，每月亦逢十停派。俟销路既广，自当增润纸张，按月印足三十日，以免间断。赐顾者请至省城多宝大街海墨楼石印书局，双门底儒林阁彭洪记河南金花庙源信栈挂号，以便续送，或向送报人挂号亦可。每月收回工费银三钱六分，周年阅报者收回工费银五大元，脚力在内。各埠信资阅者自给。零沽每张一分二厘。代销至百张以外者九折算，五百张以外者八五折算。"可见该报自办发行，初具规模。读者对象也不只局限于广州本埠，香港也有。报刊的发行方法有零沽、代销、预先挂号、脚力递传等。《述报》创办伊始，为了扩大影响，让远近读者周知，特地免费赠阅三天报纸，"以广招徕"，（参见创刊号《述报缘起》"主要内容是办报'四益说'，又以西国图画，非梨枣所能奏功，爰不惜工本，用点石法印行，务求其善美，庶合众长而衷一是，以为讲求时务者之一助，若言渔利犹后也。诸君赐阅，自然与别报不同。但本报为日报中之创格。开设伊始，遐迩未尽周知，特赠报三天，以广招徕。所望惠鉴苦心，俯垂青目，俾得销场日广，各埠风行，曷胜厚幸。兹将本报章程列后……"）该报还善于捕捉热点，曾以免费赠送当时新闻人物——抗法英雄刘永福小像、越南地图等手段，来促进报纸销售，扩大报纸影响范围，迎合读者的关注时事和崇尚民族英雄的心理需求。

3. 鸦片战争后教会报刊广告实践

鸦片战争后，大量教会报刊迅速出现。这与当时的社会环境密切相连。鸦

---

❶ 朱传誉：《记〈述报〉——一张不载于报史的重要报纸》，载《中国新闻史》（李瞻主编），台北台湾学生书局"报学丛书"，1979年版，第477-479页。

片战争后，一系列不平等条约的签订，承认传教士的"传教权"，使传教活动的种种限制逐步取消，传教士可以在中国境内自由从事传教活动，清政府"不得苛待禁阻"。于是西方传教士蜂拥而入，从沿海到内地，传教活动获得了稳步的发展。据相关资料统计，从1844年至1860年，基督教在华传教士从31人增加到100余人，中国教徒从6人发展到2000余人。到了1877年，在华基督教传教士已增加至479余人，中国教徒已达到近万人。❶在传教活动逐步发展的同时，西方传教士还不忘"文字布道"，陆续在中国各地创办许多报刊，来配合其传教活动。据统计，鸦片战争前，从1815年到1840年，西方传教士所办报刊先后不过10余份；鸦片战争后，到了1860年，传教士所办报刊有32家，1890年则增加到76家，呈稳步发展态势。在传教士所办报刊中，影响较大的有1853年创办于香港的《遐迩贯珍》月刊，1857年创刊于上海的《六合丛谈》月刊，1858年创办于宁波的《中文新报》半月刊，1868年创办于上海的《中外杂志》月刊，《万国公报》前身、1868年创办于上海的《教会新报》周刊，1872年创办于北京的《中西闻见录》等。其中以《万国公报》在近代中国报刊史上的影响为最大。

这时期教会报刊的一个共同特点是宗教内容已退居其次。部分教会报刊在办刊过程中逐步过渡为综合性时政刊物，如《万国公报》，有的教会报刊则完全脱离宗教内容而以时政、商情等为主。这点与教会报刊读者对象和办刊宗旨的变化有关。清朝的闭关锁国和禁教政策，再加上文化思想的蒙昧落后，禁锢了国人的眼界和头脑。当时国人对外来文化的态度是排斥、不屑和欺蔑。以西方传教士为代表的外来异质文化，在与中华民族本土文化的交流和融合中，进展并不顺利，反而呈现出中国化倾向，如传教士学汉语说中文、创办中文报刊、引用儒家经典语录等。虽然早期的传教士报刊宣传西学，倡导自由平等博爱，但战争的残酷现实击破了传教士的貌似仁义的谎言，许多传教士还扮演了间谍、侵略帮凶的角色。因此鸦片战争后，传教士虽然可以在中国自由从事传教活动，但是要消除中国百姓的敌视心理并不容易。他们必须另想高策，因为老一套的宣传布道已不管用了，也很难再赢得中国百姓的信任。传教士在进行教育、医疗、口头传教的同时，创办了大批报刊，开始了实施"文字传教"的新起点。他们企图通过出版报刊，影响舆论，来控制中国人的"头脑"，进而就"控制了这个国家的头和背脊骨"。❷鸦片战争后，西方传教士报刊的宗教色彩逐渐淡薄，

---

❶ 方汉奇：《中国新闻事业通史》，中国人民大学出版社 1992 年版，第 338 页。
❷ 李提摩太：《给英驻上海领事白利兰德的信》。

重点转向对西方文明的介绍，夸耀西方国家政治、经济、文化的优越性，以转变中国人对西方国家及外国人的印象。

鸦片战争前，西方传教士建立了以马六甲等地为中心的根据地，他们在那里的英华书院学习汉语，出版报刊及书籍，从事传教活动，并伺机作好在中国境内传教的准备。《南京条约》签订后，香港成为英国殖民地。西方传教士正式展开对华传教，在香港建立了传教根据地，标志事件是1843年英华书院院长理雅各（James Legge, 1815—1895）将大本营英华书院从马六甲迁至香港。香港是英国殖民地，市民受欧化气氛的影响较深，思想开放，包容度高。而且香港四通八达，联系方便，为西方传教士进一步在各通商口岸建立传教基地提供了有利条件。

1853年8月1日（一说1853年9月3日即咸丰三年八月初一创刊，而卓南生书上所附原件显示"1853年8月朔旦"出版了创刊号），香港第一份中文杂志《遐迩贯珍》月刊问世。这是由香港马礼逊教育协会出资，香港英华书院印送的定期中文出版物，率先采用铅活字印刷，印刷精美。麦都思是《遐迩贯珍》的首任编辑，1854年起编辑事务转由奚礼尔担任，1855年英华书院院长理雅各继奚礼尔之后出任该刊编辑，直至1856年5月5日停刊。

《遐迩贯珍》为月刊，每月1期，每期11页至24页不等，以小型版形式（19cm×12cm）出版，共33期（从1853年8月创刊至1856年5月停刊，1854年3月停刊1期，4月发行三、四月合刊，故总共出刊33册）。每日发行3000份，以免费赠送为主。

该刊内容除了部分与宗教内容有关之外，其余均为西学、新闻及广告。《遐迩贯珍》十分重视新闻，每期都辟有新闻栏"近日杂报"，约占三分之一的篇幅，报道香港本地新闻和中国地方新闻及国际新闻。

该刊的"布告编"栏专门刊登船期、药商、牙医、英华书院招生通知等广告，这可以说是我国报刊上最早出现的广告专栏。❶特别是最后一年的办刊经费，相当部分是仰赖各个广告客商的"启囊乐助"。《遐迩贯珍》最早宣传了广告在推销商品中的作用："西方之国，狃卖招贴（即广告），商客及货丝等皆借此而白其货物于众，是以尽沾其利，苟中华能效此法，其获益必矣。"❷该刊在1854年11月13日刊登的广告刊例中，对报刊广告的作用、优点作了充分的肯定："若行商租船者等，得借此书以表白事款，较之遍贴街衢，传闻更远，则获益至多。

---

❶ 刘家林：《新编中外广告通史》，暨南大学出版社2000年版，第155页。
❷ 《遐迩贯珍小记》，1854年《遐迩贯珍》第12号，转引自刘家林书。

今于本月起，遐迩贯珍各号，将有数帙附之卷尾，以载报贴。"该启事表示，广告将不插入报纸版面，以附录形式专门印刷广告专册，随报发行。接着，对广告费的收取及优惠办法作了介绍："五十字以下，取银一元。五十字以上，每字多取一先士。一次之后，若帖再出，则取如上数之半。"

《六合丛谈》于1857年1月（咸丰丁巳正月朔日）创刊于上海，是近代上海的第一份中文期刊，编者是伦敦布道会传教士伟烈亚力（Alexander Wylie，1815—1887）。他很重视传播科学知识的传教方式，这在他所编辑之《六合丛谈》中有所反映。该刊为月刊，主要内容是宗教、自然科学、文学及新闻。新闻内容分为三类：欧洲新闻（"泰西近事述略"）、新书介绍和经济新闻。该刊是模仿《遐迩贯珍》而创办的，从刊名封面设计、版面编排到印刷发行，均相当于《遐迩贯珍》的上海版。该刊特点是，因为创办于商业中心上海，故较重视经济类内容，对时政新闻较少关注。初期刊登过8条中国新闻，从第6期起再未刊载过中国新闻，成为一份在中国出版，却没有中国新闻的中文报刊。这可能与其促进中西方沟通、改善中国人对外国人的不良印象的办刊宗旨有关。

该刊经济新闻主要是"进口货单""出口货单""银票单"（兑换行情）、"水脚丹"（运货）、船期等资讯，每期最后一页都刊登此类经济信息，带有广告的性质。此栏目读者对象是洋商及其中国的贸易伙伴。

值得一提的是，中国近代著名报刊先驱、改良思想代表人物王韬曾以"王利宾"这个名字为《六合丛谈》撰稿，并协助办刊。

《万国公报》是近代中国影响最大的一份传教士报刊。前身为《中国教会新报》（简称《教会新报》），1868年9月5日由美国传教士林乐知创办于上海，系周刊，每年出50期合为1卷。主要内容分三部分：宗教、新闻和广告。"一分教中事，一分新闻、教外之事，一分告白。""既记录外国教会中事，也讲论各科学问以及生意买卖诸色正经事情。"❶该刊宗教气息浓厚，兼顾新闻及告白。第2期上就刊登了洋商广告。从1868年9月至1874年9月共出6卷300期，每期4张8版。从1874年9月5日的301期起改名《万国公报》，仍为周刊，每期9张18版左右，到1883年7月林乐知因忙于中西书院之事，分身乏术而休刊，共出9卷450期。

1889年2月，《万国公报》成为基督教在华最大出版机构广学会（前身为1887年11月成立的"同文书会"）的机关报复刊，改为月刊，每期32张6版左右，由林乐知任主编。到1907年林乐知病逝而停刊，共出版227期。早期的《万国公报》

---

❶ 李明水：《世界新闻传播史》，台北大华晚报社1985年版，第908页。

以报道为主，复刊后的《万国公报》以评论为主❶，有关宗教内容的文章并不多见，而是大量刊登评论中国时局、各国近事、西学及各货行情等文章，成为一份综合性的时政报刊。该报内容丰富，广泛涉及西学传播、鼓吹变法、妇女问题、中西文化、时事评论等方面。王韬、沈毓桂等中国文人在该刊上发表了大量政论文，为洋务思潮的兴起提供了舆论上的支持。特别是甲午战争前后，它为了迎合中国读者的心理，报道战争，阐发政见，以至人们争相阅读，影响较大。1896年每月发行4000册左右，1897年每月约发行5000册，销售量稳增。《万国公报》还积极鼓吹变法，废科举，兴学堂，对后来的维新运动是一个"有力的推动者"。❷早期资产阶级改良派人物如王韬、郑观应、康有为、梁启超、谭嗣同等都受过《万国公报》的影响。

　　1874年王韬创办于香港的《循环日报》首开中国近代报刊政论先河，但该报商业资讯和广告篇幅较多，政论相对较少。《万国公报》以政论为主，广告和商业资讯为辅。《万国公报》以政论为主导的成功办报模式，对戊戌变法早期维新派的办报实践起到了借鉴作用。康梁等维新派认识到了办报作为舆论宣传工具的重要性，纷纷投身于办报实践，所办之《时务报》《湘报》《国闻报》及后来的《新民丛报》《民报》无不效仿以政论为主。

　　《万国公报》从早期刊载宗教内容的文章为主，到后来转为评论中国时局为主，其阐发基督教教义的宣传本质未变，只是采取了更加策略的"文字传教"方式，不再赤裸裸地宣传基督教。在19世纪六七十年代洋务思潮兴起，八九十年代变法图强新思想出现，《万国公报》迎合了中国国情的变化，积极介绍西学自然科学、政治、经济、文化、教育等知识，鼓吹学习西方和变法。其通过报道和评议中国时局，来影响中国人的思想，控制话语权，为干预政治和殖民侵略服务，同时也达到了宣传西方文明优越性和扩大基督教的影响的目的。因单纯的说教方式在中国难有影响，该刊"换汤不换药"，只是玩了个花样，迎合国人学习西方的渴求，变为以学辅教、以政论教。该报夸耀西学和西政优越性的同时，评议中学和中国时政，鼓吹西学和西政来源于西教，妄图使中国人在学习西学和西政的过程中接受西教，可谓用心良苦。

　　尽管如此，《万国公报》在近代报刊经营方面独树一帜，值得借鉴。一是《万国公报》重视广告经营，虽然数量不多，但还是多次刊登了汇丰银行、华英大

---

❶ 王林：《西学与变法——〈万国公报〉研究》，齐鲁出版社2004年版。
❷ 范文澜：《中国近代史》，人民出版社1995年版，第296页。

药房、大英火轮船公司等洋商广告。二是重视报刊的市场发行。报刊发行量的增加，不仅可以增加销售收入、扩大营收、补充办报经费，还可增加读者数量，扩大报刊的知名度，促进广告的经营。《万国公报》的发行方式分三种。第一是系统发行，在各省"福音牧师处"均设代售点，这属于教会内部系统发行。第二是免费派送，目的是宣传刊物和增加刊物的影响力。派送对象是中国各地官僚士大夫及知识分子阶层。例如，1894年额外加印5000份在科举考生中散发。❶第三是在上海设立发行中心，在全国各地及海外设立代销机构。据统计，1899年《万国公报》在中国及海外共设代销机构35处，覆盖大半个中国，甚至发行到了朝鲜半岛、南非、加拿大及东南亚等地。❷"其销流之广，则更远至海外欧、美、澳三洲。"❸经过努力，该刊发行量从复刊初时的每月千册左右，到1898年增加到全年38400本，1899年全年销量39200本，1900年全年销量36200本。除了传教士和西方人之外，读者对象十分广泛，上至朝廷及各级官吏，下至文人士子及商人，如光绪皇帝、总理衙门大臣、醇亲王、洋务派的李鸿章和张之洞、早期改良派的王韬和郑观应、维新派的康有为和梁启超等均接触过《万国公报》。该报刊在中国近代政治思想史上的地位不可小觑，称它为中国近代最有影响力的教会报刊一点儿都不夸张。

三是该刊很重视市场调查，特别是读者对象的调查。1889年《万国公报》复刊，为了避免主旨不清、办刊方针不明确的错误，在传教士李提摩太主持下，1891年对广学会出版物（包括《万国公报》）的受众作了一次周密的调查分析。调查对象为中国各级官僚士大夫和文人士子阶层。通过调查分析，统计确定了潜在读者群的数量如下："县级和县级以上的主要文官2289人，营级和营级以上的主要武官1987人，府视学及其以上的教育官吏1760人，大学堂教习约2000人，派驻各省城的高级候补官员和顾问及协助人员2000人，经科举考试获得秀才以上头衔的文人姑且以60万计算，以其中百分之五为重点，计30000人，经过挑选的官吏及文人家庭的妇女儿童，以百分之十计算，计4000人，以上共计44036人。这个数字，从整个中国来看，平均每县只有30人，但是，影响了这4万多人，就等于影响了整个中国。"❹

广学会通过受众调查分析，对包括《万国公报》在内的出版物，确定了读

❶《同文书会第七年年报》（1894年），《出版史料》1989年第3、4期合刊。
❷《广学会年报》第十二次（1899年），《出版史料》1992年第2期。
❸《万国公报》第100册，1897年5月。
❹《同文书会年报》第三、四号（1891年），《出版史料》1988年第3、4期合刊，转引自《西学与变法》。

者定位，进行了市场细分。对读者的职业、职务级别及样本数量进行了精准的界定，为出版物下一步的发行和广告经营奠定了坚实的基础。读者对象既定，就可以有的放矢，决定刊物的出版方针，并围绕此目标展开一系列的出版实践。

4. 政党报刊广告实践

中国近代的政党报刊始于19世纪90年代。报刊是政党从事政治活动的工具，是不以赢利为目的的，办报人更看重报纸的喉舌功能。因此，政党报刊不同于商业报刊，它以政论新闻为主，广告虽然不被重视，但作为新式报刊的一种范式，还是被保存了下来。

鸦片战争失败后，古老的中国大地出现了一股实业救国的思潮，学习西方科学技术，兴办近代军事及民用工业的洋务运动轰轰烈烈地展开。1894—1895年中日甲午战争中清朝的惨败，宣告了学习西方"皮毛"的洋务运动的失败。新兴的资产阶级认识到，要改变中国落后挨打的局面，要挽救中华民族覆灭的命运，仅仅停留在学习西方技术的表面行不通，必须深入封建体制内部，由内而外，自上而下，从体制上进行变革，才能变法图强。于是19世纪90年代，又掀起了以康有为、梁启超等为首的资产阶级维新派领导的戊戌变法运动。由此中国资产阶级开始登上政治舞台，近代报业的发展也进入了政党政论报刊大发展时期。这个时期，国人办报迎来了第一次高潮，而高潮的主流是政党报刊。维新派所创办报刊中，比较著名的有梁启超、汪康年、曾广铨、汪大钧创办的《强学报》《时务报》《时务日报》《中外日报》，严复创办的《国闻报》，汪康年创办的《京报》，章炳麟创办的《苏报》《国民日日报》，秋瑾创办的《中国女报》，于右任创办的《神州日报》，范鸿仙创办的《民立报》，詹大悲、何海鸣创办的《大江报》，狄楚青、陈冷、雷奋、包天笑、戈公振创办的《时报》，田桐、景定成创办的《国光新闻》等。

19世纪的最后10年，以孙中山为首的资产阶级革命派出现，他们非常注重报刊的舆论宣传作用，自1900年1月第一份资产阶级革命派报刊《中国日报》创刊开始，先后在海内外创办报刊120多种，迎来了国人的第二次办报高潮。革命派报刊中非收费广告占较大比重，宣传国货的广告很多。例如，1905年创刊的同盟会机关报《民报》，宣传革命内容的书刊广告和本报启事之类的非赢利性广告占该报广告总数的59%，而商业广告只占该报广告总数的8%。❶民国初年，

---

❶ 杨海军：《中外广告史》，武汉大学出版社2006年版，第133页。

中国政局动荡，特别是"癸丑报灾"，使政党报刊的发展进入黑暗期。直至五四新文化运动时期，宣传共产主义的进步报刊如雨后春笋般涌现，古老的中华大地又一次掀起了国人办报的高潮。

综观这一时期的政党报刊，不管是洋务派、维新派、革命派和清政府的官报，还是进步报刊，都比较重视报刊广告，特别是报刊广告的舆论宣传作用，甚至利用报刊广告来为政治斗争服务，如提倡国货、抵制洋货的广告。广告的战斗性被政党报刊发挥到了极致。

总之，一方面，外报所传播的西学知识，对开启民智、解放思想、促进中西方文化的交流，起了一定的积极作用。另一方面，外报对国人自办报刊起到了很好的示范作用。由新闻、言论、副刊、广告四要素组成的我国近代报刊特征，就借鉴于外报。广告对报刊的发展有着举足轻重的作用，广告不仅是报刊可持续发展的血液和资金支持，对政党报刊来说，广告还是报刊维持其独立性的重要保障，更可以是政治斗争的工具。因此，报刊普遍重视广告经营。这个阶段，随着中国社会经济的发展，报刊广告也获得了长足的发展。广告篇幅增加，讲求广告形式与效果；广告内容发生了变化，国货广告逐渐增多；报刊广告注重版面编排、图文并茂、标题及字体设计，使广告从内容到形式上都发生了惊人的变化，业务水平有了大幅提高。随着报刊广告业务的不断发展，最终导致了一个新职业——广告代理商的出现。综上所述，报刊广告实践的丰富多彩，为广告研究提供了内容，同时也迫切需要对广告实践作理论上的总结。在这样的大背景下，近代报刊媒介及报人开始了对广告理论研究的探索。

第二节　报刊出于实际的需要对自身广告实践开始了理论层面的反思

报刊不仅是广告实践的推动者，更是广告学术研究活动的参与者。迫于竞争的压力，报人最先开始了广告理论层面的探索，报刊则成为相关文献的主要刊发窗口（后面将对广告文献及学术研究活动展开详细论述，故此部分内容略述）。

一、报刊对自身广告实践的经验总结和理论探索

伴随着新闻事业的产生与发展，以及报业广告实践活动的进行，总结广告实践经验、探索广告经营技巧的研究活动受到了越来越多的关注。报刊出于实

际的需要，对自身广告实践开始了经验总结和理论层面的反思。报人是此阶段广告学术研究活动的生力军。

参见近代报刊广告研究文献表，总计检索到了89篇文献。其中，可以明确判定是报人所写的有48篇，政府部门及相关人员所写的有7篇，作者身份是商人的有1篇，作者身份是广告画家的有1篇，其余文献的作者身份不太明确，未署名的文献很有可能就是办报人所编写的。由此可见，至少有一半以上的广告研究文献是报人所写。这个时期，或许是出于工作的原因，"近水楼台先得月"，进行广告学术研究活动的主体以报人为主。他们从各自的需要出发，怀着不同的目的办报，并在办报的过程中对报刊业务组成之部分——广告经营展开了或多或少、或深或浅的探索。

早期报刊非常注重宣传报刊广告的效力，介绍报刊广告知识，并借此来唤醒国人的广告意识，招徕广告。这在早期的报刊启事、条例、章程、告白、发刊词等中均可以得到验证。一些报刊甚至不惜长篇大论，撰写专门文献如《遐迩贯珍小记》《申报馆条例》《招刊告白引》《劝广告说》等来论述报纸广告的作用，启发国人刊登报刊广告的意识。例如，《遐迩贯珍》最早宣传了广告在推销商品中的作用："西方之国，狃卖招贴（即广告），商客及货丝等皆借此而白其货物于众，是以尽沾其利，苟中华能效此法，其获益必矣。"❶该刊在1854年11月13日刊登的广告刊例中，对报刊广告的作用、优点作了充分的肯定："若行商租船者等，得借此书以表白事款，较之遍贴街衢，传闻更远，则获益至多。"

出于办报实践的需要，报人最早认识到了报刊广告的重要性。为了提高广告业务水平，为了与同业报刊竞争，为了向读者传递新知识，报人又对广告展开了非系统的、非正规的研究。这类研究更多的是经验的总结、广告技巧的探讨，属于术的层面的研究。

20世纪初，报刊广告研究的视角不断拓宽。报刊上所发表的文献内容已经不仅仅局限在基本知识和广告术的研究，而是涉及了广告价值、广告定义、广告属性和广告学等学理层面的探讨。

至此，对广告理论层面的探讨与关注的活动被提升了，在特定群体里形成共鸣和默契。人们开始关注广告，探究广告，由此拉开了前广告学时期的广告学术研究序幕。只不过1917年以前，广告学科意识尚未明确，广告学术研究活动是非系统的、自发的、零散的。广告学的独立，历经了一个由术而学的演进

---

❶ 《遐迩贯珍小记》，1854 年《遐迩贯珍》第 12 号，转引自刘家林书。

模式，从术到学，先术后学。

二、报刊为广告学术研究活动提供发表的平台

报刊是当时刊播广告研究成果的重要窗口。早期广告研究成果散见于此时期的各类报刊，形式有广告学专文、相关文章、广告等。无论是从所发表文献的数量、研究视角还是从文献的重要性上看，报刊都是早期广告学术研究活动最主要的发表平台。《论商业广告》《告白学》《广告丛谈》《上海报纸小史》等一批早期广告学术研究佳作就首先发表在报刊上，并借助报刊的影响力，推动了近代早期的广告学术研究进程。近代报刊广告研究相关文献见表2-2-2。

表2-2-2　近代报刊广告研究相关文献

文章题目	作者	出处	发表时间	备注
《启事》	出版者	《遐迩贯珍》	1854年11月13日	
《遐迩贯珍小记》	出版者	《遐迩贯珍》	第十二号，1854年12月	
《本馆谨启》	出版者	《上海新报》	1861年11月21日	
《申报馆条例》	出版者	《申报》创刊号	1872年4月30日	
《招刊告白引》	出版者	《申报》	壬申四月初一日（1872年5月7日）	
《分送月份牌启》	出版者	《申报》	1885年元月29日（清光绪十年十二月二十四日）	头版头条广告
《国闻报馆章程》	出版者	《国闻报》创刊号	1897年10月26日（转引自戈公振《中国报学史》，中国新闻出版社1985年）	
《〈政府公报〉发行章程》	出版者	《政府公报》	1907年10月26日（转引自戈公振《中国报学史》，中国新闻出版社1985年）	
《〈时务日报〉章程》	出版者	《时务日报》	第一期（1898年5月11日）	
《定本岛人广告费格外折减》	出版者	《台湾日日新报》	1900年3月5日	"告白"
《劝广告说》	出版者	《台湾日日新报》	1900年3月20日	

文章题目	作者	出处	发表时间	备注
《告白学专家》	不详	《选报》	第34期（1902年11月10日）	
《商标注册试办章程细目》	政府部门	天津《大公报》	1904年8月17~18日	"紧要专件"
《奉告天津资本家及商业家》	宋寿恒❶	《大公报》	1904年8月18~21日	"论说"栏
《请看京话日报》	出版者	《大公报》	1904年8月18日	头版头条广告
《奴隶广告》	出版者	《大陆报》（或《大陆》）	1904年10月第10期	
《万国广告博览会》	不详	《大陆报》	第三年第一号（1905年2月28日）	"世界谈片"栏
《招登论前广告》	出版者	《申报》	1905年3月16日	
《皖报章程》	出版者	《皖报》	1898年	"另纸附登告白"
《本馆不登美商告白》	出版者	《京话日报》	第288号（1905年6月8日）	
《拒约须急设机关日报议》	郑贯公❷	香港《有所谓报》	1905年8月12~23日	
《美国商用输出入通法》	不详	《商务官报》	第二期（1906年5月）	
《日本新闻纸条例》	其他	北京《商务官报》	第七册（1906年6月26日）	"专件"

❶ 宋寿恒：1867年生，天津人，字则久，近代民族资本家，享有"国货旗手"的美誉。15岁时即到绸缎庄当学徒，1913年投资接办工业售品所，创办了天津第一家综合性百货商店。后来独资或与人合资开办了10余家纺织厂和板纸厂、卷烟厂，办过《白话报》和《售品所半月报》。

❷ 郑贯公（1880—1906）：名道，字贯一，笔名自立、仍旧，广东中山人。辛亥革命时期的著名报刊活动家。先后创办《开智录》半月刊（1900年）、《广东日报》及副刊《无所谓》（1904年）、《唯一趣报有所谓》（1905年）等。1906年染疾逝世，年仅26岁。

文章题目	作者	出处	发表时间	备注
《美商塞勃列子论广告之价值》	杨志洵❶	《商务官报》	丙午第二十八期（1907年1月18日）	"汲脩馆笔记"栏
《新世纪发刊之趣意》	出版者	《新世纪》	第1号（七年六月二十二日）（1907年）	
《怪哉怪哉登告白亦有冒名者》	不详	《竞业旬报》	第十八期（1908年6月19日）	"时闻"栏
《广告之适切》	不详	《农工商报》	第四十一期（1908年7月28日）	"商业"栏
《欧美实业家利用广告之法》	杨志洵	《商务官报》	戊申第十九期（1908年8月21日）	"参考资料"栏
《店名撰定法》	不详	《农工商报》	第四十四期（1908年8月27日）	"商业"栏
《万国博览会之效果》	杨志洵译	《商务官报》	戊申第二十期（1908年8月31日）	"论丛"栏
《美人考求在中国行销货物之法》	章乃炜❷	《商务官报》	戊申第二十五期（1908年10月19日）	"论丛"栏
《奇广告》	父近	《竞业旬报》	第三十一期（1908年10月25日）	"闲评"栏
《还说告白》	父近	《竞业旬报》	第三十一期（1908年10月25日）	"闲评"栏
《法国革命报之广告》	不详	《新世纪》	第90号（九年三月二十七日）（1909年）	
《本报征求论说及招登告白广告》	出版者	《万国商业月报》	第十六期（1909年7月）	
《论商业广告》	章乃炜	《商务官报》	己酉第二十期（1909年8月20日）	"论丛"栏
《商业广告之用途》，译自《英国伦敦报》	章乃炜	《商务官报》	己酉第二十九期（1909年11月7日）	"参考资料"栏

---

❶ 杨志洵：字景苏，江苏金匮人（今江苏无锡），1897年入东南亚公学。著名翻译家杨绛（钱钟书夫人）的祖五叔父，胡适的老师。据胡适《四十自述》载，杨志洵的学术思想和教诲使他受益终身。胡适庚款出国考试，美国毕业论文，都得到老师思想的启发。杨志洵长期在商务印书馆任职，兼中国公学教授。

❷ 章乃炜（1880—? ）：浙江吴兴人。曾任故宫博物院总务处第一科员，1937年编纂《清宫述闻》。

续　表

文章题目	作者	出处	发表时间	备注
《广告价值》	不详	《东方杂志》	第六年第十一期（1909年12月7日）	"杂俎·报余撷新"栏
《最古之报章》	不详	《东方杂志》	第六年第十一期（1909年12月7日）	"杂俎·报余撷新"栏
《美国女子走绳索之广告术》	不详	上海《东方杂志》	第八卷第八号（1911年8月）	插画
《东方杂志广告价目表》	出版者	《东方杂志》	第八卷第十号（1911年10月）	刊后广告页
《吾国商业之弱点》	抗白	《中国实业杂志》	第三年第一期（1912年）	"论说"栏
《本会告白之告白》	出版者	《中国实业杂志》	第三年第二期（1912年）	
《本杂志十二大特色》	出版者	《中国实业杂志》	第三年第二期（1912年）	
《太平洋报广告部广告》	出版者	《中国实业杂志》	第三年第三期（1912年）	封底广告
《内务部令巡警总监撤去日商广告文》	政府部门	《临时政府公报》	第二十七号（1912年3月2日）	在"令示"栏刊发
《内务部核定告示广告张贴规则》	政府部门	《临时政府公报》	第三十二号（1912年3月8日）	在"法制"栏刊发
《商业丛话》	不详	《中国实业杂志》	第三年第三期（1912年）	"附录·商业丛话"
《告白学》	李文权	《中国实业杂志》	第三年第一期至第六期（1912年）	附录

文章题目	作者	出处	发表时间	备注
《〈太平洋报〉破天荒最新式之广告》	李叔同	《太平洋报》	1912年4月1日	广告
《广告部广告》	李叔同	《太平洋报》	1912年4月1日	第二版
《广告部广告》	李叔同	《太平洋报》	1912年4月10日	第二版
《广告部广告》	李叔同	《太平洋报》	1912年4月12日	第二版
《广告部广告》	李叔同	《太平洋报》	1912年4月19日	第二版
《书刊介绍：中国实业杂志》	李叔同	《太平洋报》	1912年4月20日	"文艺批评"栏
《广告部紧要广告》	李叔同	《太平洋报》	1912年4月23日	第二版
《广告部答复》	李叔同	《太平洋报》	1912年4月29日	第二版
《广告部答复》	李叔同	《太平洋报》	1912年5月6日	第二版
《征求滑稽讽刺画稿》	李叔同	《太平洋报》	1912年6月5日	
《广告丛谈》	李叔同	《太平洋报》	1912年4月1日至5月4日	第二版
《论广告与卖药之关系》	李文权	《中国实业杂志》	第四年（1913年）第二期	"论说"栏
《杂志封面之新奇广告》	天翼	《进步》	1913年第4卷第6期	"零碎百科全书"
《广告之过去未来》	不详	《图画剧报》	1913年第156期	
《广告之无奇不有》	楚雲	《繁华杂志》	1914年第5期	
《彩色广告之效用》	SM生	《中华实业界》	1914年第7期	
《最新广告术之应用》	杨荫樾❶	《中华实业界》	1914年第9期	

---

❶ 杨荫樾：字竹秋，湖南黔阳人，民国时期书画家、军官、富豪。

续 表

文章题目	作者	出处	发表时间	备注
《大公司调查部之组织》	杨荫樾译	《中华实业界》	1914年第10期	
《最良广告之研究》	芸生	《中华实业界》	1914年第11期	
《上海各商店广告之种类》	致远	《中华实业界》	1914年第11期	"杂记"
《中国实业会上海分会国货研究部广告科谨启》	李文权	日本东京《中国实业杂志》	第六年第一期（1915年）	广告
《本报通告》	出版者	《中华国货月报》	第一年第二期（1915年7月）	
《嘉兴顾轶庭美术书画广告家》	顾轶庭❶	《中华国货月报》	第一年第二期（1915年7月）	广告
《广告之活用法》	不详	《中华国货月报》	第二期（1915年10月9日）	"艺薮"栏
《说明装潢之利益》	不详	《中华国货月报》	第二期（1915年10月9日）	"艺薮"栏
《农商公报特别广告》	出版者	《大中华》	第一卷第十期（1915年10月20日）或第一卷第十二期（1915年12月20日）或《商学杂志》第一卷第一期（1916年1月10日）封三	
《利用街道之广告法》，译自《美国工业世界》	翁长钟	《大中华》	1915年11月20日	"余录"栏

❶ 顾轶庭（1873—1925）：名顾鹿，字轶庭，浙江嘉兴人。历任上海商务印书馆、中华书局文牍员，工小楷书，曾为上海广益书局印行出版的《康熙字典》等重要古书题过书名。

文章题目	作者	出处	发表时间	备注
《异想天开之广告》，译自《美国商业世界新法报》	翁长钟	《大中华》	1915年12月20日	"余录"栏
《广告与营业》	曼郎	《国货月刊》	第一年第五期（1915年12月）	"杂著"栏
《商人招致顾主之方法》	镜清❶	《商学杂志》	第一卷第一期（1916年1月10日）	"技术"栏
《畅销货物方法之研究》	镜清	《商学杂志》	第一卷第一期（1916年1月10日）	"技术"栏
《本杂志招登广告》	出版者	《商学杂志》	第一卷第一期（1916年1月10日）	封三
《登广告之方法》	镜清	《商学杂志》	第一卷第二期（1916年2月10日）	"技术"栏
《商店兴盛新法》	芜湖工商日报	《实业汇报》	第一卷第一号（1916年3月1日）	"论说"栏
《英国式之百货商店经营法》	宋铭之	《实业汇报》	第一卷第一号（1916年3月1日）	"著译"栏
《商品之陈列法（实业浅说）》	谢刚克❷	《实业汇报》	第一卷第二号（1916年5月1日）	"丛录"栏
《广告与商业道德之关系》	程景灏译	《东方杂志》	第13卷第12号（1916年12月10日）	《农商公报》第三十期（1917年1月）"选载门"栏转摘
《怪广告》	成寿	《青声周刊》	1917年第1期	

❶ 镜清应该是邵飘萍，因为他曾经使用笔名镜清。

❷ 谢刚克（1885—？）：四川省华阳县人，日本经纬学堂毕业，1911年商科进士，1915年任职农商部权度委员会办事员。

续 表

文章题目	作者	出处	发表时间	备注
《半夜学堂增设贸易广告班》	出版者	《上海青年》	1917年16卷第28期	
《夜校广告术成立》	出版者	《上海青年》	1917年16卷第37期	
《上海报纸小史》	姚公鹤❶	《东方杂志》	第14卷第6号、第7号、第12号（1917年6月、1917年7月、1917年12月）	

三、小结

近代报刊及报刊广告实践的发展是我国近代广告学产生的媒介基础。在前广告学时期，虽然广告学还没有以独立的学科面貌诞生，但是奔涌于报业实践内部的广告学研究活动则已出现。广告学在中国的演进是从术到学，先有广告学术研究，后有广告学的学科独立。也就是说，在近代中国广告学学科的正式确立之前，为其作学术准备的广告学术研究活动就已经出现。中国近代广告学学科的独立与广告学研究实践的出现，并非同步进行、同时产生，而是研究实践的出现早于广告学学科的独立。1918年之前，中国的广告学尚依附新闻学，依附报业实践。此时的广告学正孕育在新闻学的母体中，尚幼稚，不过已初具雏形，正在积聚力量，接受母体营养的哺育，健康苗壮地成长着。一旦条件成熟，广告学必将呱呱坠地，独立成一门新的学科。

---

❶ 姚祖晋（1881—1930）：即姚公鹤，小名七宝，初字康锡，改字之鹤（一说云鹤），再改公鹤，武进郑陆桥黄天荡人，光绪二十九年(癸卯,1903)举人。曾协助长兄在乡兴办钟英小学，清季到上海谋生，宣统三年(1911)春，与同仁在上海创设自治编辑社，并推为主笔。冬，备员江苏省提法司署。曾任《欧州事务报》特约记者、《申报》主笔、江苏交涉员公署顾问等职，1930年春因病去世。撰辑《华洋诉讼例案汇编》《中国监狱史》《上海报业小史》等，1915 年起在《时事新报》连载评述近代上海社会的文章，后汇编为《上海闲话》一书，于1917年在商务印书馆出版。

第三章　近代中国广告职业化

——广告学诞生的职业基础

伴随着工商业和以报刊为代表的媒介广告实践的发展，广告开始了职业化的历程。广告职业化是以媒介和产业为基础，是媒介和产业发展到一定程度的必然结果，也是广告实践发展到一定阶段的必然要求。20世纪一二十年代，中国广告学的诞生就是在中国近代广告业职业化的大蓝图下出现的。中国广告学术史由此进入了一个崭新的起点。

什么是广告职业化？广告职业化就是广告职业不断走向独立的趋势。关于广告职业，"就是由社会分工决定的、以提供广告服务作为稳定收入来源的一种社会劳动。一方面，广告职业作为专门类别的社会劳动，可以使其从业者通过相对稳定的工作维持生存，进而发挥自身的才能和专长；另一方面，它也要求从业者具备一定的技能和素质，承担相应的职业责任和义务，遵守职业的道德伦理规范。"❶对于广告职业范围的理解，目前有两种观点。第一种是狭义的看法，认为广告职业就是专门指广告公司的从业人员，如调查、创意、策划、设计、制作等方面的人才。第二种是广义的看法，认为广告职业不仅仅专指广告公司的从业人员，还应该包括媒介及企业等相关机构广告部门的从业人员。对广告职业范围的界定，本书认同广义上的理解，广告公司工作人员、媒介广告部及企业广告部门的相关从业人员、广告教育和研究机构从业人员等，都属于广告职业的范畴。而广告职业化就是与广告工作直接相关的专门职位的独立以及赖以为生的专业广告人的出现。广告职业化的发展以1918年为标志分为前、后两个时期，历经了两个阶段：1918年以前，是第一个时期——萌芽时期；从

---

❶ 吴琪：《中国内地广告职业化简史》，载张树庭《广告教育定位与品牌塑造》，中国传媒大学出版社2005年版，第209页。

1918年开始，进入第二个时期——雏形时期。广告职业化是一个渐进的过程，这一过程可以从媒介到广告公司、从非职业化到职业化的双重交叉视角来展开考察。广告作为一个职业的形成，为从业人员提供了一份相对稳定的生活保障，有利于其安心从事广告学术研究活动；从业人员为了保住这份工作，获得职业上更大的发展，维护职业的专业威望，也会主动对广告展开经验总结和理论探究。

第一节　报刊职业化——广告职业化的母胎

广告职业化脱胎于报刊职业化，特别是报刊广告人和报刊广告部门的职业化，极大地推进了广告职业化的进程。而近代中国报刊职业化滥觞于外报。美国学者莫特认为，报刊职业化始于独立报刊的出现。[1]而在中国，第一批诞生的报刊是教会报刊，但教会报刊以传教为目的，人员、经费和办刊方向上都依附于教会，所以不能算是独立报刊。在中国，最早出现的独立报刊应该是一些外国人所办的商业性报刊。也就是说，中国近代报刊职业化肇始于商业性外报，正式形成于国人自办报刊的出现。而19世纪初外报最先将广告与报刊结合，并被国人自办报刊所效仿，树立了近代报刊范式。

一、外报为报刊职业化准备了条件

讨论近代中国报刊职业化离不开外报，客观上讲外报为近代中国报刊职业化进程提供了一些必要的条件。

1. 在物质技术方面为报刊职业化准备了条件

近代报刊的生产设备和技术如铅活字印刷、石印技术、电报等，都率先由外报引进中国使用，后被国人效仿。典型的案例如王韬和其合伙人筹资买下英华书院印刷设备，组建中华印务总局（1872年）。1874年香港《循环日报》创办，正主笔为王韬，总司理由黄平甫担任（起初由陈蔼廷担任该职）。中华印务总局承担了香港《循环日报》的印刷工作。外报在物质技术方面为报刊职业化和国人自办报刊准备了条件。

2. 为报刊职业化提供了人才准备

近代报刊来源于西方文明，创办近代报刊需要专业化的办报人才，在封建

---

❶ Motte F.L.:American journalism. A History of News Paper in United States through 260 Years : 1690—1962,New York : The Macmillan Company,1962.

制度下成长的中国传统报刊无法提供这样的人才。曾经协助外国人办报刊或供职于外报的一批中国报业专才，是日后中国人办近代报刊的生力军。

早期外报主笔均为外国人，如传教士、商人、政客等。除此之外，还配有少量的华人编辑，采用的是中外合作的编辑方式。外报中的华人职员比较了解中国人的阅读心理和文化习俗，外报创立初期多采用中国线装书的形式，竖排、分栏，在封面上印刷《论语》语录及以儒说教的方式，就是为了迎合中国人的阅读习惯和对儒学推崇备至的文化传统。这些推销报刊的策略，显然不是外国人所能想得到和做得到的，很大程度上是外报中华人编辑和员工的建议所致。

1815年第一份中文近代报刊《察世俗每月统记传》在马六甲创办，编辑是米怜，也是该刊主要执笔者，马礼逊、麦都思和刻字工中国梁发曾为该刊最后数期撰稿。[1]作为该刊专职人员，梁发曾为该刊撰稿（因为《察世俗每月统记传》上的文章一般均是匿名，所以无从知晓梁发究竟发了多少篇文章），同时他还是该刊刻字工。可以推测，梁发在协助米怜编辑该刊和印刷方面发挥着重要作用。不过，梁发只接受过4年的乡间私塾教育，能力受到了一定限制，文字水平一般。在《察世俗每月统记传》上的反映就是，行文枯涩，文章粗糙，中文水平低劣。关于这一点，编者米怜也有深刻的认识："初期的样本不论是在文章写作或者印刷方面都很不完善，但习惯阅读的读书人应该能理解。编者希望在进一步掌握语文能力之后，能改善文体。""编者希望今后自己能在这方面投入更多的时间，并希望有更多的同仁能掌握中文，从而使该刊登载更多有益且体裁多样的文章——特别是迄今尚未被论及的题目。"[2]于是，1819年11月英华书院在马六甲成立，米怜亲任院长和教员，为培养传教士和为外国人学习中文提供专门服务，也为外国人办报培养了粗通中文的编辑人才。此后所办之教会报刊，其创办者均出自英华书院或与英华书院有着或多或少的关联。

《察世俗每月统记传》免费分发，以东南亚华侨及中国本土读者为发行对象，读者主要集中在东南亚，分发到中国本土的刊物数量十分有限。发行途径是通过公开发行、旅行者及船运携带分发，该报聘请的通讯员在完成新闻采集任务

---

❶ 梁发（1789—1866）：广东人，又名梁阿发、梁亚发，家境贫寒，接受过4年乡间私塾教育。15岁起背井离乡到广州谋生，从事木版印刷。1815年被伦敦布道会雇为刻字工，随米怜来到马六甲。1816年接受洗礼，1823年被伦敦布道会授予当地人传教士，成为中国第一个新教传教士。曾撰述《救世录摄要略解》和《劝世良言》。洪秀全曾于1837年广州科举考试期间得到一部《劝世良言》，后来受此书影响创立"拜上帝会"，于1850年发动了声势浩大的太平天国农民起义。

❷ 转引自卓南生：《中国近代报业发展史（1815—1874）》增订版，中国社会科学出版社2002年版，第19-20页。

的同时，也兼带刊物发行。可见，1815年《察世俗每月统记传》在办刊过程中，就已经雇用专职的华人职员了，如刻字工、华人编辑、华人通讯员等。这是中国近代报业职业化的雏形。

1823—1826年麦都思在巴达维亚创办《特选撮要每月纪传》，雇用了华人刻字工，是否有华人编辑参与无法考证。1857—1858年传教士伟烈亚力在上海创办《六合丛谈》，这是上海最早的近代中文报刊，此刊印刷业务外包给了"江苏松江上海墨海书馆"（1843年传教士麦都思创办，中国境内最早的近代印书馆）。王韬以王利宾为笔名在该刊发表短文一篇，并协助伟烈亚力译介文稿和从事中文编辑，相当于现在的特约编辑。王韬秀才出身，故该刊文字相当畅达洗练，如行云流水般。

1857年11月3日，英文《孖剌报》（*The Daily Press*）的中文版《香港船头货价纸》创刊，每周二、四、六出版，小型版，是中国第一家以报刊形式出版、两面印刷的近代化中文报纸。19世纪60年代初改名《香港中文新报》，初为周三次刊，后每周二、四、六为"新闻纸"，每周一、三、五为"行情纸"。1872年5月4日始，每天另印"行情纸"。1873年发展为日报。无论是《香港船头货价纸》，还是后来的《香港中外新报》，均为中文商业报刊，以商人为读者对象，主要内容为新闻、货价、行情、船期及广告等，都十分重视商情及广告，在当时有一定的影响。这两份报刊的创办者是英国商人孖剌（Yorick Jones Murrow，1817—1884）。孖剌在中国经商十余年，对中国情况比较了解，也知道香港作为一个新兴的商业社会，迫切需要一份中文商业报刊，办报应该是有利可图的。这是他办报的主要原因。但是，孖剌作为商人，要创办中文报刊并非易事，必须有精通中英文的人才，特别是华人的帮助。中国早期留美学生之一的黄胜（黄平甫），曾在这两份中文报刊任编辑。孖剌评论黄胜是"谨慎得近于胆小"（卓南生书，第122页）。另据戈公振《中国报学史》记载，华人伍廷芳亦曾协助孖剌出版中文报刊。❶戈公振在《中国报学史》中还说"西人对于中文报纸之经营，当然非其所长，且在斯时，华人之有报纸，实为创见，办理尤非易易；故名为《孖剌报》所有，实为华人单独主持，所有一切营业权利，皆属华人，而《孖剌报》只每年享有若干权利，以为报酬而已。闻其互惠条件，大约《孖剌报》之店面及机器铅字，供《中外新报》之用，不取租值，只取印刷工价。《中外新报》

---

❶ 戈公振：《中国报学史》插图整理本，上海古籍出版社 2003 年版，第 84 页。

则登载《孖剌报》所招来之西人广告，亦不取费"。❶戈氏的这段文字介绍的是《孖剌报》在清末的事情，创办初期的情况是否与此类似，不得而知。我们至少从戈氏这段文字记载中能够知悉以下几点：①没有华人协助，外国人要独立编辑一份中文报刊并非强项。这为中外合作编辑方式的产生提供了前提条件，使早期外国人中文报刊普遍采用中外编辑合作方式成为可能。②孖剌报馆聘请了华人编辑参与办报，至于文中提及的"单独主持"该报刊出版，可能性不大。不过1865—1876年，孖剌确实曾将《孖剌报》出租给威廉·贝乐（William H.Bell）经营，自己则回伦敦创办了《伦敦与中国捷报》（*London and China Herald*）。1878年孖剌收回《孖剌报》自营，直至1884年去世。该报继续由其家族经营，至1911年停刊。❷孖剌不愧为商人出身，经营手法很灵活，故也不能完全排除后期《孖剌报》所属之中文报刊承包给华人主事的可能。上述事实足以证明《孖剌报》所办之《香港船头报价纸》（后改称《香港中外新报》）中文报刊雇佣专职华人编辑，是中外编辑合作的成果。

19世纪香港最早发行的三大中文日报，除了《香港中外新报》（初为周三次刊，1873年改为日报）之外，另外两家分别是《香港华字日报》和《循环日报》。《香港华字日报》的前身是英文《德臣报》（*China Mail Office*）的中文专页《中外新闻七日报》，每周六出版，存在时间为1871年3月至1872年4月，华人陈蔼廷负责该中文专页的出版事宜。陈蔼廷是西学巨擘，此时任《孖剌报》副主笔，司理翻译事务。"蔼廷陈言先生前在巡理府充当书吏之职，今本馆延请司理翻译事务并英文日报副主笔。"这是1871年3月25日《中外新闻七日报》上刊登的一则"告白"的内容，说明了该报确曾延请华人担任专职的编辑工作。1872年4月17日《中外新闻七日报》改称《香港华字日报》单独出版。该报第一任主笔依然为陈蔼廷。陈氏壮志满怀，旨在办一份"笔出自华人，替华人说话"的中文报刊。可惜在那个时代，陈蔼廷主持的《香港华字日报》附属于《德臣报》，并非一份真正意义上的华人报刊。尽管该报的华人色彩较浓，但实际创办者是外国人，改变不了在关键问题的报道方面受制于外国人。

无论是教会报刊，还是商业报刊，外报在创办过程中都离不开华人的参与。外报为报刊职业化提供了人才准备。外国人所办的报刊，主笔一般都是西方人士，但离不开华人编辑的帮办，原因何在？近代在华外国人，虽然其中少部分

---

❶ 戈公振：《中国报学史》插图整理本，上海古籍出版社2003年版，第84-85页。
❷ Frank H.King, Bescott Clarke:A Research Guide to China, Coast Newspaper,1822—1911,p65-p69.

通晓汉语，能操华言，但离运用自如、用中文缀文著述尚远。因为汉语不是外国人的母语，经过学习锻炼，浅层的交流对话没什么大障碍，深层地表达思想和评论时局，对外国人来说难度依然较大。外报上的新闻和言论方面的重点文章，理应由主笔撰写。我们现在所见到的外报上面的许多主笔文章，或言简意赅、浅显晓达，或引经据典、文采飞扬，其实都是华人编辑操刀，非外国人主笔所能写。中文外报的预期读者对象是中国人，文通字顺是报刊与读者交流的基本条件。于是，为了符合中国人的阅读习惯，外报聘请了华人编辑，采用中外合作编辑方式❶来出版报刊。这在早期外报中体现得更加明显。

二、国人自办报刊：报刊职业化的探索

相当一批中国著名报人就是在协助外国人办报的实践中得到成长的，时机成熟后，他们独立出来，创办了国人自办报刊，打破了外报垄断中国传媒领域的局面，争取到了话语权，并成为社会之喉舌，彻底粉碎了外报的舆论封锁和控制权。如王韬协助麦都思出版《遐迩贯珍》，积累了办报经验。陈蔼廷曾任外报《中外新闻七日报》主笔，黄平甫（黄胜）原为英华书院印刷部分负责人。沈毓桂、蔡尔康、任廷旭、范袆先后担任《万国公报》的编辑。

"文明人乃是类的存在，任何个体都不过是类的个体。因此，所谓个体的任何创见，都不过是族类的智慧的结晶。"❷19世纪50年代中叶，国人开始了自办报刊的探索。在国人自办报刊中，《循环日报》是其中的佼佼者。该报作为第一批国人自办中文报刊的个体，是群体不可缺少的组成，共同构筑了中国近代国人自办报刊的基石。《循环日报》是真正意义上的华人自办报刊，由华人出资，由华人主持，是近代中国最有影响力的国人自办中文报刊，标志着中国本土报刊职业化的开始。报刊媒介的职业化，是广告职业化的酝酿，为独立的学术研究奠定了良好的基础。

三、编辑是最先职业化的部门

我们现代报社的部门设置为编辑、发行、广告、印刷四块，编辑是核心，

---

❶ 中外合作编辑方式可追溯至明末，耶稣会传教士利玛窦来到中国后，一方面结交官僚士大夫知识分子，另一方面就开始了其翻译西学书籍的学术传教生涯。其所译书籍，最后润色和笔述工作均由华人知识分子担任。法国学者谢和耐在《中国和基督教》书中曾说：明末利玛窦及其耶稣会士教友的著述，中国文人在最终修订的过程中起了重要作用。"对于那些出自传教士们的著作，口译之后似乎就要用文人整理，中国文人们在对著作的定稿和润色时起了关键作用。"（[法]谢和耐：《中国和基督教》，上海古籍出版社1991年版，第73页）其后来华传教士及西方人在办报和著书、译书方面，沿袭了明末利玛窦时代的模式，与华人合作。

❷ 牛龙菲：《人文进化学——一个元文化学的研究札记》，甘肃科学技术出版社1989年版，第2页。

是报刊的内容生产者，决定着报刊的发展方向和办报宗旨，体现着报刊的风格和办报思想。印刷、发行、广告部门是报社辅助部门。在近代中国报刊职业化的进程中，编辑是最先职业化的工作岗位。先有编辑，后有发行、广告等从编辑中分离出来。这可以从早期外报所采用的中外合作编辑方式上得到例证。虽然早期外报规模小、数量少、专职人员很少，甚至仅有一二位编辑，但一定离不开华人的帮办。主笔是外国人，编辑则由华人担任。从工作性质看，此时编辑岗位就已经出现。

自《察世俗每月统记传》始，报刊进入了"定期出版物"的时代。"定期出版物"概念深入人心，并影响了此后中国境内报刊的产生和发展。定期出版物的诞生，必须需要与之相适应的作业模式，即相对稳定的编辑和作者队伍，固定的读者对象及保证报刊出版良性循环的广告客户。于是从19世纪60年代起，许多外报不仅有了负责稿件处理和版面编排的专职编辑，还有专跑外勤的"访事员"和"访员"（相当于记者）。对报刊发行和广告经营也很重视，指派专人负责。特别是商业报刊的兴起，办报的目的是赚钱，出于报业竞争的需要，外报不得不加强管理、明确分工、各司其职，来提高工作效率和经营水平。于是在编辑之外，固定的专职从事报刊发行和读者群开拓的发行人员出现了，媒介专职负责广告经营的广告人因时而生。例如，近代著名报人汪汉溪在主持上海《新闻报》期间，非常重视报刊的内容特色，明确了以经济新闻为主、以工商业人士为读者对象的定位，高薪聘请专家来主编经济新闻版，指派专门记者采访经济新闻，在各地及一些部门如救火会、巡捕房、医院等聘请"报事员"即特约通讯员，大大拓宽了新闻来源渠道。该报那时已经拥有了全日制的编辑和记者岗位，对广告和发行也十分重视。除了在《新闻报》成立广告科之外，汪汉溪又另外设立了一个部门准备科，来承担报刊广告的整理、编辑和发布工作。"把当天柜台上收进的广告全部送到该科，汇总整理。先由主任审查，分成报头下、提要、封面旁、正张分类、本埠附刊分类、戏目等各大类，分交各课员。课员再将同性质的理在一起，按次序排列。"❶ "根据汪氏父子的经验，该报广告与新闻必须保持六与四的对比，即广告占六成，新闻占四成"。❷ "该报每日所出张数的多少，不取决于新闻，而取决于广告。准备科的任务就在于每晚齐稿时统计当天收入广告有多少，以决定次日所出的张数，所以，准备科事实

---

❶ 汪仲韦：《又竞争又联合的"新"、"申"两报》，见《新闻研究资料》总第15辑。

❷ 转引自陶菊隐：《记者生活三十年》，中华书局1984年版。

上就是'广告的编辑部'，而其重要性则在新闻编辑部之上。"❶汪汉溪在广告经营上的这一独到举措被其他报纸纷纷效仿。如《申报》后来设立的广告整理科，职责与《新闻报》的准备科一样。因为经营有方，《新闻报》是当时上海报业里最早实现经济独立的报纸，而经济独立又是报纸职业化的重要标志。可见，报业经营的职业化在这个时期锋芒初显。

报业的竞争是促使报业职业化的外部条件，符合机器化大生产的分工协作和业务专业化趋势是报业职业化的内在动因。报刊职业化经历了一个渐进的漫长演变的过程，非一蹴而就。到19世纪70年代，报业职业化趋向渐呈明朗化。这为近代新闻业和广告业作为一个独立的职业的诞生作好了酝酿，并为广告业最终从新闻业中分离出来埋下了伏笔。

第二节　广告职业化的萌芽：
从版面销售到广告公司的出现

广告依附于报刊，报刊职业化是广告职业化的母胎。伴随着报刊职业化的进程，广告职业化渐次得到了发展，并最终以独立的职业形态出现。广告职业化的萌芽经历了三个阶段：版面销售员的出现、报刊广告部的成立和广告公司的出现以及在此基础上产生的广告管理和广告教育的发展。广告业的生成是以广告代理机构即广告社和广告公司的出现为标志，而广告公司的出现是形成广告职业化最重要的因素。

一、版面销售员的出现

鸦片战争以后，各类报刊大量涌现，报刊广告蓬勃发展。各类报刊激增，而且普遍重视广告经营，其结果是加剧了报刊之间的广告竞争。早期报刊广告形式比较单一，不需要太多的创意表现，推销报刊广告版面就成了报馆经营的主要工作。由于报馆自身条件的限制和效益最大化的考虑，报刊就寻求外部力量来共同完成推销广告版面的工作，于是报刊版面推销员应运而生。版面推销员就是报馆广告代理人，最初是由报馆在各地的卖报人来充当，他们代表报刊推销版面、招揽广告业务，并收取一定的代理费，代理费从所收的广告费中扣除。例如，1872年《申报》创刊时，就在《申报馆条例》中特别声明，该报在上海以外地区的"苏杭等处"的广告业务，由设在当地报刊销售点的"卖报人"

---

❶ 转引自陶菊隐：《记者生活三十年》，中华书局1984年版，第217页。

代理，另加广告费的一半作为"卖报人"的"饭资"。此处，"卖报人"就是报馆的广告代理人，"饭资"就是广告代理费。这是迄今所见的关于广告代理形式的最早文字记载，标志着我国近代广告代理形式的萌芽。此后，各报纷纷效仿《申报》的这一广告代理形式来推销版面，刊登广告。

后来，卖报人不再满足于只代理某一家报刊的广告版面，而是代理销售多家报刊的广告版面。广告代理人以低价从各家报刊手里批量购买版面，再转售给需要的广告客户，以谋求更多的利润。广告代理人是广告客户和报刊之间的中介，帮助报刊推销版面给需要的广告客户，并从中获取佣金或必要的利润。这样做，既不会增加报刊的成本，又能提高报刊的广告收入，所以受到了报刊的普遍欢迎。此时的广告代理人类似于版面经纪人，所以又称版面掮客。

无论是早期的报馆广告代理人，还是后来的版面掮客，必须靠推销报刊的广告版面来获得佣金或收益，因此对报刊的依赖性很大。而且版面销售出去以后，广告文字、设计制作等工作依然由报刊来完成。

二、报刊广告部门的成立

随着所登广告数量的增加以及广告业务的繁忙，报刊仅仅依赖广告代理人和版面掮客来经营广告，已经变得应接不暇。而此时独立的高水平专业广告公司尚未出现，于是报刊不得不自力更生，纷纷设立了自己的广告经营部门。原先的一些报刊广告代理人和版面掮客，就进入了报刊广告部门工作，成为报刊广告部门的正式雇员，变成了全职的广告从业人员。例如，1912年报业巨子史量才接办《申报》后，锐意革新，悉心经营，延请圣约翰大学毕业生、对广告素有研究的张竹平担任经理，专门成立了"广告推广科"和"发行推广科"，招聘正式雇员。"广告推广科"下设广告外勤组和广告设计组，广告外勤组负责招揽广告业务，广告设计组负责广告设计和文稿撰写。后来又成立了"广告整理科"，专门负责广告整理、编辑和发布的工作。经过努力，《申报》发行量大增，广告业务突飞猛进，广告收入成为报刊经济来源的主要部分。此处的"广告推广科"就是《申报》设立的专门经营广告的部门。

同时期的各家报馆如旧时上海著名报刊《新闻报》等都先后设立了广告部，雇佣全职员工来开展报刊的广告业务。据统计，截至1922年，我国的中外文报刊已达1100多种。各家报馆根据业务需要纷纷设立了广告部。可见，加在一起，当时各报馆广告部门的广告从业人员数量不在少数，而且已经初具规模，形成了一个全日制的广告从业人员的职业群体。

与此同时，另一个全日制的广告职业群体也正在形成，那就是形形色色的广告画家（现在称为广告设计师）。当时，国人受教育程度有限，文化程度普遍不高，识字不多，以文字载体为主要内容的报刊所刊登的广告只能影响社会中一部分特定的人群，而对广大中下层国民来说，"读图"是一种更容易被接受的形式。因此，图文并茂广告、纯绘画广告以及后来的彩色广告出现后迅速流行，大受欢迎。这造成了社会上对美术从业人员特别是懂西洋绘画的人才的广泛需求。早期西方人企业的广告部门最先意识到了广告画的重要性，不惜高薪聘请广告绘画人才。报馆和华商企业紧紧跟进，纷纷聘请专兼职广告绘画人才，或将任务委托出去，由专兼职的广告绘画人才来完成画广告画、配插图、配花边、设计版面等一系列工作。这就为全日制广告设计师的存在提供了土壤。《申报》经常在自己报刊上刊登人才招聘启事，1884年6月出刊的《申报》上就刊出了一则该报社招聘广告画家的广告。"本斋所得奇书数种，惟有说无图，似欠全美，故特招聘精于绘事者，即照前报所登尺寸绘成样张，寄上海点石斋账房，一经合用，当即面请至本斋面洽。"随着广告画市场需求的不断扩大，广告设计师群体不断壮大，并最终在中国广告史上涌现出一批风格各异的知名广告画家，如周慕桥、郑曼陀、杭稚英、金雪尘、胡伯翔、叶浅予等。此后，中国本土的绘画人才在广告实践中进一步得到了锻炼，并迅速成长起来，专门从事广告设计、画广告画，逐渐完成了向独立的广告设计师职业群体的过渡。

三、广告代理公司的产生

随着企业之间、报馆之间广告竞争的加剧和广告媒介的多样化，专业化、高效率的广告代理公司应运而生。"广告代理公司出现及其位置和角色的明确，基本上可以当作现代广告形成的标志。"❶

出于竞争的目的，大企业一般都设有广告部门，雇佣专职人员负责广告发布事宜。例如，1904年英美烟草公司自设广告部，高薪聘请英美日德等国画家绘制广告画；我国的民族企业商务印书馆也设立了中国商务广告公司，由其负责广告发布和承揽业务。实力稍弱、没有广告部的企业，则会借助自由美术职业者或外部广告代理商来完成相关的职能。伴随着企业的发展，当企业开拓异地市场时，直接与异地媒体接洽刊登广告，有诸多不便之处。而且面临数量众多和多样化的媒介，如何进行广告媒介选择、如何设计制作刊登广告也不是一

---

❶ 丁俊杰：《现代广告活动理论与操作》，中国三峡出版社1996年版，第17页。

件轻而易举的事情。这就促成了专业高效的近代广告代理机构——广告社或广告公司的产生。

从报刊角度看，报刊把主要精力放在广告版面开发、广告排期和发布上，而把招揽广告和广告设计制作环节外包出去。例如，由于广告业务量激增，《新闻报》不再雇佣正式员工，转而依靠广告代理商来拉广告和发布广告。广告代理商须缴纳一定数目的保证金，经报社注册登记后才允许代理《新闻报》来经营广告业务。同时期的《申报》则缩减了正式职员数，主要依靠广告代理商来招登广告。

广告代理公司成了联系企业和报馆之间的桥梁，一方面协助报刊承揽广告，另一方面又帮助企业接洽媒介发布广告，双重代理的身份被确立起来。实际的需求也是广告公司独立产生的条件。"广告代理的应运而生并成为创造需求、刺激生产（与消费的）的专家。在其帮助企业树立形象，建立信誉，推销产品的过程中，广告逐渐成为了一种职业。"❶

外商广告公司率先在国内出现。1915年，意大利人在上海创办了贝美广告公司。1918年，美资克劳广告公司成立。国人较早出现的广告代理公司有1904年成立的闵泰油漆广告社、合兴隆招牌店等。

近代广告公司的出现是广告职业化最重要的表征。外商广告公司早于国人自办广告公司出现在中国境内。

到19世纪二三十年代，无论是数量上、规模上，还是作业水平上，广告公司都获得了进一步的发展，它们重视文稿和设计，操作上日趋专业化，涌现了一批在业界享有盛名的广告公司。例如，华商广告公司由留美学生、"中国广告之父"林振彬创办，其借鉴美国广告公司的运营模式，专营广告代理，注重服务，公司经营得非常成功，并将业务范围扩展到报纸广告之外的公共汽车广告、影院幻灯片广告方面。到1936年华商广告公司成立十周年之际，其已经为97个客户、181种产品提供过服务。荣昌祥广告公司，专营路牌广告，后成为近代中国最大的路牌广告专营公司，其小有名气，被称为"广告大王"。华资电器公司在上海开办霓虹灯厂，专门承接霓虹灯广告的制作和安装。

那时候，广告公司业务以报刊广告为主，但已不仅仅局限于此，路牌、公共汽车、电影、霓虹灯、橱窗、广播、气球、月份牌、日历、产品样本、信函、明信片、企业专刊等都成了上乘的广告媒介，而且还出现了专营某一类或几类

---

❶ 丁俊杰：《现代广告活动理论与操作》，中国三峡出版社1996年版，第18页。

媒介的广告公司。"由于近代科学技术在广告方面的应用，使广告成为一种专门的技术服务部门。1910年后，外商在华设立广告公司的日见其多，主要集中在上海。"❶北京、上海、广州、天津、重庆、武汉等大中小城市普遍开设了广告社或广告公司，上海是其中的佼佼者，有"世界广告之都"的美誉。

抗战爆发后，广告业受到重创，广告公司纷纷关张歇业，直至战后才又重新恢复生机，但好景不长。1947年后，受战事影响，中国广告业再次跌入低谷，广告公司的发展也受到了影响。

四、行业自律与广告监管

行业自律和广告监管是广告作为一个独立的经济行业发展到一定阶段的必然产物。

1. 行业组织的出现

广告业发展到一定阶段，行业组织的出现进一步说明了广告作为一个独立的职业开始形成。"中国广告公会"是我国近代最早的广告行业组织。1911年世界广告学会在美国成立，万国函授学校上海办事处联合我国广告界人士组织发起过"中国广告公会"。这是我国广告史上最早与世界广告行业组织有联系的唯一的全国性广告行业组织。❷1927年维罗广告社王梓濂和耀南广告社郑耀南联合另外6家广告公司在上海发起成立了"中华广告公会"，后改称"上海市广告业同业公会"，抗战胜利后又改名为"上海市广告商同业公会"，会员达91家。这是我国最早的广告同业组织。

2. 行业自律

报界最早开始了广告行为自律。主要原因是"广告虽为商人所登载，亦由商人自负其责，然一经报纸宣布，遂影响于社会"。❸例如，1912年中华民国报馆促进会通过了《设立广告案》，以规范报馆广告发布行为，呼吁禁止刊登不良广告。

广告行业组织产生后，在行业自律方面发挥了重要的作用。例如，中华广告同业公会成立后，与《新闻报》交涉，要求停用"捐客"的称呼，改用"代理商"。另外，要求报刊广告业务"必须统一收费标准"，"不得接办同业广告业

---

❶ 丁俊杰：《现代广告活动理论与操作》，中国三峡出版社1996年版，第16页。
❷ 陈培爱：《中外广告史》，中国物价出版社1997年版。
❸ 戈公振：《中国报学史》，中国新闻出版社1985年版，第200页。

务"，避免无序竞争，规范广告经营行为。

总之，广告行业组织在解决同业纠纷、争取共同利益、规范经营行为方面发挥了不可替代的作用。

3. 广告监管

随着广告业的蓬勃发展，广告管理工作被提上了议事日程。清政府、北洋政府、民国政府相继颁布了一些广告管理法规及相关法律条文。例如，1904年清政府颁布了《商标注册试办章程》，这是我国最早的商标法。20世纪20年代《民律法案》中，对广告的解释、效力、撤销、悬赏等方面作了16条规定。这是我国最早的"广告管理法律条文"。民国政府社会部及各省社会局具体负责广告的监管工作。民国政府出台的刑法、民法、出版法、交通法中都涉及了广告的条款，并开始征收广告税。

民国时期中央政府出台的重要法规有《征收取缔广告的办法》《户外广告张贴法》。另外，各级地方政府也出台了一些区域性的广告管理法规、条例，如《广州市公共广告场所使用及广告所得捐征收细则》（1923年）、湖南长沙市的《游行广告管理细则》（1934年）、《杭州市广告取缔规则》（1929年）、《杭州市广告管理规则》（1935年）、《重庆市广告管理规则》（1943年），等等。近代中国虽然颁布了一些广告方面的法律法规，但没有一部真正意义上的广告大法，导致广告监管不到位。但近代中国政府对广告的监管工作，在一定程度上规范了广告行为，有利于广告职业的健康发展，表明了近代中国对广告管理开始趋向法制化的轨道。

五、广告教育[1]

广告业的快速发展和市场竞争的激烈，使报馆、广告代理公司、企业都对广告人才提出了迫切的需求，而教育是培养人才的一个非常重要的途径，因此，广告教育应时而生。

我们可以从两个层面来考察近代中国的广告教育。一是职业教育层面；二是院校教育层面。职业培训重在实用知识、操作技巧的传授，院校教育重在基础知识系统传授，两者相辅相成，互为补充。

例如，近代中国出版业的大本营商务印书馆，就培养了一批广告画家。1913年，近代广告教育家徐咏青利用商务印书馆美术室开办了"绘人友美术班"，征

---

[1] 关于近代广告教育的内容后面还会详细讨论，此处略述。

收练习生，美术班为期3年，由日本、德国教师讲授西洋画和广告技法，由中国教师讲授中国画和技法。许多学员后来在广告设计领域卓有建树，想必从商务印书馆美术培训班中获益不少。

正规院校教育对广告人才的培养起源于1918年的北京大学新闻学研究会。这是中国第一个新闻学研究团体，该研究会成立后曾经办过两期新闻学研究班，有学员百余名，广告学被作为新闻学教学和研究的一个重要组成部分来讲授。之后20世纪二三十年代新闻教育博兴，新闻系、报学系纷纷在各所院校筹办或成立，甚至出现了独立的广告系。新闻学相关课程均被各所院校列为主要的课程。在新闻学的教育中，广告学已经成为新闻学教育中一门重要的课程而被讲授。

除了依托于院校新闻教育的广告教育，在职业学校、商科学校以及大学商科专业中，也都涉及了广告学教育的内容，有些学校单独开设广告学方面的课程，有些在商业经营管理类课程的讲授中，对广告学作了介绍。

广告学教育的形式多种多样。有正规院校的全日制教育，也有在职进修和业余学习，广告教育的举办者有全日制的院校，也有夜校、函授学校、培训班等。例如，《上海青年》1917年第16卷第28期和第37期上，就分别登出了"半夜学堂增设贸易广告班""夜校广告术成立"的公告。

总之，多层面、多层次的广告学教育的兴起，一方面促进了近代中国广告学研究和广告人才的培养；另一方面，也是表征近代中国广告业形成的重要力量。

第三节　小结

"职业"是职业社会学的核心概念，根据职业社会学的观点：作为一个"职业"，首先必须是全日制的；其次必须拥有专门的知识和技能，并且这些知识和技能可以习得；再次能够服务于社会。任何一个职业的发展都经历了从非职业到职业的过程，它的形成过程应该包括以下步骤："（1）该职业成为全时工作；（2）建立专业训练的教育机构；（3）建立专业协会；（4）职业的代表人物具有政治动员的力量，以为行业赢得自律的保障；（5）专业协会建立自律的行为准则。"❶广告职业的产生也是如此。

---

❶ 这是美国社会学家威伦斯基（Harold Wilensky）的观点。转引自黄旦：《新闻专业主义的建构与消解》，《新闻与传播研究》2002年第2期，第2-9页。

　　清末民初是中国社会大转型阶段，职业流动非常频繁、普遍，现代社会分工及职群划分代替了传统士农工商的社会分层。这是广告职业化的时代背景或者说是社会条件。媒介广告部和广告代理机构中全日制从业人员的出现、行业自律和政府管理的产生、广告教育的出现，共同构成了广告作为一个独立的、有与众不同职业追求的行业的必备条件。

　　商业报刊的出现及竞争的加剧，推动了媒介广告部、中外企业自设广告部门及广告代理机构的应时而生。媒介、商人及广告从业人士的实践是广告业产生的主要基础，一方面通过实践积累了专业技能和实践层面的知识，实践也是一个职业获得社会认可的最具说服力的途径；另一方面这些机构中雇佣的专职工作人员使"该职业成为了全时工作"。

　　20世纪初，广告教育及职业团体的出现，满足了广告实践对人才的需要。广告教育不仅是习得专业知识的重要园地，还可以提高职业认同感和强化职业意识。这是广告职业化由内而外的重要驱动力。学校及职业团体中全日制人员对广告所作的理论层面的研究，又使广告业由实践层面向个体自觉的理论层面转化。

　　大大小小行业相关组织的成立，"是为了保护一种职业追求"[1]，增加各类从业人员的职业归属感和认同感，仿佛可以从中汲取一种因某种共同的目标而组织起来并团结在一起的力量。行业组织在提高职业伦理、规范职业行为、维护共同权益方面发挥了重要的作用。

　　清末民初的广告监管虽然尚显幼稚和欠缺，但是出台的有关法律法规标志着我国近代广告发展步入法制化轨道。与广告行业组织的自律行为准则或章程联袂构成了不可或缺的职业制度，为当时广告业的发展提供了职业保障。而职业制度和职业组织的产生，也是一个职业形成的重要标志。

　　至此，在社会大转型背景下的清末民初广告，已经初步完成了从职业流动、职业意识、职业组织到职业制度的发展，历经了一般社会学意义上的职业化涅槃。在进一步发展的广告和商业竞争的推动下，原本处于依附地位的广告已经适应不了发展的需要，促使其走向独立和职业化，而广告业内部操作流程的统一和职业分工，加快了广告专业化和从业人员全职化的步伐。"广告业逐步脱离报业的控制，改变了自身原先仅仅作为报刊与广告主之间的'版面捐客'或中

---

　　[1] 徐小群：《民国时期的国家与社会——自由职业团体在上海的兴起（1912—1937）》，新星出版社 2007年版，第14-15页。

间人的角色，开始作为一个正式的、独立的行业行使自身的职能和作用。"❶终于，在20世纪一二十年代，广告业作为一门新的行业正式产生了。具体来说，1918年是一个临界点。到1918年，广告业完成了作为一个职业应该具备的所有条件积累。之前，是萌芽期，处于广告职业化的孕育准备阶段。之后，广告业正式形成，进入正常发展的阶段。广告业的产生促进了广告学术研究活动的发展，并最终促成了广告学科的形成。先有产业，后有以此产业为基础的理论和学问，广告学的产生就是建筑在独立的、有职业追求的广告人及广告业业已形成的基础之上。因此，我们考察广告学的诞生，就不得不考察广告产业的历史进程。广告业的形成是广告学产生的职业基础，也是广告学诞生的必备条件。职业是一种赖以谋生的工作，"志业就是一个人的理想及其为之所做的不懈努力"。著名学者吴宓曾经阐述过职业与志业的关系，认为"职业与志业合一，乃人生最幸之事"。"学术研究在业余状态下要想取得较高成就，困难可想而知。相反，将学术研究只当作赚钱养家的职业，兴趣爱好在别的方面的人，也难有高质量的学术成果。真正的学者追求的最理想状态，就是职业与志业的统一。"❷因此，伴随着近代中国广告业的发展所出现的职业化，大大促进了广告学理论的进步。

---

❶ 张健，王军元：《广告业制度化与新闻专业主义的诞生》，《中国广告》2008年第1期。
❷ 郭双林，王东仓：《中国近代学术转型研究的"建基"之作 ——评左玉河著〈中国近代学术体制之创建〉》，《近代史研究》2011年第5期，第151-160页。

第三篇　前广告学时期的
历史考察

　　根源于晚明今文经学的实学思潮在 19 世纪 60 年代至 90 年代的洋务运动中发展为商本主义思想，推动了中国近代民族工商业的产生与发展。而民族工商业的产生与发展，又奠定了近代报刊及广告实践发展的社会经济基础。随着社会经济和广告的发展，出于竞争的需要，卖报人和"版面掮客"则成为媒介广告部正式雇员，工商企业或纷纷聘请专人负责广告制作和刊登，或外包广告设计制作业务。这促进了广告代理公司的出现，而广告代理公司的出现是广告职业化的重要标志。工商企业的产生与发展、报刊广告实践的纵深挺进以及广告职业化是广告学得以持续发展的三大基石。在这个时期，工商业者、报人、广告人及政府相关部门等在职业实践的过程中，纷纷站在自身的角度，对广告展开了"学"与"术"层面的研究。但其研究成果是零散的，多元的。其间的广告专门著作及广告专文非常少，大量的研究成果只是存在于报刊中，并以相关文章、本馆告白、发刊词、社论、报刊章程、报刊条例、报刊启事、法律法规等形式体现，甚至在所刊登的广告中也可以找到广告学术研究的资料。也正是因为这些报刊资料的存在，今天我们才可以从中一窥那个时期广告学术研究的现状。现有的文献资料普遍认为广告学产生于民国初年、五四时期、20 世纪一二十年代等，对之前的广告学术研究活动及成果却较少关注。其实在此之前广告学术研究已经存在，只不过浅尝辄止，专门著述稀少，更多的是停留在知识介绍、经验总结和经营技巧等"术"的层面的探究。从 1815 年至 1917 年，中国没有出现过一部系统论述广告学的专门著作，而且学科意识不够明确，也没有一家正规广告教育机构出现，也没有人对"广告学"的概念提出完整的定义，因此本书称 1918 年之前的这一个时期为前广告学时期，是广告学形成前的准备阶段。

第一章　广告学术研究的文献形式

前广告学时期的学术研究活动成果主要存在于广告学专文、涉及广告内容的相关文章、报刊发刊词和启事、报刊章程、广告、新闻学著作中的相关章节以及有关法律法规中的条款等。

第一节　广告学专文

广告学专文，就是以广告作为主题的文章。这些广告学专文不一定都是学术性的论文，真正的研究文章极少，反而是介绍广告知识、传递广告奇闻、启蒙广告意识等类的文章占了绝大多数。本书共检索到广告学专文32篇（见表3-1-1）。

表3-1-1　前广告学时期广告学专文篇目

序号	文章题目	作者	出处	发表时间	备注
1	《招刊告白引》	出版者	上海《申报》	壬申四月初一日（1872年5月7日）	
2	《劝广告说》	出版者	《台湾日日新报》	1900年3月20日	
3	《告白学专家》	不详	上海《选报》	第34期（1902年11月10日）	
4	《奴隶广告》	出版者	《大陆报》（或《大陆》）	1904年10月第10期	
5	《万国广告博览会》	不详	上海《大陆报》	第三年第一号（1905年2月28日）	"世界谈片"栏

序号	文章题目	作者	出处	发表时间	备注
6	《美商塞勃列子论广告之价值》	杨志洵	北京《商务官报》	丙午第二十八期（1907年1月18日）	"汲脩馆笔记"栏
7	《美国商用输出入通法》	不详	北京《商务官报》	第二期（1906年5月）	
8	《怪哉怪哉登告白亦有冒名者》	不详	上海《竞业旬报》	第十八期（1908年6月19日）	"时闻"栏
9	《广告之适切》	不详	广州《农工商报》	第四十一期（1908年7月28日）	"商业"栏
10	《欧美实业家利用广告之法》	杨志洵	北京《商务官报》	戊申第十九期（1908年8月21日）	"参考资料"栏
11	《奇广告》	父近	上海《竞业旬报》	第三十一期（1908年10月25日）	"闲评"栏
12	《还说告白》	父近	上海《竞业旬报》	第三十一期（1908年10月25日）	"闲评"栏
13	《论商业广告》	章乃炜	北京《商务官报》	己酉第二十期（1909年8月20日）	"论丛"栏
14	《商业广告之用途》	章乃炜译自《英国伦敦报》	北京《商务官报》	己酉第二十九期（1909年11月7日）	"参考资料"栏
15	《广告价值》	不详	上海《东方杂志》	第六年第十一期（1909年12月7日）	"杂俎·报余撷新"栏
16	《告白学》	李文权	日本东京《中国实业杂志》	第三年第一期至第六期（1912年）	附录
17	《广告丛谈》	李叔同	上海《太平洋报》	1912年4月1日至5月4日	第二版
18	《论广告与卖药之关系》	李文权	日本东京《中国实业杂志》	第四年（1913年）第二期	"论说"
19	《杂志封面之新奇广告》	天翼	《进步》	1913年第4卷第6期	"零碎百科全书"

序号	文章题目	作者	出处	发表时间	备注
20	《广告之过去未来》	不详	《图画剧报》	1913年第156期	
21	《广告之无奇不有》	楚雲	《繁华杂志》	1914年第5期	
22	《彩色广告之效用》	SM生	《中华实业界》	1914年第7期	
23	《最新广告术之应用》	杨荫樾	《中华实业界》	1914年第9期	
24	《大公司调查部之组织》	杨荫樾译	《中华实业界》	1914年第10期	
25	《最良广告之研究》	芸生	《中华实业界》	1914年第11期	
26	《上海各商店广告之种类》	致远	《中华实业界》	1914年第11期	杂记
27	《广告之活用法》	不详	上海《中华国货月报》	第二期（1915年10月9日）	"艺薮"栏
28	《利用街道之广告法》	翁长钟，译自《美国工业世界》	北京《大中华》	1915年11月20日	"余录"栏
29	《异想天开之广告》	翁长钟，译自《美国商业世界新法报》	北京《大中华》	1915年12月20日	"余录"栏
30	《广告与营业》	曼郎	上海《国货月刊》	第一年第五期（1915年12月）	杂著
31	《登广告之方法》	镜清	天津《商学杂志》	第一卷第二期（1916年2月10日）	"技术"栏

序号	文章题目	作者	出处	发表时间	备注
32	《广告与商业道德之关系》	程景灏译	上海《东方杂志》	第13卷第12号（1916年12月10日）	《农商公报》第三十期（1917年1）"选载门"栏转摘
33	《怪广告》	成寿	《青声周刊》	1917年第1期	

第二节　涉及广告内容的相关文章

那个时期专门研究广告的论文不多，在其他主题的论文及文章中，也常常离不开对广告问题的探讨和阐述。此类文章共检阅到22篇，见表3-1-2。

表3-1-2　前广告学时期涉及广告内容相关文献篇目

序号	文章题名	作者	出处	发表时间	备注
1	《日报》	郑观应	《盛世危言》	1894年	
2	《报章文体说》	谭嗣同	《谭嗣同全集》	1897年1月	
3	《奉告天津资本家及商业家》	则久宋寿恒	天津《大公报》	1904年8月18~21日	"论说"栏
4	《请看京话日报》	出版者	天津《大公报》	1904年8月18日	头版头条广告
5	《万国广告博览会》	不详	《大陆报》	第三年第一号（1905年2月28日）	"世界谈片"栏
6	《拒约须急设机关日报议》	郑贯公	香港《有所谓报》	1905年8月12~23日	
7	《店名撰定法》	不详	广州《农工商报》	第四十四期（1908年8月27日）	"商业"栏
8	《万国博览会之效果》	杨志洵译	北京《商务官报》	戊申第二十期（1908年8月31日）	"论丛"栏

序号	文章题名	作者	出处	发表时间	备注
9	《美人考求在中国行销货物之法》	章乃炜	北京《商务官报》	戊申第二十五期（1908年10月19日）	"论丛"栏
10	《法国革命报之广告》	不详	法国巴黎《新世纪》	第90号（九年三月二十七日）（1909年）	
11	《最古之报章》	不详	上海《东方杂志》	第六年第十一期（1909年12月7日）	"杂俎·报余撷新"
12	《商业丛话》	不详	日本东京《中国实业杂志》	第三年第三期（1912年）	"附录·商业丛话"
13	《吾国商业之弱点》	抗白	日本东京《中国实业杂志》	第三年第一期（1912年）	"论说"栏
14	《说明装潢之利益》	不详	上海《中华国货月报》	第二期（1915年10月9日）	"艺薮"栏
15	《商人招致顾主之方法》	镜清	天津《商学杂志》	第一卷第一期（1916年1月10日）	"技术"栏
16	《畅销货物方法之研究》	镜清	天津《商学杂志》	第一卷第一期（1916年1月10日）	"技术"栏
17	《商品之陈列法（实业浅说）》	谢刚克	上海《实业汇报》	第一卷第二号（1916年5月1日）	"丛录"栏
18	《商店兴盛新法》	芜湖工商日报	上海《实业汇报》	第一卷第一号（1916年3月1日）	"论说"栏
19	《英国式之百货商店经营法》	宋铭之	上海《实业汇报》	第一卷第一号（1916年3月1日）	"著译"栏
20	《商业发达之要素》	不详	上海《实业汇报》	第一卷第二号（1916年）	"著译"栏
21	《上海报纸小史》	姚公鹤	上海《东方杂志》	第14卷第6号、第7号、第12号（1917年6月、1917年7月、1917年12月）	

续　表

序号	文章题名	作者	出处	发表时间	备注
22	《实用新闻学》	[美]休曼	上海学广会	1913年转引自《新闻文存》，中国新闻出版社1987年12月	第12章和第13章

第三节　本馆告白、发刊词、社论、章程、条例、启事、广告等

前广告学时期，本馆告白、发刊词、社论、报刊章程、报刊条例、报刊启事等类型的文献中涉及了广告研究内容，相关文献共检索到34篇，见表3-1-3。

表3-1-3　设计广告内容的发刊词、章程、告白等

序号	文章题名	作者	出处	发表时间	备注
1	《遐迩贯珍小记》	出版者	香港《遐迩贯珍》	第十二号，1854年12月	
2	《论遐迩贯珍表白事款编》	出版者	香港《遐迩贯珍》	第一号，1855年	
3	《本馆谨启》	出版者	《上海新报》	1861年11月21日	
4	《本馆条例》	出版者	上海《申报》创刊号	1872年4月30日	
5	《分送月份牌启》	出版者	上海《申报》	1885年元月29日（清光绪十年十二月二十四日）	头版头条广告
6	《国闻报馆章程》	出版者	天津《国闻报》创刊号	1897年10月26日（转引自戈公振《中国报学史》，中国新闻出版社1985年）	
7	《政府公报》发行章程	出版者	北京《政府公报》	1912年5月1日（转引自戈公振《中国报学史》，中国新闻出版社1985年）	
8	《定本岛人广告费格外折减》	出版者	《台湾日日新报》	1900年3月5日	"告白"

序号	文章题名	作者	出处	发表时间	备注
9	《〈时务日报〉章程》	出版者	上海《时务日报》	第一期（1898年5月11日）	
10	《招登论前广告》	出版者	上海《申报》	1905年3月16日	
11	《本馆不登美商告白》	出版者	北京《京话日报》	第288号（1905年6月8日）	
12	《新世纪发刊之趣意》	出版者	法国巴黎《新世纪》	第1号（1907年6月22日）	
13	《本报征求论说及招登告白广告》	出版者	上海《万国商业月报》	第十六期（1909年7月）	
14	《东方杂志广告价目表》	出版者	上海《东方杂志》	第八卷第十号（1911年10月）	刊后广告页
15	《本会告白之告白》	出版者	日本东京《中国实业杂志》	第三年第二期（1912年）	
16	《本杂志十二大特色》	出版者	日本东京《中国实业杂志》	第三年第二期（1912年）	
17	《太平洋报广告部广告》	出版者	日本东京《中国实业杂志》	第三年第三期（1912年）	封底广告
18	《〈太平洋报〉破天荒最新式之广告》	李叔同	上海《太平洋报》	1912年4月1日	广告
19	《广告部广告》	李叔同	上海《太平洋报》	1912年4月1日	第二版
20	《广告部广告》	李叔同	上海《太平洋报》	1912年4月10日	第二版
21	《广告部广告》	李叔同	上海《太平洋报》	1912年4月12日	第二版

序号	文章题名	作者	出处	发表时间	备注
22	《广告部广告》	李叔同	上海《太平洋报》	1912年4月19日	第二版
23	《书刊介绍：中国实业杂志》	李叔同	上海《太平洋报》	1912年4月20日	"文艺批评"栏
24	《广告部紧要广告》	李叔同	上海《太平洋报》	1912年4月23日	第二版
25	《广告部答复》	李叔同	上海《太平洋报》	1912年4月29日	第二版
26	《广告部答复》	李叔同	上海《太平洋报》	1912年5月6日	第二版
27	《征求滑稽讽刺画稿》	李叔同	上海《太平洋报》	1912年6月5日	
28	《中国实业会上海分会国货研究部广告科谨启》	李文权	日本东京《中国实业杂志》	第六年第一期（1915年）	广告
29	《本报通告》		上海《中华国货月报》	第一年第二期（1915年7月）	
30	《嘉兴顾轶庭美术书画广告家》	顾轶庭	上海《中华国货月报》	第一年第二期（1915年7月）	广告
31	《农商公报特别广告》	出版者	上海《大中华》	第一卷第十期（1915月10月20日）或《大中华》第一卷第十二期（1915年12月20日）	
32	《农商公告特别广告》	出版者	天津《商学杂志》	第一卷第一期（1916年1月10日）	封三
33	《本杂志招登广告》	出版者	天津《商学杂志》	第一卷第一期（1916年1月10日）	封三
34	《三益广告公司广告》	不详	上海《实业汇报》	第一卷第一号（1916年3月1日）	广告

第四节　涉及广告内容法律法规及其他

本书共检索到条文中涉及广告内容的法律法规及其他文献11篇,见表3-1-4。

表3-1-4　前广告学时期涉及广告内容法律、法规及其他

序号	文章题名	作者	出处	发表时间	备注
1	《美国女子走绳索之广告术》	出版者	上海《东方杂志》	第八卷第八号（1911年8月）	插画
2	《商标注册试办章程细目》	出版者	天津《大公报》	1904年8月17~18日	"紧要专件"
3	《大清印刷物专律》	张静庐辑注	《中国近代出版史料》初编	上海群联出版社1953年	
4	《大清报律》	张静庐辑注	《中国近代出版史料》初编	上海群联出版社1953年	
5	《日本新闻纸条例》		北京《商务官报》	第七册（1906年6月26日）	"专件"
6	《民国暂行报律》	张静庐辑注	《中国近代出版史料》初编	上海群联出版社1953年	
7	《内务部令巡警总监撤去日商广告文》	内务部	《临时政府公报》	第二十七号（1912年3月2日）	在"令示"栏刊发
8	《内务部核定告示广告张贴规则》	内务部	《临时政府公报》	第三十二号（1912年3月8日）	在"法制"栏刊发
9	《报纸条例》(1914,袁世凯)	张静庐辑注	《中国近代出版史料》初编	上海群联出版社1953年	
10	《出版法》(1914,袁世凯)	张静庐辑注	《中国近代出版史料》初编	上海群联出版社1953年	

序号	文章题名	作者	出处	发表时间	备注
11	《内务部通咨各省报纸批评图画广告等项时涉淫亵应设法劝诫文》	内务部	引自商务印书馆版《中华民国法律大全》三编第五类内务	民国五年十月（1916年10月）	

第二章　广告学术研究成果

考察这个时期的广告研究成果，应该着眼于各类报刊，报刊是这个阶段广告研究活动的主要载体。此外，新闻学著作中的部分章节、相关法律法规中新闻出版方面的条款也都涉及了有关广告学术理论研究的成果。

第一节　广告学专文

这个时期的广告专门著述大多重在阐述广告的经济功能，强调其在宣传推销方面的重要作用。对广告的社会功能和广告与商业道德的关系也有了初步的认识。《告白学》是近代中国人撰写的第一篇相对系统的广告学研究论文，标志着近代中国广告研究进入了广告学科意识的萌芽时期。

一、《招刊告白引》

《申报》创刊于1872年4月30日，是一份典型的商业报刊，创办人是英国商人美查兄弟，其办刊目的就是赢利。广告与发行报刊是报馆收入的重要来源，因此《申报》从创刊之初就非常重视广告经营。1872年5月7日即大清同治壬申四月初一日，《申报》第五号第一章登载了《招刊告白引》。这虽然是一则《申报》招刊广告的启事，非常短小，仅千余字，看似寻常，实则是一篇关于广告研究的论文。先来了解一下"引"。"引"是一种文体，在古代有两种解释：第一种是指古代乐府诗体裁的名称。例如，我国古代乐府民歌中就有李贺的《李凭箜篌引》一诗，这是一首歌行体的乐府诗。诗的名称由一种偏正短语所组成，前面的是定语，主语是引，即李凭弹箜篌引，箜篌是乐器，引是一种文体。李凭弹箜篌和引是分开读、分开来理解的。第二种，"引"又称"序""叙"，相当于今天书籍或文章的"引言""前言"，用来阐述出版意旨、编次体例和内容等。

很显然，这里的"引"应该是第二种意思，即"序"，也就是一篇《申报》招刊广告的引言。

该文对报纸广告的优点及重要性作了详细的阐述，启蒙了当时国人的广告意识。当然，其最终目的还是为了自身报纸的广告经营服务。该文结构如下：第一部分，先从中国现状谈起，中国人告白习惯于张贴和口传，形象说明了张贴和口传这两种传播方式的局限性，提出了问题。第二部分，介绍了新闻纸告白的功能。第三部分，劝说华人重视新闻纸告白之作用。下面就具体分析一下该文主要内容及其所传递出来的广告观（参见附录1）。

这是近代中国报刊上较早出现的一篇研究广告的论文，对报刊广告的优点、报刊广告的重要性和报刊广告的作用发表了看法。虽然写作此文的本意并非为了广告研究，而只是出于报刊自身广告经营的目的，但依然不能抹杀其在报刊广告经营和广告学研究方面具有的较高的文献价值。

此外，还有一个问题值得探讨。总体而言，《招刊告白引》仅千余字，文章思路缜密，遣词造句颇具一定的功力。那么，这篇文章究竟是谁的杰作呢？或者谁写作此文的可能性更大，是华人还是西方人呢？抑或此文是否是在美查初稿的基础上由华人润色而成的呢？

单从行文上看，猜想写作这篇文章的人，是一位满腹经纶、饱读诗书之华人所写的可能性较大，具体是谁呢？可惜迄今未有文献考证确认。

《申报》系外国商人所办，作为一份纯粹为了赢利的商业报刊，上面的《招刊告白引》一文相当重要，类似于现在的招登广告启事，怎么会出自华人之手呢？众所周知，早期外国人所办中文报纸，不管是教会报刊还是商业报刊，一般都离不开华人的协助，常常聘请华人担任主笔、编辑等工作《申报》也不例外。

《申报》创办前、后均离不开华人的协助。先是买办陈庚莘建议其在上海办一份华文报刊，因为《字林西报》所办之中文版《上海新报》获利丰厚。此时的美查经营生意亏本，见办报有利可图，于是接受了陈庚莘的建议。鉴于没有办报的经验，于是邀请好友钱昕伯前往报业发达的香港考察学习。

《申报》正式创刊后，除了美查以外，经营和编辑人员均由中国人担任，先后聘请多位华人做主笔。据有关资料记载，清同治十一年三月二十三日（1872年4月30日），美查与3名英国人各出资400两，合股创办了报馆，并主持报务。起初报名为《申江新报》，后改为《申报》。甲午战争前，赵逸如、席裕祺先后负责经营，蒋芷湘、何桂笙、钱昕伯、黄式权先后任总主笔。初为每两天出版一次，从第5期起改为日报（星期日休刊）。辟有新闻、评论、副刊与广告等版面，确立了中国近代商业报刊的基本模式。这里提到的陈庚莘、赵逸如、席裕祺、钱昕伯、蒋芷湘、何桂笙等，都是清一色的华人。故此，《招刊告白引》出自华人之手的可能性是存在的。

那么，其中究竟哪一位华人撰述的可能性最大呢？先来了解一下《申报》的组织结构。该报刚创办时的组织结构非常简单，主要由主笔房和"账房间"构成。"主笔房其实就是现在的编辑部，写社评的、编稿的都隶属于主笔房，主编被称为总主笔，普通的撰稿和编稿人员则被称为主笔。"《申报》初办时每两天出版一期，从第5期起改为日报（星期日休刊），也就是在《申报》第五号上，头版头条刊登了《招刊告白引》。可见此文对报馆来说，其重要性不言而喻。如此重要的一篇文章，应该说只有总主笔堪当重任，才能有资格来撰述。

接下来，我们研究一下，1872年5月7日这一段时期担任申报总主笔及主笔的有哪些华人。笔者整理了一份相关资料。

总主笔：

蒋芷湘，举人，首任总主笔，其人在1874年离开报馆。

钱昕伯，秀才，继任总主笔，1874年回沪后，接替蒋芷湘任《申报》总编纂，主持《申报》编辑部"尊闻阁"二十余年。身体不好，时常不能到馆，故总主笔的事务经常由主笔何桂笙代理。

何桂笙，秀才，第三任总主笔，1876年进入《申报》，担任钱昕伯的副手。1887年前后，钱昕伯年逾六旬，多病，总主笔工作实际上已由何桂笙代行。他在《申报》的主要工作是撰写篇首论说。

黄协埙（黄式权），于1894年何桂笙去世后不久继任总主笔（一说为王韬，黄协埙继任总主笔应在王韬卸任之后）。

主笔：

在这几任总主笔期间，曾供职于主笔房、襄理笔政的人员即主笔主要有如下几位。

黄协埙（1851—1924），江苏南汇（今属上海市）人，1884年进入《申报》馆工作，1894年继任总主笔。

蔡尔康（1851—？），秀才，江苏嘉定（今属上海市）人，1876年入《申报》馆工作，主编该馆出版的我国最早的通俗报纸《民报》，次年又参加由《申报》在上海发行的《寰瀛画报》的中文说明编撰工作。1878年离开《申报》。

高太痴（1863—1920），秀才，原籍苏州，后落籍上海。1886经老师何桂笙推荐，入《申报》任助理编辑。1890年离开《申报》。

杨乃武，举人，据《清末四十年申报史料》记载：1878年，《申报》主人美查聘请其任《申报》主笔之职。

韩邦庆（1856—1894），字子云，松江府（今属上海）人，《海上花列传》作者，曾担任《申报》撰著（时间不详），偶为之作论说。

沈定年，浙江山阴人，秀才，曾在八旗充任教育，当过知县。1875年进报馆，写得一手好文章。

吴子让，江西人，曾在曾国藩部下任幕僚，当过知县。因与王韬相识，介绍进报馆。早期不少评论文章均出于他之手。

综上所述，如果从这些华人进入《申报》工作的时间上来看，赵逸如、蒋芷湘、钱昕伯三个人比较符合条件，其余人均可排除。再进一步分析，钱昕伯就可以被排除在外。因为1872年《申报》创刊时，他不在上海，被派往香港去考察学习报业了，1874年才学成归来，接任《申报》总主笔。也就是说，最后唯有赵逸如和蒋芷湘两位华人比较符合写这篇文章的条件。他们两人中间，谁的可能性更大呢？

从时间看，两人都符合写作此文的条件。创刊第一年即1872年，赵逸如被聘为《申报》经理即买办，负责申报馆的日常业务。第二年（1873年）赵逸如改任"账房间"账房。改由席裕祺（子眉）担任买办。"主笔房"，又称"尊闻阁"，首任总主笔是蒋芷湘，主管编辑业务。也就是说，1872年5月7日《申报》第五号登载《招刊告白引》时，两人都在职，赵逸如是经理，蒋芷湘是总主笔。

从文化修养看，两人都符合写此文的条件。赵逸如是秀才，蒋芷湘略高，是举人。写这样一篇文言文，两人应该都能够胜任。

从身份看，申报馆由"账房间"和主笔房两个部门构成，赵逸如是经理，主持"账房间"，蒋芷湘是主笔房总主笔。两人在报馆的地位不相上下，而且应该都有资格来撰写此文。

但是，一个事实是"账房间"和主笔房是两个不同的业务部门，虽然刚创刊时就雇佣了他们两人，但业务分工是明确的。赵逸如主事"账房间"，统管报馆一切经营及编务杂事，并不涉及具体的编辑业务。编辑业务是主笔房的工作职责。蒋芷湘是主笔房总主笔，主持报刊的撰述和编辑工作。撰述此文是蒋芷湘的分内之事，赵逸如来撰写此文，则有越俎代庖之嫌。据此，本书认为，《招刊告白引》的实际执笔人应该是总主笔蒋芷湘。

《招刊告白引》中的"引"是一种文体，相当于今天的序跋或引言，没有深厚的学识修养是没办法驾驭这种文体的写作的，更不可能想到在文章题目中使用"引"这样的八股式书面语言来咬文嚼字。而总主笔蒋芷湘是清朝举人，文字功底十分出色。从这个角度考察，似乎可以认为举人蒋芷湘比较吻合这篇"引"的写作身份。

作者问题，到此看似乎可以了结。但是，儒学功底深厚、腹有诗书的华人就一定能完成此篇的撰述吗？笔者认为很难。原因何在？笔者基于如下的推断：近代报刊是外来之物，报刊广告也是外国人所办报刊引进的。1815年，第一份近代中文报刊才在远离清政府势力范围的马六甲出现。1833年8月，我国境内第一份近代中文报刊《东西洋考每月统记传》才在广州诞生。上海第一份中文商业报刊是《上海新报》，迟至1861年11月才由英商字林洋行创办。"中国人自办成功的最早中文日报"没有给国人留出更多的时间和机会来接触新报、了解新报，从而以新闻纸为用，以新闻纸告白为用。此时的国人对新报非常陌生，更不用说了解新闻纸之告白了。

又一个问题出现了，《申报》有没有可能是美查兄弟所写呢？这两位年轻的英国商人，19世纪60年代初就来到了中国上海，从事进出口贸易，经营茶叶和棉布，在中国经商多年，熟悉中国的语言文字，了解中国情况。虽然《申报》聘请华人担任主编，负责办报具体业务，那只是为了迎合中国人的阅读口味。但主持报务的人一直就是美查，而且有时他还自撰论说。加上其报馆老板的身份和经商的历程，应该更加关心报刊的发展前景和赚钱的初衷，与他人相比，其更有可能关心广告和研究广告，似乎其撰写此文也是顺理成章之事。

笔者认为撰述此篇文章的人，至少应该同时具备四方面的条件。一是写作时间上的吻合；二是有资格写此文；三是有水平写作此文言文；四熟悉新闻纸广告。在四个条件中，美查符合三个条件，唯有第三点不符合。美查只是"初识几个中国字"，中文功底一般，所以美查考虑到："这报是供给华人看的，文字应从华人方面设想"。于是才聘请了华人才子蒋芷湘担任总主笔。但要亲自泼墨挥毫撰写此篇出色的八股文言文，其水平还远远不够。再者，既然聘请了才华横溢的华人总主笔，又何必班门弄斧，多此一举呢？所以笔者认为，从各方面来考察，蒋芷湘都十分适合，应该是这篇文章的真正作者。不过笔者认为，虽然单凭美查的文言文水平，没有能力完成此文的写作，但是文章的立意应该是在美查的指导下确定的，美查应该是知道的，在写作的过程中应该也与美查商议过。而且文章里有关告白的作用、西方人告白术及新闻纸告白等知识，应该是来源于美查，受到了美查思想的影响。因为刚创刊不久，《申报》格外受到美查关注，特别是头版头条的文章安排。所以，华人总主笔蒋芷湘很有可能是在美查授意的前提下撰述此文。蒋芷湘是此文的真正作者。《申报》虽然是华人秉笔，但实质上华人仍处于从属的地位，对编辑方针、文章撰写的影响微乎其微。抑或此文是在美查初稿的基础上由蒋芷湘润色而成的，笔者认为这种可能性有，但非常小，留待日后考证。

二、《劝广告说》

这是台湾最早的广告论文，发表于1900年3月20日出版的《台湾日日新报》上。1898年5月6日，《台湾日日新报》由1896年创刊的《台湾新报》与次年创刊的《台湾日报》合并而成。该报有日文版及汉文版，是日据时代台湾发行量最大的官方报纸。1944年4月1日与其他五家报纸被合并为《台湾新报》，出刊时间长达47年，共发行15800余号，最高发行量达5万份之多。内容包罗万象，如时事新闻、社会现象、文艺活动、生活情报、法令规章等。该报虽系官方报纸，但无论是新闻、评论、广告等，均对当时台湾舆情有所表达，是研究日据时代台湾社会状况的重要史料。著名学者章太炎曾在该报汉文版任职。

针对当时中国台湾绅民不重用广告和"不解广告为何物"的现状，《劝广告说》一文引经据典，阐述了广告的重要性、广告种类以及新闻广告（报刊广告）的优点，励劝台湾绅民重用广告。实际上，顾名思义，正如文章题目所言，这就是一篇劝说台湾绅民了解和重用广告的广告论文，是研究台湾早期广告历史及报刊史的珍贵文献。

关于该文在广告学术方面的观点总结参见附录1。

本篇论说文观点鲜明，结构严谨，分析透彻，是台湾广告研究的早期佳作。

文章先立论，阐述广告的重要性。接着引用西方广告商行、文豪、著论等观点进行论证，说明西方各国人士都重视广告，广告不仅对商业来说很重要，对各行各业都很重要。第二部分论述彼时台湾广告环境。不重用广告，不知广告为何物。第三部分列举了做广告的方法种类，它们千差万别，非常之多，但其中最重要的莫过于新闻广告。理由何在？因为新闻广告的优越性。第四部分论述了新闻广告不同于传统广告的优越性，"便利""无远弗届""效验速达"。文章最后呼应初始立论，认为广告重要，广告有益。台湾绅民对于广告一事，不能不多加留意，劝说台湾绅民重用新闻广告。

由此可见，这又是一篇传递广告知识，唤醒"广告念头"，启发国人广告意识的近代广告论文。

三、《美商塞勃列子论广告之价值》——"广告出于真实"

此文发表在《商务官报》丙午第二十八期（1907年），这是一篇编译之作，内容短小精悍，既向读者普及广告知识，又表明了报馆的立场，代表了该报对广告价值的取向。

唐代出现的"邸报"是中国最早的官报，也是中国报纸的滥觞。中国"官报仍自邸报始"。据中国著名报学家戈公振观点，"邸报始于汉唐，亦称杂报、朝报、条报……历代因之。清初改名京报，亦称塘报、驿报……所记无非皇室动静、官吏升降与寻常谕折而已。"中国古代官报《邸报》以登载皇帝诏书、起居言行、法令文书、臣僚奏章、边防战事等为内容，读者范围局限于官僚士大夫阶层，是历代统治者控制舆论的官方喉舌，其政治性是第一位的，根本不可能登载商情广告。我国古代官报并没有作为广告媒介出现。报纸广告媒介的出现是在近代，由西方列强首先将报刊广告范式应用于我国。

《商务官报》于清光绪三十二年四月初五日（1906年4月28日）在北京出版，为旬刊，前身是官商合办之原《商务报》，后专归商部商务官报局作为商部公报，到宣统三年即1911年停刊。该报设论说、译录、公牍、法律章程、调查报告、专件、记事和附录等栏目，商部主事章宗祥担任主编，以发表商部方针、启发商民智识、提倡商业前途、调查中外商务为主旨。

近代意义的官报肇始于清末"新政"。处于风雨飘摇之中的清政府，为了缓和国内外社会矛盾和巩固政权，于1901年4月成立督办政务处，逐步推出了各项政治措施，实施"新政"。主要内容包括：改革官制、兵制和学制。令各省一律开办官报局，以"开民智"、奖励工商等。1903年商部成立（1906年后改为农工商部），陆续公布了系列振兴工商业的"立法"和奖赏政策，在保护民族工商业和提高工商业者地位方面起到了一定作用。中国社会的"商绅"阶层开始出现。在这样的背景下，服务清王朝的近代官报被动式诞生。作为晚清国人办报高潮的组成，近代官报的出现终结了延续了上千年的中国古代报刊的形态。1902年《北洋官报》问世，通常认为这是新式官报的起点，形成了固定的新式官报体例、内容、办报思想和办报方法。1907年10月清政府机关报《政治官报》诞生，标志着近代官报巅峰期的到来。到1911年8月，《内阁官报》取代《政治官报》。辛亥革命以后，近代官报退出了历史的舞台。

官报创办初期，经费主要依赖清政府拨款，发行方式是赠送和摊派（"官销"），没有经营上的压力，故无须登载广告。但随着时间的推移，报业市场的竞争日益激烈。而此时清政府财政困难，入不敷出。于是官报改变以往不登广告的惯例，开始登载工商广告。例如，1902年12月1日《北洋官报》正式创刊，即登载了各类公司"告白"。《商务官报》是我国最早出现"广告"一词的官方报刊。1906年该报第二期《美国商用输出入通法》一文中，在谈论怎样向外国推销货物时，提及了"广告"一词："一曰储养巡游外国卖货之人……二曰多设广告之法，使店与货物之各得闻于外国也。其法：一、登告白于为外国之各种商务报纸；二、分布传单；三、预备货物目录及价表……"

《美商塞勃列子论广告之价值》刊登于《商务官报》1907年1月18日"附录·汲修馆笔记"栏。这是一篇编译的广告知识介绍性文章。《商务官报》编辑多有留学经历，编译发表过一些来自外报外书的文章。

官报以官文牍为主，该文发表于"附录"栏，属随笔杂录小短文，且未署作者姓名。彼时广告是作为"新知"来介绍的，登载于附录，可见内容不受重视，有补白之作用。

总之，该文讨论的主题是广告之价值（详细内容参见附录1）。广告价值之大小与有无，与广告费的多少，未必呈正比。虚张声势的广告效果有限，也没有投资的价值，"故所费虽少犹多"；"出于真实"的广告效力久远，才具备投资的价值，"故所费虽多而亦少"。只有"真正之广告"，不仅有效果，而且效力久远。在此，文章强调了广告的真实性原则，真实是广告的生命力所在，价值之所在。判断广告价值及作用大小，不能靠数字说话，因为"真实"更重要。

四、《欧美实业家利用广告之法》

该文发表于《商务官报》戊申第十九期即1908年8月21日"参考资料"栏，作者是杨志洵。该文第一部分阐述广告重要性，第二部分介绍了欧美工商业者对广告的重视程度，第三部分说明了做广告的方法。该文涉及广告观点参见附录1。

五、《论商业广告》（章乃炜）

论文发表于《商务官报》己西第二十期（1909年8月20日）"论丛"栏，对商业广告作用、广告费、广告法及广告经验作了论述。该文主要论述了以下广告学术观点。

1. 商业广告的缘起

商业广告兴起的原因有两点：一是同业之间竞争使然。"商业广告之兴奚自乎？自乎制造家或生产家怵于同业之竞争，而藉此以补救之也。"二是货品做广告，获利丰厚。"凡其著有商标之货，耗贲于广告，而绝不吝惜者，获利之厚也。费出自货主，而消用人分受其制，货主犹不惮为之者，消用人之利，实即货主之利也。"

2. 广告作用

广告有"三利"，即商品货物登广告有三个好处：价格公道，品质优美，促进销售。"是以商货之登广告约有三利存乎其间。一曰擎挂公平价格，二曰保持优美品质，三曰增长出售额数。"

3. 广告费

该文认为：①工商业人士不必顾虑广告费的投资，因为其投入、产出呈正比。"制造家商业家惴惴焉虑广告费之巨，而却步不前者，往往而是。然而产品广告，不绝于目。是必其入利与出费足资挹注。否则谁肯掷金虚牝，而虚糜勿顾也。"②吝惜广告费不如多出广告费，"又广告费吝出不如多出"。为什么呢？"吝出则一无见效，此费即无所取偿；多出则日久效生，其费即可取偿于此。故欲以少费冀收大利，鲜不亏损。"这里所说的广告"日久效生"，就体现了现在广告学理论中的广告效果的特点：延迟效应和效果累积性的问题。③该文还认为：例外情况亦有，"所费无几"，而广告颇见"奇效"。原因何在呢？做广告者具有广告经验。像这种情况，原因似乎"不在广告费之多寡，而在登广告者于广告事果有经验否耳！"当然，广告主对于广告，不一定都要有经验，也不可能事必躬亲，但可以让专门的经理广告人代为，好处多多。"夫制造家于广告一事，未必尽有经验，斯亦何庸深讳？""是皆仰赖于专门者也，于广告何独不可？且经理广告人，得之不甚难，取费亦不巨。凡其代为节省浪费，而使事业日展、销路日畅者，彼皆引为应为之事，靡不殚精为之。"

4. 广告之方法

该文认为：①产品品质应与广告相符。产品品质是广告的根本，甚至比广告更重要。广告再完美，离不开以货物品质为基础。内容决定形式，品质是第一重要的。正如某位广告大师所言，广告加速好产品的流行，却加快劣质产品的灭亡。故广告做得好，不如货物品质高。"商家所登广告，无论如何完美，其大要仍在货物品质，确能与广告相符。盖相符则日久弥彰，不相符则一哄即散。此根本之说也。"②广告"四法"。广告方法比广告费重要。"广告法实为首著，广告费犹为次著也。"方法正确了，才能做对事情，否则投入再多的广告费都是徒劳的。"然则其法若何？大约不外四端。一欲其令人一见即触心目，不宜泛滥繁衍也；二欲其异样翻新，四处布达，不宜蹈常袭故也；三欲其使人耳目熟习，并能触发其人倾向之心，不宜略涉晦滞也；四欲其言简意赅，尽人都解，诚实质直，毫不相欺，不宜口肆簧流，参用权诈也。凡此四法，皆广告中急先之务。广告所以有声价者赖乎此，商家所恃为行销货物之先导者尤赖乎此。"此广告"四法"，是广告声誉价值之依赖，是商家"行销货物之先导"。这里实际上说的是广告的四点原则，比较笼统，并没有涉及具体的广告方法。

5. 广告经验

该文说明了广告实践经验的重要性。有人认为广告经验难得，得到后未必"适如人意之所期"，似乎得不偿失。这是短视，是"眉睫之见"。广告经验很重要。"凡事总以经验为贵，即如彼说，而有经验者与无经验者相较，其稳当与冒险，已有天渊之别。"因此，凭借广告行销其货物的商家，其依赖的就是有经验的广告经营者。"譬如制造厂货物，先经零卖商之手，而后达诸消用人。辗转之间，固必以广告为绍介。然广告具矣，而消用人倘趑趄不前。零卖商必不乐积货以待也。又或消用人求诸市肆，一求不得，遂淡然忘之，则货之销路亦必滞也。"只有素有经验的广告经营者，"则以探取消用人之心，为入手方法。或迎机利导，或多方引致，操纵变化，不局一隅。夫而后货物遂藉此畅流，其兀立商货竞争之世，亦自不可摇动。所谓费少利多者，此也"。有经验的广告经营者，其从探求和掌握消费者的心理入手。这样的广告花费少回报多，效果更好。这里涉及了研究消费者的心理来经营广告的重要性，显示了广告与心理学的关系，也从另一个侧面反映出当时社会上已经有了"经理广告素有经验者"。

六、《商业广告之用途》（章乃炜）

该文翻译自《英国伦敦报》，发表于《商务官报》己酉第二十九期（1909年11月7日）"参考资料"栏。

该文主旨是讨论商业广告之用途，可分四部分。第一部分强调广告的真实性，纠正世人对广告用途的误解；第二部分阐述广告是商业竞争的利器；第三部分论述广告对消费者的益处；第四部分强调登载广告之法："三忌"。

该文涉及的广告观点和主要内容参见附录1。

用现代广告学理论来看待此"三忌"：①忌冗长，是讲广告文案写作的要求。广告文案应该忌冗长，应简单明了，令消费者一目了然，迅捷完成广告信息的传播。②忌吝惜，是讲广告方式具有持续性和延续性，效果更好。广告除了产生即时效果外，更多的是广告效果的延迟效应和累积效应。通过持续不断的诉求，来传播信息，诉说理念，培育品牌认知，建立消费信心。从开始做广告，到广告效果的显现，会有一个过程。到了这个临界点，广告效应会突然被放大。若在临界点前中止广告，则效果不显，"入不敷出"。③忌慢不加察，说的是适销对路的问题。货物不适销对路，广告目标选择错误，再做广告就是对牛弹琴，不起作用，而且白白浪费金钱。以上几点，迄今具有启示意义。

七、《广告价值》

该文发表于《东方杂志》第六年第十一期（1909年12月）"杂俎·报余撷新"栏。

先谈谈《东方杂志》。这是中国近代刊行时间最长的大型综合性期刊，由商务印书馆编辑出版，1904年3月11日创刊于上海，初为月刊，1902年1月以后改为半月刊，1947年7月后又改为月刊，1948年12月停刊。前后历时45年，共出版44卷。第5卷以前由徐珂负责编辑，从第5卷第7期起，先后负责编辑工作的有孟森、陈仲逸（杜亚泉）、钱智修、胡愈之、李圣五、郑允恭等。其宣称"以启导国民，联络东亚"为宗旨。除编辑自撰社论外，该报经常选录各种报刊文章，从1911年第8卷第1期起，改为16开本，用白报纸西式装订，每期卷首铜版纸复制外国刊物上的精美国画4~10幅，内容按文学、历史、哲学、工业、商业、理化、博物等现代学科分门别类，广征名家撰述，博采东西论著，每期20万字，增加了刊物的资料性和学术性。

该文大意是说欧美报章异常重视广告，所登广告"异想天开，引人入胜"，因此不惜重金聘请广告文案撰述员，其撰写广告文案之价格昂贵。

报刊是平面印刷媒介，也是那个时代最具影响力的大众传媒。广告是一种信息传播活动，在这个传播活动中，广告文稿是广告信息的承担者。因此，广告效果好坏，取决于广告文稿的优劣。广告文稿撰写在印刷媒介广告时代，地位举足轻重。本书所描述的"撰述广告之价值"，"异常昂贵"，正是这个时代的产物和观照。文案顶尖高手霍普金斯、拉斯克尔等人，就是印刷广告时代的佼佼者。那个时代的著名广告大师，大部分又同时是广告文稿撰述员。

八、《告白学》（李文权）

该文发表于《中国实业杂志》第三年第一期（1912年）"附录"栏。

《中国实业杂志》于1910年10月（宣统二年九月）在日本东京创刊，为月刊，社长是李文权，由北京、上海商务印书馆发行。自1917年8月1日八卷八期起，迁至天津出版，停刊时间不详。该刊主要栏目有图画、论说、译著、专件、传记、调查、近事、文苑、附录等。

《告白学》是近代中国人撰写的第一篇系统的广告学研究论文。它的发表，标志着近代中国广告学理论的萌芽。但广告学理论的萌芽，并不必然表示广告学学科的形成。广告学学科的独立不是一个孤立的事件，而是一项系统的工程。广告学理论先于广告学科，在近代中国出现。直至1918年，近代中国独立的广告学科才开始形成。为什么将1918年视为近代中国广告学学科诞生的年份呢？下文将详细阐述。

该文在中国广告史及广告学术史上具有举足轻重的地位，第一次论述了广告学中许多重要的问题，树立了广告学的理论架构，为此后的广告活动及理论研究奠定了基础。细细品味，即使在今天，该文关于广告学的性质、基本概念以及广告之历史、分类、程式等方面的讨论，仍具有参考价值，甚至被当今的许多广告学类相关著作所借鉴和效仿，是当今中国广告学理论的最初源头。

该文重点研究了如下的广告学理论问题。

1. 第一次提出"告白学"的概念

该文第一部分是"弁言"。"弁言"相当于今天的序文或引言，置于文章或专著的最开头。该文弁言采用了问答体的形式，客问我答，阐述了广告学的性质问题。作者在弁言中第一次使用"告白学"一词，提出了"告白学"的概念，这是此前从未有过的。"客问于余曰：告白学非科学，不过一种技术。子之研究告白，以期吾国告白改良，而西业因以发达，意固善也。然骤称之曰告白学。毋乃妄乎。告白学之云，东西各国，未之前闻。子之告白学，得非欺人之语。"大意是：客人问作者，告白（广告）不是科学，不过是一种技术。你研究告白学的目的是，期望改良中国广告，西方工商业凭借着广告刚刚"发达"，本意是好的。但是突然称呼"告白"叫"告白学"，不要狂妄啊。"告白学"一说，古今中外，前所未尝闻。你所说的"告白学"，莫不是欺骗人的鬼话吧。

这一段文章里，三次提到了"告白学"一词。近代中国最早使用"告白学"一词，是从这里开始的。这说明中国人对传统广告的认识从术的层面上升到了学的层面，意义重大。

2. 第一次对广告学的性质进行探讨

该文在"弁言"部分的第二段至第四段，阐述了广告既是一种"技术"，又是一门"科学"的看法。该文不同意"广告不是科学，不过是一种技术"的观点，认为"告白固为一种技术，然绝非可以技术而限告白也"。为什么这样说呢？理由如下："告白为商业之命脉，是即商业之母，无告白则无商业。商业可谓之学，告白独不可谓为学乎？"广告是商品生产和商品交换的产物，也是商品生产和商品交换的重要工具。离开了广告，商品生产和商品交换会寸步难行；离开了生产和交换，广告也就失去了存在的前提。这两者互为依存关系。所以该文说广告是商业命脉，没有广告就没有商业。商业的本质就是交换，是以货币为媒介的等价交换，而广告则是促进交换的重要工具。商业可以称之为科学，广告为什么不可以称为科学呢？

该文认为，广告是一门技术，但不可能仅用技术就能界定广告的范畴，广告的内涵和外延远比技术广泛。广告与商业一样也是一门科学。1776年亚当·斯密的《国富论》是广告这门科学即广告学理论的渊源，是广告学原理原则的基础。"况一千七百七十六年阿达姆式之著富国论，其中所言颇合于告白学之原理原则，是即告白学之滥觞。"众所周知，1776年《国富论》的问世，标志着一门新的科学即经济学的诞生。由此可见，以《国富论》"其中所言"构建学理体系的广告学，是一门经济科学。任何一门科学学科都离不开学理的构建，至此该文认为广告学原理原则的源头找到了，其属于经济科学的范畴。

"斯铁德著有《告白术》，区告白术为五编。且纽约有亚美利加告白学堂（American School of Adevertising），又哥仑布有哈巴尔斯新地克特（Harper Syndicate），芝加高有告白通信学堂（Chicago Corresopnding School of Advertising）。其他言告白之书，亦复不少。既可以立学堂，则告白也者，可以谓之为告白学，不待言矣。"广告学学科的建立，离不开理论上的建树，如专门书籍的出版发行，这是理论基础；报业广告经营，是实践基础；而高等教育将告白列为课堂讲授内容，是广告学研究职业化的开始。既然能将广告作为一项独立的学科在高等教育的学堂占有一席之地，那么称"告白"为"告白学"，自不待言。

作者也意识到了，研究告白学，以一己之力而为之，甚难研究。"余之耳目所及"有限，难免挂一漏万，但可起抛砖引玉的作用。"吾书既出，必有最新告白学，广告白学以续之。""诚不完备，愿有志告白者，速研究而编辑一篇，以使世间得一完全告白学也。"于是"告白学"之称呼，可以出自东方国家中国。况且新闻学"可谓之为学"，"告白学又何独不可"呢？

关于对广告学性质的认识，历史上曾经出现过以下几种主要的观点。

1）广告学是一门科学

科学是在社会历史进程中所累积起来的关于自然界、人类社会和思维的各种分科知识的总和。科学的任务就是揭示各种现象背后的客观规律，并用这些客观规律去指导实践。科学体系由众多的不同的学科门类组成，广告学只是众多学科门类中的一种。广告学是研究广告活动及其发展规律的科学，属于社会科学领域的经济学科。以上是从理论上讲，广告学所具有的科学的严谨性。从方法论上看，广告学研究离不开科学方法论的支持，会借助定量研究和定性研究的技术，来揭示广告活动及其本质规律，为广告实践的开展提供科学有效的依据。因此说广告学是一门科学，一门实践性很强的科学。

2）广告学是一门艺术

广告学是一门艺术性极强的科学，从广告作品本身来看，广告作品好比艺术品，艺术性要求较高；广告作品的艺术品位只有与受众的艺术修养接近时，才能达到良好的说服效果。广告作品艺术水准越高，越容易感染受众，说服受众。从广告活动的全过程看，广告活动就是一个完整的艺术创作过程，离不开对艺术理论和艺术手法的运用。在广告策划中的创意与表现阶段，音乐、绘画、文学、摄影等各类艺术技法被广泛使用，广告设计、广告制作等专门技术的应用也得到了广泛的重视。艺术通过形象表现认识。广告借助艺术技法，将抽象的概念形象化。艺术面对的是观众，广告面对的是顾客。两者在此有异曲同工之妙。因此，广告学是一门艺术。

3）广告学既是一门科学，又是一门艺术

这实际上融合了上述两者的观点，认为广告学是科学实证与艺术表现的统一。一方面，广告学属于社会科学领域的经济学科，离不开科学方法论的应用。另一方面，广告学又是一门艺术。在广告活动的全过程中，各类艺术原理和艺术技法贯穿始终。广告活动的结果就是艺术表现的结果。广告作品本身就是艺术对生活的观照，是能给顾客带来审美享受的客体，故而极具艺术性与感染力。因此，广告学既是一门科学，又是一门艺术。

4）广告学是一门多学科交叉而成的应用性边缘学科

这是迄今我国对广告学性质相对来说比较一致的看法。以下试列举一些佐证。

丁俊杰教授认为，广告学是"融多种社会科学与自然科学为一身的综合性的边缘学科"。孙有为认为，广告学"是一门综合性边缘学科，又是一门艺术"。张树庭认为，"广告学是一门独立的、具有多学科交叉特征的、综合性应用学科"。张在宏等认为："广告学是一门综合性的边缘学科。"

限于篇幅关系，不再列举。总之，广告学以市场学、心理学和传播学三大学科为理论基石，广泛汲取经济学、统计学、美学、管理学、文学、社会学等其他学科知识的精华，构建自身的学科体系，并运用广告学的原理及方法论去指导广告活动。所以，本书认为，关于广告学性质的正确表述应该是，一门多学科交叉而成的应用性边缘学科。这是我国目前广告界普遍认可的对广告学性质的界定。

如果以此为出发点，重新审视李文权有关广告学方面的观点，则其认识上的局限性显而易见。他认为，广告学是"一种技术"。这是指广告活动离不开对商业技巧和艺术表现技法的应用，是对广告学的"术"的层面的理解。他还认为广告学还是一门科学。其依据之一是理论渊源，"告白之原理原则""滥觞"于亚当·斯密的《国富论》，而《国富论》是科学分科中经济学诞生的标志，广告学理论来源于经济学，即经济学是广告学理论的基础，广告学属于社会科学领域的经济科学。依据之二是广告理论著作的出现，如"斯铁德著有《告白术》"（该书笔者认为应该是指斯科特的《广告原理》）。依据之三是高等学堂，如"亚美利加告白学堂"的设立。在此，作者首次表述了萌芽的广告学学科意识，提出理论归属、出版专著和高等学堂的设立是广告学得以诞生的必备依据。

李文权有关"告白学"的论述，是近代中国人对广告学性质的第一次探索，最先将人们对广告的认识从"技术"（术的层面）提升到了"告白学"（学的层面）的高度。

《告白学》的弁言中，对广告是"一种技术"和一门"科学"的依据进行了论述，希望有志者研究广告，是国人广告学学科意识的最早觉醒。迄今许多广告学书籍中，在讨论广告学性质方面，均没有跳出以《国富论》为标志的经济学是"告白学之滥觞"的范畴，认为广告学属于社会科学领域的经济学学科。

作者主张进行广告研究，称广告为"学"，并阐述了广告可"谓之为学"的现实依据：理论渊源、专著的问世、学堂的设立、报业的发展。对标志着广告学学科诞生的依据进行了概括，迄今具有借鉴价值。当然，因为所处时代的限制，该文对广告学性质的认识尚不全面，片面强调广告学的独立性，而忽视了广告学与其他学科之间的联系，忽视了广告学的综合性与交叉性。我们现在一般认为，广告学应是相对独立、多学科交叉的应用性边缘学科。

3. 关于广告的定义

该文"第二章告白之定义"首先对广告的概念进行了界定，并认为广告有广义和狭义之分，广告学研究的是狭义的广告。上述对广告概念内涵和外延的界定，一直沿用到了今天。

广告是广告学的研究对象，研究广告前必须先弄清楚什么是广告。该文关于广告的定义是："告白者，以心中所欲白之事项，而告之于众，使远近之人皆知其心中所欲白者为何事，以达此布告之目的。"其有一定的时代局限性。

广告有广义和狭义之分，界定了广告的外延。广告学是以狭义的广告即商业广告为研究对象。"然此告白之范围，当以何者为限？自广义言之。则世界上无一人一事，不有告白……自狭义言之，仅于商业而已。故狭义之告白，可谓为商业告白。余之是编，以狭义为主，是即商业告白也。其广义告白，故不研究。"

4. 对广告属性的阐述

该文第三章"告白之性质"陈述了广告的六个属性特征。第一点，"告白者，以商业所营之事项，遍告于世界，不啻使货物之自白也"。否则人们就无从知悉货物的名称及适用，在营业上遭受极大的负面影响。广告是代替货物进行自我夸耀的途径（"代货物以自白之法"）。第二点，"告白使人知，又欲使人人尽知，则其事甚难"。广告是希望使尽可能多的人知悉。所以"文字过浅"或过分深奥，都会使广告收效甚微（告白使人知）。第三，我国广告"不宜用俗语"，否则会"不知其所谓"，影响其广告效果。"文字告白则可南北通行"，因为我国的语言和文字是分离的，方言多，各地语言未必统一，但文字是完全统一的。第四，广告应该使人阅读后能"达营业者之意，而又可以久于记忆，更不费阅者之目力"。第五，"世界无事不竞争，告白亦然"。彼此相同的广告，收效却有优劣之分，原因就在于广告之间的竞争（竞争性）。第六，"今日之世界，一告白之世界"。"世界上无一人一事一物，而不用告白。甚矣，告白之广也"（告白之广）。

5. 关于中外广告史的论述

该文第四章"告白之沿革"，论述了中、英、美、日四个国家的广告史，十分简略。详情如下：第一，关于中国广告沿革的探讨。认为我国广告始于何时，不得而知；我国广告史，早于欧美，但至今处于幼稚时代。"吾国之有告白，当先与欧美……至今日而尤未发达。是可仍为幼稚时代。"第二，介绍"广告"一词的由来及英国广告税的情况。该文认为，广告一词的英文是 Advertising，源自拉丁文"Advertere"，本意是引起人人注意的意思。这一说法，迄今得到认可，并被广泛应用。而最早考证"告白"（广告）一词来源，并形成书面文字的人，非该文作者李文权莫属。接下来，该文介绍：1648年10月4日的书籍广告，是英国广告之嚆矢；1658年9月，英国出现了中国茶广告；1713年广告法颁布，英国开始征收广告税，直至1855年终止。从此英国广告获得"日新月异"的发展，对商业的发达影响更大。英国也最终发展成了头号的老牌资本主义国家，第一个广告中心是在英国出现的。第三，有关美国的广告沿革。该文认为，1784年美国最早刊登广告的报纸就出现了。美国每年所登工商业广告的总额是6亿元，其中，"盖有功之告白，不过百分之三十五，无效者百分之六十五。此有效之告白，所收利益甚大，而其告白之体例，皆极精彩。无效之告白，大概皆普通之告白也"。"体例""精彩"，广告就有效果，获益就多。"普通"的广告，就没有效果或效果差。这说明广告质量的好坏，将直接影响其效果。第四，关于日本广告沿革的介绍。该文对日本广告作了简单介绍，认为日本最早的报刊广告栏是"告白知"，始于明治五年。从那时起，日本工商业广告出现了，而且广告竞争促进了日本实业的发展。"告白竞争，宜其实业之进步速也。"

6. 关于广告的种类的论述

在该文第五章"告白之种类"中，将广告划分为四个种类：消极的广告、积极的广告、纯正的广告和滑稽的广告，并对四种类型广告的特点及效力作了阐述。

"何言消极的？言简意赅，寥寥数语，能使阅者之心中耳中目中，永不能忘此告白之效力。此实为告白最良善之法。何言积极的？货物本为寻常之品类，不足以供世界人之见闻，于是用铺张之法。此等告白最多，初则可以警人，继而知其伪也，其收效反不甚得力，较以消极的尤为逊之。何言纯正的？纯正之告白最多，一千条中占九百七八十以上。而此最多数之告白，大抵精彩者少，平淡者多。难以耸人之听闻。故纯正的告白，不可不研究新奇之法。何言滑稽的？滑稽的告白，最可使社会欢迎。然而告白亦不能尽用。滑稽告白之长处，能使人人注意，且可以永久不忘。但遇壮正之事，断不能用滑稽的告白也。四者而外，尚有种种之方法。"

消极的广告，效力"永不能忘"，是广告中"最良善之法"。积极的广告，"用铺张之法"，收效逊于消极的广告。纯正的广告"最多数"，但太"平淡"，难以耸人听闻，必须研究"新奇之法"。滑稽的广告最受社会欢迎，但"不能尽用"，要注意使用场合。上述关于广告种类的四分法，实际上是从广告表现风格的角度出发，对广告种类进行划分的，但不易把握，故现在已不常用。众所周知，广告的分类标准并不统一，出发点不一样，广告的分类标准就不一样。"四者而外，尚有种种之方法"。我们现在常见的广告分类标准有按广告的最终目的分、按广告媒介分、按市场区域分、按广告直接目的分、按广告诉求方式分、按接受者类别分、按广告需求分等，尽管广告分类标准很多，但分类的终极目标只有一个，就是更好地认识广告、研究广告和利用广告，发挥尽可能大的广告效力。上述四分法亦不例外，"无非充其量以使达其目的，种类虽不同，其用心则一也"。

该文还认为，好广告的标准是，"意匠必求其崭新，体裁必求其奇拔，趣味必求其浓厚，感觉必求其迅速。告白之佳者，一字有一字之效，谓之一语千金，不诬也"。"意匠崭新、体裁奇拔、趣味浓厚、感觉迅速"此十六个字是该文作者衡量好广告的标准，用我们当今广告学的视点来看，其中已经涉及了广告的创意、文案、表现及效果方面的内容，是对广告粗线条的、直觉的、浅显的认识。

接下来，该文描述了彼时中国的广告现状及水平。"极为幼稚，几等于无告白"，即使有，也无非是一两个商人"随意组织"，"文法不通"，"词义不通"，"惜费用，减文字"。"求之太滑"，令人费解。作者认为，这样的广告，即使有，还不如没有，因为传播效力有限。

值得注意的是，此章关于广告四分法及好广告标准等，是以报刊广告为研究对象的。

7. 对各种形式广告的介绍

该文第六章"告白之各程式"，对除了新闻杂志之外的各类广告形式作了阐述，共计百余种。但因为笔者所见之材料已经残缺，仅见几十种，分别是"寄赠新闻""往还邮片即双明信片""贺年邮片""鸣谢明信片""附印花邮片""月份牌""礼拜单""投信""以少许货样送许各家""营业目录""火车时刻表""电话表""定货通知书""附减价票""附优待券""仿单""火柴盒面""手巾""纸扇""图画招贴纸""地图""吸墨纸""名刺""纪念日""停止交易告白""乐队""旗帜""悬赏告白""投票""附彩品""谢投票""戏幕""假邮片""戏情""电饰文字""空中告白""铁路告白""电车告白"。

从上述关于各类广告形式的叙述中，可以看出，近代广告历经了百年的发展，其表现手法及广告形式已经丰富多彩，广告活动已经达到了一个阶段性高峰。广告实践的发展无疑为广告研究提供了一个良好的基础，而报人、工商业者及相关人士，出于现实的需要，被动式地在术的层面展开了广告研究。在这样的大背景下，该文明确提出了广告是"一种技术"，也是一门"科学"的观点。认为广告是一门学问即广告学，呼吁有志之士研究广告，研究广告学，著述一本"完全告白学"专著。文中多次出现了"告白学""研究告白""研究告白学""研究告白学者"词语，足见该文作者重视"告白学"及倡议"告白学"的急迫之心。"故凡欲白心中之事，以告于众，而告白不可不研究。同一事项，同一告白，或有效力，或无效力，以有用之金钱而登无效之告白，智者所不为也。知此，则研究告白学，所不可少缓也。"广告学研究迫在眉睫。广告学不只是一种"技术"，而是一门学问，一门"科学"。广告学研究十分必要，也十分重要。这是该文的重要观点。李文权是近代中国明确了广告是一门科学——广告学的第一人，也是近代中国最早提出广告学概念的人。此篇《告白学》在之后的中国广告发展及广告学术演进的历程中，起到了"星星之火可以燎原"的效果，其作用不可低估。考察一下当今的广告学理论，许多基本概念的界定及广告观依然未能突破该文所及的范畴。近代中国广告画鼻祖李叔同，其广告思想及办报实践就深受此影响。这点笔者将在下文作具体论述。

当今最常见的广告分类法是按照广告媒介进行划分，共分七大类：印刷媒介广告、电子媒介广告、数字互联媒介广告、户外媒介广告、直邮广告、销售现场广告和其他媒介广告。该文所提的广告形式至少涉及以下几种。

印刷媒介广告：新闻杂志广告、月份牌、礼拜单、附印花邮片、仿单、图画招牌纸等。

户外媒介广告：电饰文字、空中告白、铁路告白、电车告白等。

直邮广告：寄赠新闻、往还邮片、贺年邮片、鸣谢邮片、投信等。

销售现场广告：以少许货样送许各家、旗帜等。

其他媒介广告：纪念日、停止交易告白、乐队、戏幕等。

该文提及百余种各式广告，可见当时广告业已相对发达，人们对广告的认识也有了提高，认为广告是"技术"，是"科学"，甚至认为"研究告白学，不可少缓"，不再是近代广告初期视广告是"王婆卖瓜，自卖自夸"或"好酒不怕巷子深"的陈旧观念。至此，国人的广告意识已经大大增强，这也为日后广告学学科的独立作好了铺垫。只是当时对广告的认识尚属粗浅，对广告的分类也十分直观、表象，均尚未上升到理论层面，进行系统抽象的归纳。从作者对各式广告的阐述中可知，其缺乏具有一定理论高度的概括，可见那个时代的广告学研究"术"的特点十分明显。这也符合那个特定时期广告发展现状及广告研究水平，无可厚非。

九、《广告丛谈》

该文连载于1912年4月1日至5月4日的《太平洋报》第二版，作者是凡民。据相关专家考证，凡民是李叔同的笔名，《广告丛谈》为李叔同所撰写；且文中有"故吾社特倡最新式广告，属不佞承其乏，每日拟稿数通，就正有道。公余多暇，更拟辑录《广告丛谈》，随时记入报尾……"之类的内容，这又是一个佐证。

在搞清楚了作者的问题之后，我们再来看看该文的篇章结构。《广告丛谈》共有六部分：第一部分是"小序"，说明该文的写作缘起；第二部分论述广告的定义；第三部分是关于广告学性质的论述；第四部分是讨论广告的分类；第五部分是讨论广告的方法；第六部分是在前述广告分类的基础上，综合选择了二十种进行详细的介绍。第二部分至第六部分的文章内容，没有标题。而且第六部分的内容似乎有缺失，文章没有连载完整，此后就再也没见到《太平洋报》刊登过《广告丛谈》的后续文章了。

为什么说《广告丛谈》第六部分内容上有缺失呢？因为在这部分开头，有此类内容文字，"广告之分类，于第三章已举其略。兹更综其要者，别为二十，详论如下……"也就是择要选取了二十种广告，拟进行详细的论述。文中还列出了这二十种广告的名称。但是，文章最后介绍了其中的三种广告之后，就再无下文。所以，据此可以很容易断定第六部分的内容缺失、不全。而且通观《广告丛谈》全文，内容上似乎也不够完整，只涉及了广告的重要性、广告的功能与作用、广告的定义、广告分类及广告的方法方面的内容，缺少广告史、广告基本原理、广告实操等方面的内容。原因何在呢？

　　用我们今天的广告学理论视角去审视，《广告丛谈》确实不完整，瑕疵诸多。但如果用历史的眼光去考察，我们会发现，那个时期是中国近代广告史由术到学的过渡时期。一方面，政党报刊如维新派和革命派报刊及商业报刊大量涌现，他们在重视报刊"舆论喉舌""观点纸"定位的同时，出于报业竞争的需要，开始关注报刊的商业性，关注报刊的广告招徕与经营，刊登了大量的报刊广告，使报刊广告获得了一定的发展。另一方面，这一时期，随着民族资本主义工商业的逐步壮大，本土工商业者认识到了广告的重要性，学习利用广告来宣传国货，参与竞争。这一时期，报刊纷纷设置广告部，特别重视广告版面排列、文案撰写、广告创意及广告发布。报刊广告业务不断发展，广告成了报刊的"生命线"。报刊不得不重视广告，并迫于业务的需要，开始研究广告。于是，报刊在大力拓展广告业务和提高广告实操水平的同时，也着手对广告进行了经验总结和理论上的探索。可以说，报人是这个时期广告理论研究的主体。理论研究是以实践为基石的。那个时代，人们对广告的认识有限，更多地停留在术的层面，所以才会有类似该文中的广告是科学还是技术的讨论。报人研究广告，刊登广告类理论文章，一是普及广告知识、倡导广告理论研究；二是启发国人的广告意识，招徕潜在客户，为报刊广告经营服务。综合那个时期的广告文章，不外乎是广告重要性（启发广告意识）、广告的定义（帮助人们认识广告）、广告的种类及样式（帮助人们选择和运用广告）等方面的论述，而这一切是建立在现实的广告基础之上的。当时的人们对广告的认识就是这么多，《广告丛谈》亦不例外。虽然从现在的角度观察，该文结构不够完整，但从历史的视角来看，该文结构除了第六部分缺失部分内容外，基本完备，是彼时人们对广告认识的提炼和概括，是广告实践的真实观照。

　　接下来，谈谈《广告丛谈》的学术价值和广告理论研究上的观点。

1. 广告的重要性

　　该文"小序"中，用发展的观点，用引证和类比的手法，强调了广告与商业的关系，论述了广告对商业的重要性。"英国大文豪马可累之言曰：'广告之与商业，犹蒸气力之于机械，有伟大之推进力。'美国大商家奥古登之言曰：'商业之要件有三：（一）商品；（二）事务；（三）广告。广告尤为三者之原动力。'"

　　该文还倡导最新式广告，认为不能墨守成规，提倡发展的广告观。"值兹优胜劣败之时代，犹墨守数十年前之战略，鲜有不失败者。故吾社提倡最新式之广告……"这点与该报的广告实践密切相关。该报在实际的广告经营中，"破天荒"地推出了有别于上海旧式报刊广告的最新式广告。在该文中提及，是进一步重申了该报的广告经营特色。

2. 关于广告定义的论述

该文认为，广告分为"狭义与广义两种"。狭义广告，就是常说的商品广告，广义广告就是社会广告。"狭义之广告凡商品卖出，及银行会社之决算、报告等，有广告于公众之目的者，皆属于此类。即吾人普通所谓之广告是也。至广义之广告，其界限殆难确定。凡社会上之现象，殆皆备广告之要素。如妙龄女子，雅善修饰，游行于市衢，直可确认为广告。"

文章引用英国人所写《广告术》一书中的内容，对广义广告作了具体的阐述。如早期萌芽状态的社会广告形态，印度酋长"以羽毛饰身"，"广告其身为酋长之意"。广告是随着社会的发展而发展，"无论何人，皆有相应之广告"。这里的广告，是指广义的社会广告。皇室纹章、英国女皇的雕像、"刻有女皇之肖像"的货币、印着英女皇肖像的邮票，都是社会广告。甚至该文还认为，"凡政治家之演说，及其他政治上之行动，亦可确认为有效之广告"。可见广义广告"范围""宽大"，很难确定明确的界限。

但不管是社会广告还是商业广告，广告的作用都非常重大。"政治家将胜其政敌，不得不假力于广告，工商业将胜其竞争者，亦不得不张大其广告。广告之用大矣哉！"这也是对广告重要性的论述。

3. 广告作用

论述了广告的社会作用和经济作用。"政治家将胜其政敌，不得不假力于广告，工商业将胜其竞争者，亦不得不张大其广告。广告之用大矣哉！"

4. 关于广告是"科学"还是"技术"的论述

该文认为，就目前而言，很难确定广告就是"科学"，因为条件不成熟。"广告发达，实在晚近，只供工商家实用而已。学者评究，殆所罕闻。""广告学之存在，尚未经人道及，故难断言广告为科学。"但是，广告有自己的"支配之原理原则"，绝对不能视广告为"单纯之技术"。而且该文还假定，"广告科学"将来"必有宣言于世界之一日"。理由是，经济学在"百四十年前，殆无人识其为科学者"，"逮至今日"，无不认为经济学是"科学"之一。与广告相近的"簿记"（会计），究竟是"学"还是"术"，双方曾经各执一词。等到了现在，主张簿记学的人占据了多数。"广告性质与簿记酷似，谓簿记为学，宁可卑广告为单纯之技术邪！"

该文认为，广告的重要性是显而易见的。为什么呢？因为"民法关于广告有定则"，"更以商品买卖论之，凡商业经济学中论货物之交换，或交通，广告实占重要之部分；又商业经营学中，论商店整理，广告亦唯一之要素"。此外，广告可互通有无，"为人生所必需"。

因此，关于广告是科学还是技术的讨论。该文的观点是，虽然目前还很难"断言广告为科学"，但这只是时间的问题，"广告科学，必有宣言于世界之日"。如果说广告是技术，但广告是"经济之机组，绝非单纯之技术所可限定者也"。

该文发表于上海的《太平洋报》，是迄今所见国内出版的在报刊上讨论广告是科学还是技术问题的第一篇论文❶，是国人广告学科意识的觉醒，也是中国近代广告学术活动由术到学的标志。

关于广告是科学还是技术的讨论，出现在《广告丛谈》的第三部分。"广告学""广告科学""广告性质"三个重要的广告学的核心语词，最早出现在上海《太平洋报》的《广告丛谈》一文；李叔同是使用这些广告术语的第一位中国人。这也奠定了李叔同及《广告丛谈》在近代中国广告学术史上的嚆矢地位。

同时期的李文权，也在日本东京的《中国实业杂志》上发表了《告白学》一文，并发出了告白是"科学"亦是"技术"的倡导。两者都是中国留日学生，又都是报人，并且几乎同时在各自的文章中对广告学性质进行了探讨。两者还是好朋友，存在着诸多的异同点。由于篇幅关系，不再冗述，以后笔者将另文对两人的广告思想及实践作一个比较，看看近代中国第一广告学术超人究竟是谁。

5. 关于广告的分类"三分法"的论述

该文认为，广告分类，就是"由种种方面别之，为类至繁"。通常是按广告目的或方法分类：如绘画广告和文字广告（按广告表现形式分，笔者注，下同），直接广告和间接广告（按广告目的分），大广告和小广告（按广告内容多少分），长期广告和短期广告（按发布时间分），营业广告和非营业广告（按广告最终目的分）等，都不能称为最好的分类即"适切之分类"。由此，该文作者提出了自己的广告分类观。

---

❶ 李文权也在其《告白学》里探讨了广告学科性质，且时间略早于李叔同。《告白学》公开发表的时间是1912年1~2月，《广告丛谈》发表于1912年4月，故此关于广告学性质的研究李文权应该早于李叔同。但《告白学》发表在日本东京出版的《中国实业杂志》，在中国境内出版的报刊上李叔同是探讨广告学属性的第一人。

认为"适切之分类"，应该根据广告的性质，分为三类：移动广告、定置广告和中性广告，并分别对三类广告的杰出代表、广告方式及效力、范畴作了叙述（表3-2-1）。

表3-2-1　广告三分法

类别	性质	代表	广告方式及效力	属于此类者
移动广告	主动动态	新闻广告之类	新闻印刷既竟，必经送递，当视其移动之迟速，判其效力之多寡	传单广告、信片广告、样本广告
定置广告	被动静态	广告板之类	矗立市衢，炫其华采，往来行人，游睇相属，广告之效力乃显	招牌广告、舞台围幕广告、公园椅子广告、电车广告
中性广告	兼自动与被动，亦动亦静	月份牌广告	赠送之际，属于移动广告；及悬诸梁壁，为座右之装饰，则又属于定置广告	扇子广告、酒杯广告、手巾广告

广告三分法简化了广告分类标准，延展了每一大类广告的内涵及外延，便于掌握和应用，具有一定的可取之处。它不同于以往的分类，仅停留在广告目的及方法之类的感性认识层面，而是更进一步对广告分类的把握，上升到了一个理性层次，按性质来划分广告，不能不说是一个进步。

6. 广告的方法

该文第五部分先介绍了广告的重要性，认为"广告为招徕顾客之良法"。一样的商品，一样的价格，"善用广告者昌，不善用广告者亡"。物美价廉，不借助广告的力量，"必不可获迅速之效果"。非物美价廉，借助于各种广告形式，依旧可以顾客盈门。

广告既然如此重要，那么"广告之方法，以何者为最适切"呢？该文认为，货币广告、邮票广告、新闻杂志广告是最适切的广告方法。

1）货币广告

货币广告的优点有三：一是通用性。"无论贵贱、男女、老幼，不用货币者，殆无其人。"二是流通性好。文中通过一万枚货币与一万张新闻纸效力的比较，来说明货币流通无穷期，广告效力亦随之日益扩大。"故货币之效力，可以普及全国，流通不歇，占广告中第一位。"三是珍贵性。"货币为人所宝贵，故遗失损坏者较少。"货币广告的缺点是，"然用广告于货币，每为政府所禁，今无行之者"。

2）邮票广告

该文论述了邮票广告的特性及效力。邮票广告的特性：一是邮票流通效力逊于货币；二是邮票广告可以借助信件在世界自由流通，"故业外国贸易者，用邮票广告，效力尤著"。三是邮票广告的缺点，"私人无印制邮票权"。

3）新闻杂志广告

该文论述了新闻杂志广告的特性及效力。新闻杂志广告的优点是，流通最广，费用最廉，制造最速。新闻杂志广告的效力逊于前二者，但简便易行。

对上述三种广告方式重要性的评价，该文认为，从理论上讲"首货币，邮票次之"；从实践上讲应该是新闻杂志广告，"新闻广告尤为第一良法"。

7. 关于广告种类的论述

该文第六部分择要介绍了二十类广告。

1）新闻杂志广告

该文认为，"新闻杂志，种类綦繁，性质各殊，读者亦异"。不同性质的报刊，有不同的读者对象，所以做广告应有的放矢，"故登广告者，当审其新闻杂志之性质，与己所广告者适合与否，乃可收良好之效果"。这也说明了正确选择报刊读者与广告对象的重要性。

2）传单广告

该文认为，传单广告效力虽不如报刊广告，但在局部地方的作用非常大。"倘登广告于新闻杂志，虽名达都市，当地识者殆稀，若传单广告，最为适用。"而且传单广告"印费既廉，送递亦易"。所以，传单广告的独特性不可替代。

3）书籍目录广告

该文介绍了书目广告的情况，认为书目是书店书籍投放广告的良好载体。

遗憾的是，此部分内容不完整，二十种广告只介绍了三种，此后再未见《广告丛谈》后续内容的连载。

十、《论广告与卖药之关系》——
　　近代中国较早关注广告对社会负面影响的论文

该文发表于《中国实业杂志》"论说"栏，作者是李文权。作者鉴于那时的药品广告纷繁混杂的现实，有感而发，且发表于"论说"栏，足见其对该文的重视程度。

顾名思义，文章是围绕广告与卖药的关系展开论述的。第一部分是讲广告的作用。广告有效，但不能言过其实，并举了一个言过其实的例子，说天津某药房广告，广告中用日本药冒充德国药，这是自欺欺人。第二部分是论述卖药与广告的关系。正因为广告有效，所以卖药者视广告为一笔大宗的投资，新闻杂志中百分之六七十的篇幅是卖药广告。因为卖药者不借助于广告之力，就指望不上能发达。第三部分是说广告对于卖药来说很重要，卖药可以做广告，但不能专门用广告来骗人，"此则不可不慎"。诚然，卖药者所卖之药可以"补医生能力所不及"，好处多多，"如乡间无良医，故不如服制成之药，可得功效，又如夜深之际或生急病，一旦请医诊视，仓卒不得，既有制成之药，则立服之可也……况关于滋养之药与夫随身常备之药，或者居家，或者旅行，尤非制成之药不为功"。但制成之药不都是好的，也有"伪药"和"次药"。即使药没问题，影响药效的其他因素还有很多，如天时地气、水、嗜好和产地。言下之意，卖药广告不能一味说好，不能言过其实。

接下来，即第四部分该文作者讲述了自己的遗憾。中国的中药"灵效者甚多"，"其较之今日广告之卖药，功力尤著"，但是中药"不发广告"，缺少宣传推广及科学的临床验证。

中国的"新药"（西药）为数甚多，但市场被"外药"控制，"而思有以抵制之"。以上是作者的一大遗憾。字里行间，拳拳爱国之心跃然纸上。

另一个遗憾是，制药者缺乏创新，"憾同业者之不能发明。而徒以类似之名，相等之药，为蒙混之计；或假其名色，或仿其商标……"这点也是中外通病。"至于六神丸、千金丹，亦得自中国，而各地纷纷制造，故日本药亦有此病。"

最后，该文认为，不要因噎废食，制成之药"用之无妨"，应该看药之好坏来决定，不可以受言过其实之广告的误导。

总之，广告对卖药者来说，十分重要，但言过其实的广告太多，病者在选用成药时，应该视"药之良否而定"，"不可因广告之误而自误之"。该文实际上向我们展示了一幅栩栩如生的社会现象，那个时代的药品领域，虚假广告泛滥，因此，其也是对广告社会学的解读。

下面我们来了解该文所涉及的广告研究方面的成果（观点）。

1."广告"一词源于日本

该文认为"广告"一词来源于日本，后传入中国，并被中国人广泛运用，"告白"的称呼反而消失不用了。"广告者，日本名词。今吾国人舍告白二字，沿用广告之新名词，几成定名，著者亦尤而效之。"在作者所写的另一篇广告论文《告白学》里，也表达了相同的观点。"告白"，"英语谓之为 Advertising，日本谓之为广告"。

当今广告学界，许多知名学者也持有相同的观点，认为中国"广告"一词源于日本。限于篇幅关系，笔者将另文阐述，在此不再叙述。

2. 广告文案的重要性

广告文案是指广告中的文字部分，不包括图案、色彩、照片、画面等非文字的内容。众所周知，广告要产生效用，必须经历吸引受众注意、引起受众兴趣、刺激受众欲望、产生购买行为四个阶段。广告文案在这个过程中起着举足轻重的作用。文案是广告信息传播的主要载体，文案的好坏会影响到广告信息的传递，进而影响到广告信息的被接受和被消费。所以，从这个角度说，广告文案的好坏将影响广告的成败和广告效果的发生。该文提到了类似的观点，"夫广告之为用也，以生效力为主。而效力能生与否，纵能生之而其效力之大小，亦甚有区别也。无他，视其文章之如何耳"。这里的"文章"，即其下文提及的"广告之文章"，就是当今广告学所说的"广告文案"。广告的主要作用，在于能产生效力。而广告效果如何，即其效力能否产生及效力大小，只能看广告文案的好坏。由此可见，广告文案有多么重要。

3. 对广告社会功能的初步认识

严格来说，虽然该文章题目中含有"广告"的字样，但并不是一篇论述广告功效方面的广告专文，而更像是一篇对社会现象进行解读的时事社论，故被安排在该刊"论说"栏发表。

这是一篇对当时社会现象展开剖析的社论。在该文中，作者爱憎分明，爱国之心跃然纸上，较早地将自己的笔触投向了药房广告，以及对隐逸在药房广告背后的虚假广告现象的深沉思虑。只不过那个年代，广告尚处于不成熟期，没有"虚假广告"的提法，而是用了"言过其实"一词。在20世纪一二十年代，整个社会对广告的评价仍停留于经济层面的思考，而该文作者已将笔触指向了对广告社会文化层面的探讨，难能可贵。该文也是近代中国探索广告社会文化功能的早期论文的杰出代表。

广告有两方面的功能：经济功能和社会功能。广告在传递商情、促进流通、推销商品和服务的同时，其社会文化性也不可忽略。广告可以倡导社会风尚，引导生活方式，提高大众生活品质。从经济上看，广告是一个工具；从社会文化上看，广告是一种意识形态。

什么是意识形态？意识形态是一种影响人们行为及态度的精神性因素，如价值观、信仰、意见等。但是精神性因素并不必然是意识形态，而是需要一定的条件。"真正的意识形态还要与'霸权'相结合才成其为意识形态。"什么是"霸权"？在传媒与广告交织的时空里，"霸权"就是"话语霸权"。"只有当某个特殊的观点在某个范围中压倒其他不同观点，享有特殊的话语霸权，并且把本观点夸大其词为具有普遍的、永恒的适用性时，意识形态才会产生。"❶意识形态会以种种方式影响人们的价值判断和行为选择，广告传播就是其中的一种方式。

人的需求是二元的，有物质需要和精神需要。尽管广告的终极目的是物质性的，是为了推销商品和服务，但仅此还不够，也不足以打动消费者。人们购买和使用商品或服务的理由，太多太多的时候，都是非物质性的、非理性的和精神性的。例如，对于一个绝望的、处于生死边缘的病人，任何一次机会他都会去尝试，任何一个哪怕是微小的希望他都不会轻言放弃。当他看了一则药品广告，就会马上行动去购买，因为广告信息所说此药的功效，看上去对他很管用。他已顾不上考虑广告中的风险了。人们购用商品，一方面是消费商品的物质功能，另一方面是消费商品的精神功能，获得某种精神需求的满足，而这正是通过广告中嵌入意识形态来实现的。

广告与传媒联姻，让大众生活在一个意识形态织就的世界里，借助广告的营销功能和传播功能，诱导大众按照广告主既定的目的来建立价值判断和行为选择。人们在不知不觉中就变成了广告的奴隶，变成了商品的奴隶。所以，对广告应保持一定的清醒，特别是它的误导性和诱骗性。而这一点，也正是该文所强调的。

《论广告与卖药之关系》认识到了广告的经济功能，"夫广告之为用也，以生效力为主"。认为广告是一笔大投资，卖药者借助广告之力，才可能发达。广告对卖药者来说十分重要。与此同时，该文又对当时药品广告泛滥和广告言过其实的现象忧心如焚，甚至深恶痛绝。认为虚假广告虽然有效，但效力只是暂

---

❶ 李思屈：《广告符号学》，四川大学出版社 2004 年版，第 162 页。

时的。"言过其实之广告亦有可生奇效之事，但事属偶然，非可视为恒例也。""于是滥用广告，为欺人计，实则仍自欺耳。"

制成之药可弥补医生能力所不及的地方，好处多多，但也不都是好的，也有"伪药""次药"。况且天时地气、水土、口味、产地等因素都会对药效产生影响，所以，广告不能一概说好。

中国中医古方"灵效者甚多"，甚至药效超过今日广告的药品。"其较之今日广告之卖药，功力尤著。"但其从不做广告，言下之意，不做广告的中药不一定药效不好。

再加上当时的现实是，广告界泥沙俱下，鱼龙混杂，"蒙混"的，假冒"名色"的，"仿其商标"的，各种假冒伪劣现象很多。故该文建议病者，可以用制成之药，但应仔细鉴别良莠，千万不要受广告误导，"不可因广告之误而自误之"。特别是对那些"专以广告欺人者，亦在所不免，此则不可不慎"。对此，人们应该更加谨慎。

总之，该文在关注广告经济效用的同时，开始关注广告的社会功能，特别是对广告的负面社会效应的关注。因为时代的局限，论文浅尝辄止，只停留在药品广告滥用和广告言过其实的表面，没有上升到理论层面的沉思。但其针对当时的药品及广告的虚假现象所发出的警醒，在那个偏重广告经济效用的年代，无疑具有进步意义，具有振聋发聩的作用。该文是近代中国比较早关注广告对社会负面影响的一篇代表性论文。

十一、《广告之活用法》

该文发表在《中华国货月报》第二期（1915年10月9日）"艺薮"栏。文章主要分为以下几部分：第一部分开门见山，论述广告对于工商业的重要性及广告的特性、效力，强调应重视广告研究；第二部分论述了广告的种类；第三部分论述了中国广告亟待改良的三个方向。可见，这是一篇向国人普及广告新知及启发国人广告意识的文章。

关于该文的主要内容及在广告学术研究上的观点参见附录1。

该文最后在论述文字广告的三宗须改良之处时，对广告文案的四个要点，广告用纸、广告图案和广告结构的方法，关于广告发布的策略进行了阐述。我们现在做广告投放的媒介计划时，考虑传播对象，沟通渠道何时进行和怎样进行几个方面的元素时与上述第三点何其相似。

该文的中心思想是论述广告对工商业的重要性，呼吁国人应重视广告研究和实际应用，并对当时的中国广告，提出了三点改良意见。文章用意是，增强国人广告意识，劝工商业者"留心广告"，研究广告，重视广告应用，否则生意难望发达。

十二、《大中华》的两则广告

1915年《大中华》杂志刊载了两篇广告文章：《利用街道之广告法》和《异想天开之广告》。两篇短文均为翻译的文稿，《利用街道之广告法》译自《美国工业世界》，《异想天开之广告》译自《美国商业世界新法报》，译者为同一个人，叫翁长钟。当时的报刊常常采译外稿，一方面为丰富版面内容，另一方面也起到补白的作用。这两篇短文刊登在"余录"栏，想必补白的意思多一点儿。

这两篇短文广告，第一篇是讲美国洛杉矶某商店利用街道及橱窗宣传推销商品的故事。第二篇是介绍美国某商店，"专售游戏之品"，利用橱窗内的四只小犬来招徕顾客。这是两个鲜活有趣的广告案例。第一篇是街道及橱窗广告，第二篇实际上是橱窗展示，类似于今天的事件营销。编者刊发这两篇广告短文，目的不是进行广告研究，而是补白，平添读者的阅读兴趣。它们不是广告论文，而是作为两个成功的广告案例被译介到中国。但间接的，此两篇短文起了宣传广告知识，启发国人的广告思维的作用。

这也说明了，当时的国内报人对广告已比较熟悉，他们的广告意识较强，有意无意地会在其报刊及报业生涯中体现出来。报人中，相当一部分人知识渊博，学贯中西，很多人都曾经有过留学海外的经历。他们一方面较早地接受了西方文明的熏陶，较早地接触了西洋文化，故知识面广，视野开阔，头脑灵活，比较能够接受新生事物，尝试新文化。因此，他们较早接触到了广告及广告知识，也认识到了广告对工商业的重要性。另一方面，加上他们具有基本的外语素养，使他们更有条件和能力将广告类相关文献译介到中国。特别是，当他们亲眼目睹近代中国工商业凋零衰败的景象，就更增强了心中的广告传道意识，并将此传道意识化为动力、化为实践，在他们所创办或编辑的报刊上呈现出来。翻开这一时期的报刊，在其所刊发的广告文献里，少不了他们对华商缺乏广告意识的振臂高呼，少不了他们那学习西方、赶超西方的爱国热心。他们一遍又一遍，不厌其烦，一篇又一篇，痛心疾呼。广告是一门技术，更是一门科学，广告是文明的助推器，是经济发展的晴雨表。工业文明催生了近代广告，近代广告则将工业文明推向了繁荣的巅峰。这些早期报人的疾呼奔号，是对国人广告意识的一次次普及和唤醒，其意义非凡。

我们研究近代广告史，特别是在梳理近代广告学术流变时，报人团体是千万不能省略的。从某种程度上说，报人对广告的认识要早于工商业者，也要比后者深刻系统得多。报人是近代报业广告的实践者，他们最早发出了"广告科学"的声音，是近代广告学术活动的急先锋和身体力行者。

我们搜寻1917年之前的广告文献，它们基本上都来源于报刊，专著只是凤毛麟角。报刊是这个时期广告理论研究的窗口和平台，而报人则是进行编译和写作，从事广告研究及广告学术活动的主力军之一。

十三、《广告与营业》——论述"广告员"问题的第一篇专文

该文发表于《国货月刊》第一年第五期（1915年12月）"杂著"栏，作者是曼郎。主要内容如下：第一部分论述广告与营业之间的关系，广告是商店的推销员，广告效力好坏又取决于做广告者即广告员水平的高低；第二部分论述了广告员与商店的关系；第三部分是关于广告费的论述；第四部分是关于广告收效问题的探讨。该文在探讨广告对营业重要性的同时，也涉及了广告学术上的问题（参见附录1）。

该文虽然表面上看，是探讨广告与商店营业方面的问题，实则为讨论"广告员"与商家关系的专文。作者认为，商店营业的好坏与广告效果有莫大的关系，而广告收效如何则取决于做广告的人即"广告员"水平的高下。因此说，广告员水平的高下会影响到商店营业的兴盛与衰败。也正因为如此，广告员的选择、作用及考核等就显得尤为重要了。文章对此发表了一些独特的见解，如任用广告员"不得不审察其学识与经验"；广告员与经理、制造师一样，都是商店的"重要之主动人物"；"广告员"旨意不宜加以各种牵制；不要过多干涉广告员的业务经营，更不能用私人意旨"强广告员遵而行之"；广告不能欺骗顾客，否则效力难以持久，所以不要"自使广告员失其信用"，等等。其中的真知灼见，迄今具有现实的指导意义。《广告与营业》一文也是笔者所见的近代广告文献中论述"广告员"问题的第一篇专文。

十四、《登广告之方法》（镜清）

该文发表在《商学杂志》第一卷第二期（1916年2月10日）的"技术"栏，作者署名镜清。这是一篇专门论述广告方法的文章。当时国人对广告的了解不多，利用广告的意识缺乏。偶尔有利用广告的，多半效果并不理想。该文就是在这样的现实情况下产生的。"我国对此尚未深讲求，知其方法者甚鲜，以至多

未能利用，或利用之而至失败。此岂非商界之憾事乎！"

该文认为，登广告应讲究几种技法：第一，"令读者注意之法"；第二，"令读者购买之方法"；第三，"记入读者所欲知之点"。也就是说，广告要发挥效用，首先应该引起受众注意，其次是刺激消费欲望，然后是传播商品信息，回答关注点，促进消费行为的产生。

具体说，"第一令读者注意之法"有哪些呢？其共有六点。"（甲）宜避同种之广告……故登广告时位置宜选择。""（乙）广告文不可用同种之活字。即用之，亦须将重要的文句加以圈点。""（丙）刺激感情之绘画、文字，皆在所必要。如登药品之广告，则绘病者呻吟的状态，且作成短浅文句，以形容之，是也。""（丁）配置不可不适宜。如登广告时，为避其形式与其他广告同，则可横书，或倒书或用黑地白字，或用圈形以廓之。又如于火车冲突纪事之侧，登入负伤保险公司的广告……""（戊）所用的文字或绘画等须令一般人容易了解。""（己）广告登载日久，则人对之不甚注意，颇失广告之效。然若前后迥不相同，则又不便于读者之记忆。最善者将其形势及不甚重要的文字，加以变更。而特色的点及必要之点，则仍旧使人一见即知为同一商店之广告。"

第二，令读者购买的方法有哪些呢？其共有三点。"（甲）用表同情之文字。如出一研究英文之书籍，则历述今日英文之必要，欲学英文者对于此书必读之理由……""（乙）惹人不悦的文字不可采用。""（丙）附于广告中的绘画，宜求悦人之意。如绘一裸体妇人，在日本则视为寻常，而在我国则视为非人类所宜为之事矣……"

"第三记入读者所欲知之点。"具体做法是与货物买卖有关的重要事项，都必须在广告中说清楚，如产品性能、价格、售货地点、外地邮购办法、邮费、运费等（因年代久远，笔者所见《商学杂志》残缺现象严重，该文后面部分缺失未见）。

这是一篇讨论广告方法的文章，该文对广告的探讨，依然停留在术的层面，停留在如何做广告的"技法"层面上。作者的潜意识里认为，广告是一种工具，一种方法，一种商业技能。虽然认识到了广告对商界的重要性，但并没有上升到学理的高度。正因为如此，《登广告之方法》被刊登在"技术"专栏。这也代表了那个年代绝大部分国人的观点，认为广告是一门"技术"。文章开头说，"商人之利用广告也，原为招徕顾主，以畅销货物，然广告何以能招徕顾主，是必有术焉"。从这句话中，也可以印证该文对广告属性的观点，即认为广告是招徕术，是一种"技术"。只是那时的广告术尚不能被国人熟悉和广泛利用，该刊登载介绍广告技能的文章，意在向国内商界宣传广告知识的同时，希望提高国人利用广告的意识，另外，利用报刊来发布广告，也可为自身刊物招徕广告客户提供帮助。

十五、《广告与商业道德之关系》——
最早向国人介绍美国现代广告之父富兰克林的广告专文

该文刊登在《东方杂志》第十三卷第十二号（1916年12月10日），原著者是美国环球广告社联合会会长赫斯敦（Herber Houston），节译自《世界杂志》，译者是程景灏。

这段译文的中心思想是，欺诈广告是违背商业道德的，因此应该禁灭欺诈广告。如何来禁灭欺诈广告呢？该文提到了以下几种途径：一是报馆严把发布关。引用美国某报馆的事例来说明，对于不法奸商及不切实的广告，经查证，应拒绝刊登。"广告家崇笃实而黜虚浮，先公益而后私利，其举动至沉静，而功效又至深远。"这里的"广告家"，是指与广告代理、广告发布相关的机构及个人，包括报馆广告经营部门。做到了此点，广告功效才能持久。二是发布前严把审查关。美国印地安纳州设有专门调查机关，对各广告社的"函告"一一详加调查，通过审核后，再登记备查，"载诸簿籍，以备查考，是以奸为业露，无所逃隐。"三是借助法令来取缔不法广告。"各州咸定取缔广告之法律，务使全国广告于纯笃之一途而后已……施行此项法律者，业有三十一州之多。"四是严把邮寄虚假广告关。商家欺世盗名的广告，被报刊拒绝后，借邮局递传，依然"得以通行无阻"。所以，把好邮局审查关十分必要。五是联合广告社团及各方力量共同抵制。例如，在芝加哥召开的广告联合会第十一届常委会上，"议决简章四则"，"（一）所有一切新闻，务求确实；凡浮泛影响之谈，概不登载。（二）各报已揭出的广告价目，不得复有增减……（三）凡欺世误人之广告，概不代为刊登。（四）反对登载任意毁灭他人之消息"。此决议得到了与会各方的大力支持，"乐为之助"，影响深远，数百家报纸对此作了报道。

综上所述，关于广告与商业道德的关系，该文认为，无良奸商利用虚假广告骗人，有违商业道德。为了杜绝奸商的欺诈，维护商业道德，就必须从"禁灭欺诈广告"开始。"夫奸商之得以售其奸者，纯赖其广告之力，以欺世误人。今若先设法扑灭其广告，则其毒计自绝。"从发布途径入手，杜绝欺诈广告的传播，惩治不法奸商。这一点十分值得当今中国媒介的集体深思，从而反思媒体的社会责任问题。

此外，该文还谈及了广告社团、广告教育及美国广告之父富兰克林等。该文介绍了美国环球广告社联合会的情况。如广告联合会的发展历程、分会情况、成员构成、日常活动、新设部分、书籍出版、《广告联合报》印发等，涉及的内容比较广泛。

关于教育的问题。该文谈了两个方面：一是学校教育。"各大学及专门学校，亦增设一部，寓广告及商学于高深科学中，而研究讨论之"。"当芝加哥会议时，召集各专门学校广告学掌教会议，以讨论一切，颇收良好之结果。""皆深望广告之循一正规，改良其文字，革新其形式。"二是社会培训。"往往有僻乡小邑，苟经广告社之启迪指导，无不可以商业顿盛。"

广告有益于社会。"广告之供献于社会者，为用至广。"销售货物，广告"代价廉而成功巨"，"收效速"。生计艰难，"货物之昂贵"，实非广告所致。广告确实"大益于世"，影响广，对经济、社会都有贡献。呼吁国人改变对广告不良的看法，扭转对广告的偏见。

该文还提到了美国广告之父富兰克林。"1916年6月，各广告社将于斐纳达而州之贲雪佛尼大学（即今天的宾西法尼亚大学）开大会。贲雪佛尼大学者，樊克林（即富兰克林）之所创。而樊又为美利坚广告家之第一人……"

总之，该文论述了美国政府、行业组织及相关社会部门对虚假广告的监管情况。特别是详细介绍了美国广告社团组织的活动和广告教育的问题，对丰富国人这方面的知识，开阔眼界，自办广告社团及教育提供了裨益。而文中关于富兰克林的介绍，是近代中国广告文献中第一次提及的，即这是近代中国最早向国人介绍美国现代广告之父富兰克林的广告专门文献。

第二节　涉及广告内容的相关文章

相关文章主要来源于两大部分：一是新闻学研究文献，报人站在探讨新闻事业及报业经营的视角对广告进行研究，如《日报》《报章文体说》等；二是商业经营方面的文章，强调广告在顾客招揽和商品推销方面的作用，如《美人考求在中国行销货物之法》《商人招致顾主之方法》《吾国商业之弱点》等。

一、《日报》（郑观应）——广告是报刊文章四大体裁之一

郑观应（1842年7月—1922年5月），广东香山（今中山市）人，中国近代早

期的资产阶级改良派思想家和爱国民族实业家，所著《盛世危言》一书，曾对晚清中国思想界产生过深刻的影响。

郑观应改良思想的形成，主要源于其从商的经历。1858年（咸丰八年）应童子试未中，即弃学从商。1859年进入了上海的英商宝顺洋行，由此开启了商旅生涯。同时，其还去上海英华学堂夜校学习英语，这为其后来广泛涉猎外文书报了解西方打下了良好的语言基础。

1873—1882年，郑观应任职于太古轮船公司，受聘担任总理之职（买办）。早在1868年，他就出资与人合伙经营公正轮船公司。在此期间，他继续投资兴办自己的实业，参股于轮船招商局、开平矿务局、上海造纸公司、上海机器织布局等企业，涉及航运、工矿、纺织、造纸、金融等领域。

他还曾经受李鸿章委派担任上海机器织布局总办、上海电报局总办、轮船招商局总办、开平煤矿粤局总办，受张之洞委派担任汉阳铁厂总办、粤汉铁路总董等系列高管职务。

郑观应的身份复杂。早期以买办身份进入商界，对西方的政治、经济、科技、教育、文化产生了浓厚的兴趣。后来身份由买办转变为官商合办、官办、商办的实业家，其思想中更添了一份忧国忧民的改良主义意识，关注国家的前途，关注民族工商业的艰辛，关注社会时弊。其由单纯对西学的兴趣，转向了对国家、社会及自身所处民族工商业界的忧虑，从而形成了其改良主义思想的根源。1894年《盛世危言》代表作完成，它是郑观应的中国近代早期改良派思想的集中体现，全书贯穿着富强报国的主题。张之洞评价该书道："论时务之书虽多，究不及此书之统筹全局择精语详"，"上而以此辅世，可谓良药之方，下而以此储才，可作金针之度"。

郑观应思想的重要组成之一是经济思想，而商战思想又是其经济思想的核心。他认为列强的侵略手段可归结为两种："兵战"和"商战"。"兵战"指的是军事侵略，"商战"是指经济侵略。商战更加隐秘，更加具有危胁性，商战比兵战地位更重要，"习兵战不如习商战"，"藉商以强国，藉兵以卫商"。"欲制西人以自强，莫如据兴商务。"为了进行商战，振行商务，除了必须摒弃传统的士农工商观之外，更需要培养一批人才来推进工商业的发展。他认为，培养人才的途径有两种，一是学校教育。"学校者，造就人才之地"，"学校者，人才所由出；人才者，国势所由强。故泰西之强，强于学，非强于人也。然则欲与之争强，非徒在枪炮战舰也，强在学中国之学，而又学其所学也"。"中国亟宜参酌中外成法教育人材，文武并重……聘中外专门名家，选择各国有用之书，编定蒙学普通专门课本，颁行各省……务使各州县遍设小学、中学，各省设高等大学……"学校由地方官集资经理，无论贵贱男女，五岁后都必须上学。先接受初等教育，再进商学院、实学院等深造，优秀者再入太学院学习。这样一来，"不及十年，中国人才无难与泰西相领顽"。二是社会教育。郑观应认为，西方各国教育人才之道，共计三个途径："曰学校，曰新闻报馆，曰书籍馆"。其中，办报和办图书馆则是社会教育的重要组成部分。"自有日报，足不逾户庭而周知天下之事"，读报可以"通达时务"，"有功于学业"。《盛世危言·日报》一文，是郑观应办报思想的集中体现。该文疾呼倡设报馆，认为办报的好处很多，重点对报刊的"通民隐""达民情"的社会功能作了阐述。其中，在论述西方各国报馆的情况时，对西报的创办、种类、出版周期、内容、栏目、经费、主笔、功能等作了详细的介绍。"其体裁有新政异闻，近事告白之分。"这里的"告白"就是指广告。报刊上所登载的文章主要分为四类，即"新政""异闻""近事""告白"。告白是一种报刊文体，这是郑观应对报刊广告的看法，也是时人对报刊广告的观点。郑观应从做买办开始，步入商界并最终成长为一名民族资本家，加上具备一定的英文功底，其有更多的机会接触西方、了解西方，面对积重难返的清末现实，他产生了强烈的学习西方、富强救国的愿望。这是其改良思想的根源。报刊所具备的强大的社会舆论功能，引起了郑观应足够的重视，他呼吁在中国设报馆。报馆不仅可以"通民隐""达民情"，还可以教育和教化国民，"通达时务"，"有功于学业"，起到培养人才的作用。因为其接触西报的机会较多，在《日报》一文中，他还对西报的情况作了比较详细的探讨，并涉及了报刊广告方面的内容。只不过，那时的广告只是被视为一种文体，是各类体裁的报刊文章的组成部分。这是对广告较早的定性认识，即广告是报刊文章的体裁之一，是报刊的组成部分。

民国后，郑观应倾力于教育，从实业救国到热心教育，实际上依然是其商战思想的延续。只不过，他希望通过教育来提高国民素质，培养商务人才，实现富强救国的梦想。郑观应反对重农抑商的传统观念，主张富强救国，为此倡议学习西方，在政治、经济、文化、教育等方面进行一系列改革。虽然认识上具有时代的局限性，但其所具的启蒙思想，无疑对当时社会及后世的人们产生了深远的影响，如康有为、梁启超、孙中山、毛泽东等均从其思想中获益颇多。《西行漫记》中记述了毛泽东在年轻时阅读《盛世危言》一书的感受："这本书我非常喜欢。作者是一位老派改良主义学者，以为中国之所以弱，在于缺乏西洋的器械——铁路、电话、电报、轮船。"《盛世危言》所倡导的革新观念和"以商立国"的商战思想，对近代中国思想文化及工商业发展产生了重要的影响。

二、《报章文体说》（谭嗣同）——广告是"编幅行馀"之一

谭嗣同被梁启超称为晚清思想界的"彗星"。谭嗣同是湖南浏阳人，出身官宦家庭，有很深的国学功底，曾用10年时间游历大江南北。后积极投身维新变法运动，创建学会，出版《湘报》，撰写言辞大胆的论说。变法失败后，其慷慨赴难，史称戊戌六君子之一。谭嗣同是资产阶级改良派最激进的报刊政论家和思想家。

维新变法前后，出现了第一次国人办报高潮。在办报过程中，国人逐渐加深了对报刊的认识，并对报刊的性质、功能、作用等发表了一系列的主张。特别是维新派，他们认识到了报刊的政治性，如谭嗣同认为报纸是"民口""民史"，并创办了许多报刊来宣传维新变法，将报刊作为政治宣传的有力工具，开创了中国报刊史上政治家办报的先河。

中国近代报刊发展至维新变法时期，正在经历一场大的革新。这种革新体现在两个方面，一是内容，二是形式。在内容上，维新派报刊是这个时期报刊的主流，发表了大量的报刊政论文，维新派利用报刊这一新式的社会舆论工具，来宣传维新思想，表达政治立场。报刊的内容以政论为核心，而政论中的新思想、新内容，要求有与之相适应的新的文体格式。当时流行的八股文与桐城派古文相结合的混合文体，显然无法适应维新派报刊政论家们无拘无束、热情洋溢和雅俗共赏的文风。在形式上，近代报刊发展至此，体例渐趋完备，内容日益丰富，读者群更加广泛，也迫切需要形式上的革新，以便扩大发行范围，影响更多的读者。

王韬就是近代中国报刊政论文风的先行者。到维新变法期间，报刊政论达到了一个新的高峰。新的报章文体"时务文体"应运而生，曾风靡一时，并对后世的报章文体产生了深刻的影响。

《报章文体说》是资产阶级维新派人士谭嗣同在维新变法时期所写的一篇论说文。看似是探讨报刊的文体，实质上是一篇时务论文，是向传统守旧挑战的一篇檄文。文章去除了词赋等不常用的文体，将天下文章体例概括为"三类十体"。"三类"分别是"名类""形类""法类"。"名类"分为"四体"，一曰纪、二曰志、三曰论说、四曰子注。"形类"分为"三体"：五曰图、六曰表、七曰

谱。"法类"分为"三体"：八曰叙例、九曰章程、十曰计。

该文认为，天下文章体例，去除"词赋诸不切民用者"，即使再丰富也不过这"三类十体"。"会九州之典册鸿篇"，"无能出此三类十体之外"。而如果想在"一编之中"，可以同时具备这"三类十体"的，只有报刊能够做到了。报刊文章体裁"博硕"，在同一期报刊上，除了可同时出现"三类十体"的文章之外，还有"编幅行馀"。什么是编幅行馀？就是指"诗赋、词曲、骈联、俪句、歌谣、戏剧、舆诵、农谚、里谈、儿语、告白、招贴之属"。相当于今天的报纸副刊及补白，并不是报刊的主要组成部分。

维新派将报刊作为政治宣传工具，因此对报刊的特性和舆论传播功能推崇备至。该文对报章文体的丰富多彩作了充分的肯定，"斯事体大，未有如报章之备哉灿烂者也"。"博硕"的报章体裁形式，无拘无束，为自由表达思想、抒发政见提供了有力的帮助。该文将报章文体归纳为"三类十体"，这是报纸的主要部分。此外，还有"编幅行馀"，相当于今天报纸的副刊及广告版、补白等。只是维新派报刊以政论为主，对报纸副刊及广告尚未足够重视。也就是说，维新派认识到了报纸的传播功能，但对报纸的商业性、娱乐性，尚不够重视。"告白""招贴"不被纳入报章主体，不属于"三类十体"，只是报章的"编幅行馀"，而非报章的主要部分。也就是说，维新派从自己的办报实践及需要出发，认为广告是报章的"编幅行馀"，是一种不重要的文体。这是其对广告的认识，此观点尚停留在初浅的、直观的层面。

三、《奉告天津资本家及商业家》——关于"走街人"的论述

"走街人"一词出现于《奉告天津资本家及商业家》文章中，该文发表于天津《大公报》1904年8月第七百七十三号。

此处的"走街人"就是指广告人，他们走街串巷，宣传商品信息，寻找买主。

该文发表于1904年，彼时的中国国门洞开，成了洋货的倾销地。老百姓赖以生计的各色洋货充斥于市，小农经济及传统手工业所受冲击极大，天津也不例外。天津地理位置特殊，华洋杂处，万商云集。"货销于内者十余省，货销于外者十数国。"津人重商，津商中充当买办者非常多，仅供外商之奴役。"以外国人输入无益于国计民生之物，夺吾民之膏脂以予外国人，而略分其劳力以利己"，"不能为中国开一利源"。

该文认为，农矿工商其实都是"生利者也"，"富国四本"，农矿工商，"商居其末"。奉告天津资本家及商业家，"移资本于农矿工三项"。而且兴办工矿实

业，天津具有无可比拟的优势。天津近海濒河，"乃天然制造之场"，"创兴工艺之易与其益"，特别适合开工厂（工场）。接着论述了天津开办工场的"四易"即四个方面的有利条件，而这"四易"都是"东西洋各国所不能比"，所以说天津创兴工场必定能够"胜他人一筹"，"有百益而无一损"。更何况兴办农矿工，益处多多。既可以抵制洋货的倾销，又可以富国强民，津商"何乐而不为呢？"

文中提及"四易"之二是，天津"有天然之买主，不愁销售"。"俗云买货容易卖货难。东西洋各国越数万里，立行于中国，求销货耳。出重资募买办及走街人，以求与买主相通，求销货耳。"此处的"走街人"，就是指广告人，走街串巷，为商品做广告宣传。

由此可见，中国早期广告人及广告业务，大多与洋商有着千丝万缕的联系，其受外来文化及洋商的影响至深。中国人在与洋商的交往中，不断地丰富着本土广告的形式，也在现实的市场经营中，不断地提高着广告运用的技巧及水平。

四、《拒约须急设机关日报议》

该文发表于1905年8月12~23日香港的《有所谓报》上，作者为该报总编辑郑贯公。该文的发表缘起美国歧视华工的条约。1894年，清政府与美国签订歧视性的《限制来美华工保护寓美华人条约》。1904年条约到期后，美国要求续约，引起了中国人民包括海外侨胞的强烈不满，坚决反对续约，各地纷纷响应，成立了拒约会等组织，开展各种形式的活动，逼迫清政府不敢贸然续约。以此为开端，1905年中国掀起了一场声势浩大的抵制美货的反帝运动。该文就是在这样的大背景下诞生的。

郑贯公认为，"凡有会"，"则其会必有一报以为机关"。"今既有拒约会，不能不有拒约报"，这是理所当然的，也是情势所迫。中国人民为了反对美国续订歧视华工的条约，在各地成立了许多"拒约会"团体，坚决反对清政府与美国签订歧视华人劳工条约。此处的"拒约"即拒绝与美国签订续约的意思。

郑贯公倡议各地拒约会组织，通过办报这种形式来发表意见，宣传主张。同时对办拒约报提出了几点建议，如"文字不能不浅白""门类不能不清楚""报费不可不从廉""告白不可不选择""图画不可不多刊"等。所述涉及了报律、采编、文体、版面编排、报费、校对、广告、插图等方方面面。其中，有两点涉及了广告方面的内容："报费不可不从廉"和"告白不可不选择"。

1. 广告费和办报经费的关系

该文认为，广告费可以补充办报经费的不足。"报费不可不从廉也。尝考外国报纸，其价最廉。故销流最广，微中收利。又借告白费以相助，是以外国报社林立，而报纸之风行也。""凡办事以筹款为第一握要，何于此拒约机关日报，而轻视其开办之款欤？"办拒约机关日报，"以义捐为资本……只设发行与编辑两所，则开办后其订阅费与告白费，可源源接济矣，何孳孳于筹款为？"报纸正常运转后，广告费可用来帮助办报，筹款不是办报经费的唯一来源。那个时代，办报经费，尤其是政治家办报，经费均以义捐及事先出资为主。此处，作者提出了解决办报经费来源的新思路，即用广告费来补充办报经费的不足。为了多刊登广告，报纸就必须扩大发行量，发行量越大，报纸影响力就越大，就越能够吸引广告客户的注意。而要扩大报纸的发行量，就应该降低报纸的售价，薄利而多销。

2. 关于新闻学的认识

该文是我国较早将研究视角投向新闻学的文章，表达了作者对新闻学的初浅认识。其对新闻学科的认识："考日本自维新以来，改良教育。现东京政治学校之学课，必有新闻一科。其第一年则讲新闻之原理及各国之改革，第二年则研究新闻之理论及各国沿革，第三年则实践其新闻学。"其对《新闻学》一书的介绍："迩者，日本书学博士，东京政治学校校长松本君平氏，曾著《新闻学》一书问世。足见办报一业，须有一种学问。"

郑贯公认为办报也是一种学问，这种学问就是新闻学。作者介绍了新闻学在日本受到重视，被学校列入课堂教育的情况，并对新闻学学科的内容及新闻著作、新闻教育作了阐述。这是一篇较早向国人介绍新闻教育、新闻学著作及新闻学内容的文章。

3. 广告不能见利忘义

郑贯公在讲述办拒约新报的注意事项时，提到了一点，"告白不可不选择"，并对当时社会上报纸说一套做一套、自相矛盾的丑恶现象作了深刻揭露。"吾见各处报纸，其言论则曰破绅权，戒赌博，而告白则惶惶然建庙之捐款芳名矣，赫赫然山票铺票围姓之揭晓矣……""即以最近报纸之于告白而论，言论则日日鼓吹拒约，新闻则段段拒约风潮，庄言谐语，嬉笑怒骂，颇知天职。而介绍美货之告白者，触目皆是。甚至有声明不刊美货告白者，而其告白亦依然如故；或改换数字，以掩人耳目。"以上的报刊广告见利忘义，对广告客户及内容不加选择，以致报纸内容与广告不和谐，既影响了报纸的形象，也影响了其上所登广告的公信力。因此，郑贯公认为，报纸刊登广告，应该有所选择，不能见利忘义、来者不拒，而拒约报更应该谨慎刊登广告。"今言设拒约机关日报，其关系，其价值，固远胜于嫖赌报、奸商报等。惟告白一门，切不可因循苟且，持其拜金主义，而忘乃神圣不可侵犯之唯一宗旨矣。故曰：告白不可不选择也。"广告不能见利忘义，不能因循苟且，持拜金主义。此处，郑贯公对广告的认识，已经上升到了一个新的高度，即对广告社会功能的评价。经济性不是报纸广告的唯一目的，广告的社会公益面貌得到了重视。报刊在发布广告时，不可不选择，更不能刊登与报刊内容及宗旨相矛盾的广告，以免降低报纸本身及广告的传播效力。

五、《万国博览会之效果》(杨志洵译)

这是一篇译自日本的文章。文章认为举办博览会意义十分重大，办博览会可收到良好的效果。博览会的效果可以分为直接效果和间接效果两种。"夫集世界文明之制品于一堂，知识藉以交换，人文藉以启发。又陈列坤舆之产物，角其精粗优劣，促实业之振兴。即以助国家经济之发展，且可以为国际之一种祝典，以之辑和邦交，宣示国力。凡此皆为直接之效果。"

博览会的间接效果繁多，不胜枚举。"由是论之，凡万国博览会，非徒启发人心，拓展经济，及为世界之广告而已。其间接之效果，盖不可胜举。""乃博览会竟不啻为圣路易和广告之机关，以市之工商绍介于全世界，其收益固十倍之。"

该文论述了办博览会的有益之处，办博览会效果显著，不仅有直接效果，间接效果也不胜枚举。博览会是非常好的一种广告宣传形式，万国博览会，好比"为世界之广告"，投入少产出多，"其收益固十倍之"。

该文作者充分认识到了博览会的重要性，建议将博览会作为独立的学问来研究。在研究博览会收效时，谈到了广告，认为博览会就是一种非常好的广告宣传方式。由此可见，该文作者对广告的理解，上升到了一个新的高度，他已经跳出了我们传统的对广告字面上的理解，并对广告有了更加宽泛和丰富的理解。作者认为对广告的理解不能停留在以往媒介的层面，而应上升到传播的层面，博览会就是一种十分杰出的广告方式。

六、《美人考求在中国行销货物之法》

这是一篇编译的文章，刊登于《商务官报》戊申第二十五期，作者为章乃炜。

近代中国，是外国倾销洋货的天堂。民族资本家奋起抗争，致力于与洋货竞争，展开一场场商战。广大民众也积极响应，掀起过一次又一次的抵制洋货的运动。在华商与洋商的竞争中，洋商常常占据优势，个中缘由，除了商品、资金实力等因素外，"行销货物之法"起着非常关键的作用。在这方面，华商不如洋商，而且远逊于洋商。因此，向国人介绍西方人的销货之法，"师夷长技以制夷"，成了彼时代的最强音。

美货充斥中国市场，非朝夕之功。作者编译了七条美国人在中国行销货物的方法，供国人借鉴。第一条："甲……莫如制造商不惜资财，多派代理行商，往华地坐控，所有货单，径寄其人，与华商买货者直接。"第二条："乙……投华人消用者之好尚。"第三条："丙……驻华代理行商……通华语……"，"深知华人之风俗习尚及贸易法"。第四条：丁，发挥"商业会"即商会的作用。第五条：戊，美国商家"分派代理行商驻华"考察商情。第六条："己……中国内地转运，殊欠便利……凡由美输往之货，装包捆扎，均须轻便结实"。第七条："庚……凡欧人足迹所及者，步其后尘……"即关注竞争对手动向。这其中的第一条，讲的就是邮寄广告。美商将货单径寄华人商户，及时、高效、针对性强。邮寄广告之销货法，洋商已广泛使用，非独美商，"欧商大率用此法致富"。华商当时还很少使用，"诚以华人尚未解货单买物法也。邮便交易，东方更属寥落"。邮寄广告非常适合中国国情，中国地域广阔，交通不便，其比起人员推销来说成本低廉不少。所以，该文对邮寄广告的销货法向国人作了介绍。

七、《法国革命报之广告》（真）

该文刊载于《新世纪》第九十号（1909年3月27日）。这是一篇消息稿，并非讨论广告问题的论文。该消息稿大意是讲，法国巴黎《社会革命》与《民声》两报，因鼓吹革命，《社会革命》主笔及《民声》发行者被判入狱，并各被罚款1000法郎。此次事件，在社会上引起了极大的反响。于是在消息的最后《新世纪》加按语说，"若以所罚之款，作革命报之广告费观，则其价亦云廉矣"。这虽是一句调侃式的评语，但也从一个侧面证明，彼时报人脑海里的广告意识已经比较强烈了。

《新世纪》1907年6月22日创刊于巴黎，1910年5月2日停刊，为周刊，共出12期，创办人为李石曾和张静江，主要编辑是吴稚晖、褚民谊。该刊许多文章把政府当作最大的仇敌，认为政府是保护富人的权利而侵夺贫者的生计，裨助强者的凭肆而剥夺弱者的自由的工具。该刊是中国近代最早的无政府主义刊物之一。

八、《最古之报章》——有关广告管理的最早论述

这篇短文发表于《东方杂志》第六年第十一期的"杂俎·报余撷新"栏。

该文认为英国《伦敦日报》创始于1665年11月，是世界上"最古之报章"，对英国《伦敦日报》的创办、发行、销售、言论、广告等作了介绍。在论及该报广告时，文章是这样叙述的，"该报广告，亦归议院法律所限制，故与他报性质绝异云"。英国是世界上第一个广告中心，也是第一个实行广告税的国家。1712年英国议会通过了对报纸和报纸广告的课税法案，由政府对广告活动进行有效的监督和调控。因此，最早的广告管理发端于英国。该文此处所阐述的就是有关广告管理及广告法方面的内容。

九、《附录·商业丛语》——对报刊广告经营的论述

该文刊登于《中国实业杂志》第三年第三期，其中一段内容与广告相关。"日本商人，与之商订告白时，言明每月照登，及至第二、三月取刊资，而竟有曰我只登一次，以图赖其余者。总之，凡登告白者，有三要诀：一取先资，二订合同，三觅保人。否则，有吃亏之虞。"

这段话是说日商不守信用，赖账，不给广告费。因此，为了吸取教训，对报刊广告刊登提出了三点忠告。这段文字实际上是讲述广告经营方面的内容，是有关广告业务和广告经营的论述，也是报人经营报刊广告的心得体会和经验总结。

十、《吾国商业之弱点》（抗白）——广告是国货不敌洋货的原因之一

该文刊登于《中国实业杂志》第三年第一期（1912年）"论说"栏。

该文认为，国货不敌洋货，并非输在质量上，中国商业不振有如下四个原因，即"四无之弱点"："（A）株主（股东）无远见（B）店员无常识（C）广告无心得（D）商标无理想。"该文认为，中国商业不振，原因之一是不懂得宣传，没有广告经验，不懂得如何做广告，也就是说"广告无心得"，漫无章法，而使广告效力受限，导致中国商业不振。

在文章此处，作者谈到了广告与商业的关系，商业的繁荣振兴，离不开广告的推动力。

十一、《说明装潢之利益》——对陈列及外包装推销功能的认知

该文刊登于《中华国货月报》第二期（1915年10月9日）。该文认为，洋货能在中国市场畅销的一大原因是，洋货重视物品陈列和包装。接着该文论述了物品装潢的重要性。"人靠衣妆马靠鞍"，国货欲与洋货争胜，必须重视装潢，重视物品的外包装。这里所讲的物品陈列，实际上就是一种比较古老的广告类

型，是一种实物广告形式。正如文章标题所言，物品陈列和商品的外包装，有助于货品的销售，这就是装潢的好处。文章此处涉及的依然是广告的销售功能的研究，是从实用性角度切入，对陈列及外包装的商业推销功能的直观认知。

十二、《商人招致顾主之方法》——专家名人证言广告的论述

该文刊登在《商学杂志》第一卷第一期（1916年1月10日）"技术"栏，作者为镜清。

该文认为，"商人招待顾客之良否，于营业上有极大之关系"，"只知谦和接物，忠诚待人，犹虑不能昌盛其业务"。设法求取顾客欢心，未必能生意兴隆，招徕顾客得讲究方法。"于是法精者存焉，法劣者败焉。而研究招徕之法，遂为今日之必要矣。"因此，该文论述了两种招徕顾主的方法，分别是"营业指南"和"鉴定书"。

"营业指南"是"表布营业状况之一种小书"，其起到宣示的作用。"营业指南"所载之"营业状况"包括："商店所卖之货物，系批发或系零售；货物之名称、种类、价格、性质及折扣率；营业之方法、运送之手续、运送之费用、订货之方法、交货之时期、货价之付法、寄款之办法与如何能省顾主之手续"等事项。"营业指南"广为传布商家营业情形，消除顾主疑问，吸引其购买货物。其类似于当今商家的促销海报、广告及传单，迄今广泛运用。

关于"鉴定书"，该文是这样描述的："商人所售之货物，虽将其性质等公告于众人，然闻者未必相信。欲求人之信之也，必有确实之保证。于是按所售之货物，托专门有信用之技术家，先为鉴定之，并付以鉴定书状。"接下来，文章以名医鉴定某药品为例作了进一步的说明，认为"鉴定书"是"商人最要之事也"。

文章此处的"技术家"类似于当今的专家、权威人士，技术家必须具备两个条件即"技术道德兼优之人"，技术家既具备专业领域的权威性，又具备道德人品方面的威信。这样的"技术家"所做的鉴定书，才具有说服力和可信度。

综观该文，其中的"鉴定书"也是一种广告形式，相当于今日的专家名人代言广告，目的是让顾客信服商家所推销的商品功效，说服顾客购买。

十三、《畅销货物方法之研究》——广告媒体发布策略的论述

该文发表在《商学杂志》第一卷第一期（1916年1月10日）"技术"栏，作者为镜清。这是一篇研究广告媒体时机策略的论文。

该文认为，畅销货物方法很多，广告是其中重要的方法之一。"广告一事，

为畅销货物之要举。采用方法，安可不慎。"接着该文论述了发布广告的两个注意事项，一是"选择广告机关"，二是"注意广告时期"。

"选择广告机关"，就是选择广告媒体的意思。作者认为，新闻纸（报纸）是比较理想的广告媒体。"登广告机关之最普通者，莫若新闻纸。"但是，报纸种类繁多，有日刊、周刊、月刊等，究竟应该怎样选择呢？①"须按诸自己营业之种类。"即根据所经营的商品特征来选择广告发布媒体，如时令商品宜选择日报、周报，其周期短，见报快，利于抢占先机。反之，则可选择周期稍长的月报刊发广告。②"新闻纸之售额少者，不宜登之"。即不宜选择发行量少的报纸刊发广告。③"售额广而阅报人多为不能需要此种物品者，亦不宜登之。"发行量虽大，但读者对象与商品潜在消费对象不吻合，此类报纸也不适宜刊发广告。那么，怎样才能知道报纸的效力大小及发行量多少呢？接着文章介绍了一个调查方法——赠品法。先按收到回信的多少，来计算报章效力之大小，再择优刊登广告。"择其善者，以为己之广告机关"。这样一来，可以做到广告"费用虽省，效力实大。诚商人所不可忽之良法"。这里提及了刊登报刊广告应注意广告对象选择的问题，而不能单纯地看发行量。

"注意广告时期"，该文认为，交易的完成需要供需双方的作用，有需要无供给不行，有供给无需要也不行，故交易时机十分重要。"例如时节及年终，一般人多需要馈送物品。故登广告之货物，以适合馈送者为宜。又如冬夏之际，人皆需避暑避寒之物品，则广告之货物，以此性者为宜"。选择广告时机，在商品交易旺季刊发广告，有助于货物畅销。这里谈论了选择广告发布时机的重要性的问题。

该文认为，广告是能使货物畅销的重要举措，但给货物做广告，须注意两点事项，一是选择广告媒介，二是注意广告时机，必须谨慎。如果能做到这样，则货物畅销是意料中的事。"若施行之，尚待商人之自加审慎。果能用之适当，则货物之畅销固意中事也。"从我们今天的广告学观点来看，广告媒介和广告时机选择正确了，货物未必畅销；即使畅销，亦未必能长久。树立良好的品牌形象，才能为货物赢得持续的竞争力。要达到货物持久畅销的目的，必须做多方面的工作。单从广告方面来说，不仅应正确选择广告媒介和时机，媒介组合和整合传播策略的运用，也必不可少。广告发布应疏密结合，综合考虑，而不仅仅只考虑广告时机的问题。品牌打造，单靠选择旺季发布广告远远不够。选择发布应时应季广告，也许可使货物畅销一时，却无法使货物持久畅销，更无法完成品牌的创建。

十四、《上海报纸小史》——对报社广告职业化的研究

该文由近代著名报人姚公鹤撰写，1917年6月起在《东方杂志》连载，文中多处涉及了广告方面的研究内容。

在介绍近代报社结构时，对报社广告部门及业务作了研究。"今日无论何项日报，其内部均划分三部……一、编辑部……二、营业部，发售报纸、收发款项及报务行政属焉；三、印刷部……"营业部负责报纸发售、款项收发、报务行政，广告业务亦归营业部管辖。当时许多沪报馆专职发行人员，同时兼广告业务经营。报纸发行和广告均是报馆的两大收入来源，而尤以广告为主。上海人欲看当地报纸，一般有两种购阅方式，"向贩报人定阅和报馆通过邮局寄送"。"至外埠销报，则沪报每有分馆之设，其实分馆仅司销售报纸；近或兼揽广告，名义本不相符……"沪报馆还在外埠设分馆，专司报纸发售，兼揽广告业务。

关于"广告收入"的论述。广告费是报馆除了售报之外主要的大宗收入。报馆经营得好坏，赚钱与否，得看报馆广告经营得好坏。"报馆于售报之外，其大宗收入，本以广告为首。""故报馆营业之盈绌，实以广告之多少为衡。"

关于报刊广告内容的论述。该文认为，当时沪报广告内容可以分为四种：戏馆广告、医药广告、书籍广告及杂项。"而在上海，则以全国大商埠之故，有特别之广告凡四类：一戏馆。闻之伶界中人言，其初戏馆及初到艺员，按日刊登广告，其用意或虑报纸之讥毁，故藉此以为联络之具，而今已成为巨款之月收。二医药。医药之销场，全在广告之传播。三书籍。新出书籍，非登广告启事，购者无从知悉。四杂项。商界往来出入及人事上之声明陈述，此事在沪上，几与别国之登录，吾国存案有同等之效力，故荟萃全埠一岁之所入，其数亦至为不少。此又沪报之特别情形也。"该文不仅对沪报广告内容作了论述，还对四种广告的刊发意图及作用等作了介绍。例如，书籍广告可让购者"知悉"；戏馆广告，除了广而告之外，还可作为戏馆与报馆的"联络之具"，起到公关的作用。

该文在讨论沪报营业部的职责时，对沪报刊登公益广告之事和当时报纸分类广告作了论述。该文认为报社营业部职责无过于经济上之收支，此外关涉一部分报务，如用人、行政等。而"代任公益之提倡"亦是报社重要之职责。"各地方水旱灾之募集损项，此为沪上各报向所热心者。近则凡属公共事业，如卫生、如学务、如交通，其性质便利于公众者。"以上所述即为公益之事。"或录入新闻，或送登广告，均认为报纸之义务而代任传播之责。此不得谓沪报之进

步也。"对于公益之事，报社都认为代任传播之责是报纸应尽的义务，故"送登广告"，就是说免费刊登公益广告。文章此处论述的就是公益广告，报社有义务尽传播之责，免费刊登，因为其便利于公众。这体现了当时报社"向导国民"监督舆论的功能，也是沪报的进步之处。对于社会公益，报社有义务代任公益之提倡，送登广告。此类广告即类似今天的公益广告，公益广告是"凡属公共事业"，"其性质便利于公众者"。文章此处对公益广告及其性质作了论述。另外，该文还对当时报纸分类广告作了阐述，讨论了分类广告的内容、收费及性质。"最近各报又有特辟人事介绍栏目，以便利人事通信者，如介绍职业、声明遗失、招寻亲友等事。虽略略取费，而其数甚微，则乃公益性质也。"分类广告体现了报社为读者服务、为社会服务的职能，带有些许公益性质，故收费比较便宜，目的是加强报社与读者的沟通，活跃报纸版面，以吸引更多的读者群关注报纸，从而提高报纸的社会影响力。

第三节　本馆告白、发刊词、社论、章程、条例、启事等有关广告方面的论述

近代报刊早期关于广告方面的论述，十分罕见。但广告又是报刊不可或缺的组成部分，近代报人在办报过程中或多或少地表达了他们关于广告的见解。虽然比较零散，却珍贵异常，是广告研究的星星之火。关于近代报人报刊对广告的观点，可从报刊发表的本馆告白、发刊词、章程、条例、启事等内容中得以管窥。现详述如下。

一、《遐迩贯珍小记》——最早的报刊广告刊例

该刊于1853年9月3日由英国伦敦布道会所属英华书院创办于香港，为月刊，英国传教士麦都思、奚礼尔、理雅各先后任该刊主笔，是一份宗教刊物。但此时的宗教刊物，已不以宣传基督教教义为主要内容，开始重视新闻、言论、广告及商情信息。鸦片战争前，外国人在华办报权利受到限制，办报地点局限于东南亚、澳门等地。外报政治倾向性明显，传教士报刊名义上是宣传基督教教义，实则是通过控制中国主要的报纸和杂志，来控制中国人的头脑。鸦片战争后，不平等条约的签订，通商口岸的开埠，使外国人攫取了在中国境内办报特权。办报地点从外国扩展至中国内地，香港和上海成为外报活动的中心地。鸦片战争后，国门洞开。伴随着列强的经济侵略活动，商业性报刊发展迅猛，尤

其是国人办报活动的崛起，一次又一次地冲击着外报的创办初衷，其政治倾向性逐渐弱化。虽然传教士报刊依然活跃，但宗教内容已退居其次，并且其主导地位逐渐被商业报刊所取代。

《遐迩贯珍》是香港的第一份中文杂志，也是第一家用铅活字印刷的中文刊物，停刊于1856年5月，共出33期。《遐迩贯珍》是鸦片战争后最早刊登广告的中文刊物。

1. 《布告编》是我国报刊上出现的最早的广告专刊

《遐迩贯珍》是一份宗教刊物，起初并不重视广告刊登，以登载香港及内地新闻为主，也刊发商情及船运信息。该刊经费出教会及各国商人赞助，每期印刷3000册，或卖或送，始终亏损累累。于是1854年《遐迩贯珍》第十二号上刊登了《遐迩贯珍小记》一文，对外宣布招刊广告，并于1855年1月始出版"布告编"栏，专门登载广告。《布告编》每期4页左右，铅活字排印，广告内容丰富，涉及面广，"不仅有外国在华公司、轮船、商店、贸易公司等的广告，也有外国药品和在港医生的广告，还有学校招生广告等"。对于广告的编排设计，该刊也较重视。"每则广告都加有醒目的标题，标题字号大都占两行位置。编排清晰整齐，广告文字清楚明了，没什么浮华夸饰字句，这可能是华人代写或翻译的。"《遐迩贯珍》的《布告编》，是我国报刊上出现得最早的广告专刊。

《遐迩贯珍小记》一文首先阐述了办刊缘由及经营现状。《遐迩贯珍》创刊17个月以来在财政开支上压力一直很大，"每月用上等纸料"印刷3000册，"在香港或卖或送，并寄与省城（指广州）、厦门、宁波、福州、上海等处，遂至内地异方，皆得传视……"每月耗资颇巨，不下银五十元。而办刊经费仅依赖马礼逊教会及各国商人赞助。卖报收入很少，与其原先设想的华人读者乐以购阅的情景大相径庭，华人赞助者更是"终无一人"。办刊经费依赖有限的赞助，售报收入很少，又不刊登广告，故该刊捉襟见肘，始终不能扩大发行量，以致经营维艰。在这样的大前提下，该刊发表《遐迩贯珍小记》一文，一方面呼吁大家踊跃购阅，解囊相助。"夫一书所值无几，何必吝惜而自甘寡闻。一勺无伤于河，何不分之以成此美举。"希望来年刊物能"多载故事"，"博采山川人物，鸟兽画图，胪列其内也"，使刊物的内容和形式更上一层楼。另一方面，该刊委婉地表达了准备刊登广告的意思。广告方式为出一专刊，附在《遐迩贯珍》后面，随正刊一同发行。"有友劝余将招帖印在贯珍中者，惟嫌体格不合，不便从命。但各商人，如有欲出招帖者，可于下月携至英华书院印字馆黄亚胜处，彼可代印，使自为一册，而附于贯珍之后。如此则招帖可藉贯珍而传矣。"《遐迩贯珍小记》刊登于该刊1854年第十二号，来年第一号即1855年1月该刊就推出了广告专刊《布告编》。故上述该刊准备刊发广告，但广告不与刊物正文混杂，专印一册，随正刊发行，也便于保存和翻阅，实际讲的就是《布告编》广告专刊之由来。

2. 报刊广告的作用

在《遐迩贯珍小记》一文中，对报刊广告在商品推销中的重要作用作了论述。"西方之国，狃卖招贴，商客及货丝等，皆藉此而白其货物于众，是以尽沾其益。苟中华能效此法，其获益必矣。"

3. 我国最早的广告刊例

再接下来，该文对刊登广告的收费办法作了说明。"凡印此招帖者，初次每五十字要银半元，再印者则半初价。若五十字以上，每字加一先令。"类似信息该刊前后重复多次刊登。如《遐迩贯珍》1854年11月13日就刊登过一次广告收费标准。"五十字以下，取银一元。五十字以上，每字多取一先士。一次之后，若帖再出，则取如上数之半。"广告费多少按字数收取，并且多次刊登还有优惠，与今日之报刊广告收费办法类似。此处的"招帖"和"帖"指的就是广告。《遐迩贯珍》所刊发的广告收费标准，堪称我国最早的广告刊例，意义非同凡响，并起到了先锋示范的作用。从此，广告刊例就与广告一样，成了报刊必不可少的重要组成部分。

此外，《遐迩贯珍》1854年11月13日刊登的一则招刊广告启事中，对报刊广告相较于传统广告的优越性作了论述。"若行商租船者等得此书，以表白事款，较之遍贴街衢，传闻更远，则获益至多。今从本月起，《遐迩贯珍》各号，将有数帙附之卷尾，以载报帖"。此处的"报帖"，就是报纸广告。"行商租船者等"即商家，可以借助报纸"表白事款"，也就是说，报纸广告的宣传告知作用，是报纸广告的传播功能。报纸广告与传统广告方式如遍贴街衢相比，传播范围更广更远，收效会更多更明显。文章此处讲的是报纸广告的特征，也是报纸广告不同于传统广告的优越性。《遐迩贯珍》1855年第一号《论遐迩贯珍表白事款编》一文，则对该刊物的发行量、发行范围、广告位置、广告作用、广告收费及广告目的作了进一步的论述。

二、《上海新报》的《本馆谨启》——报纸广告优点的论述

鸦片战争后，商业性报刊迅速崛起，取代了传教士报刊而成为当时的报业

主流。最先出现的商业性报刊是英文报刊，读者对象是外国商人，代表性的英文商业报刊有1845年创刊于香港的《德臣报》等。19世纪60年代开始，为了迎合列强对华经济侵略的需要，外国人所办之中文商业报刊在上海、天津、北京、福州等地相继出现，打破了传教士报刊的主导地位。《上海新报》就是在这样的背景下诞生的。

1861年11月，《上海新报》创刊，主办方是英商字林洋行。这是上海的第一份近代中文商业报。当时的中文商业报多为外文商业报的附属出版物，与外文商业报联系密切。《上海新报》也不例外，是由字林洋行主办的英文商业报《北华捷报》所出的中文报。该报为周三刊，每周二、四、六出版发行，以商业信息的刊载为主要内容。该报每期4页4个版面，广告占其中的三个版面即二、三、四版，竖排3栏、2栏和4栏，一版竖排4栏，船期及广告占1/3版，其余为新闻。该刊登载的内容有广告、船期、商情及各类新闻，尚无言论。该刊开始注重编排与设计，除了上述的版面分栏之外，还刊登机器图样，如火轮船、风琴、铁柜（保险柜）等，旁边附有文字说明即"机器图说"。该报部分广告为了加强说明，也配上了插图。如洋行的地基出租广告，都配上了手绘地图，上面详细标明了所欲出租土地的方位及数量，使人读后一目了然。

该报刊登的广告几乎都是外商广告，内容包括船期、地基出租、报纸出售、洋房招租、代办公事、代客买卖、银号布告、各货出售、导物等，地基出租广告和船只拍卖、出售、出租及保险广告是该报主要的两类广告。该报二、三、四版是广告版，每版报眉处均印有"船头货价纸"字样，就是说该报广告版也叫"船头货价纸"。有趣的是，香港地区最早的中文商业报刊就叫《香港船头货价纸》，是1858年年初由孖剌报馆创办的，以刊载船期、货价、商情及广告为特色，相当于一份广告报，其商业性色彩浓厚。与《上海新报》所登内容相仿，《上海新报》有借用《香港船头货价纸》之意。

《本馆谨启》相当于《上海新报》的发刊词，刊载于该报一版四栏左上角，格式被固定下来，在以后每期报纸的相同的版面位置，《本馆谨启》几乎期期出现。

《本馆谨启》首先阐明了该报的办报宗旨及缘起。"大凡商贾贸易，贵乎信息流通。本行印此新报，所有一切国政军情、市俗利弊、生意价值、船货往来，无所不载。类如上海地方，五方杂处，为商贾者，或以言语莫辨，或以音信莫闻，以致买卖常有阻滞。观此闻报，即可知某行现有某货，定于某日出售，届期亲赴看货面议，可免经手辗转宕延以及架买空盘之误。"报刊对生意人来说十分重要，可起到传递商业信息的作用。为商贾者，可通过报纸获知商业信息，也可通过报纸传播商业信息，而刊登广告则是比较理想的传递商情的方式。更何况报纸广告与传统的招贴相比，具有无可比拟的优越性。"又开店铺者，每以货物不销，费用多金刷印招贴。一经风雨吹残，或被闲人扯坏，即属无用。且如觅物寻人、延师访友，亦常见有招贴者。似不若叙明大略，印入此报，所费固属无多，传闻更觉周密。"再接下来，该启事对报纸拟登载的主要内容，如各船开行各通商口岸日期、军情贼踪等作了介绍。

《本馆谨启》类似于一个发刊词，实际上也是一则《上海新报》招刊广告及宣传征订该报的启事。

报纸是接收和传递信息的媒介，"大凡商贾贸易，贵乎信息流通"。因此，作为商贾者，应重视报纸，可借助报纸广告传递信息、促销商品。报纸广告与传统印刷广告招贴相比，具有很多优点，如不怕风雨吹残，不担心被闲人扯坏。而且其所需费用不多，传闻更加广泛。此处，该启事对报纸广告的优点所作的阐述，是出于招刊广告目的，而不是出于自觉的学术研究。"货物不销""觅物寻人""延师访友"等都可以刊登报纸广告，以解决上述难题。这是对报纸广告的作用的论述。报纸广告既可以有助于开店铺畅销货物，又可以觅物寻人、延师访友；既具有商业促销功能，又具有社会功能。前者我们今天称为商业广告，后者我们今天称为社会广告。

总之，《本馆谨启》以招登广告为出发点，对报纸广告作了阐述。首先，讨论了报纸广告的特征，也就是其不同于招贴这种传统印刷广告形式的优点；其次，对报纸广告营销功能和社会功能作了论述。

文章此处关于广告学的研究，是非系统的、不自觉的，更多的是出于办报的实践需要，而对报纸广告的相关问题所作的探讨，它是浅显的，停留在表层而缺乏深入挖掘。其对广告的研究，是出于实用的需求，是工具理性，仍未超越术的研究层面。这也符合当时商业报纸的实际情形。

三、《本馆条例》——申报馆广告刊例

19世纪70年代后，上海商贸活动日益兴盛，为商业报的存在提供了广阔的空间。于是上海出现了一批专门以赢利为目的商业报刊。这些外国人所办商业报刊，从赢利的角度出发，在报刊经营方面大胆创新、锐意改革，获得了不小的成功，标志着外国人办报高潮的到来，而《申报》是其中最具代表性的报纸

之一。

《申报》是中国近代出版时间最长、影响最广的一份商业报纸。《申报》创刊于1872年4月30日，停刊于1949年5月26日，历时77年零26天。创办者是英国商人美查等，办报目的就是赚钱。美查起先在中国境内从事贸易，生意亏本后，见《上海新报》赢利丰厚，便开始投资办报。故其办报宗旨就是赚钱，把办报当作一门生意来经营。1875年10月11日该报所刊《论本馆作报本意》对此作了表述："新报之开馆卖报也，大抵以行业营生为计。"《申报》和《上海新报》虽然同为商业报纸，但仍有不小的区别。《上海新报》是字林洋行所办，为字林洋行的商贸活动服务。而《申报》则是以赚钱为目的，把办报作为一门生意，并且为此进行了系列革新，初步具备了西方近代资本主义报业的特征。我国近代报纸的四要素新闻、言论、文艺（副刊）、广告至此已完全具备。《申报》一创刊，就成了《上海新报》强有力的竞争对象。为了与《上海新报》竞争，《申报》对报刊业务及内容进行了变革。其聘请华人才子蒋芷湘、何桂笙、钱昕伯等担任报纸主笔，拉近了与中国读者的距离。比《上海新报》更加注重新闻报道，刊登了大量的社会新闻。如历时4年连续报道"杨乃武与小白菜"案，曾轰动一时。《申报》重视言论，每期于首页刊发一篇论说，所涉及的内容包罗万象。该报还注重文艺作品的刊登，并于1872年11月出版文艺性月刊《瀛寰琐记》，这是我国近代最早出现的文学刊物。对于广告经营，《申报》尤其重视。如创刊号上就刊登了20则广告，还刊发了广告条例《本馆条例》。后来还推出了洋贵华廉的广告策略，赢得了华商广告客户的欢迎。通过苦心经营，锐意革新的《申报》最后取得了胜利，创办10年之久的《上海新报》在这场竞争中落败，以致被迫停刊。

申报馆条例刊载于该报创刊号上，即1872年4月30日《申报》"第一号"。该期《申报》共8版，头版头条即"第一号""第一章"首先刊登了《本馆告白》，对办报缘起、报纸风格、报纸内容及报纸益处作了阐述，相当于发刊词。在《本馆告白》之后，接着刊登了《本馆条例》。《本馆条例》详细表述了该报报纸发行与广告刊登事项等。该条例一共11条，第1条和第8条至第11条都是讲该报纸的发行事项，如售价、发行方式、购阅办法等。第2条是文艺栏目（副刊）征稿启事。第3条是言论栏目征稿启事。第4条至第7条是谈论广告事项，内容如下。

第4条："如有招贴告白、货物船只、经济行情等款，愿刊入本馆新报者，以五十字为式。买一天者，取刊资二百五十文。倘若字多，每加十字照加钱五十文。买二天者，收钱一百五十文。字数多者，每加十字照加钱三十文起算。如有愿买三四天者，该价与第二天同。"第4条实际上是《申报》的广告刊例，论述该报报纸广告刊登的收费标准及优惠办法。

第5条："如有西人告白附刻本馆中者，每五十字取洋一元。倘五十字以外，欲再添字数，每一字加洋一分，并先取刊资。此止论附刊一天之例。若欲买日子长久，本馆新报限于篇幅，该价另议。如系西字，本馆代译亦可"。第5条是针对西方人的广告刊例，对西方人刊发广告的收费标准及办法作了说明。结合第4条和第5条来分析，可知《申报》在广告经营上用心良苦，实施了洋贵华廉的差别化广告经营策略。华商当时实力弱小，洋商相对强势，《申报》为了迎合中国读者，对此采取了差异化的广告收费及刊登办法，受到了广大华人广告客户的欢迎。创刊初《申报》广告客户以西方人为主，后来这种情况逐步扭转，两者在《申报》上所占广告篇幅几乎平分秋色，各显神通。

第6条："西人告白，惟轮船开行日期及拍卖二款，刊资照中国告白一例。倘系西字，欲本馆译出者，第一天加中国刊资一半，并祈先惠。"第6条论述了对不同广告内容实施差别化收费的策略。对于西人船期及拍卖内容的广告，收费标准视同华人。因为船期及拍卖信息，深受各方商人的关注，有利于增加报纸的吸引力，扩大销量，裨益于报纸广告业务。此外，第5条还谈到，代为翻译广告也是当时报馆的一项广告业务收入。

第7条："苏杭等处地方有欲刊告白者，即向该卖报店司人说明，某街坊某生理，并须作速寄来该价，另加一半为卖报人饭资。"第7条是关于广告代理的较早论述。"卖报店司人"是"卖报店"负责广告业务的人员，相当于当今的广告代理人。先收费后刊登广告。"饭资"就是指广告代理费，支付给卖报店及卖报人。因为当时的"卖报店"和"卖报人"兼营广告，职能与我们今天的广告代理人相同。第7条是我国近代文献中关于广告代理方面内容的较早论述，标志着广告代理形式在近代中国报业实践中的萌芽。

综上所述，《申报》的《本馆条例》中关于广告事项的4个条例，实际上就是该报的广告刊例。该4个条例集中体现了《申报》作为近代第一大商报的广告经营特色和水平，如关于广告刊例、关于差别化广告经营策略、关于广告代理形式的表述，反映了其在新闻观念及报刊业务上的改进与发展。那个时代出于竞争的需要，以《申报》为代表的商业报纸，开始重视报业经营，重视广告业务，重视对广告客户、广告对象的研究（这一点可从华廉洋贵的广告策略和西人船期、拍卖广告刊费按照华人广告标准对待上，得到佐证）。注重对报纸广告业务的研究（如关于广告代理的论述），显然在中国广告学术史上作出了重要贡献，但这个时期，《申报》关于广告方面的讨论和研究，依然停留在术的层面，停留在实用的层面，停留在报业经营的层面。这一时期，关于广告"术"的研究，来源于报业实践，又服从和服务于报业实践的需要。工具理性和非系统性，是以《申报》为代表的早期商业报纸关于广告方面研究的特点，是近代中国广告学正式诞生前的必由之路。

四、《分送月份牌启》——关于"月份牌"的最早论述

1885年元月29日（清光绪十年十二月二十四日），《申报》头版头条刊登了一则广告《分送月份牌启》，全文如下：

"腊鼓将阑，履端伊始，本馆例有月份牌，分送阅报诸君。兹已托点石斋石印中西月份牌，用洁白洋纸印成。中间中西合历，俱用红字，光艳夺目。外圈绿色印就戏剧十二，各按地支生肖。命意新奇，藻绘精绝，皆系名人手笔，阅之令人爱不释手。一俟明年开正工竣，即当随报奉送。先此布闻，敬颂年禧。不具。"

这是迄今笔者所见关于"月份牌"的最早论述。在该广告中，对月份牌的样式、特色及发行方式作了较为详细的表述。月份牌又称月份牌年画广告，是我国出现的最早的商品海报形式。它是将年画、月历（印有12个月节令的年历）和广告三者融为一体，既有传统特色，深受中国人民喜欢，又具有商业价值，可用作商家的推销工具。

自1885年1月29日始，《申报》连续数次刊登该广告启事。1885年2月20日，《申报》在新年首份报纸上刊发《定期分送月份牌》的广告，声明自正月初七开始，免费赠送月份牌，"随报分送，不取分文"。由于《申报》不遗余力的示范作用，月份牌这种广告形式，到了20世纪初期，开始盛行起来。各行各业的商家，包括洋商，都十分注重利用月份牌来推广和宣传产品，以期打开销路，月份牌成了当时最流行的、最受欢迎的广告形式，并因此造就了一批著名的专门从事月份牌绘制的画家，如周慕桥、郑曼陀等。这些职业月份牌画家，将商业与美术结合，有了更多的条件来专门研究和绘制月份牌，且不断丰富和提高了月份牌广告的内容和艺术水准。他们为月份牌广告的研究和发展，作出了不懈的努力。总之，《申报》在推动月份牌广告的盛行上，功不可没。

五、《国闻报馆章程》

自19世纪50年代起，中国人就仿效外报，开始了自办近代化报刊的尝试。19世纪70年代，随着外报办报高潮的到来，中国人自办报刊正式诞生。1873年创刊的汉口《昭文新报》是第一份中国人自办的中文报刊。到19世纪90年代，中国人自办报刊出现了第一次高潮。"1895—1898年的三四年间全国创办了32种主要报纸。"以康有为、梁启超为代表的维新派报刊是这一次高潮的主流。

在中国报业的历史舞台上，国人自办报刊首次成为主角，外报逐渐退居其次，外报垄断中国报业半个多世纪的局面终于被打破。这一时期，资产阶级维新改良派人士所办的代表性报刊有1896年8月梁启超所办的《时务报》、1897年严复等创办的《国闻报》等。

维新派报刊属于政党报刊，开了中国政治家办报的先河。维新派采用学会、学堂、报刊三位一体的组织形式，借助于报刊来宣传他们的政治主张，为维新变法运动服务。对这些报刊来说，政治性是第一位的，商业性是第二位的，商业性必须服从和服务于政治性。但为了维持报刊的独立性，为了补充的经费，这些报刊都将广告视为报刊不可缺少的组成部分，或多或少地刊登广告。他们关于广告的研究，更多地体现于其新闻观念及办报活动中，是零散的、无意识的。

1897年10月26日，《国闻报》创办于天津，严复任主编，该报是维新派在北方的重要舆论阵地。"该报日出8开1张，共8版，4号字排印。前4版为新闻与评论，后4版则为广告。"《国闻报馆章程》共计五条，对该报样式、栏目设置、广告、发行等事项作了声明。该章程第3条、第4条与广告有关。"日报另出附张"，"先登告白"。该报重视广告，并优先刊登。"即有冤抑等情，借报章申诉，至本馆登上告白者，亦必须本人具名，并有妥实保家，本馆方许代登。如隐匿姓名之件，一概不登。"这是关于社会广告的论述，强调社会广告的可靠性和真实性。

六、《政府公报》发行章程——关于"夹页广告"的论述

《政府公报》发行章程共计十条，主要是讨论该报的发行和广告事项。其中，第八条是讨论广告事项。第八条表述了两点广告方面的问题：一是关于"夹页广告"的论述。"凡内外官商绅民欲刊印单篇告白，随报附送者，可函告印铸局核定刊登。其附送以本京为限。五行起码，每日五元。六行以外，每行加五角，纸费另加。""单篇告白"就是今天的报纸夹页广告，不印在报纸正文版面上，但是可以随报纸派送。一般由报社收取客户广告费用后，统一印刷，随报发行。

文章此处对"单篇告白"的刊登办法及发行方式、收费标准作了说明。二是该报的广告刊例，即刊登广告的收费标准及优惠办法。

七、《定本岛人广告费格外折减》

从1900年3月5日起，《台湾日日新报》多次刊登同一则广告《定本岛人广告费格外折减》，刊登在该报的"告白"栏。

中国近代报刊上的早期广告，多为西方人所刊登，华商华人很少利用报刊来做广告宣传。原因如下：一是没有广告意识。中国文化内敛，讲究表里如一，"好酒不怕巷子深"，好东西不愁卖。张扬的个性与传统文化不符，会被他人轻视。故此重本轻末的农业文明社会，使华人广告意识普遍欠缺，这是多年传统文化熏陶使然。二是经济实力薄弱。19世纪60年代末至90年代初的洋务运动期间，中国近代第一批民族资本主义工商业发端。但他们普遍实力不强，高昂的广告费使其望而却步，无法利用广告与外商正面较量。三是习惯使然。我国广告历史悠久，传统广告种类丰富。中国商人对广告并非一无所知，只是长久以来一直使用传统广告招徕顾客，交易货品。而对报刊广告则十分陌生，不习惯使用，就更谈不上利用了。

《台湾日日新报》创刊于1898年5月，创办伊始就辟有"广告栏"，但登广告者寥寥无几，至今（1900年）广告客户"尚寥寥"，情况并未好转，更未得到根本性改变。于是该报打出了对本岛人等广告费优惠的旗帜，自1900年3月5日起反复刊登多次，希望借助广告费的优惠来迎合本小利薄的华商，招徕更多的广告客户。

优惠广告费，这只是金钱上的诱惑。1900年3月20日《台湾日日新报》还发表了《劝广告说》一文，以启发国人重视新形式的报刊广告的意识，想从思想意识上来扭转国人的习惯思维，让其了解新闻广告之益，劝其重用新闻广告。由此可见，早期台湾近代报刊上，华人广告寥若星辰，非常少见。

该文分五段，第一段说明传统广告的弊端；第二段说明台岛人士不重视新闻广告，应因时制宜；第三段强调台湾人做广告费用优惠；第四段阐述广告的重要性；第五段叙述新闻广告的优点。

从广告学术史角度解读，该文涉及了以下几个广告学观点。

1. 对台湾早期广告状况的介绍（广告史）

虽然早在1885年，台湾巡抚刘铭传仿北京《京报》发行台湾最早的中文报纸《邸抄》，同年7月英国长老会牧师巴克礼在台湾创办了台湾第一份中文铅活字印刷刊物《台湾府城教会报》,,但直到1896年6月,台湾第一份近代化报纸——《台湾日日新报》前身《台湾新报》才创立,其以铅活字印刷,并辟有广告栏。此前,台湾没有新闻广告(报纸广告),新闻广告出现于1896年6月《台湾新报》诞生之后。

台湾在近代报纸诞生之前,已有广告,但绝不是新闻广告(报刊广告)。"广告一事,本岛人习闻之,在昔本岛亦盛行。""欲招顾客者,概以广告贴于墙壁户牖,俾人易观之处。"这说明那时的台湾张贴广告盛行。

"然改隶以前,未有新闻",这句话告诉我们,1895年之前,台湾没有近代化的报纸传媒。这里的"新闻"单指代报纸这种媒介,与大陆理解的稍稍不同。近代中国,初期报纸与杂志是合二为一的,区别不明,故统称为报刊。一般提到"新闻",指代的媒介常包括报纸和刊物两种。

殖民地统治时期,台湾的新闻媒介相关法令极其严苛。法律上规定,只有被许可为"新闻纸",才可以报道时事与评论,并定期发行印刷。其他印刷媒体即使定期发刊,例如不被许可为"新闻纸"的杂志,也是不能够随便"报导与评论时势"的,只能与书籍一起被归为"出版物"类。故提到殖民统治时期的台湾,"新闻""新闻媒体",通常说的就是新闻纸,即报纸。

1910年代之后,《台湾日日新报》广告栏中,台湾人所刊登的商业广告占一半左右。

2. 传统广告的缺点

传统的张贴广告"习闻""盛行",缺点是传播范围有限。"如此广告法,只告一方人士,而知者亦仅矣。"广告费用也未必便宜。"夫广告揭载之事,既极盛行,自不得不趋时,有时广告费用,多于营业资本几倍。""当今之世","时势"与前不同,做生意应该让"商品姓名、店号"海内外"驰名","经营四方",寻求"远地顾客"。此前的揭载广告,只能"告一方人士",而且费用不一定就便宜。"招徕之法"也应该"随世道而文明","纵横活泼",要改变老的思维传统的广告习惯。

《台湾日日新报》创刊伊始,已设置广告栏。但那个时候张贴广告方式盛行,新闻广告尚不被台湾人重视。主要原因是"夫未开广告风气,只守积年惯例,而不能运用此新法"。

3. 针对特定对象优惠"折减"广告费用的经营策略

凡是台湾岛上人士刊登广告,都可以获得报馆一定程度的价格优惠。

4. 广告的好处很多

以相对小的投入获得较多回报。"所费极微"，"所得极多"，"广告之利溥"。

5. 广告重要性

广告非常重要。"广告之为物，乃于全球大地为文明开化利器中之一物，实不可缺也。通都大邑，其揭载方法，所藉伊何？无论寒村僻地，微小事业，皆不可不用之。"笔者在此还认识到了广告文化性的一面，认为广告是全球"文明开化利器中之一物"，是组成社会文明发达程度的因素之一。

6. 新闻广告优点

报刊广告具有其他广告所不具备的优点。"节省费用，字不求多，日不须久，但词简意赅，以几微之费，则可告诸普天下人矣。""且新闻广告，历久不湮。不比他法广告，易于埋没。兼以不论遐迩，可知彼我之长短，而卜其盛衰。虽不出户庭，亦周流四方。以查探实况者，无少异也。"企业可通过广告，了解竞争者的市场信息，为企业决策提供依据，以利于竞争。

总之，《定本岛人广告费格外折减》虽然是一则广告，但更像是台湾近代一篇优秀的广告学术论文。

八、《时务日报》章程——近代中国最早研究广告索引的文献

《时务日报》于1898年5月5日由汪康年等在上海创刊，是戊戌变法时期维新派重要的报纸之一。

汪康年（1860—1911）是中国近代资产阶级改良派政论家、出版家。初名灏年，字梁卿。后易名康年，字穰卿。浙江钱塘（今杭州）人，光绪二十年（1894年）进士，曾入湖广总督张之洞幕府执教。1896年8月9日与梁启超、黄遵宪共同创办《时务报》，时任经理。《时务报》是旬刊，每月3册，周期长，又以倡言变法为主，故无法顾及新闻。再加上《时务报》存在内部权力矛盾，如与梁启超意见不一。于是，1898年5月5日，汪康年和汪大钧、曾广铨等集资在上海创办了《时务日报》，1898年7月改名《中外日报》，直至1911年停刊。《时务日报》"以记载中外大事，评论时政得失为主"，且改进了报纸编排方式。《时务日报》两面印刷，首创分栏编辑和新闻分类，"句读加点"，各类新闻"皆有一定位置，使读者开卷即见"。《时务日报》"仿照日本和西方国家的报纸格式，两面印字，每面划分四版，每版分作两栏，行短字少，阅读大为便利，而此改革之举与汪康年1898年的日本之行有很大关系"。这是汪康年主持的《时务日报》等对中国

报刊史的一大贡献。《时务日报》每面分版、每版分栏、句读加点的编排方式，拉开了现代报纸版面的序幕。

《时务日报》章程原刊于1898年5月11日《时务日报》第一期，共13条，与广告相关的有3条。内容分别如下。

第七条："首页开明目录，告白分别门类，以便检览。"这是关于报刊"广告索引"的最早论述。该报对所刊广告分别门类，在头版登载目录，方便了读者检索。

第十一条："告白价，第一日每字五厘，二日至七日每字三厘，以后每字二厘半。登在首页加一倍。告白至少以三十字为率，多则以十字递加。"这是该报的广告收费标准。值得注意的是，该报对报纸头版比较重视。在报纸第一版刊登广告，费用加倍。

第十二条："本馆并登聚会告白。如同业公议及寿筵喜筵，须布告于众者，均可代登。此项告白，编于新闻之中，使人易见，实为最便。每日每事，取洋一元。"此条说明：一是该报认识到了广告的作用，是"布告于众"；二是该报重视对广告版位的摆放的研究，认识到了广告版位对广告效果的影响。

总之，《时务日报》章程是近代中国最早研究广告索引的文献；其懂得将广告分别门类，重视不同的广告版面位置对广告效果的影响，并对此开始了研究。如"登在首页加一倍"；"聚会告白"编排于新闻中，"使人易见"等。

九、《招登论前广告》——报刊广告不分版位时代的终结

1905年3月16日《申报》刊发题为《招登论前广告》的启事：

"本馆向章，告白皆登于新闻后幅，从未刊在言论前者。兹特改订新章，各绅商欲登论前告白，快人先睹，当以百字为率，多则以五十字递加，按每日每字取银一分，且可代镶花边，务求易于动目。特此广告，请早赐登。"

众所周知，《申报》是一份商业报，创刊之日始就十分重视广告，还注重报刊广告经营，并采取了一系列策略，如实施华廉洋贵的差别化收费办法。只不过当时华商广告意识淡薄，在《申报》刊登广告者很少。直到1873年，《申报》广告中华商的身影才逐渐多了起来。从1873年12月起，为了增加广告的容量，《申报》将广告字体由原来的四号字改为五号字，并使用显著的标题，增加插画，来吸引人们关注广告。到1880年，《申报》除了刊登商业广告外，还重视"寻人""声明""启事"等社会广告的刊登。1887年1月19日《申报》刊登了一则提高广告刊登价格的启事，凡欲刊登广告者，实行新价目规定，新的广告价格比《申

报》初创时涨了1倍。广告费上涨的原因就是《申报》广告业务发展迅速，广告量急骤攀升而来不及刊登。

1905年《申报》进行了大改革。改革前，《申报》每期篇幅有八个版面，广告及商情占其中的约四个版面。改革后，《申报》每期篇幅增加到十六版，广告及商情也扩展至八版以上。改革后的《申报》，广告版面依然拥挤，广告内容进一步丰富，不仅有工商广告、寻人、声明等社会广告，还新增了学校开设、戏园和剧目等文化广告。

众所周知，"论说"栏是近代中国报刊的重头戏。此前《申报》的广告都刊登在论说及新闻后面的版面位置，不管广告刊登在报纸的哪个位置，价格都是一样的。1905年《申报》大改革后，把该报广告分为论前和论后两大类。论前广告就是刊载在该报论说文前面的广告，刊登于论说文后面的就是论后广告。在价格方面，论前广告要比论后广告贵。所以，1905年大改革后，《申报》刊登了《招登论前广告》的启事。该启事中对论前广告的定义及作用进行了研究。

什么是"论前广告"？"刊在言论前"的广告，即论前广告。论前广告的作用是可以"快人先睹"，就是让人在翻阅报纸时能先睹为快，效果更加明显。因为读报时大多数人都会先翻阅论说及新闻，了解国内外大事及最新的时事新闻。广告刊登于论前，能让读者先睹为快，最先接触到，故此印象深刻，效果比论后广告好，所以广告价格比论后广告贵。至此，报刊广告不分版位的时代结束，报刊开始根据报刊广告刊登位置的重要性的不同来收取不同的费用。这是报刊根据实践经验总结出来的，也说明了报刊在实践中开始重视对广告版位的研究。

十、《皖报章程》——关于"论前"广告的研究

《皖报章程》在阐述报纸宗旨、体例、编制、经费、发行等事项时，也对广告刊例作了说明："（十一）告白每登一次者，一行自四十字起，取资二百文，半页三元，一页五元，长期酌减，论前加倍。"广告费按行收取，一行四十字，收费二百文。半版三元，整版优惠为五元，长期刊登的费用酌情优惠。但是，"论前加倍"。该报头版设"论说"一栏，每期刊发重点文章，是该报的核心内容，也是最能吸引读者眼球的专栏。因此，在"论说"栏前刊发广告，效果彰显。所以，该报对"论前广告"特殊对待，加倍收费。

十一、《本馆不登美商告白》

这是一篇"本馆告白"之类的短文，刊发于1905年《京话日报》6月8日（第288号）中缝处。众所周知，1905年中国爆发了一场声势浩大的抵制美货的群众运动，起因就是抗议美国迫害华侨、虐待华工及拒不废除期满的限制华工条约。鸦片战争后，美国陆续诱骗了大量华工去美国西部从事开矿、建铁路等繁重劳动。19世纪70年代后，美国经济危机周期性地发生。美国为了缓和国内社会矛盾，转移群众视线，煽动排华，并于1894年强迫清政府签订"限制来美华工"条约，虐待华工，迫害华侨。1904年条约期满，美国拒不废除苛刻的条约，一意孤行。这激起了中国人民的极大愤慨，1905—1906年在民族资产阶级领导下，中国掀起了轰轰烈烈的抵制美货的爱国运动。《新中国报》《时报》《广东日报》《京话日报》等国人报刊发文响应，支持运动，起推波助澜的作用。在这样的时代大背景下，《京话日报》发表了拒登"美商告白"的声明。该文旗帜鲜明，立场坚定，"鼓我民气"，抗议美国暴行及经济侵略。继此之后，1907年浙江爆发了抵制英货运动，1908年山东爆发了抵制德货运动，两广地区也掀起了抵制日货运动。

该文很短，核心内容是，美国"很毒"，为了响应"大家不买美国货"，因此拒登美商告白，"已收钱的，如数退还"，"再登美商告白"，可就是"自己打自己嘴巴"，"对不起华工"。

该文的学术价值，有如下几点。

1. 报馆与广告之关系（广告社会伦理的体现）

广告是报馆的一项买卖，是报馆的一项经营业务。"本馆收登告白，也是一项买卖。"做买卖就是做生意，是要赢利的。报馆做广告可以赚钱，但不能"对不起华工"，不能不考虑广告社会伦理。

2. 报纸广告客户的构成

该报馆广告客户中，既有外商，也有华商。有意思的是，当时华商常借用西方人字号来做广告，宣传推销货品，可见那时国人存在崇洋媚外的消费心理。"凡有关涉美国的告白，一律撤去……以上三处，有真正美人经理的，有非美商、借用美国字号的。本馆代表舆论，万不能稍有迁就。"舆论是新闻学的一个重要概念，文章此处提到了，但没有详细界定。舆论是什么？舆论是"公表于外"的多数人的意见，报馆代表舆论。其可向导国民，监督政府。因此舆论是权力，更是职责，不能"稍有迁就"。报馆应该对广告商客商负责，对广告负责，更应该对读者负责，对社会舆论负责。

该文的发表，说明了这样一个不可否认的事实。当时的报人不仅认识到了广告经济功能的重要，其可以传播商情，推销产品；还深知广告社会功能同样重要，通过抵制外商广告的刊登，来宣泄自己的爱国热情，支持全国上下此起彼伏的抵制外国货的运动。这是一种自发的行为，报人在长期的办报过程中，对报刊广告的功能有了最直接的体会。虽然这不是一篇严格意义上的研究广告的文章，但从中我们可以略见初浅的当时国人对广告功能的真知灼见。

十二、《东方杂志广告价目表》——较早的关于杂志广告分类的研究

该价目表登载于《东方杂志》第八卷第十号（1911年10月）的刊后广告页。从中可知，该广告价目表对杂志广告的分类进行了研究。它从不同版面位置的角度出发，将杂志广告分为三大类，分别是特等、上等和普通三类广告。特等广告是指刊登于杂志"底页外面"的广告，也就是今天常说的封底广告或封面广告。上等广告是指刊登于杂志"封面底页之里面及图画论说前"的广告，就是指杂志封二广告、封三广告以及登载于图画、论说前面的广告。该刊每期均刊载插图，目的是吸引读者的关注。而论说则是该刊的主要栏目，读者会最先翻阅。所以，刊登于图画和论说前的广告十分容易受到读者的关注，增强了广告到达目标对象的机会。其余的均为普通广告。特等广告和上等广告只登载整版广告，即"一面"。特等广告刊登一次收费四十元，上等广告刊登一次三十元，刊登三次、半年和全年的特等广告和上等广告，广告费分别会有不同程度的优惠。普通广告的刊登可以分成三种类型：整版广告、半版广告和按行收费广告。普通广告长期刊登如三次、半年和全年，其收费亦有优惠。

此处，《东方杂志》根据版位的不同将杂志广告分成特等、上等和普通三类，对每一种类广告进行了定义，并分别采取了不同的收费标准和刊登办法。《东方杂志》从广告经营的实践出发，对杂志广告从版位重要与否的角度进行了划分。这是迄今所见较早的关于杂志广告分类的研究和论述。

十三、《本会告白之告白》——系统探讨报刊广告经营的文献

该广告刊登于《中国实业杂志》第三年第二期（1912年），标题是《本会告白之告白》，全文如下：

"第一种普通告白普通告白分为三等，其价如左：特等：表纸及目次前后；

半页十一元，一页二十元。一等：杂志中；半页八元，一页十五元。二等：杂志最后；半页五元，一页九元。其照相图画自备者，不加费。若本会代铸代刻，照价付还。凡由东文西文翻译者，不收译费。

"第二种减价告白认定何等以后，凡一年以上者，可以减价。

"第三种代理告白有工商业诸君愿托本会代理营业者，可以代为介绍。

"第四种保证告白此种告白为本会深信之工商业，本会可以负担责任庶免误信告白之弊。

"第五种交换告白凡新闻杂志中有愿交换告白者，不取分文，互为传布。

"第六种文苑告白凡愿代编诗词小说体裁者，可任编辑之劳，价目酌加。

"第七种新式告白本杂志告白部新式告白最使阅者注目，价目酌加。

"第八种挟送广告凡有各商家印成传单及样本等件，本杂志可以挟送，仅收邮费。"

这则广告启事实际上是一篇上佳的广告研究文献。该文介绍了八种广告，普通告白、新式告白、挟送告白在此前的其他文献里有过介绍，其余五种广告形式均为首倡。如文苑告白是诗词小说体裁的广告形式，是关于广告体裁的研究。说明那时报刊广告体裁已经十分丰富，除了普通广告、新式广告、简便小广告，还出现了诗词小说体裁的广告形式。这说明那时对广告文体的研究，已在逐渐深入。

该篇广告启事，向我们清楚地展示了当时报刊广告的经营情况。当时报刊广告主要业务，基本上包括在这八种广告中。这反映了当时报刊广告业务范围已经比较广泛，经营手段也比较灵活，并且可以交换刊登广告，可以随报刊挟送广告，也可以由报刊全权代理广告。

该段广告文字对报刊广告及报刊广告业务作了详细全面的研究，对报刊广告文体、报刊广告业务、收费标准等作了详尽的阐述。

《中国实业杂志》系李道衡创办。与此同时，他还创办了中国实业研究会，将《中国实业杂志》作为研究会会刊和窗口，故此刊登了《本会告白之告白》，向外界介绍其广告业务。该告白对报刊广告经营作了较系统的归纳和总结，当时报刊所从事的主要广告业务，就是那八种。普通广告又根据版位重要与否分为三个等级，特等广告是刊登于"表纸及目次前后"的广告，表纸即封面，包括封一、封二、封三、封四。封面广告和目录页前后的广告是上等广告，费用最贵。其次为刊登于杂志中间即内页的一等广告。最后为刊登于杂志正文最后面的二等广告。因为根据通常读者阅读顺序，会首先翻阅封面及目录，然后是按顺序阅读正文。据此版位编排广告，有一定的合理性。

《中国实业杂志》是近代较早对报刊广告业务展开系统介绍和研究的杂志。当年报刊广告业务主要有刊登广告（含普通广告、新式广告等）、代理广告、互登广告、随报刊挟送广告、编排与设计新式广告、代言广告、代拟文学体裁的广告文体等。其中对"保证告白"（广告代言）、"代理告白"（广告代理）、"文苑告白"（广告文体）的讨论，是最早见诸文献的记载和研究，在广告学发展史上有着重要的开创地位。

十四、《本杂志十二大特色》 广告研究从"术"到"学"的标志

这是一则《中国实业杂志》的广告启事，刊载于《中国实业杂志》第三年第二期（1912年）。这是中国实业杂志社告白部所刊登的全面介绍《中国实业杂志》情况的自我宣传广告，认为《中国实业杂志》有十二大特色。在这十二大特色中，其中有两个特色讨论的是广告事项。

"（申）附录告白学尤为吾国商人所宜速为研究之材料。"这说明了几点问题：一是《中国实业杂志》不仅重视报刊广告经营，而且还重视广告理论的研究。二是该刊每期均在"附录"中留有若干篇幅，用来专门刊发广告研究的文章。但是广告研究在当时并未受到人们普遍的关注和重视，广告文章并不是安排在报刊的主要栏目或版面发表，该刊也只是将研究广告的文章编排于刊物"附录"栏。众所周知，"附录"栏通常并非一本刊物的重点栏目。三是该刊认识到了广告在商业活动中的重要作用，故建议中国商人"宜速为研究"。四是"告白学"一词在文中的运用，说明该报对广告的理解已经上升到一个新的高度，认为广告是一门科学理论，是一门学问，对广告的认识从"术"的层面提升到了"学"的层面。

"（西）本杂志之告白，除来稿外，皆用最新法，最足惹人注目。"该报对所刊广告均采用最新样式的编排与设计，十分惹人注目。这也说明了该报对广告表现形式的重视。《中国实业杂志》对推动中国近代广告学术理论的发展及报刊广告业务和广告形式的革新，作出了卓著贡献。

十五、《太平洋报广告部广告》

该广告刊登于《中国实业杂志》第三年第三期（1912年）的封底位置，十分醒目。标题是《太平洋报广告部广告》，广告全文如下：

"中国古代无所谓新闻中之广告，近四十年来有之，然亦未见发达也。盖广

告一事亦有专门学术于其中，非任意为之而可以有效也。太平洋报社聘有专门文艺、美术家以司其事，故于上海日报界中独放异彩。"

接下来刊登的是广告价目：

"其最新广告价目：新式广告。一等，每日每英寸，大洋八角；二等，五角。旧式广告。一等，每行四角或每字六厘；二等，减半。简便小广告。每件以三十二字为限（五号字），每次一角。中国实业杂志社告白部代理《太平洋报》广告。"

该广告谈论了以下几点问题：一是中国古代没有报刊广告，近四十年来才出现，但是还不成熟。二是认为广告是一项"专门学术"，"非任意为之而可以有效"，必须进行专门研究。三是太平洋报社已经聘有专职广告人。第一点论述的是报刊广告史。第二点表述了广告是一门"学术"，需要进行专门研究的观点。这反映了当时人们对广告认识上的深化，能从学术的视角出发来认识广告，研究广告这个专门学术。术业有专攻，关于广告是"专门学术"的观点，为广告职业化和广告代理公司的出现，奠定了思想认识上的基础，到20世纪二三十年代，专业从事广告业务的广告公司最终形成。第三点是关于职业广告人方面的内容。"太平洋报聘有专门文艺、美术家以司其事"，文艺家负责撰写广告方案，美术家负责广告设计与表现，分工明确，各司其职。此前的报业虽然也有专司广告经营的人，但是从职业分工上没有这么细致的划分。这一点也说明了当时广告人职业地位的独立，报社内部开始了广告业的分工细化。

接下来该广告刊登了最新的广告价目，将该报所刊广告从表现形式上分为三类：新式广告、旧式广告和简便小广告。新式广告是《太平洋报》大力倡导的重点广告业务，在编排设计上大胆革新，引人注目，广告效果不错，也很受客户欢迎。旧式广告沿袭此前的编排设计，从内容及形式上看均无创新，与他报所登类似广告没有什么两样，即缺少特色，故刊登费用便宜。简便小广告也是《太平洋报》首创的广告形式，比新式广告简单便捷。因为报纸版面有限，所能刊发的新式广告篇幅受限，而报社新式广告业务又异常繁忙，所以对于部分时效性强的及着急刊登的广告，《太平洋报》就先登载简便小广告，日后再择机刊登新式广告。"但有必须从速者，当先以简单形式登出，遐日再更换各种花样。"

该广告最后落款是"中国实业杂志社告白部代理太平洋报广告"字样，说明了广告代理业务模式已在当时报界使用。

十六、《太平洋报》破天荒最新式之广告

该文刊发于《太平洋报》1912年4月1日第2版，原文未署名，也没有标题。当时该报广告部主任是李叔同，"一切擘画皆为手定"。而且该文类似一篇招登广告启示，并附有广告刊例"本埠广告价目"。故该文应当是李叔同亲自拟定，不署名也是彼时业界惯例。该文的作者就是李叔同，标题是《李叔同集》一书编者所加。

什么样的广告才能称作"破天荒"呢？

"上海报界四十余年所未见"，"中国开辟以来四千余年所未见"，文章一开始就进行了点题。

"特延精通欧美广告术大家主持其事，代撰最新式之广告文，并研究最新式排列之方法。"这句话叙述了该报破天荒最新式广告的由来，也表明了该报广告部的竞争优势。事在人为，破天荒最新式广告的产生，一方面是因为有精通欧美广告术大家的主事，这是观念上主导的结果。另一方面是该报应用了最新式之广告文和最新式排列之方法。也只有"广告文"和"排列之方法"都是最新式，这样的广告，才称得上是"破天荒"最新式之广告，即此前从未出现过类似风格的报刊广告。

最新式广告的特色或者说优点有哪些呢？

该文论述了四点。通过上海报界新、旧广告的对比，来突出该报最新式广告的优点。第一，广告与新闻穿插排列。"本报最新式之广告，皆夹入新闻之中，或排列新闻之上下两端，殆合新闻与广告为一体。"这样做的好处是，"使看新闻者，有不得不看广告之势"。而上海旧式报刊广告，"皆另外专排一版"。结果看报人"以看新闻为主"，对于专门的广告版面往往不太留意，不感兴趣，所以旧式广告效力有限，对看报人的影响不大，而最新式广告克服了原来的弊端。这是其第一个优点。第二，文字简要，排列疏朗。"本报最新式之广告，文字务求简要，排列务求疏朗。"这样做的好处是，"使看报人一目了然，于半秒钟内，能贯通全部广告之大意"。而上海旧式报刊广告，"皆字数太多，排版紧密"。所以不醒目，即使侥幸被读报人看见，也每每因为广告"字数太多"，不能被全部读完。第三，新奇花样多。上海旧式广告，没什么新奇花样，"大半以直写事实为主"。而《太平洋报》最新式广告，新奇花样"种类甚多，不胜枚举"。比如，将广告文字"排成种种之花纹"，给广告"添入醒眼之图画"，图文并茂；广告体裁采用"小说式广告"、新闻式广告、电报式广告、杂志式广告。这样做的意

图是，让广告能够"引人入胜"。第四，不时地更换广告样式。上海旧式广告，同一广告文案常常连登数月或数年而不更换，让看报人"习见不鲜"，广告发挥不了效力。而该报最新式广告，"可以随时代撰种种新奇之样式"，可以"隔数日"或"每日"更换。

上述四点是《太平洋报》广告的优点，不同于以往旧式报刊广告，因此，被作者认为是破天荒最新式广告。作者从广告版面排列、广告文案、广告创意表现及广告发布四个环节，对传统的旧式报刊广告作了革新和改进，树立了报刊广告经营的新范式，将报刊广告作业水准提升到了一个新的高度。此后，《太平洋报》广告部首创之最新式广告，成了该报广告的一大特色，并被同行广泛效仿。

该文还从另一个侧面向我们反映了当时报刊广告部的业务范畴：业务范围包括代写广告文案、广告创意、广告设计、广告发布、广告策划等。其业务已经相当周全，相当于一条龙服务，类似于今天的全案广告代理。这说明那个时候我国报刊广告已经比较发达，出于竞争的压力，报人围绕自身的实践对广告开展了一些尝试性研究。这实际上是为近代广告学理论的发展作了很好的准备。因为任何一门学科的建立，都离不开现实的产业基础。

十七、《广告部消息》（七则）

这七则广告部消息刊登于1912年4月1日至5月6日《太平洋报》第二版，李叔同时任《太平洋报》广告部主任，故这些内容应当是李叔同所亲自拟定。

由《太平洋报》广告部七则消息中，依稀可获知以下几点信息。

一是《太平洋报》最新式广告推出后，大受欢迎，使该报馆广告业务应接不暇。"自本社发表最新式广告章程以来，连日收到各界广告多至数百通。且多长篇大作，不克即日登出，良用歉然。除择先到者逐日分别登出外，其余暂登入简便小广告中，以酬雅命。特此声明。""本报发刊以来，颇承海内外欢迎。广告一栏尤为大雅所推许。故本埠属登广告者必数十起，呈报界未有之盛况。""近日属登新式广告者较多，撰文镂板，需时甚久，每致延迟，良用歉然。"这些都说明了最新式广告推出后大受客户欢迎，使《太平洋报》广告业务繁忙。

二是注重收集和研究广告，出版了《太平洋广告集》。"本社广告部近拟编辑《太平洋广告集》，分赠各界。第一编即日付印，以后拟每两月出版一编。""本社编辑广告集，已承尤惜阴先生允赐序文。"

三是关于广告代理的论述。"但外埠广告尚未发达，倘有愿任代收广告者，乞达函示，当将代收广告专章、外埠广告价目寄奉不误。"

四是李叔同对最新式广告不遗余力的推动。"本报报头及本报新式广告木戳，皆李君手笔。"《太平洋报》"以开通风气为主，不愿限制版权"，所载最新式广告之格式花样，"但苟需用，尽可随意募写，转载他报"。

五是《太平洋报》在报纸广告花样上的研究和翻新。"但有必须从速者，当先以简单形式登出，遐日再更换各种花样。"

十八、《本报通告》

这是一则整版通告，刊登于《中华国货月报》第一年第二期（1915年）。

该整版通告主要谈论了《中华国货月报》的征稿、发行与广告事项。

"……招登广告……各界登载广告，效力必甚伟大。如承惠推陈出新之品，于本报宗旨吻合者，尤为特别欢迎，取价格外从廉。惠顾诸君，请向上海九亩地宴庆里本报馆接洽可也。"这部分内容是该刊招登广告启事，谈及两点，一是"各界登载广告，效力必甚伟大"；二是特别欢迎与"本报宗旨吻合"的广告，价格从廉。第一点谈论的是报刊广告的效用；第二点表述的观点是报刊广告应该与所载报刊的办报宗旨相吻合。因为这样的广告会更加有效，广告对象与报刊的读者对象一致，对报刊本身也是一个补充，故广告费用从优。总之，在该报"招登广告"里，对报纸广告效用和报纸广告选择的问题作了论述，认为广告应该与办报宗旨吻合，对该类广告刊登费用予以优惠。

十九、《嘉兴顾轶庭美术书画广告家》——广告代理业概况的难得记载

这是一则招揽书画及广告业务的报刊广告，刊登在《中华国货月报》上。

广告人顾轶庭擅长书画艺术，为了扩大生意，通过普华广告公司在《中华国货月报》上刊登广告，来招揽生意。

"广告，小如卡片、明信片、商标、仿单、传单、发票、证书、月份牌、封面、报纸等广告，大如招牌、车站广场墙上屋顶等。广告单色五彩均可选择。撰句翻文，均可代办。字任写一体，或各体兼备；画或用一种，或书画并用，均从尊便。惟悉用纸片，概非油漆。

"润赀。照广告之大小，笔墨之繁简，自一元起至数十元不等，均须面议。如承赐顾，请示格式，价当克己，限日取件。

"大小广告。如欲精品雕刻梨木、黄杨木、铜版、锌版、三色版、玻璃版，再单色印、三色印、五彩印，均可代办……"

接着刊登的是"书例",就是替人写字作画的具体收费标准,如堂匾、楹联、堂幅、朱子格言、屏条册页、名片、封面、纨折扇等,根据用途及规格的区别,收取不同的费用。对"市招、各种证券商标广告等印刷品均面议","先润后画,约日取件"。

从该则广告中,我们可以了解到,当时专门的广告代理机构或广告人已经形成,且业务范围广泛,并以此为业。上述第一段文字说明了可代理的广告类型多种多样,可达几十种。从色彩选择、文案撰写到字体或书画的设计与运用等,都是职业广告公司或广告人的业务范畴。这说明当时的广告代理业已初具规模。

第二段"润赀"谈的是根据广告大小和笔墨繁简来收取相关费用的情况。至此,近代中国广告史上已经有了赖以为生的职业广告人或广告代理公司。

第三段讲述的是代理广告制作及印刷方面的事项。可见当时广告制作及印刷工艺已达到一定水平。

近代中国,随着广告活动的发展,广告业日益职业化,到20世纪二三十年代,广告代理业正式形成。这段广告文字则是关于广告代理业概况的难得记载。

二十、《农商公报特别广告》

该广告重复刊载于《大中华》第十期至第十二期(1915年10月20日~12月20日)。这是一则《农商公报》招登广告的启事,并附有广告价目表。

该启事有关广告研究的主要观点如下。

首先,认识到了广告的重要性,"广告为发展事业之利器"。

其次,认识到了报章这一广告媒介的重要性,"报章为推行广告之要枢"。

最后,论述了杂志广告的优点,便于收藏保存,效力更持久。"日报易于散佚,月报可期保存,故月报之广告视日报为有效。""月报"指的是杂志的月刊。

为了吸引华人广告客户,《大中华》也实行了华人广告减半收费等优惠措施。"凡本国实业界及外埠各华侨于营业广告送登本报者,一概减收半价,并于本部(指农商部)刊行之实业浅说酌量送登,以资提倡。如欲代撰或加图画,亦可函商。"这段文字也说明了报刊除了发布广告之外,还有代写广告文案,或为广告配图等业务。报刊广告部门已不是单一充当发布者的角色,而是介入了广告创作与表现的环节。这说明了报刊广告水平已不断提升。

第四节　涉及广告内容的法律法规及其他

在近代中国报刊广告法律法规及其他文献里，也有一些零散的与广告学研究相关的资料。该类文献里，所折射出的广告学术活动是非系统的，广告理论观点散见于上述文献中，往往并非这些文献的主要内容。现分述如下。

一、关于广告管理的研究——近代中国广告管理的滥觞

广告管理又称广告监督管理，"从广义理解，对广告活动和广告业的计划、协调、控制、监督，可以统称为广告管理"。我们常指的狭义的广告管理就是，"政府广告监督管理机关依据法律法规，行使国家授予的职权，对广告活动全过程进行监督、检查、控制和指导的工作"。

近代中国的广告监督管理经历了一个渐进的发展过程。"中国古代广告在漫长的发展过程中，对于广告管理只是局限在道德规范的制约中，这与现代意义上以法律为主要手段的广告管理有着本质上的区别。"直至鸦片战争后，商业报刊的崛起，国人自办报刊的出现并逐渐占统治地位，以及在与洋商的竞争中，华商广告意识的觉醒等，共同推动了近代中国广告业的发展和繁荣。随着广告业的兴繁，广告管理的法制化被提上了议事日程。于是，自20世纪初以来，清朝政府、北洋政府及国民政府相继颁布了一些与广告管理相关的法律法规。这些广告管理的规定虽然是幼稚的、不健全的，但是说明了政府关注的视角触及了广告活动，迫使其从监管的目的出发，对近代中国的广告及广告管理展开了研究。他们关于广告及广告管理的观点和研究成果，体现在其所颁布的法律法规中。因此，了解近代中国关于广告管理的研究状况，从当时政府所出台的相关政策入手，不失为一条捷径。

二、《商标注册试办章程》

1904年8月4日，《商标注册试办章程》28条及《商标注册试办章程细目》（实施细则）23条，由光绪皇帝钦定颁布。这是中国历史上第一部商标法规，也是近代中国广告管理的滥觞。该章程由时任清朝海关总税务司的英国人赫德起草，英驻华大使修订，具有浓厚的半封建半殖民地的色彩。第2条规定：清政府在商部设立注册局一所，专办注册事务；津沪两地海关设商标挂号分局，以便挂号者就近呈请。此外，该章程还规定：商标注册实行申请在先原则，对商标纠纷规定了领事裁判权，外国注册商标享有的优先权，对商标侵权行为的处罚等。

由于《商标注册试办章程》是英国独家代拟，遭到了其他帝国主义国家的不满和抵制，颁布后又作了两次修订，但始终未能付诸实施。商部注册局也一直没有设立，仅津沪两地海关商标挂号分局受理了商标挂号。据统计，从1904年8月至1923年5月，津沪两地海关商标挂号分局一共受理3000多件商标挂号案卷，但只能办理登记、收费和发照等事项，无法进行最后的核准注册。直至1923年5月北洋政府颁布的我国第一部内容完整的商标法律《商标法》的问世，并成立农商部商标局，对外发布第一号《商标局公告》，《商标注册试办章程》才得以尴尬地谢幕，退出了历史的舞台，终结了近代中国约20年的海关兼办商标挂号的制度，也翻开了广告监管新的历史篇章。

三、《大清印刷物专律》

近代以来，对于报刊的出版管理，各国形成了两种不同的制度模式：预防制和追惩制。"顾名思义，预防制是事先限制，追惩制是对报纸、杂志的过失采取事后惩罚。"在采取追惩制的国家，"报刊可以自由、自主地出版、发行，只有当报刊有既成事实的违法行为时，才依据有关法规受到惩罚"。预防制有四种类型：注册登记制、保证金制、批准制和事前检查制。很显然，我国的新闻法规，自近代以来，关于报刊出版的管理，实行的是预防制。这点从下述的一系列法律法规的条文中，也可以得到印证。

尽管我国古代就已经有以《邸报》为代表的报刊，但是直至近代才有新闻出版法的诞生。我国古代报刊是统治阶级控制舆论的工具，到了近代，特别是鸦片战争后，外国人办报和中国民间报刊的出现与发展，特别是维新运动后，革命报刊的蓬勃兴起，迫使清政府改变了对近代报刊的态度，从视报纸为洪水猛兽到关注近代报刊、创办近代官报。在社会各界力量的推动和创办报刊的呼声中，出于遏制革命报刊的目的，从1906年到1911年清政府先后颁布了一系列的新闻出版法律法规。如《大清印刷物专律》（1906年7月）、《报章应守规则》（1906年10月）、《报馆暂行条例》（1907年9月）、《大清报律》（1908年3月）、《钦定报律》（1911年1月）。而在此前，清廷对报刊的管理大多援用《大清律例》中禁止"造妖书妖言"的条款。

1906年7月，清政府颁布的《大清印刷物专律》是我国历史上第一部新闻出版法规。《大清印刷物专律》共六章四十一条，主要规定有：凡以印刷或发卖各种印刷物件为业之人，须向营业所在地巡警衙门呈请注册；凡印刷、发贩或分送不论何种印刷物件，该印刷物件上应印明印刷人姓名及印刷所所在；凡印刷、发卖、贩卖、分送各种记载物件，须呈请注册；凡一切文书图画，或系书写，或系印刷，发行或销售于皇朝版图，在律即有治理权，等等。

该专律虽然没有直接谈论广告监管的条文，但在其某些条文里，包含了与广告监管相关的内容。"第二章印刷人等"反映了以下广告监管内容：一是印刷或发卖各种印刷物件，包括广告，必须呈请注册。二是印刷、发贩或分送的各种印刷物件包括广告上，须标明印刷人姓名及营业所在地址。三是印刷人须将所印之物件（包括广告）"详细纪册"备查。四是印刷人印刷各种印刷物件，须呈送巡警衙门和京师印刷注册总局。这里对承印、发贩及分送各类印刷广告作了规定。

"第三章记载物件等"则体现了以下的广告监管思想和内容。"记载物件"主要指报刊，即报刊广告媒介。第三章规定：凡是印刷、销售或分送的各种记载物件，必须呈请注册；凡欲从事记载物件出版发行者，必须向所在地巡警衙门呈请注册，详细说明记载物件名称、出版周期、出版发行人和股东的姓名籍贯及住址与各经理人名址；所出版发行之记载物件，须向巡警衙门和京师印刷注册总局分别呈送一份备案。第三章对报刊广告媒介的设立、销售和分送作了规定。

《大清印刷物专律》虽然是近代中国第一部新闻出版法，也包含了新闻事业的内容，但并非新闻事业法，其重点是对一般文书图画的书写及印刷的管理，而缺少管控报刊内容（记载物件）的详细条文。于是，3个月后，即1906年10月清政府颁布了《报章应守规则》，共9条，补充了《大清印刷物专律》在报刊内容监管方面的不足，核心思想就是"八不"，即禁止报刊载八类内容的文章，如"不得诋毁宫廷""不得妄议朝政"等。

1907年8月，清政府颁布了《报馆暂行条规》，共10条，大部分内容与《报章应守规则》相似。但在报馆开设方面，规定却更加严格，其将《大清印刷物专律》中的注册登记制改变为批准制。

1908年，清政府仿效日本新闻条例制定了《大清报律》，共45条，规定了创办报刊的注册登记制、保证金制以及事前检查制。特别是第7条规定的报刊出版前必须送巡警官署或地方官署查核的内容，是我国最早的新闻检查制度。

清政府颁布报律的目的是钳制舆论、形成思想桎梏，但客观上为近代中国报业的发展提供了法律保障。

中华民国成立后，1912年3月，南京临时政府宣布废止前清报律，颁布《民国暂行报律》三章，令报界遵守。因招致上海等地十几家报纸的坚决反对，《民国暂行报律》颁布没几天就被取消了。民国初年，相对宽松自由的新闻环境，给民初的中国新闻事业带来了短暂的繁荣。但是，好景不长。袁世凯上台后，采取了种种措施对孙中山确立的自由新闻体制进行扭曲和攻击，制造了新闻史上有名的"癸丑报灾"，中国新闻事业的发展重新跌入低谷。在此期间制定和颁布的法律法规中，涉及广告监管的主要有：《内务部核定告示广告张贴规则》《出版法》《内务部通咨各省报纸批评图画广告等项时涉淫亵应设法劝戒文》。

四、《内务部核定告示广告张贴规则》——我国第一部户外广告法规

《内务部核定告示广告张贴规则》颁布于1912年3月8日，共计12条，这是迄今所见的我国第一部户外广告法规。该法规第1条说明了立法意图，即指定告示及广告张贴处，可以"保持清洁整齐观瞻"，美观整洁。第2条根据发布对象不同，将张贴处分为三类，分别是"公署局所告示"（政府公告）、学堂广告和商业广告张贴处。第3条和第4条对张贴处的选址及设置作了规定。第5条和第6条规定了"公署局所告示"的张贴办法。第7条规定了学堂及各商业广告的长宽规格。第8条规定了特殊规格广告的张贴法。第9条规定了张贴处的设置，须经所有权者认许方可。第10条和第11条规定了告示、学堂及各商业广告的张贴期限。第12条规定了适用范围。

该规则对户外广告的监督作了详细的研究和规定：指定户外广告张贴处，分类张贴；并对户外广告的规格、张贴办法及期限作了规定；还规定了张贴处的选择和设置要求，以及本规则的适用范围。由此足见当时政府对户外广告及告示的重视，以及对其研究的深入。特别是该规则关于告示及户外广告的分类，根据广告发布对象不同，将其分为"公署局所"告示、学堂广告和商业广告三大类。其中"公署局所"告示和学堂广告被视为告知性的非以赢利为目的的广告，与商业广告相并列。类似于我们今天的广告二分法，即将广告分为以赢利为目的的商业广告和不以赢利为目的之社会广告（含政府告示）。该规则体现了那时人们对户外广告的认识和研究的水准，是近代中国最早的户外广告法规。

五、《出版法》——对广告社会负面影响的关注和研究

1914年袁世凯颁布《出版法》，共24条，直至1926年废止。其中第10条至第12条涉及广告监管的内容。第10条规定：广告等类之出版物，"遇有违反第11条、第12条之规定时，仍依本法处理之"。第11条规定了8种情形的内容不得出

版。"一、淆乱政体者；二、妨害治安者；三、败坏风俗者；四、煽动曲庇犯罪人、刑事被告人或陷害刑事被告人者；五、轻罪重罪之预审案件未经公判者；六、诉讼或会议事件之禁止旁听者；七、揭载军事外交及其他官署机密之文书图画者，但得该官署许可时，不在此限；八、攻讦他人隐私，损害其名誉者"。第12条规定"在外国发行之文书图画，违犯前条各款者，不得在国内出售或散布"。第11条对广告涉及的内容作了禁止规定，虽然其中几点涉及了政治原因，是为了钳制舆论、麻痹国人的思想，但也从另一个方面反映了广告监管层面对广告的社会负面影响的关注和研究。这实际上已将研究的触角深入到广告伦理学的层面。

第三章　广告学术研究内容

前广告学时期的广告研究活动已经涵盖了对广告的认识、对广告学性质的浅显观点、实用广告策略研究、关于广告职业化的阐述以及报刊广告经营这几个方面，为广告学的形成从学理层面做了准备。为了便于表述，也为了看起来一目了然，下面用表格的形式来具体阐述各项内容。有许多资料可以同时反映几个方面的广告观点，但为了避免重复，本书只选择其中最重要的一个方面来进行论述，研究其所包含的广告学术思想。

第一节　对广告的认识

这个时期的文献关于广告的认识已经涉及了广告的定义、广告的属性、广告的优点、广告的重要性、广告历史、广告的分类、广告的功能、广告的真实性等内容（表3-3-1~表3-3-9）。

一、什么是广告

表 3-3-1　对广告概念的认识

文献	出处	主要观点
《日报》郑观应	《盛世危言》1894年	告白是报刊文体之一种
《报章文体说》谭嗣同	《谭嗣同全集》1897年1月	告白是报章"编幅行馀"

文献	出处	主要观点
《劝广告说》	《台湾日日新报》1900年3月20日	该文对广告的定义是"广告即告白也"。此前的近代中国报刊广泛使用"告白"一词，来指代广告的含义。"广告"一词，反而是一个新出现的国人还比较陌生的词汇。所以，用在当时大家熟悉的"告白"来注解"广告"一词是最好的解释，也比较容易能够被接受
《告白学》李文权	《中国实业杂志》第三年第一期至第六期（1912年）	"第二章告白之定义"对广告的概念进行了界定。"告白者，以心中所欲白之事项，而告之于众，使远近之人皆知其心中所欲白者为何事，以达此布告之目的。"
《广告丛谈》李叔同	《太平洋报》1912年4月1日~5月4日	广告分为"狭义与广义两种"。狭义广告，就是常说的商品广告，广义广告就是社会广告。"狭义之广告凡商品卖出，及银行会社之决算、报告等，有广告于公众之目者，皆属于此类。即吾人普通所谓之广告是也。至广义之广告，其界限殆难确定。凡社会上之现象，殆皆备广告之要素。如妙龄女子，雅善修饰，游行于市衢，直可确认为广告。"
《第十二章告白之文》[美]休曼	《实用新闻学》（上海学广会民国二年出版）	"告白即商业新闻耳（此取狭义）。"
《广告之活用法》	《中华国货月报》第二期（1915年10月9日）	广告是"一种专门学问"

二、广告的属性

表 3-3-2 对广告属性的认识

文献	出处	主要观点
《定本岛人广告费格外折减》	《台湾日日新报》1900年3月5日	传统的张贴广告"习闻""盛行"，缺点：①传播范围有限。"如此广告法，只告一方人士，而知者亦仅矣。"②广告费用未必便宜。"夫广告揭载之事，既极盛行，自不得不趋时，有时广告费用，多于营业资本几倍。"

文献	出处	主要观点
《告白学》李文权	《中国实业杂志》第三年第一期至第六期（1912年）	第三章"告白之性质"陈述了广告的六个属性特征。第一，广告是代替货物自我夸耀的途径（"代货物以自白之法"）。第二，广告是希望使尽可能多的人知悉。"告白使人知，又欲使人人尽知"。所以"文字过浅"或过分深奥，都会使广告收效甚微。第三，广告"不宜用俗语"，否则会"不知其所谓"，影响广告效果。"文字告白则可南北通行。"第四，广告应该使人阅读后能"达营业者之意，而又可以久于记忆，更不费阅者之目力"。第五，"世界无事不竞争，告白亦然"，即广告的竞争性。第六，告白之广。"今日之世界，一告白之世界。""世界上无一人一事一物，而不用告白。"

三、广告的优点

表 3-3-3　对广告优点的认识

文献	出处	主要观点
《启事》	《遐迩贯珍》1854 年 11 月 13日	论述了报纸广告不同于传统广告的特性。"若行商租船者等得此书，以表白事款，较之遍贴街衢，传闻更远，则获益至多。今从本月起，《遐迩贯珍》各号，将有数帧附之卷尾，以载报帖。"此处的"报帖"，就是报纸广告。"行商租船者等"即商家，可以借助报纸"表白事款"，传递商情，起到宣传告知作用。报纸广告与传统广告方式如遍贴街衢相比，传播范围更广更远，收效会更多更加明显
《本馆谨启》	《上海新报》1861 年 11 月 21日	报纸广告与传统印刷广告形式招贴相比，有很多优点。如不怕"风雨吹残"，不担心"被闲人扯坏"。所需费用不多，传闻更加广泛
《招刊告白引》	《申报》壬申四月初一日（1872年5月7日）	报刊广告优点是传播面广，效力持久。传统的张贴形式的广告"常贴墙阴屋角间"，影响力有限；而且不易保存，"多旋贴旋扯"。口头形式的广告在传播的过程中容易受人为因素干扰而误传信息。报刊广告克服了上面两种广告形式的缺点，是"可久可广之策"、可以"遐布而迩闻"
《定本岛人广告费格外折减》	《台湾日日新报》1900年3月5日	报刊广告具有其他广告所不具备的优点。"节省费用，字不求多，日不须久，但词简意赅，以几微之费，则可诸普天下人矣。""且新闻广告，历久不湮。不比他法广告，易于埋没。兼以不论遐迩，可知彼我之长短，而卜其盛衰。虽不出户庭，亦周流四方。以查探实况者，无少异也。"

文献	出处	主要观点
《劝广告说》	《台湾日日新报》1900年3月20日	新闻广告的优点是便利性，无远弗届，而且"效验速大"。"盖广告之要，在乎广传人知，善白于世。新闻一出，人争先睹为快，以广告附载新闻，阅新闻即及广告，其便利为何如耶。""彼夫昂立街头，掉三寸舌，大声疾呼，历谈货物妙用，其听而思购者，果几何乎？是等举动，虽亦合于广告主旨，然利人方便，且无远弗届者，则终不如新闻广告之为最。""新闻者，文明的利器"，"不论老幼男女"，富贵贫贱，"皆宜读之"。读者对象广泛，受众面广。再加上报刊发行范围广，信息传播迅速，在其上刊登广告，广告效果又快又好。"故当今新闻，直不翼而飞，不胫而弛。通都大邑，僻壤遐陬，无不纵横四至。范围之广如斯，则其所附载广告，亦因而效验速大，何待言哉？"
《广告丛谈》李叔同	《太平洋报》1912年4月1日~5月4日	新闻杂志广告的优点是，流通最广，费用最廉，制造最速，且简便易行。"新闻广告尤为第一良法。"
《广告之活用法》	《中华国货月报》第二期（1915年10月9日）	工厂、商店一般都雇有拉生意的人，与其相比，广告优点多多。"拉生意的范围小，广告的范围大；拉生意的费大，广告的费省；拉生意的要去找人家，广告能叫人家来找。"与传统的人员推销相比，广告的优点是传播范围广，费用较省，可以招徕顾客
《农商公报特别广告》	《大中华》第一卷第十期（1915年10月20日）或《大中华》第一卷第十二期（1915年12月20日）	论述了杂志广告的优点，便于收藏保存，效力更持久。"日报易于散佚，月报可期保存，故月报之广告视日报为有效"。"月报"指的是杂志的月刊

四、广告的重要性

表 3-3-4　对广告重要性的认识

文献	出处	主要观点
《遐迩贯珍小记》	《遐迩贯珍》第十二号	"但各商人，如有欲出招帖者，可于下月携至英华书院印字馆黄亚胜处，彼可代印，使自为一册，而附于贯珍之后。如此则招帖可藉贯

文献	出处	主要观点
《遐迩贯珍小记》	（1854年12月）	珍而传矣。"
《招刊告白引》	《申报》壬申四月初一日（1872年5月7日）	报刊广告与人们的日常生活关系密切，发挥着重要的作用，"贸易与万事皆能日受其益"。"夫告白一事，俗之所不能免，而事事有相关者也。"
《定本岛人广告费格外折减》	《台湾日日新报》1900年3月5日	广告非常重要。"广告之为物，乃全球大地为文明开化利器中之一物，实不可缺也。通都大邑，其揭载方法，所藉伊何？无论寒村僻地，微小事业，皆不可不用之。"还认识到了广告文化性的一面，认为广告是全球"文明开化利器中之一物"，是促进社会文明发达程度的因素之一
《劝广告说》	《台湾日日新报》1900年3月20日	广告对实业及"百般事业"都很重要。"广告一事，实业者必不可无，此则百般事业，皆宜视为切要，固不烦吾人喋喋。"广告重要性不只是商业方面，"凡百人事"，都可凭借广告"弛名"于四面八方。"况广告之要务，岂仅商业已乎？凡百人事，苟无广告，亦皆不能弛名于四方也。"在各种形式的广告中报刊广告最重要。"当今第一急物，尤最为捷径者，莫有逾于新闻广告也。"
《本馆不登美商告白》	《京话日报》第288号（1905年6月8日）	"本馆收登告白，也是一项买卖。"
《欧美实业家利用广告之法》杨志洵	《商务官报》戊申第十九期（1908年8月21日）	工商业者不能只凭借恳切、公平、勤俭等传统美德，就足够能扩大事业，取得成功，还应该重视广告的利用和广告费的投入。"三十年来，有新奇之方法焉，以引动世人之耳目，左右商务之进退，则广告是也。今之世界，殆一广告之世界耳。"报刊也乘机扩大广告版面，适应工商业竞争的需要。"试取今日欧美新闻杂志而一观之，大半皆系广告。盖苟有些微之发明，些细之改良，即藉此以绍介于世界。"
《广告丛谈》李叔同	《太平洋报》1912年4月1日~5月4日	"民法关于广告有定则。""更以商品买卖论之，凡商业经济学中论货物之交换，或交通，广告实占重要之部分；又商业经营学中，论商店整理，广告亦唯一之要素。""广告为招徕顾客之良法"，"善用广告者昌，不善用广告者亡"。物美价廉，不借助广告的力量，"必不可获迅速之效果"；非物美价廉，借助各种广告形式，依旧可以顾客盈门。此外，广告可互通有无，"为人生所必需。"

文献	出处	主要观点
《第十三章登载告白》[美]休曼	《实用新闻学》（上海学广会民国二年出版）	"一报之有告白与否，尽足以定一报之命运。"
《广告之活用法》	《中华国货月报》第二期（1915年10月9日）	"广告一项，是商业上最紧要的事情。"为什么这样说呢？该文认为广告可使生意发达。"任你货物怎样好，价钱怎样便宜，用处怎样大，买卖方法怎样便利，可是没有广告，人家就无从知道。纵然知道，也断不能普遍。这生意自然难望发达。"
《农商公报特别广告》	《大中华》第一卷第十期（1915年10月20日）或《大中华》第一卷第十二期（1915年12月20日）	认识到了广告的重要性，"广告为发展事业之利器"。还认识到了报章这一广告媒介的重要性，"报章为推行广告之要枢"

五、关于广告史的表述

表 3-3-5　对广告史的表述

文献	出处	主要观点
《定本岛人广告费格外折减》	《台湾日日新报》1900年3月5日	台湾新闻广告（报纸广告）出现于1896年6月《台湾新报》诞生之后。台湾在近代报纸诞生之前，已有广告。"广告一事，本岛人习闻之，在昔本岛亦盛行。""欲招顾客者，概以广告贴于墙壁户牖，俾人易观之处。"这说明那时的台湾张贴广告盛行
《劝广告说》	《台湾日日新报》1900年3月20日	广告的历史久远。"人群未开化之时"，"广告法"就已经被使用，只不过"甚粗杂"。印度酋长"饰身整发"，广告其酋长身份，就是一种原始的广告表现形态之一
《太平洋报广告部广告》	《中国实业杂志》第三年第三期（1912年）	"中国古代无所谓新闻中之广告，近四十年来有之，然亦未见发达也。"中国古代没有报刊广告，近四十年来即19世纪70年代才出现，但是还不成熟

文献	出处	主要观点
《告白学》李文权	《中国实业杂志》第三年第三期（1912年）	第四章"告白之沿革"，简述了中、英、美、日四个国家的广告史。介绍"告白"一词由来、英国广告税、最早的美国报刊广告、日本最早的报刊广告栏"告白知"等情况
《论广告与卖药之关系》李文权	《中国实业杂志》第四年第二期（1913年）	"广告者，日本名词。今吾国人舍告白二字，沿用广告之新名词，几成定名，著者亦尤而效之"。该文认为"广告"一词来源于日本，后传入中国，被中国人广泛运用，"告白"的称呼反而消失不用了

六、广告的分类

表 3-3-6　关于广告分类的表述

文献	出处	主要观点
《招登论前广告》	《申报》1905年3月16日	广告分为论前和论后两大类。论前广告就是刊载在该报论说文前面的广告，刊登于论说文后面的就是论后广告。在价格方面，论前广告要比论后广告贵。所以，1905年大改革后《申报》刊登了《招登论前广告》的启事。该启事中对论前广告定义及作用进行了研究
《东方杂志广告价目表》	《东方杂志》第八卷第十号（1911年10日）	根据版位的不同将杂志广告分成特等、上等和普通三类，对每一种类广告进行了定义，并分别采取了不同的收费标准和刊登办法
《告白学》李文权	《中国实业杂志》第三年第一期至第六期（1912年）	广告四分法。第五章"告白之种类"中，将广告划分为四个种类：消极的广告、积极的广告、纯正的广告和滑稽的广告，并对四种类型广告的特点及效力作了详细阐述
《广告丛谈》李叔同	《太平洋报》1912年4月1日~5月4日	广告三分法。"广告分类，由种种方面别之，为类至繁。"作者认为"适切之分类"应该根据广告性质，分为三类：移动广告、定置广告和中性广告。"分类之良法，殆无有逾于是者。"并分别对三类广告的杰出代表、广告方式及效力、范畴作了详细叙述

文献	出处	主要观点
《广告之活用法》	《中华国货月报》第二期（1915年10月9日）	广告二分法。广告分为两大类。一类是"小而言之"即从小的方面说，广告是"专指用文字的东西，好比店头的招牌、分发的传单、道旁街上的广告牌，报纸登载的告白，就算广告"。另一类是"大而言之"即从大的方面说，"分送的样本，店头陈列的货物，商品陈列所陈列的货物，博览会的出品，凡可以招徕主顾的，都可以算是广告"。此处，简单归纳下，"小而言之"的广告，是多指文字广告；"大而言之"的广告更多的是指实物广告
《上海报纸小史》姚公鹤	《东方杂志》第15卷第6号、第7号、第12号（1917年6月、1917年7月、1917年12月）	根据内容分类：四种。当时沪报广告内容：戏馆广告、医药广告、书籍广告及杂项

七、广告的功能

对广告的经济功能和社会功能进行了探讨。

1.广告的经济功能

表3-3-7 关于广告经济功能的表述

文献	出处	主要观点
《遐迩贯珍小记》	《遐迩贯珍》第十二号（1854年12月）	对报刊广告在商品推销中的重要作用作了论述。"西方之国，狃卖招贴，商客及货丝等，皆藉此而白其物于众，是以尽沾其益。苟中华能效此法，其获益必矣。"
《本馆谨启》	《上海新报》1861年11月21日	"开店铺者""货物不销"，以及"觅物寻人、延师访友，亦常见有招贴者。似不若叙明大略，印入此报，所费固属无多，传闻更觉周密"。报纸广告既可以有助于开店铺畅销货物，又可以觅物寻人、延师访友；既具有商业促销功能，又具有社会功能

文献	出处	主要观点
《招刊告白引》	《申报》壬申四月初一日（1872年5月7日）	广告经济作用："如有新来之货，可招人售；不常有之物，可觅客沽；居常无工，可以求主；开设新铺，可以示人；各船装货，可晓人出口之期；别路探亲，可示人迷津之处。以及新庙落成，预示晋祝之日；名园斗巧，先知观玩之辰。"广告可以沟通商情。"上海为货物众多之所，往来贸易之场，苟能使某货某价尽得之耳闻目见之中，则不独新闻之为用，其于贸易一道，尤为当今之切务所一日不可无者也"
《定本岛人广告费格外折减》	《台湾日日新报》1900年3月5日	广告是"招徕之法"，也应该"随世道而文明"，"纵横活泼"。"当今之世"，"时势"与前不同，做生意应该借助广告让"商品姓名、店号"海内外"驰名"，"经营四方"，寻求"远地顾客"
《劝广告说》	《台湾日日新报》1900年3月20日	商业的兴衰受广告水平好坏的影响。"惟商业之盛衰，谓因广告之如何，亦非过言。如欧美各国商人，咸注全力于广告，意匠经营，推陈出新，以求顾客之临，不厌不倦，诚非无故也。"广告推动了商业的发展。"广告之于商业，犹蒸汽力（蒸汽沸水烟也）之于机器，有绝大推道力。岂非不刊之论乎？""就零售商之本要，分而为三：曰货物、曰事务、曰广告。此三者要领，虽在伯仲间之，而广告即其宗动力也。"广告可以促进消费。"广告与招徕，均能使顾客不得不买。"广告是欲望的制造者，广告通过对消费者心理层面的影响，"以求顾客之临"，劝诱消费行为的产生。广告是"商战场"的"战略"观。"广告系平和战争之战略，不裕此战略，而欲于商战场中握胜利霸权，盖亦难矣。"
《美国商用输出入通法》	《商务官报》第二期（1906年5月）	在谈论怎样向外国推销货物时，提及了"广告"一词："一曰储养巡游外国卖货之人……二曰多设广告之法，使店与货物之各得闻于外国也。其法：一、登告白于外国之各种商务报纸；二、分布传单；三、预备货物目录及价表……"
《论商业广告》章乃炜	《商务官报》己酉第二十期（1909年8月20日）	广告有"三利"，即商品货物登广告有三个好处：价格公道，品质优美，促进销售。"是以商货之登广告约有三利存乎其间。一曰擎挂公平价格，二曰保持优美品质，三曰增长出售额数。"商业广告兴起的原因有两点：一是同业之间竞争使然。"商业广告之兴奚自乎？自乎制造家或生产家怵于同业之竞争，而藉此以补救之也。"二是货品做广告，获利丰厚。"凡其著有商标之货，耗费于广告，而绝不吝惜者，获利之厚也。费出自货主，而消用人分受其制，货主犹不惮为之者，消用人之利，实即货主之利也。"

文献	出处	主要观点
《商业广告之用途》章乃炜译自《英国伦敦报》	《商务官报》己酉第二十九期（1909年11月7日）	广告沟通产销。"广告日渐发达，贸易范围亦日愈扩张。向之买物者，不知费去几许议价时刻，今则绝无此苦。向之买物者，不知生产家为谁氏，今则尽人皆知。"广告促使厂家保证产品品质，对消费者有利。"生产家亦因登载广告之故，懔懔焉将货物品质竭力护持。一则恐消用人一朝窥见破绽，货物即不能行销；一则恐名誉一毁，不得不为隐名货物之贸易，隐名货物断不能与登载广告货物相竞争。是广告又大有造于消用人也。"广告是竞争的产物。"广告非自行生产之一种也，其能力但能表物不能成物……假使有数十人沦落荒岛间，耕田力作，以其所产殖者，出而与绝远地相交易。其产殖为垄断，其精神或仅注在议价，而不在广告也。自同业生产者众，互相争利，物价遂不得定。物价定，则议价之事止，而广告之事起矣。"广告是企业竞争的常规武器。"广告之事起，则生产家不复注意于消用人之付重价，而注意引诱消用人舍他家而择用己货矣。"广告可以提高经营效率。"若举广告、议价二者相提并论，议价所耗者时，广告所耗者财。时去不再来，财去可复返，此其间有天渊之别。"
《吾国商业之弱点》抗白	《中国实业杂志》第三年第一期（1912年）	该文认为，国货不敌洋货，并非输在质量上，中国商业不振有四个原因，即"四无之弱点"："（A）株主（股东）无远见（B）店员无常识（C）广告无心得（D）商标无理想"
《广告丛谈》李叔同	《太平洋报》1912年4月1日~5月4日	广告对商业的重要性。"英国大文豪马可累之言曰：'广告之与商业，犹蒸气力之于机械，有伟大之推进力。'美国大商家奥古登之言曰：'商业之要件有三：（一）商品；（二）事务；（三）广告。广告尤为三者之原动力。'""盖商家研究广告，犹军士研究战略。商业为平和之战争，广告即平和战争之战略。"
《广告之活用法》	《中华国货月报》第二期（1915年10月9日）	"有广告才有生意。"
《广告与营业》曼郎	《国货月刊》第一年第五期（1915年12月）	广告与商店营业之间，有莫大的关系，广告好比是商店的"推销员"。"广告者，不啻商店之推销员也……有力之广告，即商店有力之推销员也。一商店有一有力之推销员，其营业必臻发达。而推销员之魄力至宏，而广告之收效尤巨"

文献	出处	主要观点
《畅销货物方法之研究》镜清	《商学杂志》第一卷第一期（1916年1月10日）	"广告一事，为畅销货物之要举。"

2.广告的社会功能

表 3-3-8　关于广告社会功能的表述

文献	出处	主要观点
《招刊告白引》	《申报》壬申四月初一（1872年5月7日）	广告是促进信息流通的桥梁。"见招租类知某处房屋之空，见名医兼识某店药材之美，失物难寻，求人指点，名言足著，代我口传。""至如士人著述宏富，欲供诸同志以流传四方者，往往求者不可必得，而著者无由遍布也。有新闻纸以告白之，而未见其书先明其义，人人得而知之，其获益岂浅鲜哉？"以上是对广告社会服务功能的叙述
《拒约须急设机关日报议》郑贯公	香港《有所谓报》1905年8月12~23日	"告白不可不选择。"对当时社会上报纸说一套做一套、自相矛盾的丑恶现象作了深刻揭露。"吾见各处报纸，其言论则曰破绅权，戒赌博，而告白则惶惶然建庙之捐款芳名矣，赫赫然山票铺票围姓之揭晓矣……""即以最近报纸之于告白而论，言论则日日鼓吹拒约，新闻则段段拒约风潮，庄言谐语，嬉笑怒骂，颇知天职。而介绍美货之告白者，触目皆是。甚至有声明不刊美货告白者，而其告白亦依然如故；或改换数字，以掩人耳目。""今言设拒约机关日报，其关系，其价值，固远胜于嫖赌报、奸商报等等。惟告白一门，切不可因循苟且，持其拜金主义，而忘乃神圣不可侵犯之唯一宗旨矣。故曰：告白不可不选择也。"
《新世纪发刊之趣意》	《新世纪》第1号（七年六月二十二日）（1907年）	广告"有益社会者，皆望随时赐稿，杂列本报之中"
《广告丛谈》李叔同	《太平洋报》1912年4月1日~5月4日	"政治家将胜其政敌，不得不假力于广告，工商业将胜其竞争者，亦不得不张大其广告。广告之用大矣！"

文献	出处	主要观点
《广告与商业道德之关系》程景灏译	《东方杂志》第13卷第12号1916年12月10日	广告有益于社会。"广告之供献于社会者，为用至广。"广告确实"大益于世"，影响广，对经济、社会都有贡献。呼吁国人改变对广告不良的看法，扭转对广告的偏见

八、广告的真实性

表 3-3-9　关于广告真实性的论述

文献	出处	主要观点
《国闻报馆章程》	《国闻报》创刊号1897年10月26日（转引自戈公振《中国报学史》，中国新闻出版社1985年）	"即有冤抑等情，借报章申诉，至本馆登上告白者，亦必须本人具名，并有妥实保家，本馆方许代登。如隐匿姓名之件，一概不登"。这是关于社会广告的论述，强调社会广告的可靠性和真实性
《美商塞勃列子论广告之价值》杨志洵	《商务官报》丙午第二十八期（1907年1月18日）	广告价值之大小与有无，与广告费的多少，未必呈正比。"其广告出于虚张声势，只计顿时获利，不求久远主顾，所费虽少而犹多；其广告出于真实，可维久远者，所费虽多而亦少。""是故真正之广告，乃有光辉，有威严，其效久而靡得以消失也。"这里"真正之广告"指"出于真实"而非"虚张声势"的广告，才能有光辉，影响广远；有威严，令人信服；广告效力历久不衰
《商业广告之用途》章乃炜译自《英国伦敦报》	《商务官报》己酉第二十九期（1909年11月7日）	强调广告的真实性：真实的产品、真实的广告。①广告不是用来帮助推销劣质产品，纠正了世人对广告用途的误解。广告不是"世人以为不正之货，如不惜广告费，亦能售去。此其大误也"。"凡货籍广告之力，而实效历久弥彰者，惟其货之良耳。不然，或惟其良者与良者竞争。又不然，或惟其登广告者能给公众正当之需求耳。"②只有品质优良的货品做广告，广告效果才能显著持久。"否则肆其谲炸，恣其朦混，纵其贪欲，奋踔而前。绝不思阻其行为之法律、发其隐匿之顾客，随其后者相环也。迨侥幸既不售，广告费又耗去无算，悔而思救，惜已晚矣。是以货物登广告者，当以戒欺务实为本。"

文献	出处	主要观点
《广告与商业道德之关系》程景灏译	《东方杂志》第13卷第12号（1916年12月10日）	无良奸商利用虚假广告骗人，有违商业道德，因此必须"禁灭欺诈广告"。"夫奸商之得以售其奸者，纯赖其广告之力，以欺世误人。今若先设法扑灭其广告，则其毒计自绝。"具体措施包括：报馆严把发布关，发布前严把审查关，借助法令来取缔不法广告，严把邮寄虚假广告关，联合广告社团及各方力量共同抵制

第二节　关于广告学的认识

这个时期对广告学的认识，可以1912年作为分界。1912年以前，人们对广告学的认识还停留在直观的层面，认为广告是一种招徕之"术"。1912年开始，广告不再单纯地被认为是一种"术"和技巧，广告还是一门"科学"、一种"专门学术"、一种专门"学问"。相关文献见表3-3-10。

表 3-3-10　关于广告学的论述

文献	出处	主要观点
《告白学》李文权	《中国实业杂志》第三年第一期（1912年）	在"弁言"中首次提出了"告白学"概念。"客问于余曰：告白非科学，不过一种技术，子之研究告白，以期吾国告白改良，而西业因以发达，意固善也。然骤称之曰告白学，毋乃妄乎。告白学之云，东西各国，未之前闻。子之告白学，得非欺人之语。"
《告白学》李文权	《中国实业杂志》第三年第一期至第六期（1912年）	广告既是一种"技术"，又是一门"科学"的看法。该文不同意"广告不是科学，不过是一种技术"的看法，认为"告白固为一种技术，然绝非可以技术而限告白也"。因为"告白为商业之命脉，是即商业之母，无告白则无商业。商业可谓之学，告白独不可谓为学乎？"《国富论》"其中所言颇合于告白学之原理原则，是即告白学之滥觞"
《广告丛谈》李叔同	《太平洋报》1912年4月1日~5月4日	广告是"经济之机纽，绝非单纯之技术所可限定者也"。但目前很难确定广告就是"科学"，因为"广告发达，实在晚近，只供工商家实用而已。学者评究，殆所罕闻"。"广告学之存在，尚未经人道及，故难断言广告为科学。"不过，广告有自己的"支配之原理原则"。经济学在"百四十年前，殆无人识其为科学者"，"逮至今日"，无不认为经济学是"科学"之一。与广告相近的"薄记"（会计），究竟是"学"还是"术"，双方曾经各执一词。等到了现在，主张薄记学

文献	出处	主要观点
		的人占据了多数。"广告性质与簿记酷似，谓薄记为学，宁可卑广告为单纯之技术邪！"所以"广告科学"将来"必有宣言于世界之一日"
《本杂志十二大特色》	《中国实业杂志》第三年第二期（1912年）	"（申）附录告白学尤为吾国商人所宜速为研究之材料。"
《太平洋报广告部广告》	《中国实业杂志》第三年第三期（1912年）	"盖广告一事亦有专门学术于其中，非任意为之而可以有效也。"
《第十三章登载告白》[美]休曼	《实用新闻学》（上海学广会民国二年出版）	广告是一门学问。"美国出版之杂志，有以专门探讨报章告白之学问为事宜者。佳者亦五六种，窃谓报馆中人，不妨定阅数分，以增益其告白上之学问也。"
《论广告与卖药之关系》李文权	《中国实业杂志》第四年（1913年）第二期	"然所谓广告技术，不得谓非专门家，同是一种广告也，或者有效，或者无效，亦非略约言之而，可以得窥门径者也。"
《中国实业会上海分会国货研究部广告科谨启》李文权	《中国实业杂志》第六年第一期（1915年）	"鄙人研究广告学术历十余年，虽未敢云经验，亦步美趋欧俾与日进而已……广告科干事李文权启"
《广告之活用法》	《中华国货月报》第二期（1915年10月9日）	该文认为，应把广告当作一门学问来研究。我国货物不做广告，销路打不开。其深层的原因是，"中国人不研究广告的缘故"。"外国人把广告作为一种专门学问，拼命的研究改良。所以工商业一日千里……据我看来，我国商人也得把广告留心讲究才好。"
《登广告之方法》镜清	《商学杂志》第一卷第二期（1916年2月10日）	广告是一门"技术"。"商人之利用广告也，原为招徕顾主，以畅销货物，然广告何以能招徕顾主，是必有术焉。"

第三节　关于广告应用的研究

偏重于广告实务的研究是这个时期的特点，广告应用研究的内容已经涉及了广告方法、广告文案、广告发布、各类广告形式的策略、广告费等方面（见表3-3-11~表3-3-15）。

一、对广告方法的阐述

表 3-3-11　关于广告法的表述

文献	出处	主要观点
《申报馆条例》	《申报》创刊号 1872 年 4 月30日	早期采取了洋贵华廉的差别化广告经营策略，参见申报馆条例第4条和第5条。"西人告白，惟轮船开行日期及拍卖二款，刊资照中国告白一例。"
《劝广告说》	《台湾日日新报》1900年3月20日	做广告的方法种类很多。"为广告，至其方法种类，则千分万别，不一而足。如揭于新闻杂志及新闻者，固不待言。或制招贴，或制邮札信封，或悬招牌。或于众人多触目之处，如停车场内、火车室中、浴堂、剃发铺等，高贴广告。或用乐队，奏自己所制新歌，以耸人听闻，动人思慕。如斯之类，不遑枚举。"广告的形式也多种多样。"其广告新闻杂志者无论矣，或用新声乐队，或绘华丽画图，无非竞意争奇以恢商战之略……"
《欧美实业家利用广告之法》杨志洵	《商务官报》戊申第十九期（1908年8月21日）	该文从创意、设计、制作角度发表了对做广告的看法。广告应出奇制胜。"凡作广告之法，利在离奇变化，引人入胜。"这是从创意的角度谈论广告。招贴广告的设计制作，应该重视其色彩、文字、文案等的运用。"广告之贴于通衢者，其所用之彩色，亦一重大之问题。宜用红绿黑各色。或蓝地而白字，字画缘以黑线，务使虽在暮夜，犹能触目。其文忌冗长，用字忌错杂，忌用学术中语，务使浅简易明，俾往来行人以及乘车之人无不一望而知。"对印刷广告的要求，"广告之印成卷册者"，应该重视纸张及印工，"务使纸质精良，印刷鲜美"
《论商业广告》章乃炜	《商务官报》己酉第二十期（1909年8月20日）	广告"四法"。"广告法实为首著，广告费犹为次著也。"否则投入再多的广告费都是徒劳。"然则其法若何？大约不外四端。一欲其令人一见即触心目，不宜泛滥繁衍也；二欲其异样翻新，四处布达，不宜蹈常袭故也；三欲其使人耳目熟习，并能触发其人倾向之心，不

文献	出处	主要观点
《论商业广告》章乃炜	《商务官报》己酉第二十期（1909年8月20日）	宜略涉晦滞也；四欲其言简意赅，尽人都解，诚实质直，毫不相欺，不宜口肆簧流，参用权诈也。凡此四法，皆广告中急先之务。广告所以有声价者赖乎此，商家所恃为行销货物之先导者尤赖乎此。"此广告"四法"，是广告声誉价值之依赖，是商家"行销货物之先导"
《商业广告之用途》章乃炜译自《英国伦敦报》	《商务官报》己酉第二十九期（1909年11月7日）	做广告"三忌"：忌冗长，忌吝惜，忌漫不加察。"大凡登广告，切忌冗长，最宜明简。冗长转令消用人模糊，明简可令消用人一触即觉也。又忌吝惜。登载未几，戛然而止。成效未彰，赏费已去。此甚不可也。又忌漫不加察。货物必适如其地消用人之所需，而后从其地登载广告。否则陇西之游，越人之射，掷金虚牝，徒自损耳。"
《广告丛谈》李叔同	《太平洋报》1912年4月1日~5月4日	"广告之方法，以何者为最适切"呢？该文认为，货币广告、邮票广告、新闻杂志广告是最适切的广告方法，并作了具体介绍
《登广告之方法》镜清	《商学杂志》第一卷第二期（1916年2月10日）	登广告应讲究三种技法：第一，"令读者注意之法"（六种）；第二，"令读者购买之方法"（三种）；第三，"记入读者所欲知之点"
《商人招致顾主之方法》镜清	《商学杂志》第一卷第一期（1916年1月10日）	招徕顾主之方法："营业指南"和"鉴定书"

二、对广告文案的论述

表 3-3-12　关于广告文案的论述

文献	出处	主要观点
《请看京话日报》	《大公报》1904年8月18日	提倡白话文广告文案。"通幅概用京话，以浅显之笔达朴实之理，纪紧要之事务令雅俗共赏、妇稚咸宜……附登广告亦概用白演，刊费从廉。"

文献	出处	主要观点
《广告价值》	《东方杂志》第六年第十一期（1909年12月7日）	欧美报章异常重视广告，所登广告"异想天开，引人入胜"，因此不惜重金聘请广告文案撰述员。其撰写广告文案之价格昂贵。"撰述广告之价值"，"异常昂贵"
《第十二章告白之文》[美]休曼	《实用新闻学》（上海学广会民国二年版）	"著作告白之文，须凝练而易刺人目，此秘术也。""作告白亦须知人情。""凡作告白，宜将肆中最上之品，表而出之。"
《论广告与卖药之关系》李文权	《中国实业杂志》第四年（1913年）第二期	"夫广告之为用也，以生效力为主。而效力能生与否，纵能生之而其效力之大小，亦甚有区别也。无他，视其文章之如何耳。"这里的"文章"，即下文提及的"广告之文章"，就是当今广告学所说的"广告文案"。广告的主要作用，在于能产生效力。而广告效果如何，即其效力能否产生，以及效力大小，只能看广告文案的好坏。由此可见，广告文案的重要性
《广告之活用法》	《中华国货月报》第二期（1915年10月9日）	广告文案的四个要点："一要字句稳当，二要明白透激，三要有兴味，四要惹人注意。"应该改良的地方是，"白字多，不通的多，鄙欲不堪的多，令人读而生厌的多……"

三、关于广告发布的表述

表 3-3-13　关于广告发布的论述

文献	出处	主要观点
《时务日报》章程	《时务日报》第一期（1898年5月11日）	注意到不同的广告版面位置对广告效果的影响，并对此开始了研究。如"登在首页加一倍"；"聚会告白"编排于新闻中，"使人易见"等
《告白学》李文权	《中国实业杂志》第三年第一期至第六期（1912年）	"意匠必求其崭新，体裁必求其奇拔，趣味必求其浓厚，感觉必求其迅速。告白之佳者，一字有一字之效，谓之一语千金，不诬也。"

文献	出处	主要观点
《本杂志十二大特色》	《中国实业杂志》第三年第二期（1912年）	"本杂志之告白，除来稿外，皆用最新法，最足惹人注目。"
《广告部广告》李叔同	《太平洋报》1912年4月1日	对最新式广告不遗余力的推动。"本报报头及本报新式广告木戳，皆李君手笔。"《太平洋报》"不愿限制版权"，所载最新式广告之格式花样，"但苟需用，尽可随意募写，转载他报"
《太平洋报广告部广告》	《中国实业杂志》第三年第三期（1912年）	该报所刊广告从表现形式上分为三类：新式广告、旧式广告和简便小广告。新式广告是《太平洋报》大力倡导的重点广告业务，在编排设计上大胆革新，引人注目，广告效果不错，很受客户欢迎。旧式广告沿袭此前的编排设计，从内容及形式上看均无创新，与他报所登类似广告没有什么两样，故刊登费用便宜。简便小广告也是《太平洋报》首创的广告形式，比新式广告简单便捷。因为报纸版面有限，所能刊发的新式广告篇幅受限，而报社新式广告业务又异常繁忙，所以对于部分时效性强的及着急刊登的广告，太平洋报就先登载简便小广告，日后再择机刊登新式广告。"但有必须从速者，当先以简单形式登出，退日再更换各种花样"（《太平洋报》1912年4月23日，《广告部紧要广告》）
《〈太平洋报〉破天荒最新式之广告》李叔同	《太平洋报》1912年4月1日	"广告文"和"排列之方法"都是最新式，这样的广告，才称得上是"破天荒"最新式之广告。①"本报最新式之广告，皆夹入新闻之中，或排列新闻之上下两端，殆合新闻与广告为一体。""使看新闻者，有不得不看广告之势。"②"本报最新式之广告，文字务求简要，排列务求疏朗。""使看报人一目了然，于半秒钟内，能贯通全部广告之大意。"③新奇花样"种类甚多，不胜枚举"。比如，将广告文字"排成种种之花纹"，给广告"添入醒眼之图画"，文图并茂；广告体裁采用"小说式广告"、新闻式广告、电报式广告、杂志式广告。这样做的意图是，让广告能够"引人入胜"。④不时地更换广告样式。最新式广告，"可以随时代撰种种新奇之样式"，可以"隔数日"或"每日"更换
《第十二章告白之文》[美]休曼	《实用新闻学》（上海学广会民国二年出版）	"刊登告白，以继而不辍为贵。"

四、对各类广告的探讨

表 3-3-14　对各类广告的探讨

邮寄广告		
文献	出处	主要观点
《欧美实业家利用广告之法》杨志洵	《商务官报》戊申第十九期（1908年8月21日）	介绍欧美工商业者重视直邮广告形式,不吝花费邮资进行邮寄。"市俄古之各种广告,甚至与邮信并相附送。商店之大者,其邮寄之商品目录,或重至五百钱,每卷一千二百余页。单计此项目录之邮费,已需六十四万弗。"
《美人考求在中国行销货物之法》章乃炜	《商务官报》戊申第二十五期（1908年10月19日）	向国人介绍洋商已广泛使用的邮寄广告销货法。美商在中国行销货物,将货单径寄华人商户。及时高效,针对性强。"多派代理行商,往华地坐控,所有货单,径寄其人,与华商买货者直接"。非独美商,"欧商大率用此法致富"。华商当时还很少使用,"诚以华人尚未解货单买物法也。邮便交易,东方更属寥落"。而且邮寄广告非常适合中国国情,地域广阔,交通不便,比起人员推销来说成本低廉不少
《告白学》李文权	《中国实业杂志》第三年第一期至第六期（1912年）	"投信"。邮寄样本目录,类似于今天的直邮广告

街道及橱窗广告		
文献	出处	主要观点
《利用街道之广告法》（翁长钟,译自《美国工业世界》）	《大中华》1915年11月20日	美国洛杉矶某商店利用街道及橱窗宣传推销商品的故事
《异想天开之广告》（翁长钟译自《美国商业世界新法报》）	《大中华》1915年12月20日	介绍美国某商店,"专售游戏之品",利用橱窗内的四只小犬来招徕顾客

月份牌		
文献	出处	主要观点
《分送月份牌启》	《申报》1885年元月29日（清光绪十年十二月二十四日）	月份牌广告

夹页广告		
文献	出处	主要观点
《〈政府公报〉发行章程》	《政府公报》（转引自戈公振《中国报学史》，中国新闻出版社1985年）	"凡内外官商绅民欲刊印单篇告白，随报附送者，可函告印铸局核定刊登。其附送以本京为限。五行起码，每日五元。六行以外，每行加五角，纸费另加。"单篇告白"就是今天的报纸夹页广告，不印在报纸正文版面上，但是可以随报纸派送。一般由报社收取客户广告费用后，统一印刷，随报发行。此处对"单篇告白"的刊登办法及发行方式、收费标准作了说明

分类广告		
文献	出处	主要内容
《第十三章登载告白》[美]休曼	《实用新闻学》（上海学广会民国二年出版）	"分类之告白（如招请、待请、赁屋、待屋、遗失、待访之类）亦足推广报纸之销路。"
《上海报纸小史》姚公鹤	《东方杂志》第15卷第6号、第7号、第12号（1917年6月、1917年7月、1917年12月）	该文在论述沪报营业部职责时，对当时报纸分类广告作了阐述。"最近各报又有特辟人事介绍栏，以便利人事通信者，如介绍职业、声明遗失、招寻亲友等事。虽略略取费，而其数甚微，则乃公益性质也。"这里讨论了分类广告的内容、收费及性质

虚假广告		
文献	出处	主要内容
《论广告与卖药之关系》李文权	《中国实业杂志》第四年第二期（1913年）	对当时药品广告泛滥和广告言过其实的现象忧心如焚，发出警醒。"广告之文章，大都言过其实。""言过其实之广告，亦有可生奇效之事，但事属偶然，非可视为恒例也。""滥用广告，为欺人计，实则乃自欺耳。"建议病者用药应仔细鉴别良莠，"不可因广告之误而自误之"。特别是对那些"专以广告欺人者，亦在所不免，此则不可不慎"

虚假广告

文献	出处	主要内容
《广告与营业》曼郎	《国货月刊》第一年第五期（1915年12月）	广告应该讲究信用，不能欺骗顾客，否则广告效力难以持久。"广告之收效，亦当以信用为号召。倘以一时机会，而以广告欺顾客，则营业亦必仅一时之稍可而已，不能持久者也。"
《本馆不登美商告白》	《京话日报》第288号（1905年6月8日）	揭露了假洋牌广告

公益广告

文献	出处	主要内容
《上海报纸小史》姚公鹤	《东方杂志》第15卷第6号、第7号、第12号（1917年6月、1917年7月、1917年12月）	公益广告免费刊登。"凡属公共事业"，"其性质便利于公众者"，"送登广告"

五、关于广告费的阐述

表 3-3-15　关于广告费的表述

文献	出处	主要观点
《论商业广告》章乃炜	《商务官报》己酉第二十期（1909年8月20日）	不必吝惜广告费的投资，因为其投入、产出呈正比。"制造家商业家惴惴焉虑广告费之巨，而却步不前者，往往而是。然而产品广告，不绝于目。是必其利与出费足资挹注。否则谁肯掷金虚牝，而虚糜勿顾也。""广告费吝出不如多出。""吝出则一无见效，此费即无所取偿；多出则日久效生，其费即可取偿于此。故欲以少费冀收大利，鲜不亏损。"亦有"所费无几"，而广告颇见"奇效"。因为做广告者具有广告经验。"不在广告费之多寡，而在登广告者于广告事果有经验否耳！"当然，"夫制造家于广告一事，未必尽有经验"，"是皆仰赖于专门者也，于广告何独不可？且经理广告人，得之不甚难，取费亦不巨。凡其代为节省浪费，而使事业日展、销路日畅者，彼皆引为应为之事，靡不殚精为之"

文献	出处	主要观点
《拒约须急设机关日报议》郑贯公	香港《有所谓报》1905年8月12~23日	论述了广告费和办报经费的关系。认为广告费可以补充办报经费的不足。"报费不可不从廉也。尝考外国报纸，其价最廉。故销流最广，微中收利。又借告白费以相助，是以外国报社林立，而报纸之风行也。""以义捐为资本……只设发行与编辑两所，则开办后其订阅费与告白费，可源源接济矣，何孳孳于筹款为？"
《上海报纸小史》姚公鹤	《东方杂志》第15卷第6号、第7号、第12号（1917年6月、1917年7月、1917年12月）	关于"广告收入"的论述。广告费是报馆除了售报之外，主要的大宗收入。报馆经营的好坏，赚钱与否，得看报馆广告经营的好坏。"报馆于售报之外，其大宗收入，本以广告为首。""故报馆营业之盈绌，实以广告之多少为衡"
《皖报章程》	《皖报》创刊号	论前加倍

第四节　朦胧的广告职业化意识

为了适应实践的发展，此时广告职业化开始孕育，从卖报人兼揽广告到报馆和商家设置专职广告部门和人员，都可以从这个时期的文献著作中找寻到蛛丝马迹（见表3-3-16）。

表3-3-16　对广告职业化的相关表述

文献	出处	主要观点
《申报馆条例》	《申报》创刊号1872年4月30日	"苏杭等处地方有欲刊告白者，即向该卖报店司人说明，某街坊某生理，并须作速寄来该价，另加一半为卖报人饭资"。"卖报店司人"就是卖报人，相当于当今的广告代理人。"饭资"就是指广告代理费
《劝广告说》	《台湾日日新报》1900年3月20日	"广告之切要如斯，故欧美国人之机敏者，恒注意于此举。凡商家，莫不置专任广告人，厚给薪水，多用广告费。尔时广告念头，亦随之而发达，如其意匠，其方法，俱甚有可观也。"商家高薪聘请"专任广告人"（专职广告人）来投放广告，是广告人生涯职业化的体现

文献	出处	主要观点
《奉告天津资本家及商业家》宋寿恒	《大公报》1904年8月18~21日	"俗云买货容易卖货难。东西洋各国越数万里，立行于中国，求销货耳。出重资募买办及走街人，以求与买主相通，求销货耳。"此处的"走街人"，就是指广告人，走街串巷叫卖，为商品做广告宣传
《论商业广告》章乃炜	《商务官报》己酉第二十期（1909年8月20日）	广告经验很重要。"凡事总以经验为贵，即如彼说，而有经验者与无经验者相较，其稳当与冒险，已有天渊之别。是以商家藉广告以行销其货者，厥惟经理广告者之有经验是赖。"
《〈太平洋报〉破天荒最新式之广告》李叔同	《太平洋报》1912年4月1日	"特延精通欧美广告术大家主持其事，代撰最新式之广告文，并研究最新式排列之方法。"
《广告部广告》李叔同	《太平洋报》1912年4月1日	"但外埠广告尚未发达，倘有愿任代收广告者，乞达函示，当将代收广告专章、外埠广告价目寄奉不误。"
《第十二章告白之文》[美]休曼	《实用新闻学》（上海学广会民国二年出版）	"而著作告白之文，亦成为一种专门之……斯业术而兼学，以心理学为基础，通达人情者为之，最有效。"
《第十三章登载告白》[美]休曼	《实用新闻学》（上海学广会民国二年出版）	"办报之人，未必即善作告白之人；若是，宜延致一善作告白者在馆，专司其事。凡商家不愿自作告白者，吾即为之捉刀以进之。""告白室中，能聘一画家为报告白者作画尤善。"

文献	出处	主要观点
《嘉兴顾轶庭美术书画广告家》顾轶庭	《中华国货月报》第一年第二期（1915年7月）	专司广告书画、设计制作的"美术书画广告家"作为一个职业已经形成
《广告与营业》曼郎	《国货月刊》第一年第五期（1915年12月）	商店已有专任广告员。"广告之收效如何，则须视作广告者之构意撰句良否而定"。"故一广告员之高下，实有左右营业兴盛与衰败之关系。而商店任用广告员，是不得不审察其学识与经验。"广告员是"一商店之重要人物"，是除了"制造师"和"经理人"之外"重要之主动人员"。"故普通商店而加广告员以各种之牵制，殊非所宜……"
《农商公报特别广告》	《大中华》第一卷第十期（1915年10月20日）或第一卷第十二期（1915年12月20日）或《商学杂志》第一卷第一期（1916年1月10日）封三	"凡本国实业界及外埠各华侨于营业广告送登本报者，一概减收半价，并于本部（指农商部）刊行之实业浅说酌量送登，以资提倡。如欲代撰或加图画，亦可函商"。这段文字也说明了报刊除了是发布广告的媒介之外，其广告部还有代写广告文案，或为广告配图等业务
《上海报纸小史》姚公鹤	《东方杂志》第15卷第6号、第7号、第12号（1917年6月、1917年7月、1917年12月）	广告业务归报社营业部管辖；专业贩报人和外埠分馆在卖报的同时，"近或兼揽广告"

第五节　报刊广告经营观

　　报刊广告是这个时期最重要的广告形式，也在这个时期得到了充分的发展。报社从报馆经营的角度出发对自身报刊广告业务作了探讨。报馆最初的工作是启发国人的广告意识，后来随着报刊广告的发展，报馆又对广告宗旨、业务范围、具体业务模式、广告经验等作了理论上的总结和探讨（见表3-3-17~表

3-3-19）。

一、广告意识启蒙

表 3-3-17　关于广告意识启蒙的表述

文献	出处	主要观点
《遐迩贯珍小记》	《遐迩贯珍》第十二号（1854年12月）	"西方之国，狃卖招贴，商客及货丝等，皆藉此而白其货物于众，是以尽沾其益。苟中华能效此法，其获益必矣。"
《招刊告白引》	《申报》壬申四月初一日（1872年5月7日）	"盖告白一事，西人各国行之历有年，所事无大小，莫不通晓遍谕四达，而天下共知。至如华人往往即通衢大道之中贴于墙上，然多囿于乡邑，未能家喻户晓。始则诧为异闻，继且隐而未见，而高车驷马者不顾焉，杜门不出者不知焉。是我征告白于人，历时未久，有后起者出，反至墨白未分，是非混淆，而后来居上矣。西人之为民下者，亦尝患此久矣，思夫善其术以出之。盖有新闻纸出，而民之情不至拥于上闻矣。我尝念新闻纸之益不止有此一端，而此一端为尤急。"
《劝广告说》	《台湾日日新报》1900年3月20日	申明广告有益，好比是开启"宝藏之库"大门的钥匙。如果重用"新闻广告"，"则其骏业之宏开，利源之广进，当必长享不尽也"。启发当时人们的报刊广告意识
《万国博览会之效果》杨志洵译	《商务官报》戊申第二十期（1908年8月31日）	万国博览会"为世界之广告"
《法国革命报之广告》	《新世纪》第90号（九年三月二十七日）（1909年）	"若以所罚之款，作革命报之广告费观，则其价亦云廉矣。"
《说明装潢之利益》	《中华国货月报》第二期（1915年10月9日）	对陈列及外包装推销功能的认知

二、刊登广告宗旨

表 3-3-18　报刊广告宗旨的表述

文献	出处	主要观点
《本报通告》	《中华国货月报》第一年第二期（1915年7月）	"各界登载广告，效力必甚伟大。如承惠推陈出新之品，于本报宗旨吻合者，尤为特别欢迎，取价格外从廉。"

三、报刊广告业务

表 3-3-19　对报刊广告业务的表述

文献	出处	主要观点
《〈时务日报〉章程》	《时务日报》第一期（1898年5月11日）	"首页开明目录，告白分别门类，以便检览。"这是关于报刊"广告索引"的最早论述。该报对所刊广告分别门类，在头版登载目录，方便读者检索
《本会告白之告白》	《中国实业杂志》第三年第二期（1912年）	对报刊广告文体、报刊广告业务、收费标准等作了详尽的阐述
《〈太平洋报〉破天荒最新式之广告》李叔同	《太平洋报》1912年4月1日	阐述了当时报刊广告部的业务范畴：包括代写广告文案、广告设计制作、广告发布等
《广告部广告》李叔同	《太平洋报》1912年4月1日	"本社广告部近拟编辑《太平洋广告集》，分赠各界。第一编即日付印，以后拟每两月出版一编"。重视自我宣传和积累，通过分赠广告作品集来扩大自身影响，为招揽广告服务
《商业丛话》	《中国实业杂志》第三年第三期（1912年）	凡登告白者，有三要诀：一取先资，二订合同，三觅保人

文献	出处	主要观点
《第十三章登载告白》[美]休曼	《实用新闻学》（上海学广会民国二年出版）	对报馆广告经营如延揽广告、聘请专职广告人、报纸字体、告白画、广告客户等作了详细介绍
《本报通告》	《中华国货月报》第一年第二期（1915年7月）	广告与"本报宗旨吻合者，尤为特别欢迎，取价格外从廉。"

第六节　与广告管理相关的研究

近代中国广告业的持续发展，迫使当政者从监管的角度出发，对近代中国的广告及广告管理展开了研究。他们关于广告及广告管理的观点和研究成果，体现在其所颁布的法律法规中。自20世纪以来，清朝政府、北洋政府及国民政府相继颁布了一些法律法规。尽管这些法律法规中关于广告管理的规定是幼稚的、不健全的，但是说明了一个事实，即近代中国的广告业发展开始纳入法制化的轨道。

1904年8月4日颁布的《商标注册试办章程》是中国历史上第一部商标法规，也是近代中国广告管理的滥觞。该章程对商标注册登记、收费和发照等事项及商标注册管理机构、商标注册申请原则、商标纠纷领事裁判权、外国注册商标优先权、对商标侵权行为的处罚等进行了规定。1923年5月我国第一部内容完整的商标法律《商标法》问世，并成立农商部商标局，对外发布第一号《商标局公告》，这标志着《商标注册试办章程》退出了历史的舞台。

尽管我国古代就已经有以《邸报》为代表的报刊，但是直至近代才有新闻出版法的诞生。在社会各界力量的推动和创办报刊的呼声中，从1906年到1911年清政府先后颁布了一系列新闻出版法律法规。如1906年7月，清政府颁布的《大清印刷物专律》是我国历史上第一部新闻出版法规。《大清印刷物专律》共六章四十一条，虽然没有直接谈论广告监管的条文，但在其某些条文里，包含了与广告监管相关的内容。如"第二章印刷人等"反映了以下的广告监管内容：一是印刷或发卖各种印刷物件，包括广告，必须呈请注册。二是印刷、发贩或分送的各种印刷物件包括广告上，须标明印刷人姓名及营业所在地址。三是印刷人须将所印之物件（包括广告）"详细纪册"备查。四是印刷人印刷各种印刷物件，须呈送巡警衙门和京师印刷注册总局。这里对承印、发贩及分送各类印刷广告作了规定。

"第三章记载物件等"则体现了以下的广告监管思想和内容。"记载物件"主要指报刊，即报刊广告媒介。第三章规定：凡是印刷、销售或分送的各种记载物件，必须呈请注册；凡欲从事记载物件出版发行者，必须向所在地巡警衙门呈请注册，详细说明记载物件名称、出版周期、出版发行人和股东的姓名籍贯及住址与各经理人名址；所出版发行之记载物件，须向巡警衙门和京师印刷注册总局分别呈送一份备案。第三章对报刊广告媒介的设立、销售和分送作了规定。

1906年10月清政府颁布《报章应守规则》，共9条，补充了《大清印刷物专律》在报刊内容监管方面的不足，核心思想就是"八不"，即禁止报刊载八类内容的文章，如"不得诋毁宫廷""不得妄议朝政"等。

1907年8月，清政府颁布《报馆暂行条规》，共10条，大部分内容与《报章应守规则》相似。但在报馆开设方面，规定却更加严格，其将《大清印刷物专律》中的注册登记制改变为批准制。

1908年，清政府仿效日本新闻条例制定了《大清报律》，共45条，规定了创办报刊的注册登记制、保证金制以及事前检查制。特别是第7条规定的报刊出版前必须送巡警官署或地方官署查核的内容，是我国最早的新闻检查制度。

中华民国成立后，于1912年3月颁布《民国暂行报律》三章，"希报界各社一律遵守"。因遭受到各地报界的一致反对，从善如流的临时大总统孙中山遂下令取消了《民国暂行报律》。从3月4日颁布到3月9日取消，《民国暂行报律》仅仅存在了6天时间。民国初年营造的相对宽松自由的新闻环境，给民初的中国新闻事业带来了短暂的高潮。袁世凯统治期间，对自由新闻体制不择手段地进行扭曲和破坏，造成了历史上有名的"癸丑报灾"，中国新闻事业的发展受挫，跌落低潮。袁世凯颁布的法律法规中涉及广告监管的主要有《内务部核定告示广告张贴规则》《出版法》《内务部通咨各省报纸批评图画广告等项时涉淫亵应设法劝戒文》。

《内务部核定告示广告张贴规则》颁布于1912年3月8日，共计12条，这是迄今所见的我国第一部户外广告法规。该规则对户外广告的监督作了详细的研究和规定：内容包括指定张贴处、分类张贴、户外广告的规格、张贴办法及期限、张贴处的选择和设置要求，以及规则的适用范围等。由此，特别是该规则关于告示及户外广告的分类，将"公署局所"告示和学堂广告被视为告知性的非以赢利为目的的广告，与商业广告相并列。类似于我们今天的广告二分法。该规则体现了当时政府对户外广告及告示的重视、认识程度和研究的水准，是近代中国最早的户外广告法规。

1914年袁世凯颁布《出版法》，共24条，直至1926年废止。其中第10条至第12条涉及了广告监管的内容。第10条规定：广告等类之出版物，"遇有违反第11条、第12条之规定时，仍依本法处理之"。第11条规定了8种情形的内容不得出版。第12条对在国内出售或散布外国发行之文书图画作了规定。这里对广告等类出版物涉及的内容作了禁止规定。该法的颁布是出于政治目的，为了麻痹当时国人的思想，控制新闻舆论，实行独裁统治。但也从另一个方面说明当时政府将广告监管视角触及了社会公序良俗的层面，表现出广告对社会影响的关注。广告的社会影响，在当今实际上属于广告伦理学的研究范畴。

正如北京大学刘曙光所言，"从学科发展的一般规律来看，任何一门学科都有一个孕育、形成、发展和成熟的过程，也就是说，任何一门学科的产生都要经过一个较长时间的积累过程，这一由量的积累到质的飞跃的过程大体要经过三个阶段。首先出现的是关于某一学科对象的零散知识，这些知识往往同其他多门学科知识混杂在一起，而且是真假共存，鱼目混珠；其次出现的是具有一定系统性的知识体系，即关于某一学科对象的理论；最后，当某一学科对象的真实的、完整的理论体系出现的时候，这门学科也就诞生了"。●

综合本章的内容分析，1918年之前的近代中国广告学正好处于第一个阶段，即广告学的准备时期，为即将诞生的广告学作好了充分的准备。

● 刘曙光：《学术史与思想史关系的讨论及其反思》，《云梦学刊》2006 年 4 期。

第四篇
中国近代广告学的建立
（1918—1937）

　　近代中国广告学的建立，其最根本的动因是工商业及广告实践活动的发展。辛亥革命后的几年，中国新闻事业获得了短暂的繁荣，"短短二、三年内，报刊从 500 多家发展到 1000 多家"。[1]虽然后来历经了袁世凯黑暗统治时期的"癸丑报灾"，饱受摧残的中国新闻事业依然获得了长足的发展。为了宣传新思想、新文化，反对旧思想、旧文化，五四新文化运动期间，新创办的报刊如雨后春笋般出现。据统计，仅五四前后的一年中，"在各地新出版的报刊约有 400 种之多"。[2]这些报刊都比较重视报刊经营及广告刊登。报刊数量的持续增加，为报刊广告的刊载提供了有力的载体，报刊的发展促进了报刊广告的发展。经济上，辛亥革命后，若干有利于振兴实业的政策法令的颁布及舆论宣传，推动了民族工商业的发展。特别是第一次世界大战的爆发，列强忙于战争，无暇东顾，中国民族工商业获得了短暂的发展。中国民族工商业在日常经营和与洋商竞争的过程中，广告意识不断增强，开始关注广告的研究，重视广告的刊登。广告业依附社会经济，近代中国资本主义工

---

[1] 杨海军：《中外广告史》，武汉大学出版社 2006 年版，第 132 页。
[2] 杨海军：《中外广告史》，武汉大学出版社 2006 年版，第 148 页。

商业的发展，直接促进了当时广告活动的开展。民族工商业的进步和广告活动的发展，对广告人才提出了迫切的需求。而新闻事业的发展，报刊数量的增加，也对专门新闻人才（包括懂报刊广告经营的人才）的渴求。

上述情况，使得近代中国广告教育的产生成为可能，使得近代中国广告学术研究的专门化成为可能。再加上前广告学时期，国人广告意识的初步觉醒，对广告研究所作的理论上的探索，以及新文化运动时期各种新思想、新文化的涌入与汉化，人们的思维和眼界空前开阔。在这样的一个大的时代背景下，与其他诸多学科一样，近代中国广告学在如此丰富多彩的年代，开始了自身的构建。

任何一门学科的形成都会经历一个渐进的发展过程，都会有诸多标志性的事件。被大学定为课堂上讲授的内容、构建了独立的学科体系、学科意识的明确，是一门学科建立的必备条件和标志。广告学历经前学术时期的积累，自 1918 年开始，已经具备上述三个条件。这标志着广告学作为一门独立的学科已在古老的华夏大地上建立。而 1918 年这一年，是广告史非常具有纪念意义的一年。1918 年，第一个广告学术团体诞生；1918 年，第一本广告专著出版；1918 年，独立的广告学学科意识明确了。因此说，1918 年堪称近代中国广告学的学术元年。

第一章　广告教育的滥觞与发展

广告学形成的一个重要标志，是高等学府将广告学作为一门独立的学科列入课堂教学内容。这样一来，不仅使得越来越多的人来学习广告学，研究广告学，并且将所学知识运用于广告实践中，而且还能进一步明确广告学的学科意识，让人们知道广告不只是经营"术"，广告也有"学"。

教育救国思潮勃兴于清末，发展于民国初年，是近代中国现代教育机构产生与发展的重要思想基础。教育救国论者尝试着建立一套不同于传统教育的近代教育体系，1903年清政府颁行了"癸卯学制"，第一次将西方近代学制引入中国。民国初年，教育救国论者积极投身教育，兴办初、中、高级多层次、多规格的大学、专科学校、函授学校、补习学校、夜校等，实业教育尤其受到重视，"教育为实业之先导"，"实业为教育之中心"❶，大力培养农、工、商人才。除了上面所说的学校教育，职业教育也作为西方教育的一个组成部分被引入中国，且发展迅速。广告教育是近代中国新式教育体系的一个组成部分，深受那个时代教育大环境的影响，留下了鲜明的印记和特征。研究那个时期的广告教育，离不开对当时社会及教育背景的把握。

第一节　新闻教育中的广告教育

这个阶段，广告教育已经走进课堂，成为学校教育内容的一个组成部分。但广告教育多数依托新闻教育，被作为新闻学或报业经营课教学和研究的一个重要补充。

1918年10月，北京大学新闻学研究会正式成立，这是我国历史上第一个新

---

❶ 黄炎培：《学校教育采用实用主义之商榷》，《黄炎培教育文选》，上海教育出版社1985年，第14页。

闻学术团体和教育机构。该研究会曾举办两次培训班，培养会员一百多人。蔡元培任会长，徐宝璜和邵飘萍任教授。广告是报业经营的重要组成，虽说是一个新闻学研究团体，依然将广告学作为新闻学研究和教育的一个重要组成部分。所以说，北京大学新闻学研究会也是中国第一个广告学教育和研究团体。北京大学是中国广告教育的发源地，虽然北京大学成立的新闻学研究会只是一个学生团体，每周一次进行两三个小时的演讲，但它毕竟是近代中国广告学教育和研究的滥觞。

20世纪二三十年代，是近代中国广告教育的发展阶段。全国各地的高等学堂及各类学校纷纷设立报学系或新闻系，培养报业经营和新闻人才。广告学被作为一门独立的学科或报业经营的组成部分列入了课堂教学的内容。

1920年，上海私立教会大学圣约翰大学设立报学系（后改称新闻系），由美国密勒氏评论报主笔毕德生（D.Paltterson）兼任教师，讲授新闻史、新闻原理、广告等课程。这是中国第一个开设新闻系的大学。

1922年7月，由"中国人创办的第一个新闻学科"厦门大学新闻学部成立。1923年4月，厦门大学进行学科调整，将"新闻学部"改为"新闻学科"，孙贵定任学科主任。1924年6月，新闻学科又改为新闻学系，直至1926年1月宣布停办（此处采用了毛章清的研究成果，详见毛章清《戈公振〈中国报学史〉勘误补遗——厦门大学早期新闻教育考析》，《新闻与传播研究》2003年第2期）。此说与戈公振的观点不同。戈公振认为1921年厦门大学创办之初设立"八科"，报学科是其中之一。1922年冬季，学校聘请孙贵定为报学科主任。1923年即民国十二年，"发生反对校长风潮，教授九人与全体学生，宣言离校，赴沪创设大夏大学。于是幼稚之厦大报学科，遂成昙花一现"。❶

1922年，杭州之江大学报学科成立，开设英文报学科目。

1923年，北京平民大学新闻系正式成立，聘请北京大学教授徐宝璜担任主任，北京国闻通讯社社长吴天生及《京报》社社长邵飘萍担任教授。所开设的课程中，与广告学相关的科目有《广告学》。

1924年，燕京大学报学系成立（后改称新闻系），美籍教授白瑞登（R. S. Britton）担任系主任，1927年因经济困难停办，1929年重新恢复办学。该校开设的广告课目是《广告原理》（含广告制作、广告推销等课程）。

---

❶ 戈公振：《中国报学史》，商务印书馆1928年第2版，第276页。

1925年底，上海南方大学报学系和报学专修科成立，《广告原理》是该系学生必修的三大主课之一，另两门课分别是《报学历史与原理》和《访事》（即采访学）。

1925年夏天，上海国民大学开设新闻系及新闻专修科，由戈公振负责，《时事新报》总编辑潘公弼担任《报业管理与广告经营》的授课教师。

1926年，上海光华大学新闻系成立，开设"新闻学"和"广告学"两科，汪英宾任教授。

1926年2月，复旦大学中文系设立新闻学组，1929年9月复旦大学新闻系正式成立，谢六逸任系主任，开设了《新闻广告研究》和《新闻广告图案》等课程。

1931年，上海沪江大学商学院设立新闻学科，1923年扩大为新闻学系，把《广告学》作为其选修课之一。

1933年，北平民国学院新闻专修科成立，所开设的诸多课程中，也有《广告学》这门课。

在新闻职业学校中，广告学也被作为一门重要的课程来讲授。

1928年，由广州新闻记者联合会主办的中国新闻专科学校成立，谢英伯任校长。这是中国第一所新闻专科学校，为三年制，在第一学年和第二学年的课程设置中，均有广告学这门课。

1933年1月，上海《申报》创办申报新闻函授学校，连续开办4年，学员最多的时候达到500人。《广告学》是该校10门必修课之一。

1937年，山东济南市私立中华新闻补习学校成立，创办人是李寿庭，学校分为本部和函授部，函授部招收外地学员。《广告学》课是该校重要的课程之一。

1939年，中国青年记者学会香港分会在香港创办了中国新闻学院，负责人是郭步陶，到1941年12月停办。该校的课程设置中，也包括了《广告学》这门课。

第二节　职业学校、商科学校中的广告学教育

除了上面所说的新闻教育中的广告学教育，广告相关课程还走进了全国各地、各种类型的职业学校的课堂。1917年5月留美学生、曾任申报馆旅行记者的黄炎培在创办近代中国第一个省级职业教育研究团体江苏省教育会职业教育研究会的基础上，又在上海发起成立了中华职业教育社，会员中不乏张謇、史量才、张元济等工商界和报界名人。1918年9月，由中华职业教育社创办的中华职业学校成立，主要为工商业界培养中级技术、管理人才的全日制职业中学，从

此拉开了职业教育的序幕。此后，职业学校纷纷在全国各地创办，它们重视培养各个行业如工商业的应用人才，商科被列为主要科目之一，广告学是商科学生必修的一门基础理论课程之一。商科学科大致分为三类：一是普通技能，如商业常识、地理、数学之类；二是商业技能，"如簿记、统计、（制图表）广告画之类"❶；三是商业理论，"如经济学、理财学、会计学、广告学之类，重在理解、偏于用脑，为经理及各部主人所需之学，亦即是高等程度之学科，修习此类书者，当自信有领袖之才干……"❷职业学校、商科学校的广告学课程以学习广告基础理论和广告画方面的内容为主。关于19世纪二三十年代职业学校广告课程的开办情况可以参见表4-1-1，商科学校广告教科书情况见表4-1-2。

表4-1-1　19　世纪二三十年代职业学校广告学课程开设的情况❸

校名	专业	专业开设时间	课程名称	学年学期
中华职业学校	商科	1918年	广告	第三学年第一学期
工商补习学校	商科	1920年	广告	第三学年第一学期
江西省第二职业学校	初级商科	1923年	广告画	第二学年
余姚私立诚意商科职业补习学校	初级商科	1924年	广告	第三学年
杭州私立初级女子家事商业职业学校	初级商科	1924年	广告学广告画	第一学年第二学年
山东省立第二职业学校	初级商科	1925年	广告学	第三学年
江苏省立上海中学	高级商科	1927年	广告学	第二学年
嘉兴县立初级商科职业学校	初级商科	1927年	广告画广告学	第一二三学年第三学年
鄞县县立商业职业学校	高级商科	1927年	广告学	第三学年
江苏启明职业补习学校	广告科	不详	不详	不详

有关此类学校商科所学的广告学方面的课程，在一份上海商业补习教育会委托黄炎培主持的调查报告中，作了详细记载，可作参考。

---

❶ 潘文安：《对于商业教育之最近感想》，《教育与职业》1924年第57期，第418页。
❷ 潘文安：《对于商业教育之最近感想》，《教育与职业》1924年第57期，第418页。
❸ 陈培爱，杜艳艳：《五四时期广告教育与广告学研究初探》，《新闻与传播研究》2010年第4期，第72页。

表 4-1-2　商科学校广告学教科书一览[1]

类别	书名	编著者	出版者	定价	评语
广告术	《广告须知》	甘永龙	商务印书馆	四角	言理亲切译笔明达
	《新广告学》	李培恩	商务印书馆	三角	文字浅显内容概简
	Printer of Advertising	Pitman	伊文思书局	一元三角	简要明确初学适用
	How to Teach Advertising & Selling	Opdycke	中美图书公司	五角	条理分明繁简得当
卖货术	《新式贩卖术》	华文祺	商务印书馆	六角	议论详明
	《销货法五百种》	蔡文森	商务印书馆	六角	方法切实可行译笔浅显易读

除了专门开设的广告学课程，在职业学校和商科学校的商业概论、商业经营等课程中，也涉及了广告方面的内容。如商务印书馆1916年出版的盛大珣编著的《商业实践》教材，在第四编"媒介与商业"中，对广告基本理论作了介绍。1917年商务印书馆出版的范彦编著的《商业科讲义》中，在"推广经营法"部分就讲到了广告学方面的内容。

一些夜校及函授学校也开办了广告类的课程。例如，1920年7月10日的《东方杂志》上就刊出了一则某国际学校英文版的招生广告。大意是说广告在中国是一个新兴的行业，非常需要广告方面的人才，参加学习后不用担心找不到高薪的工作。夜校及函授学校在推动中国近代广告学研究和广告教育的发展方面发挥了一定的作用。

第三节　近代广告教育的特征

据统计，近代中国曾先后出现过82所从事过新闻教育的机构，参见表 4-1-3[2]。

[1] 黄炎培，刘树梅：《商科应用书报之一斑》，《教育与职业》1922年第36期，第10-12页。转引自陈培爱，杜艳艳：《五四时期广告教育与广告学研究初探》，《新闻与传播研究》2010年第4期，第71页。
[2] 本书是从新闻传播学视角研究广告学的生成，故此处没有将非新闻教育中的广告学教育情况的资料统计在内。数据及表格系根据李秀云的研究成果进行整理，详见李秀云《中国新闻学术史（1834—1949）》，新华出版社2004年版。

表 4-1-3 近代中国出现的 82 所从事过新闻教育的架构

序号	时间	地点	教育机构	首任负责人	备注
1	1918	北京	北京大学新闻学研究会	蔡元培（会长）	中国新闻教育之嚆矢。1920年开始在政治系四年级开设选修课程
2	1920	上海	圣约翰大学报学系	毕德生（D.D.Patter-Son)，武道(M.E. Votan)	1924年武道任主任。1942年停办，1947年恢复，1952年并入复旦大学新闻系
3	1921	长沙	湖南自修大学新闻学科	毛泽东	培训班性质。湖南自修大学是中国共产党在长沙创办的最早的一所干部学校
4	1922	厦门	厦门大学新闻学部	孙贵定（主任）	1923年4月改"新闻科"，1924年6月改"新闻学系"。1926年1月停办
5	1922	杭州	杭州之江大学报学科		在文科开设英文、报学科目，讲授英文刊物写作
6	1923	北京	平民大学新闻学系	徐宝璜（主任）	1922年，该校创立之初就规定有新闻系，1923年，第一届预科毕业，该系正式成立
7	1923	上海	大夏大学新闻系		厦门大学发生反对校长风潮，教授与学生离校，赴沪创办大夏大学
8	1924	北京	燕京大学新闻学系	白瑞登（R.S.Britton）	1927年停办，1929年恢复
9	1924	北京	国立法政大学新闻系	邵飘萍	《新闻学总论》作为讲义
10	1924	北京	国际劳动大学新闻系		
11	1924	北京	新闻大学	章秋白创办	
12	1925	上海	上海南方大学新闻学系及新闻专修科	汪英宾（主任）	
13	1925	上海	上海新闻大学函授科	周孝庵	

序号	时间	地点	教育机构	首任负责人	备注
14	1925	上海	上海新闻专修函授学校		上海文化界人士创办，不收学费，6个月为一期
15	1926	上海	上海光华大学新闻学系		开设"新闻学"与"广告学"两科，由圣约翰大学师生所组织，汪英宾任教授
16	1926	上海	上海国民大学新闻学系及新闻专修科	戈公振	
17	1927	广州	中山大学		1927年至抗战发生期间曾开设"新闻学概论"等课程
18	1928	广州	中国新闻专科学校	谢英伯（校长）	广州新闻记者联合会主办
19	1928	上海	上海民治新闻学院	顾执中	1932年起改为民治新闻专科学校。第一届学生中有大学毕业生，还有一位留美博士
20	1929	上海	复旦大学新闻学系	谢六逸（主任）	
21	1929	上海	沪江大学商学院	汪英宾	1931年与《时事新报》合办新闻学训练班、新闻学科。1932年秋新闻科扩大为新闻系
22	1931	济南	济南新闻函授学社	王笑凡（校长）	
23	1932	上海	上海新世纪函授社新闻函授科	黄天鹏	内分本科、选科、研究三类。黄天鹏编著教材《新闻学概要》，后来列为中华书局百科丛书之一种
24	1933	北京	北平新闻专科学校	成舍我（校长）	1933年4月20日建立❶。1942年更名为世界新闻专科学校
25	1993	上海	申报新闻函授学校	史量才	连续办了四年，学员最多时达五百人

❶ 一说法是 1933 年 2 月，见周靖波：《成舍我的业绩人》，《报海生涯——成舍我百年诞辰纪念文集》第 14 页，新华出版社 1998 年 8 月。此处采用成舍我的说法，见成舍我：《我所理想的新闻教育》，《报学季刊》第 1 卷第 3 期，1935 年 3 月 29 日。

续　表

序号	时间	地点	教育机构	首任负责人	备注
26	1933	上海	上海商学院新闻专修科	赵君豪	
27	1933	北京	北平民国学院新闻专修科	曾铁忱	修业年限二年。1933年夏，改由吴秋尘负责，后由张友渔主持。
28	1933	北京	世界报社		开设训练班，如报业管理班、复式簿记电讯班、译电内外广播班
29	1933	北京	北平大学法学院新闻系		
30	1933	上海	江南学院新闻专修科		
31	1935	南京	中央政治学校新闻系	程天放任系主任，实际由马星野主持	1934年，该校在外交系内开设新闻学概论选修课，由马星野主讲。1935年设新闻学系。1940年与中宣部合办新闻专修班，1941年举办新闻专修科。1943年中国第一个新闻学院中央政治学校新闻学院成立。1946年❶该校与中央干部学校合并改组而成立国立政治大学，并建立国立政治大学新闻系
32	1935	苏州	苏州新闻专科学校	范烟桥	
33	1936	上海	上海群治大学新闻系		
34	1937	上海	中国新闻学函授学校	顾执中	
35	1937	上海	新中国大学新闻系	卢锡荣	

---

❶ 对此学界说法不一。方汉奇在《新闻史的奇情壮彩》（华文出版社 2000 年 3 月）第 258 页注明"中央政治大学新闻学院"的创办时间为 1943 年。而曾虚白主编的《中国新闻史》（台北三民书局 1984 年 1 月第 5 版）第 689 页则指出："中央政治学校……三十七年（1948 年）四月，与中央干部学校合并为国立政治大学。"这一说法明显有误。1947 年 5 月 20 日出版的《新闻学季刊》第 3 卷第 1 期封面已经注有"国立政治大学新闻学会主编"字样。本表采用《中国新闻事业通史》（方汉奇主编，中国人民大学出版社 1996 年 5 月）第 2 卷第 1090 页的说法。

序号	时间	地点	教育机构	首任负责人	备注
36	1937	济南	山东济南市私立中华新闻补习学校	李寿庭	学校分本部与函授部，函授部招收外地学员
37	1938	北京	国立北京外国语专科学校		开设新闻学课程
38	1938	上海	上海法政学院新闻专修科	李南芗	后改名新闻系，李南芗任主任，恽逸群为幕后主持人。因抗日，学生遭受威胁，1939年7月停办
39	1938	上海	中华第四职业学校新闻科	瞿绍伊	
40	1938	上海	华美新闻专科学校		
41	1938	武汉	武汉大学留日归国训练班新闻组	谢然之	军中新闻教育之开始
42	1938	重庆	中央新闻专业专修班	潘公展	
43	1938	桂林	战时新闻工作讲习班	陈纯粹	中国青年记者学会南方办事处举办
44	1938	天津	天津高级职业函授学校新闻系	郝梦侯（主任）	分新闻、国文、国医三系。郝梦侯曾任中文《京津泰晤士报》主笔
45	1939	延安	中国女子大学		开设新闻班
46	1939❶	重庆	重庆军事委员会政治部中央训练团新闻研究班		抽调军队方面人员训练编辑"阵中简报"。后政治部改组，该班改为"军中文化工作人员训练班"。1943年起，在训练班中设新闻系，诗词家易君左担任主任教习
47	1939	香港	中国新闻学院	郭步陶	中国青年记者学会香港分会创办。1941年12月停办

❶ 参见袁昶超：《中国的报学教育》，《报学杂志》第 1 卷第 5 期，1948 年 11 月 1 日。另一说法为 1940 年，方汉奇：《新闻史的奇情壮彩》第 258 页。

序号	时间	地点	教育机构	首任负责人	备注
48	1939	上海	益友新闻研究班		
49	1940	北京	北京育青女子职业学校		开设新闻学课程
50	1940	北京	中华新闻学院	管翼贤	日伪新闻教育机构。中华通讯社主办
51	1940	上海	现代新闻专科学校	蒋同	
52	1942	广州	广州国民大学新闻系	黄轶球	第二年袁昶超继任系主任。后该系分别撤退到开平和香港，港校再度撤退到曲江。抗战胜利后由陈锡余主持
53	1942	上海	上海自修大学新闻专科	袁殊	课程班性质。袁殊创立的一所以社会失学青年为对象的"自修大学"，设新闻学与会计学两个专科，恽逸群任教务长，学生学习《新中国报》上刊登的讲义，并寄回试题答案，成绩合格者可获得毕业证书
54	1945	四川壁山	国立社会教育学院新闻系	俞颂华	后迁苏州拙政园。1947年，俞颂华病逝，改由马荫良主持。1952年停办
55	1945	上海	上海中国新闻专科学校	陈离佣	储玉坤、陈高佣、费彝民、陈训念、詹文浒等联名发起创办。储玉坤担任教务长。特别开设研究科，招收全国大学毕业而有志于新闻节业的青年。
56	1945	上海	上海之江大学新闻系	詹文浒	当时詹文浒初任《新闻报》总经理，请储玉坤代理主持新闻系
57	1945	重庆	重庆新闻职业学校	王抡植	

续　表

序号	时间	地点	教育机构	首任负责人	备注
58	1946	上海	上海暨南大学新闻学系	冯列山	由文法学院学生组织的"新闻学研究会"发展而成。次年由詹文浒兼任主任。1949年停办
59	1946	北京	清华大学中国文学系		开设"新闻学概论"课，聘请燕京大学新闻系主任蒋荫恩兼任教授
60	1946	南京	国防部新闻局新闻人员训练班	邓文仪等	
61	1946	张家口	华北联合大学新闻系	罗夫、杨觉	
62	1946	淮阴	华中新闻专科学校	范长江、恽逸群	在解放区设立最早的一所新闻职业学校。1949年4月，迁至无锡，改为苏南新闻专科学校。至1950年3月，先后办4期
63	1947	胶东	华东新闻干部学校	恽逸群（校长）❶	后迁鲁南。抽调各报社和新华社的部分干部进修
64	1947	上海	上海文化函授学院新闻学系		
65	1947	重庆	南泉新闻专科学校	王抢楦	
66	1947	重庆	西南学院新闻系	谭松寿	专科新闻系
67	1947	上海	中华新闻函授学社	杜绍文	
68	1947	香港	香港达德学院新闻专修科	萨空了	教授多为实干出身的名记者
69	1947	延安	延安大学新闻班		

❶ 表沿袭了顾雪雍的说法："华东新闻干部学校，由恽逸群任校长，包之静任副校长，谢冰岩任教务长。"见《奇才奇闻奇案：恽逸群传》第304页，上海人民出版社1996年10月。另一说法为"华东新闻干部学校，由匡亚明、包之静担任正副校长"。见林麟：《华中新闻职业学校》，《新闻研究资料》总第26辑，中国社会科学出版社1984年7月。有待进一步考证。

续 表

序号	时间	地点	教育机构	首任负责人	备注
70	1948	济南	济南新闻学校	恽逸群	学校分预科、本科两班。教学和辅导人员都由《新民主报》人员兼任
71	1948		新华社新闻训练班	梅益	1949年新华社在香山举办第二期新闻训练班时，陈翰伯任班主任。1949年10月改为北京新闻学校，1950年10月停办
72		开封	开封建国中学附设新闻记者训练班		
73		上海	中国公学		设有新闻学讲座
74			华中建设大学新闻训练班		
75		平山	平山新闻干部训练班		
76		河南	中原大学新闻系	谢冰岩	华东新闻干部学校的部分学员，参加由谢冰岩率领的新闻大队，在河南省参加报社工作，并创建了中原大学新闻系
77		香港	香港生活新闻学院		
78		香港	香港新闻函授学校		
79		南京	中央大学国文系		开设新闻学课程
80		北京	辅仁大学经济系		开设新闻学课程
81		广州	中华文法学院新闻学系	廖英鸣	
82		重庆	建国新闻专科学校		

在这82所教育机构中，创办于1918年至1935年间的有32所，创办于1936年

至1949年间的有39所，另有11所新闻教育机构的创办时间不详。这些教育机构在举办新闻教育的同时，绝大多数将广告学作为新闻学的重要组成部分引入了课堂。为了研究当时的广告学教育状况，我们必须从研究新闻教育机构的相关情形入手，来管窥那个年代广告学教育和研究状状。为了方便研究起见，也因为年代久远，部分教育机构的详细资料缺失，本书暂且推定这82个教育机构，都曾经开设过广告学的课程，将其视为广告学教育机构。接下来，对近代中国的广告学教育情况，作一个详细的研究。

一、从地域分布来看

1918年至1935年，广告学教育机构的开设地，主要在北京（10家）、上海（14家）、长沙（1家）、厦门（1家）、杭州（1家）、广州（2家）、济南（1家）、南京（1家）、苏州（1家）。1936年至1949年，广告学教育机构的创办地点主要有：北京（5家）、上海（15家）、济南（2家）、胶东（1家，后迁鲁南）、武汉（1家）、重庆（6家）、桂林（1家）、天津（1家）、延安（2家）、香港（4家）、广州（2家）、四川璧山（1家）、南京（2家）、张家口（1家）、淮阴（1家）、开封（1家）、平山（1家）、河南（1家）等。由此可见，广告学教育机构的开设，从建立到发展，呈现了从东部、沿海地区、大城市向西部、内陆城市及中小城渗透的现象。广告学教育机构数量的多少，与当地是否为政治、经济及文化中心有关，北京、上海、重庆、香港、南京、广州、济南、延安、天津、桂林、武汉等，都是当时全国或各省的政治、经济、文化中心。而且广告教育机构的设立，也呈现从政治、经济、文化发达的沿海向欠发达的内陆地区渗透的现象。另外，广告教育机构的数量主要取决于新闻事业的发达水平。北京和上海是近代中国新闻事业最发达的城市，也是近代中国广告教育最发达的城市，北京有广告教育机构15个，上海有广告教育机构29个。新闻事业发达的地方，报刊数量多，对专业人才的需求量大。对大量专业新闻人才的迫切需求，使得新闻教育机构应运而生。这些新闻教育机构，大多把广告作为新闻学和报业经营不可缺少的组成部分，并开设了相应的广告学课程。因此说，这些机构也同时是广告教育机构。一个城市或地方，其新闻事业的发达水平，决定了该地方广告教育机构数量的多少，也反映了广告教育和研究的繁荣程度。

二、从办学性质看

在近代中国的82所广告教育机构中，从办学性质看，可分成三类：一是高等院校，二是新闻职业学校，三是各种培训班。

高等院校的广告教育通常设置在报学系（科），新闻学系（部、科），新闻系，新闻专修科，也有设置在其他系科的，如商学院（沪江大学）、中国文学系（清华大学）、经济系（辅仁大学）、国文系（中央大学）等。独立开设广告学专业的院校非常少，本书掌握的仅有1926年上海光华大学新闻学系开设了"新闻学"与"广告学"两科，这是近代中国第一家独立设置广告学专业的高等院校。

从课程的设置看，高等院校、新闻事业学校和各种培训班的课程设置均不相同，即使同为大学或职业学校，所开设的课程也是千差万别的。但基本上，大学重视理论人才的培养，职业学校强调技能型人才的培养，各种培训班针对的是在职人员的培训。

从各校开设的具体课目分析，它们都十分注重通才教育和专才教育相结合。各校培养通才的课程是文、史、哲、政、经、法律等普通文化课，培养专才的课程是新闻专业类课目，包括广告学教育。有些学校不单独开设广告学的课程，而是将广告学放到报业经营与管理类的课中一并讲授。如上海法政学院新闻专修科，强调技能型报业人才的培养，所设置的10门课程中，除了"国文"和"日语"两门课外，其余8门均是新闻专业课，如新闻编辑、新闻采访、副刊、报纸经营与管理、新闻评论、速记、电讯、写作，在"报纸经营与管理"课中教授广告学内容，没有单独开设广告学课程。

可见，绝大部分院校都单独开设广告学课程，从事广告学教育。少数院校未单独开设广告类课程，而是将广告类知识纳入报馆及报纸经营管理类课程中讲授。而且各校所设的广告类课程，侧重点也不一样。如北京燕京大学新闻系开设的是广告原理（含广告制作、广告推销课程）、上海复旦大学新闻系开设了新闻广告研究和新闻广告图案两门课目，前者侧重广告理论与业务，后者侧重报刊广播类新闻媒介广告。难能可贵的是，当时各校的教学方式也呈现多样化，除了课堂讲授之外，还十分重视课外的学术交流活动，如举办新闻讨论会、茶话会、系友会、世界报纸展览会、报界名家演讲会等，既活跃了校园气氛，也开阔了学生视野，增强了专业学习的兴趣。

从1931年到1937年，燕京大学新闻学系共举办了六届"新闻学讨论周"活动，延请报界名人来校讲演。先后到校演讲和参与学术讨论的报界名人有：成舍我、张恨水（《世界日报》），萨空了（《北平晚报》），戈公振（《申报》），沈颂芳（《新闻报》），胡政之（天津《大公报》），安怀音（《华北日报》），徐凌霄（上海《时报》），等等。

复旦大学新闻系则组织季友会、报界名人演讲会、报展、"新闻晚会"及创建新闻学研究室等形式，来丰富学生的课外学术交流活动。而且复旦大学非常注重学以致用，新闻系本科生，前三年在校学习理论课，第四学年安排实习与考察。其用整整一年的时间，让学生参与社会实践，使得学生毕业后就能更快地融入社会，提高了学生的新闻实践能力。

学生根据所学专业和个人兴趣，有针对性地参与到报刊各个环节的实践。在实践中巩固所学知识，学以致用，提高了学生的理论知识和实践能力。这是复旦大学新闻系一种创新的教学方式，是该校广告学教育和新闻学教育的一大创举。

三、从创办者情况分析

这82所教育机构的创办者中，有机构、有个人；有中国人、有外国人；从创办者或负责人的社会角色看，由教育界人士、报界人士、文化界人士、政界及军方、新华社、爱国民主人士等构成，以报界和教育界居多，并为核心。说明报刊的发展，对专业人才的需求日益增加，于是第一线的许多报人创办了教育机构来培养人才。广告业务是报业经营的一个重要组成部分，教育机构在培养新闻人才的同时，把广告人才作为必不可少的部分，在力培养广告人才。

总之，近代广告教育与新闻教育关系密切。广告教育依附新闻教育。广告是报刊经营的重要组成部分，报刊的迅速发展，对新闻采编人才的需求日益迫切，对报刊经营包括广告、发行方面的从业人员也提出了更高的要求。以报业和教育界人士为核心，近代中国先后创办了各种形式的教育机构82家。这些机构在传授文化知识、新闻专业理论的同时，也传授了广告学的知识，广告理论成为培养新闻专业人才的必备学科。当时对广告的认识，虽然已上升到了学的层面，但更多的是停留在报业经营和广告学基本知识介绍的传输上，以启蒙和为报刊经营服务作为特点，因此，对广告学的研究尚十分粗浅。

各教育机构"各自为政"，缺乏统一的课程设置和教学目标。就广告学来说，大部分院校新闻专业均单独开设广告学课程。少数院校虽未单独开设广告学课程，但在新闻学、报业及报纸经营管理类的课程中安排了相关的广告学知识的内容。将广告学作为新闻专业人才和报业经营人才所必备的理论，并独立开设广告学专业的院校更加凤毛麟角。仅见1926年上海光华大学新闻学系，下设"新闻学"与"广告学"两科，由汪英宾任教授。虽说近代中国广告学教育肇始于

1918年北京大学新闻学研究会，但此后，1920年上海圣约翰大学报学系、1922年厦门大学新闻学部、1922年杭州之江大学报学科、1923年北京平民大学新闻学系、1924年北京燕京大学新闻学系、1925年上海南方大学新闻学系及新闻专修科等，都开设了广告学课程。到1926年，上海光华大学广告学科成立，将广告学和新闻学相提并论。由此可见，近代中国广告教育历经了一个渐进的过程。大学培训（依附新闻学），到大学单独开设广告学课程，再到大学单独成立广告学专业的三个阶段，标志着广告学学科意识的不断觉醒及广告学教育和研究的不断深入。

近代新闻教育机构的出现，推动了广告教育和研究的诞生与发展，更进一步地推动了近代广告学学科的独立。部分广告著作的创作与出版，受益于教育机构中相关课程的设置。相关专家学者出于授课的需要，进行广告学研究和讲义的撰写，并在授课的过程中日益完善。在此基础上，其整理出版了广告学专著。而广告学专著的出现，是近代中国广告学学科独立的标志之一。因此，把广告学作为近代中国高校课堂的教育内容，视作近代中国广告学学科开始独立的标志，是十分有意义的。何况广告教育机构本身，就是一个非常开放的学术交流与研究的平台。广告教育机构在培养新闻专业人才的同时，也培养了有志于从事广告理论研究的学术型人才，这对广告理论的构建与研究是具有推动作用的。

第二章　学科体系的构建

任何一门学科的独立，都是以学科体系的构建为基础。而学科体系的构建，又以广告学专著的出现为标志。也就是说，广告学术研究专著的出现，是反映广告学科体系理论构建的又一个重要的标尺。

1918年甘永龙编著的《广告须知》由商务印书馆出版，这是中国最早出版的广告学专著，标志着近代中国开始了独立的广告学学科体系的构建。此后，我国的广告学研究专著陆续出版，到20世纪30年代，迎来了一个高峰。

第一节　理论广告学方面的研究著作

理论广告学方面的研究著作有：

1918年甘永龙编译的《广告须知》由商务印书馆出版。李培恩著的《新奇广告学》由商务印书馆出版（未见实物，1921年黄炎培主持的调查报告中提到了该书，1925年10月蒋裕泉著的《实用广告学》书中最后一页的商务印书馆出版书目里也有该书的广告）。1925年井开十二郎著、唐开斌译的《广告心理学》（商学丛书第10种）由商务印书馆出版。1925年10月蒋裕泉著《实用广告学》（新学制高级商业学校教科书）由商务印书馆出版。1926年 W.D.Scott 著、吴应图译《广告心理学》由商务印书馆出版。1928年蒯世勋著的《广告学 ABC》上海世界书局出版。1930年苏上达的《广告学纲要》由商务印书馆出版。1930年高伯时著的《广告浅说》（民众商业丛书）由中华书局出版。1930年刘葆儒著的《广告学》由中华书局出版。1931年孙孝钧著的《广告经济学》由南京书店出版。1931年何嘉著的《现代实用广告学》由上海中国广告学会出版。赵君豪编的《广告学》（申报新闻函授学校讲义10）在上海申报馆出版。1932年 L.D. Herrrold 著、李汉荪等编译的《实用广告学》（*Advertising for the Retailer*）由天津新中国广告社出版。1932年徐国桢著的《最新广告学》由世界书局印行。1933年罗宗善编著的《最新广告学》（又名《广告作法百日通》）由上海世界书局出版。1933年王贡三著的《广告学》（高级中学商科教本）由上海世界书局出版。1934年苏上达编的《广告学概论》（万有文库第一集"商学小丛书"）由商务印书馆出版。1935年叶心佛编著的《广告实施学》由中国广告学社出版。

第二节　应用广告学方面的研究著作

应用广告学方面的研究著作有：

1919年北京美术学校出版部绘的《广告应用图案集》由昌泰刊印。1925年董坚志编的《新奇广告术》由上海中西书局出版。曹志功著的《广告与人生》1925年由申报馆出版。1931年：朱凤竹著的《五彩活用广告画》由形象艺术社出版。

1931年黄逸民的《新闻广告》讲义编入黄天鹏的《新闻学演讲集》出版。1933年张一生、郑忠澄著的《广告画经验指导》由上海形象艺术社刊印。1935年王元福著《实用广告画》由大众书局出版。1936年3月洪方竹编的《现代实用广告画》（上下）由形象艺术社出版。1936年孙一芬编的《宣传画与广告画》作为小学高年级美术副课本丛书之一由中华书局出版。1936年 S.Gold 著、陈岳生译的《霓虹灯广告术》（工学小丛书）由商务印书馆出版。1937年傅德雍编绘的《广告图案字》由商务印书馆出版。

第三节　历史广告学方面的研究著作

历史广告学方面的研究著作有：1931年钱伯涵著的《美国广告事业发达的原因》讲义编入黄天鹏的《新闻学演讲集》出版。1936年陈冷等著的《近十年中国之广告事业》由上海华商广告公司刊印。

虽然学术专著是衡量一门学科体系构建的重要标尺，但是在这一时期，还出现了一些有分量的学术论文，也不可忽视。1919年9月发表在《建设》杂志第一卷第二号上孙科的《广告心理学概论》论文，是我国最早研究广告心理学的专门论文。

1931年中国广告学会主编的"广告学会丛刊"由上海广告学会出版。1934年百业广告社编辑部编辑的《百业广告月刊》在北平创刊，共出2期，现存第二期。1936年徐百益编辑的《广告与推销》杂志，是我国最早的广告专业杂志。

除了广告学研究专著之外，在其他的著作如谈论新闻学、报学、报馆管理及报纸经营等新闻书籍中，通常涉及广告方面的研究内容，其中不乏如徐宝璜的《新闻学》、戈公振的《中国报学史》等广告学研究的上乘佳作。在一些商业书籍中，也涉及了广告方面的内容，但对广告理论建树的贡献不大，在广告学术史上没什么影响，故此不作为本书研究的重点。

可见，与1918年前广告学时期相比，这个时期广告学的研究成果蔚为壮观。有论著，有论文；有本土研究，也有引进翻译的；既有广告学专门著述，也有新闻学中的广告学研究内容。更加重要的是，从学科体系构建的角度看，广告学的学科体系的框架已经建立；由已出版的广告学术成果看，广告学术研究活动的触角已经涉及了广告学学科体系三大组成部分，即理论广告学、应用广告学及历史广告学。

第三章　学科意识的清晰

学科意识的觉醒与明晰，是一门学科形成的重要标尺。学科意识包括学科的基本问题、研究对象、学科知识、研究方法与工具等要素。什么是广告学？广告学的研究对象及研究方法是什么？广告学与其他学科的关系等？这些是构建广告学所面临的必须厘清的基本问题，也是研究者专业素养与学术视野的观照。时人认为广告学作为一门独立的学科已经产生，但广告学又不能脱离与其他学科的关系，并对一门学科应有的内涵与外延、研究对象及方法论作了探讨。尽管其具有时代的局限性，但是反映了时人对广告学科意识的明确。这是广告学产生的一个重要的标志。

第一节　广告学的产生

广告学究竟是怎样产生的，这是近代广告学构建者首先面临的问题。

首先，广告学科意识的明确，是广告学得以产生的前提条件。近代中国广告学理论的建立者都承认广告是一门科学或学科，倡导广告学科的独立，这些已经成为当时社会的普遍共识。"广告之在今日，已成一种专门科学"。❶广告"至近代，已成商战之利器，专门之科学"。❷中国最早的广告学著作《广告须知》中就提到了"广告学"一词，认为"广告"为"一科"，"多以专门学术名之"，承认广告是一门学科。著名报人邵飘萍亦认为，"广告一项，已成为专门的学问，有专门的人才去研究花样不惮新奇，样式之多亦不怕麻烦……"❸可见，20世纪

---

❶ 罗宗善：《广告作法百日通》，世界书局1933年初版，第2页。

❷ 孙孝钧：《广告经济学》，南京书店1931年初版，第2页。

❸ 邵飘萍：《中国新闻学不发达之原因及其事业之要点》，《新闻学名论集》，上海联合书店1930年版，第49页。

二三十年代的中国，国人对广告的认识已经突破了术的窠臼，而上升到了学的高度。

其次，近代中国广告事业的充分发展是广告学产生的基础。任何一门学科的建设都是由实践到理论的多次循环往复，正如蔡元培所言"凡事皆有术而后有学"。❶"凡学之起，常在其对象特别发展以后"❷。徐宝璜在《新闻学》书中持相同观点："考各科学之历史，其成立无不在其对象特别发展以后"。❸广告学也不例外。

报馆、工商业者和代理公司的广告实践及广告教育的需要促进了广告学研究的产生。"广告之产生，是因为商业发达竞争剧烈的缘故。商业愈发达，竞争愈剧烈，广告也就愈重要、愈复杂了。到了现在，广告成为一种专门学术，其理论与实际都甚宽广复杂。在外国，有所谓广告学这一个名词，也不很久；在中国更是新颖了。"❹广告学的诞生建立在广告实践充分发展的基础之上。为了避免无效的广告费支出，提高广告的效果，不仅要重视广告刊登，更应该加强广告方法及广告学术的研究。"若谓既登广告，即可得其实益，是又大谬不然。盖广告方法，不得其宜，则其支出，全等于失费。……晚近欧美各国，研究广告术者，接踵而起，或著专书，或刊杂志，其视广告为商业之要务者，何等重大；而以广告为专门职业者，亦因此而发生焉。日本善步欧美后尘，学者及实业家研究斯道者，亦复不少。"❺广告实践的需要促使了广告理论研究及广告职业的出现。

报馆的广告刊登活动是广告实践的一个分支，出于招揽广告的目的，报馆对广告活动展开了研究。"北京各报，除月刊周刊外，现约八十家。就表面言，不可谓无进步，然十之八九，皆了无生气。其致此之原因，可分报纸自身及外界两种。甲（自身的关系）：……（三）不以营业视报纸，广告学绝无所知。"❻不重视经营，对广告学一无所知，这样的报纸了无生气。

商业经营及商业竞争的需要是广告学产生的又一个原因。广告对商业有莫大的推进力，而且关系重大，不得不对"广告之学"加以研究。"西人亦有言云：

---

❶ 《新闻学研究会成立记》，北京大学日刊 1918 年 10 月 16 日。
❷ 见蔡元培为 1919 年 2 月北京大学新闻学研究会出版的徐宝璜《新闻学》所写序言，《新闻文存》第 275 页，中国新闻出版社 1987 年 12 月。
❸ 徐宝璜：《新闻学》，中国新闻出版社 1987 年 12 月初版，第 282 页。
❹ 蒯世勋：《广告学 ABC》，上海世界书局出版 1928 年初版、1933 年三版，第 1 页。
❺ 方宗鳌：《论广告》，《商学季刊》第一卷第二号（1923 年 5 月），第 1 页。
❻ 熊少豪：《五十年来北方报纸之事略》，《最近之五十季》，申报馆 1923 年初版，第 24 页。

广告之于商业，犹蒸汽力之于机械，有莫大之推进力，诚哉斯言！吾国商业近日日见进境，商人知识亦稍稍发达，而广告之学，则研究之者殊属无几。窃以其关系于商业者大，故不愚陋，就鄙见所及之广告术，略为一述之。"❶

要对付商业竞争，参与国际商业的角逐，就必须研究广告学。"广告的翻奇出新，乃是人类进化史造成的一种天然趋势。所以我们要对付未来商业竞争的剧烈，对于广告不得不加以研究，庶可应付。尤其是国际商业角逐的战场。"❷我国商人不重视宣传，广告意识缺乏，在与洋商的竞争中想不失败都难，所以应重视商品宣传之术即广告学的研究。"我国各地除丝茶外，佳产甚多，业此者皆株守一方，听其自然，毫不致意宣传，即在国内，亦多湮没无闻，微论国外；而各国商家，则虽一微物，亦莫不利用宣传，以引人入胜。我国商业，欲不失败得乎？为今之计，宜亟起研究宣传之术，其学术为何？则广告学尚也。"❸

广告学的创建者普遍认为，随着国人广告意识的增强以及广告学科意识的明确，尚显幼稚的广告学未来发展前景广阔。"报纸与广告，相互相需，往者报馆既不能倾全力以推进，而工商界亦多视为非必需者，近则广告学已为全国所习知，而广告专家亦日以辈出，乃至图案文字种种设计，无不远胜于前，即经营企业者亦已知广告为投资之一项，而日报广告更具有最普遍之效力，事在人为，广告事业之未来，正复方兴未艾，计日可待焉。"❹"广告学之于今日，其重要性虽不如法律、医学、神学等之甚，但未来发展，当不可限量。"❺

但即使如此，从学术研究实践的层面考察，当时的国人对广告学的研究依然不够重视。"我国人于广告一门，向乏兴趣和研究。"❻另外，处于初创期的广告学理论还不够完备，不能与实践很好地结合。"广告学尚未能如他种科学有系统。凡是经许多专家研究过的问题，资料自然较多。"❼"近者沪地商家，渐知利用广告，然而其术幼稚，我国又少专书，以资研究，此吾商界之一大弱点也。"❽

广告学的产生是由术到学，广告学的研究是先术后学。与此相对应的是，

❶ 黄世祝：《广告论》，见乐农史料选编《荣德生与兴学育才》，上海古籍出版社 2003 年初版，第 208 页。

❷ 叶心佛编著：《广告实施学》，中国广告学社 1935 年初版，第 3-4 页。

❸ 蒋裕泉编著：《实用广告学》（新学制高级商业学校教科书），商务印书馆出版社 1925 年版，序二。

❹ 马荫良：《十年来中国报业之进步》，见陈冷等《近十年中国之广告事业》，上海华商广告公司 1936 年刊印，第 xiii 页。

❺ 赵君豪：《广告学》（申报新闻函授学校讲义），上海申报馆初版。

❻ 张一苇：《中国之广告术》，写于 1928 年，《新闻学刊全集》，光新书局 1930 年初版，第 238 页。

❼ 刘葆儒：《广告学》"编辑大意"部分，中华书局 1932 年初版，第 1 页。

❽ 蒋裕泉：《实用广告学》（新学制高级商业学校教科书），商务印书馆出版社 1925 年版，序二。

在广告术的研究阶段，从事广告研究的人员，最初是直接从事广告的一线人员；后来广告学被作为一门独立的学科进入大学课堂，广告研究进入了理论阶段，大学教授等专门理论工作者加入了广告学的研究，诞生没多久的广告学开始了理论构建的新时期。"广告学之成为专科之学，近数年间事耳。当初发达研究之者，仅美国广告业中少数先进之士，其后各大学之心理学教授美术学教授等踵起继之，日盛一日。"❶

第二节　广告学的定义及研究对象

什么是广告学？有以下几种代表性观点：一是"广告观"，认为广告学是研究如何让广告发挥最大效用的专门学术。"广告学就是研究如何能使广告得到最大效果的一种专门学术。"广告学的英文名词是"Advertising"。❷二是"推销"，认为广告学是研究推销货物的科学。"广告学是研究利用文字图画或印刷之文字图画，以推销货物之科学。"❸ "广告学者研究利用种种媒介物，以销售货物之科学也。"❹三是"公告论"，认为广告学是研究如何将待售货物相关信息或其他事件公告大众的学问。"广告学者，二十世纪之一种艺术，以某种待售货物之名目、价格、性质暨用途，或其他事件公告众人之学也。"❺

以上关于广告学的认识比较片面，仅仅停留在应用的层面。现代广告学理论告诉我们，广告学是广告学学科体系的核心，是一门综合性的边缘学科，广告学不只是研究如何让广告效用最大化、推销货物、公告货物、事件信息等，而是将研究范畴拓展到了整个广告活动和广告事业的产生与发展规律。

时人认为，广告学的内容包罗万象："广告之在今日，已成一专门科学。盖同一广告，同时披露于公众时，有引人注意者，有不引人注意者……皆有研究之必要。由研究而遂成一专门科学，其内容包括文学、心理学、社会学、商学、经济学、美术、印刷术等，及其他一切科学上之学识而合成，非率而即能了解。"

关于广告学的研究对象：当时的人们不仅普遍认为广告是一门学问，而且意识到了广告学应该主要研究商业广告。"讲到广告，现在已成为一种专门学问，

❶ 孙科：《广告心理学》，《建设》第一卷第二号（1919年9月），第324页。
❷ 蒯世勋：《广告学ABC》，上海世界书局出版1928年初版、1933年三版，第3页。
❸ 苏上达：《广告学纲要》，商务印书馆1930年初版，第2页。
❹ 苏上达：《广告学概论》，商务印书馆1934年初版，第2页。
❺ 罗宗善：《广告作法百日通》，世界书局1933年初版，第1页。

它的范围很大，现在我们所要讲的，只注重于商业广告，而且是一个大概。"❶这与现代广告学的观点相吻合。现代广告学认为广告有狭义和广义之分，狭义的广告指的就是商业广告，其以盈利为目的，是广告学的主要研究对象。

也有观点认为，广告学的研究对象包括广告对象、广告方法、广告表现、广告媒介及广告费用五个方面的问题。"与广告学有关系之一切问题分为五项研究之：（一）市场问题——公司之营业、种类不同，其方法与范围亦自各异。故公司在作广告之前，必先了解自己市场之所在，方能收效。……公司之市场，在于公司之顾客，其范围至不易确定。……是故公司之市场问题，公司广告政策之基础也。若广告不用科学方法解决市场问题，则广告政策将无所依附。（二）方法问题——广告者既知自己市场之所在，即须研究广告之方法……但有价值之广告方法，须经种种科学方法发现之，审察之，修饰之，润色之……（三）技术问题——广告方法……实现程度若何，须视广告之技术精粗如何。至于标题法、绘图法、施色法、广告字体广告轮廓广告之结构，均为广告之特别技术……（四）媒介问题——广告之传布端赖报纸、杂志等之媒介。媒介物之种类不同，性趣各异，广告者必须详加考求方能将拟定有价值之广告传布于适当之处。（五）经费问题——广告之篇幅、登载之次数、登载之位置等，均为广告之经济问题。广告者之主义，系愿以极小之经费博得最大之效果，其效果之审察经费之规定，自非行外国人所能武断。"❷这个关于广告学研究对象的观点，是以广告策划为核心的一次广告活动具体运作过程中所涉及的五个重要的方面为研究对象展开的，实际上可归入应用广告学的研究范畴。

现代广告学以广告活动和广告事业为研究对象，根据具体研究对象的不同，一般又可分为理论广告学、应用广告学和历史广告学三个分支。这一时期的广告学研究者，显然不可能认识到这一点。但翻阅那个时代的相关文献，可以发现，其实他们的研究触角已经或多或少地涉及了这三方面的内容。

第三节　广告学与其他学科关系

关于广告学与其他学科的关系，时人的研究有两种代表性的观点。一种观点认为广告学建立在心理学基础上，与心理学关系最为密切。另一种观点认为，

❶ 高伯时编著：《广告浅说》（民众商业丛书），中华书局1930年初版，第1页。
❷ 苏上达：《广告学概论》，商务印书馆1934年初版，第2-3页。

广告学不仅与心理学关系密切，与经济学、美学、商业学、文学、印刷、美术、科学等学科也是密不可分的。

广告学以心理学为基础，两者关系密切。"广告学以心理学为根据。心理学名词，与其他学科名词同，尚未统一。"[1]"（一）广告术之心理学基础。夫广告之对象，为人类之心，故广告唯一之科学基础，实为心理学。心理学仅为人类所具之同心之有系统的研究，此所具之同心，即广告者力求所以影响之也。在美国广告者方面，固不乏聪明之士，是以于此种事实，在十余年前即已知之，其观念可由当时彼等之印刷品及开会时见之。有时彼中之抱乐观者，且有广告者在将来（或较远之将来）必以心理学为指导之预言。而1895年10月之白令德应克广告杂志（*Printer's Ink*）所载，则此等预言之一也，原文如下：'若世运更趋开化，则广告起草人恐亦必如学校之教师，而研究心理学。盖学校之教师与广告之起草人，二者职务虽异，根本目的则同，以其皆以影响人心为务故也'。"[2]

广告学与心理学、经济学、美学、科学等关系密切。"广告有学术性（A）心理学：广告的出发点须根据人性的兴趣、联想、记忆、情绪、本能、思想各方面心理作用以及人类的企求、风俗、习惯等等……（B）经济学：……在广告上所处的地位颇属重要。尤须认识市场，确知对于某项商品所需要的程度以及特别阶级和普通阶级购买力的比例。人口的调查、广告媒介品销额的调查、报纸杂志读者的调查、路平地段附近一带人物品级的调查，都与广告经济学方面有直接关系。（C）美学：包括绘图、排样、措辞、彩色、印刷等。（D）科学：包括电气、制版等。"[3]《广告作法百日通》在"第二节""广告学与其他科学之关系"中，论述了广告学与文学、心理学、商业学、经济、美术、印刷等其他学科的密切关系。

从时人对广告学与其他学科关系的探讨中，可以揭示出广告学作为一门综合性的本质特征。现代广告学认为，广告学是一门综合性的边缘学科，其在形成和发展的过程中，涉及的学科很多，吸收和借鉴了许多其他学科的理论和方法。其中，市场学、传播学和心理学与广告学的关系最为紧密。这与时人的观点何其相似，可以看出其中一脉相承的关系。

---

[1] 刘葆儒：《广告学》"编辑大意"部分，中华书局1932年初版，第1页。

[2] W.D.Scott 著，吴应图编译：新学制高级商业学校教科书《广告心理学》，商务印书馆1926年2月出版，译者序第1页。

[3] 叶心佛编著：《广告实施学》，中国广告学社1935年初版，第5-8页。

第四节　广告学的研究方法

如何研究广告学，时人有以下几种观点：

研究广告学，必须懂心理学和商业学。"至今广告学乃成为心理学应用心理学之一部，为大学商学专科中不可缺之一实学矣。"[1]"我们不能在不懂心理学、商业等等科学时研究广告学，犹之，我们不能不懂心理而研究教育学一样。"[2]

广告学研究最应注意的是美术和心理学。"广告学中最要注意的，是美术和心理两项：先要研究一般人的心理；然后用美术来引起他们的兴趣和注意。"[3]

广告学的研究不能就事论事，不能就广告学而研究广告学，研究广告学不能割离其与文学、心理学、商业学、经济、美术、印刷等各方面的关系。"惟同一广告，以措辞稍异，绘图不同，篇幅、地位、色彩略有出入，遂呈能不能引人注意之别。吾人对具有引人注意能力之广告固须研究，其不能引人注意者，亦须悉心研究，考查其不能引人注意之原因也。惟吾人研究之际，不可不自文学、心理学、商业学、经济、美术、印刷各方面观察，良以整个广告之构成，有不能离却上述各项科学之势。"[4]

时人强调从广告学所涉及的学科知识入手来开展广告学的研究，符合广告学的多学科交叉特征，具有一定的道理。这说明时人对广告学的研究，已经上升到了方法论的层次，达到了一定的学术水准，侧面印证了独立的广告学学科体系已经初步出现。但由于时代的局限，当时国人关于广告学的研究方法，依然相对单一，运用的是定性研究的方法，而不是定量研究的方法，没有认识到或者说还没有掌握定量研究方法在广告学研究中的重要性。这反映了在广告学建立时期的广告学术研究的方法论的特征。

---

[1] 孙科：《广告心理学》，《建设》第一卷第二号（1919 年 9 月），第 324 页。
[2] 徐宝璜：《新闻学讲话》，《新闻学名论集》，上海联合书店 1930 年初版，第 24 页。
[3] 高伯时：《广告浅说》（民众商业丛书），中华书局 1930 初版，第 2 页。
[4] 罗宗善：《广告作法百日通》，世界书局 1933 年初版，第 2 页。

第四章　广告学的研究内容

1918—1935年是近代广告学的建立期，在这一时期，广告学术研究无论是数量、学术成果形式上，还是研究者队伍、理论建树上，都取得了前所未有的成绩。

第一节　广告学的研究成果

考察广告学建立时期的学术研究成果，主要可以从三个方面着手。一是广告学的专门著作和文章，二是新闻学著作中的广告学研究，三是工商类著作中涉及广告学方面的内容。考察的重点是广告学专文和新闻学著作中的广告学研究，这与1918年之前的情形不同：1918年之前属于前广告学时期，考察广告学术研究成果的重点是新闻学文献，因为那时广告学专著尚未出现，广告类文章的研究基本停留在术的层面，而在新闻学文献中最早出现了广告学研究的火苗。

一、广告学专文

这一时期出现的广告学专文包括两个方面：广告专门书籍和报刊上的各类广告文章。广告学专著的出现是广告学诞生的标志，也是广告学建立期的主要特征。虽然这一时期的著作和文章用我们现在的标准来评判，学术性未必都非常突出，有一些甚至不能算是学术著作和文章，充其量只是知识性的介绍。但这也正好吻合了当时的时代大背景，学科建立时期的混沌状态，学术研究具有非典型性的特点。而且这些著作和文章唤醒和深化着人们的广告学科意识，加快了广告学理建设的步伐。这一时期，政府出台的一系列法规条例等文献，则从另一个视角体现了广告学术研究的现状和成果。随着广告实践和理论研究的初步发展，政府的相关广告监管活动正在向细分化领域发展，越来越具有针对性，日益科学化。为了便于研究，将广告学著作和专门文章分开来进行考察。

1. 广告学著作

据不完全统计，这一时期，目前共收集到了以下几种广告学专门著作，广告学丛刊和广告专门期刊零星出版（表4-4-1）。

表4-4-1　广告学建立期著作统计

类别	书名	作者	出版单位	出版时间	备注
理论广告学	《广告须知》	甘永龙	商务印书馆	1918年	
	《新奇广告学》	李培恩	商务印书馆		未见实物，1921年黄炎培的调查报告中提到了该书
	《广告心理学》	[日]井开十二郎著，唐开斌译	商务印书馆	1925年	商学丛书第10种
	《广告心理学》	W.D.Scott 著，吴应图编译	商务印书馆	1926年	
	《实用广告学》	蒋裕泉著	商务印书馆	1926年	新学制高级商业学校教科书
	《广告学 ABC》	蒯世勋著	上海世界书局	1928年	
	《广告学纲要》	苏上达	商务印书馆	1930年	
	《广告浅说》	高伯时著	中华书局	1930年	民众商业丛书
	《广告学》	刘葆儒著	中华书局	1930年	
	《广告经济学》	孙孝钧著	南京书店	1931年	
	《现代实用广告学》	何嘉著	上海中国广告学会	1931年	

类别	书名	作者	出版单位	出版时间	备注
理论广告学	《广告学》	赵君豪编	上海申报馆		申报新闻函授学校讲义10
	《实用广告学》（*Advertising for the Retailer*）	L.D. Herrrold 著，李汉荪等编译	由天津新中国广告社	1932年	
	《最新广告学》	徐国桢著	世界书局	1932年	
	《最新广告学》	罗宗善编著	上海世界书局	1933年	
	《广告学》	王贡三著	上海世界书局	1933年	高级中学商科教本
	《广告学概论》	苏上达编	商务印书馆	1934年	万有文库第一集"商学小丛书"
	《广告实施学》	叶心佛编著	中国广告学社	1935年	
应用广告学	《广告应用图案集》	北京美术学校出版部绘	昌泰刊印	1919年	
	《新奇广告术》	董坚志编	上海中西书局	1925年	
	《五彩活用广告画》	朱凤竹著	上海形象艺术社	1931年	
	《新闻广告》讲义	黄逸民		1931年	编入黄天鹏《新闻学演讲集》出版
	《广告作法百日通》	罗宗善编著	上海世界书局	1933年	
	《广告画经验指导》	张一生，郑忠澄著	上海形象艺术社	1933年	
	《实用广告画》	王元福著	大众书局	1935年	

类别	书名	作者	出版单位	出版时间	备注
应用广告学	《现代实用广告画》（上、下）	洪方竹编	由形象艺术社	1936年3月	
	《宣传画与广告画》	孙一芬编	中华书局	1936年	小学高年级美术副课本丛书之一
	《霓虹灯广告术》	GoldS 著，陈岳生译	商务印书馆	1936年	工学小丛书
	《广告图案字》	傅德雍编绘	商务印书馆	1937年	
历史广告学	《美国广告事业发达的原因》讲义	钱伯涵著		1931年	编入黄天鹏《新闻学演讲集》出版
	《近十年中国之广告事业》	陈冷等著	上海华商广告公司刊印	1936年	
其他	"广告学会丛刊"	中国广告学会主编	上海广告学会出版	1931年	
	《百业广告月刊》	百业广告社编辑部编辑	百业广告社	1934年	在北平创刊，共出2期，现存第二期
	《广告与推销》杂志	徐百益编辑		1936年	我国最早的广告专业杂志

2. 广告学专门文章

据不完全统计，这一时期刊发在各类报刊上的广告文章数量大增，远远超过广告学专著的数量，其中不乏质量上乘的论文，但总体上看，其学术性和理论贡献比不上广告学专著。这个时期各级政府颁布了不少关于广告管理方面的法律法规和条例，虽然学术价值不高，但为了让大家对当时社会的广告风貌有更全面的了解，同时也可以为广告研究补充更加丰富的史料，所以本书选择了部分当时政府广告管理方面的资料予以保留，见表4-4-2。

表4-4-2　广告学建立期部分广告管理资料统计

题名	作者	刊名	年卷期	
《广告心理学概论》	孙科	《建设》（1919年）	1919年第1卷第1~6号	
《广告杂谭》	鸣章，马鸿书	《商学杂志》	第四卷第一、二期（1919年3月20日）	"论说"栏
《实用广告学》	焦子坚	《商学杂志》	第四卷第三、四、五期（1919年11月22日）;第五卷第一、二、三期（1920年4月30日）	"著作"栏
《广告学》	陈听彝	《新中国》	1920年第2卷第1期	
《广告学》	陈听彝	《新中国》	1920年第2卷第2期	
《广告学上美人的研究》	亚尘	《美术》	第二卷第一号（1920年3月31日）	
《广告的研究》	戚其章	《复旦》	第十一期（1920年9月1日）（民国九年九月一日）	"言论"栏
《招寻良心广告》		《饭后钟》	1921年第16期	
《饭后钟广告景》		《饭后钟》	1921年第17期	
《广告与报格》	淅沥	《战时记者》	1921年第2卷第9期	
《明信片广告》		《文学周报》	1921年第129期	
《报纸登载外货广告》	思棣	《钱业月报》	1921年第15卷第8期	
《抱牌位做亲的离婚广告》	卓呆	《星期》	1922年第13期	
《新闻纸上的广告》	严芙孙	《快活》	1922年第25期	
《德国新闻纸上的求婚广告》		《紫兰华片》	1922年第3期	
《说广告与商业密切之关系》	阎桢	《商学季刊》（1923年）	1923年第1卷第4期	
《北京师范大学广告展览筹备会启事》		《北京师大周刊》	1923年第209期	

题名	作者	刊名	年卷期	
《论广告》	方宗鳌	《商学季刊》（1923年）	1923年第1卷第2期	
《招领红良心广告》	项瑞连	《红杂志》	1923年第31期	
《滑稽广告》	陆吕亭	《红杂志》	1923年第27期	
《卖屋广告》	徐卓呆	《红杂志》	1923年第40期	
《论广告（二）（完）》	方宗鳌	《商学季刊》（1923年）	1923年第1卷第4期	
《改良银行广告之研究》		《银行周报》	1924年第8卷第10期	
《戏拟淌牌女子学校招生广告》	悲天	《红玫瑰》	1924年第1卷第8期	
《将来之广告》	郑逸梅	《红玫瑰》	1924年第1卷第25期	
《开幕广告》	徐卓呆	《红玫瑰》	1924年第1卷第1期	
《滑稽廉价广告》	吴真奇	《红玫瑰》	1924年第1卷第20期	
《奇怪的寻母广告》	王天恨	《红杂志》	1924年第2卷第83期	
《新发明的小说广告》	程瞻庐	《红杂志》	1924年第2卷第74期	
《滑稽广告》		《红杂志》	1924年第2卷第93期	
《广告心理学概论》	师泉	《东方杂志》	1924年第21卷第21号	
《戏拟妓女广告》	钝根	《社会之花》	1924年第1卷第15期	
《批大公广告公司项康元呈缴广告税常承捐款文》		《上海市公报》	1924年第2期	
《广告琐话》		《紫兰华片》	1924年第23期	
《银行广告之文字式样观》		《银行周报》	1924年第8卷第5期	
《英国减征华茶进口税与茶商注意华广告观》		《银行周报》	1924年第8卷第8期	
《批项康元呈请续办广告税文》		《上海市公报》	1925年第14期	
《滑稽求婚广告》	朱宪英	《红玫瑰》	1925年第1卷第38期	
《滑稽广告一则》	郑逸梅	《红玫瑰》	1925年第2卷第15期	
《广告运动》	戴景景	《工商新闻百期汇刊》	1925年第1期	

续　表

题名	作者	刊名	年卷期	
《广告学之研究》		《钱业月报》	1925年第5卷特刊号	
《美国之无线电广告》	驻纽约总领馆	《外交公报》	1925年第43期	"译丛"栏
《广州市大通公司承办广州市广告捐章程》		《广州市市政公报》	1925年第178期	
《附惩罚违章揭贴广告执行罚款规则》		《广州市市政公报》	1925年第178期	
《承办广州市广告捐惩罚违章揭贴广告执行罚款规则》		《广州市市政公报》	1925年第207期	
《承办广州市广告捐章程》		《广州市市政公报》	1925年第207期	
《广州市财政局开设广告捐简章》		《广州市市政公报》	1925年第207期	
《寻屁广告》	廖国芳	《红玫瑰》	1926年第2卷第45期	
《弁言：久已广告的"新进作家特号"》	编者	《北新》	1929年第3卷第20~21期	
《呈复市府查明游艺园请在普利门外设立木广告无碍交通由》		《济南市市政月刊》	1929年年第1卷第1期	
《南京特别市财政工务局会订广告取缔及征捐章程》		《首都市政公报》	1930年第58期	
《（一五）国货广告税转令免征案》		《首都市政公报》	1930年第55期	
《修正浙江省各市县政府征收广告捐规程第七条》		《浙江省建设月刊》	1930年第34期	
《广告场》		《上海特别市公用局业务报告》	1930年第1~6期	
《布告本市广告捐由商人梁平以原饷额承办由》		《汕头市政公报》	1930年第55期	

题名	作者	刊名	年卷期	
《活动电？广告之说明》	曹允栋	《电信交通部电信学校校刊》	1930年第1卷第1期	
《广告学》		《商业月报》	1930年第10卷第10期	
《十九年上半年广告税收分区分类统计表》	上海特别市公用局	《上海特别市公用局业务报告》	1930年第1~6期	
《国货广告免税暂行办法》	上海特别市公用局	《上海特别市公用局业务报告》	1930年第1~6期	
《重申张挂绘画广告条文》	上海特别市公用局	《广州市市政公报》	1930年第361期	
《市执行委员会宣传部借用公共广告场办法》		《上海特别市公用局业务报告》	1930年第1~6期	
《广告》		《北京大学日刊》第十五分册	1930年第2384期	
《上海市取缔报纸违禁广告规则》	上海市社会局	《上海市社会局业务报告》	1930年第4~5期	
《十八年度广告税收统计表》		《上海特别市公用局业务报告》	1930年第1~6期	
《广告》		《北京大学日刊》第十五分册	1930年第2378期	
《广告》		《北京大学日刊》第十五分册	1930年第2377期	
《本市国货广告免税暂行办法》	上海市社会局	《上海市社会局业务报告》	1930年第4~5期	

续　表

题名	作者	刊名	年卷期	
《公用：文电：批示：批隆丰号请燃放幻景广告由》	北平特别市市政府	《北平特别市市政公报》	1930年第33期	
《市府：法规：修正北平特别市广告管理规则第三条条文》	北平特别市市政府	《北平特别市市政公报》	1930年第31期	市府法规栏
《第一节取缔报纸违禁广告》		《上海市社会局业务报告》	1930年第4~5期	
《广告税》	上海特别市公用局	《上海特别市公用局业务报告》	1930年第1~6期	
《十九年上半年有效之包期广告一览表》	上海特别市公用局	《上海特别市公用局业务报告》	1930年第1~6期	
《济南市公安局取缔广告张贴规则》	济南市	《济南市市政月刊》	1930年第2卷第3期	
《最新奇的广告灯——氖灯与氖管》	小有	《中学生》	1930年第10期	
《修订广告捐征收规则》	广州市公用局	《广州市市政公报》	1930年第370期	
《公用局提议取缔营业广告横过马路牌楼案》	广州市公用局	《广州市市政公报》	1930年第370期	
《谈广告》	亦庵	《民众生活》	1930年第1卷第5期	
《整理广告木栏》	济南市公安局	《济南市市政月刊》	1930年第3卷第2期	
《增加悬挂船旁布幅广告捐率案》	广州市公用局	《广州市市政公报》	1930年第372期	
《妙哉广告》		《北洋画报》	1930年第11卷第514期	
《公用局提议设立特别广告场案》		《市政公报》	1930年第355期	
《沪市国货广告免税办法》		《工商半月刊》	1930年第2卷第7~12期	

题名	作者	刊名	年卷期	
《南京市工务局管理公共便亭外围广告及征捐规则》	南京市工务局	《首都市政公报》	1930年第68期	
《浙江省各市县政府徵收广告捐规程》		《浙江民政月刊》	1930年第26期	
《(三二)审查取缔广告及征捐章程案》	南京市工务局	《首都市政公报》	1930年第52期	
《取缔不规则广告》	南京市工务局	《首都市政公报》	1930年第52期	
《(九)修正取缔广告及征捐章程条文案》	南京市工务局	《首都市政公报》	1930年第53期	
《商用美术广告展览》		《北洋画报》	1930年第12卷第558期	
《周毓英的广告术》	秋士	《巴尔底山》	1930年第1卷第5期	
《缅甸华侨经商广告术之缺点》		《工商半月刊》	1930年第2卷第5期	
《长途汽车不得任意张贴广告》	广州市公用局	《广州市市政公报》	1930年第348期	
《财厅指令丹阳请征广告捐案》	江苏省财厅	《江苏省政府公报》	1930年第470期	
《取缔用汽车散布广告》	广州市公用局	《广州市市政公报》	1930年第343期	
《公用局申布广告规则》		《广州市市政公报》	1930年第364期	
《张贴招生广告须知》		《广州市市政公报》	1930年第361期	
《建议撤消广告》	未署	《语丝》	1930年第5卷第1~10期	
《布告本市广告捐定期二月二十七日下午二时在市府开投由》		《汕头市政公报》	1930年第54期	
《广告之意义及现在世界上之广告热》	戢武	《中东经济月刊》	1930年第6卷第7期	

题名	作者	刊名	年卷期	
《市府：法规：修正北平特别市广告管理规则》	北平特别市市政府	《北平特别市市政公报》	1930年第28期	
《公用：法规：北平特别市公用局广告亭管理规则》	北平特别市市政府	《北平特别市市政公报》	1930年第28期	
《小广告之兼差》		《北洋画报》	1930年第12卷第561期	
《最新奇的广告灯——氖灯与氖管》	小有	《中学生》	1930年年第10期	
《取缔广告违章惩罚规则公布施行》		《广州市市政公报》	1931年第386期	
《饬禁报纸刊登迷信广告》		《广东省政府公报》	1931年第146期	
《布告凡与法律有关之广告应在民国日报发刊》		《广东省政府公报》	1931年第163期	
《国货香烟免抽广告捐》		《广东省政府公报》	1931年第175期	
《核准南海县属征收广告捐》		《广东省政府公报》	1931年第141期	
《由介绍医者开业广告而可以占知吾国人士普通知识之一斑》	陈闻达	《社会医报》	1931年第152期	
《取缔虚伪医药广告》	南京市工务局	《首都市政公报》	1931年第85期	
《禁止报纸刊登迷信广告》	南京市工务局	《首都市政公报》	1931年第78期	
《免征国货广告捐案》	南京市工务局	《南京市政府公报》	1931年第91期	
《南京市二十年一月至八月核准各种广告统计表》	南京市工务局	《南京市政府公报》	1931年第94期	
《无线电话广告之办法（广播无线电台）》		《浙江省建设月刊》	1931年第4卷第12期	

题名	作者	刊名	年卷期	
《公用局取缔违章标贴广告》	广 州 市公用局	《广州市市政公报》	1931年第385期	
《财政局提议拟将本局之广告股裁撤广告事务拨归公用局专办以一事权而便整理案》	广 州 市公用局	《广州市市政公报》	1931年第379期	
《公用财政两局再禁乱贴广告》	广 州 市公用局	《广州市市政公报》	1931年第376期	
《出版部主任兼广告主任应策：照片》	出版者	《东南医刊》	1931年第2卷第2期	
《美国之奇异广告术》		《北洋画报》	1931年第15卷第709期	
《书的广告》	高步阶	《中 学 生 文艺》	1931年第1期	
《训令本市新光电影院本厅电影检查员六十县教育局案准》		《安徽教育行政周刊》	1932年第5卷第37期	
《南京市取缔广告及徵捐章程》	南 京 市工务局	《南京市政府公报》	1932年第122期	
《商业广告浅说》	颂先	《国货研究月刊》	1932年第1卷第4期	
《令免征国货广告税》		《广东省政府公报》	1932年第182期	
《代书报春秋——一则叠有脱漏和超乎论理的广告》	青崖	《论语》	1932年第4期	
《天上广告》		《现代学生》	1932年第2卷第4期	
《转令发图书评论广告仰转饬订阅图书评论》		《广东省政府公报》	1932年第211期	
《令饬将招生广告内教厅立案字样注销》		《广东省政府公报》	1932年第200期	
《芝加哥大学广告》		《论语》	1932年第5期	
《令各铁路管理局令发全国旅行指南广告规则及价目表》		《铁道公报》	1932年第295期	

续 表

题名	作者	刊名	年卷期	
《令各铁路管理局令发铁道年鉴发行广告规则由》		《铁道公报》	1932年第356期	
《训令海滨师范学校董会迅遵更正该校招生广告》		《汕头市政公报》	1932年第84期	
《南京市工务局招商承办标准钟广告简章》	南京市工务局	《南京市政府公报》	1932年第114期	
《修正取缔广告及徵捐章程案》	南京市工务局	《南京市政府公报》	1932年第122期	
《核准招商承办标准钟广告简章案》	南京市工务局	《南京市政府公报》	1932年第114期	
《工务局布告禁止在中华路石牌坊上张贴广告》		《广州市市政公报》	1932年第403期	
《艺术与广告术》		《华年》	1932年第1卷第29期	
《肉体广告》	艾斯	《体育周报》	1932年年第5期	
《广告式的著作家》	何海鸣	《金刚钻月刊》	1933年第1卷第1期	
《男子广告征婚的黑幕》		《玲珑》	1933年第3卷第27期	
《厅令电影广告应附注"片经检查等"字样》		《福建省政府公报》	1933年第296期	
《通告电影片广告须注明片经约照等字样》		《广东省政府公报》	1933年第215期	
《取缔医药广告规则》		《广东省政府公报》	1933年第214期	
《公布取缔医药广告规则》		《广东省政府公报》	1933年第214期	
《街招广告传单等不作洋纸抽税》		《广东省政府公报》	1933年第223期	
《反宣传的广告》		《华年》	1933年第2卷第13期	
《运动的广告的价值》	岂凡	《十月谈》	1933年第8期	
《义务广告一则》		《老实话》	1933年第1期	

题名	作者	刊名	年卷期	
《上了廣告的当》		《老实话》	1933年第8期	
《从小广告谈到男人女人》		《老实话》	1933年第10期	
《训令广告捐嗣后对于国货不得收捐由》		《汕头市政公报》	1933年第90期	
《〈训令各学校及图书馆令〉发图书评论广告仰遵照订阅由》		《汕头市政公报》	1933年第86期	
《训令各报社戏院登报影片广告一律须附注"片经文字检查委员会约照某字某号"字样》		《汕头市政公报》	1933年第88期	
《一年来之上海广告事业》		《时事大观》	1933年	
《何谓内部广告问题》		《钱业月报》	1933年第13卷第10期	
《广告谐谈》	如丝	《越国春秋》	1933年第29期	
《从招生广告谈到中国教育》		《华年》	1933年第2卷第29期	
《广告新术》	南郭先生	《越国春秋》	1933年第48期	
《运动的广告的价值》	岂凡	《十日谈》	1933年年第8期	
《邮政业务之增进——邮政广告之创办》		《政治成绩统计》	1934年第5期	
《修正取缔医药广告规则》	广州市工务局	《广州市政府市政公报》	1934年第482期	
《废止廿二年十月公布之取缔医药广告规则》		《广东省政府公报》	1934年第250期	
《取缔医药广告规则》		《广东省政府公报》	1934年第248期	
《广告（或广告之抵抗）术》		《论语》	1934年第37期	
《电检会检查影片广告》		《玲珑》	1934年第4卷第1期	
《蝴蝶组织广告公司》		《玲珑》	1934年第4卷第14期	
《医药广告与卖药取缔》	壮克	《市政评论》	1934年第1卷合订本	
《教厅转令电影片声请检查须附拟具之广告》		《河南省政府公报》	1934年第937期	

题名	作者	刊名	年卷期	
《修正取缔医药广告规则》		《广东省政府公报》	1934年第277期	
《广告问题》	亦敏	《机联会刊》	1934年第107期	
《取缔任意张贴广告案》	南京市工务局	《南京市政府公报》	1934年第142期	
《订定乡区广告审查征捐手续案》	南京市工务局	《南京市政府公报》	1934年第148期	
《取缔任意张贴广告案》	南京市工务局	《南京市政府公报》	1934年第143期	
《减低公共广告牌亭国货广告捐案》	南京市工务局	《南京市政府公报》	1934年第139期	
《平津商人广告术》		《北洋画报》	1934年第24卷第1175期	
《无线电话广告之办法》	广播无线电台	《浙江省建设月刊》	1934年第4卷第12期	
《取缔杭江路沿线广告》		《浙江省建设月刊》	1934年第8卷第1期	
《对于播音广告之我见》	陆以振	《广播周报》	1934年第9期	
《指令公用局呈为奉令核定改善国货广告揭贴额经布告准予备案由》	广州市公用局	《广州市政府市政公报》	1934年第489期	
《公用改善限制国货广告揭贴办法》	广州市公用局	《广州市政府市政公报》	1934年第489期	
《广告跑街》		《社会周刊》	1934年第1卷第30~37期	
《改善客列车内装置广告办法》		《京沪沪杭甬铁路日刊》	1934 年 第 1040~1065期	
《铁路应该怎样运用广告》		《京沪沪杭甬铁路日刊》	1934年第989~1014期	
《由金融业广告而得之疑问》		《钱业月报》	1934年第14卷第11期	
《公布取缔医药广告规则》		《广东省政府公报》	1934年第248期	

题名	作者	刊名	年卷期	
《公用局严禁电杆粘贴广告》	广州市公用局	《广州市政府市政公报》	1934年第484期	
《修正取缔医药广告规则》		《广东省政府》	1934年第277期	
《卫生：医药广告与卖药取缔》	壮克	《市政评论》	1934年第2卷第1期	
《刊物内广告地位应改用新制尺寸计算案》		《工业标准与度量衡》	1934年第1卷第4期	
《附录：北平市工务局二十二年十二月份广告罚金细目表》	北平市工务局	《北平市市政公报》	1934年第240期	
《北平市工务局每周准驳建筑暨掘路工程及广告件数报告表》	北平市工务局	《北平市市政公报》	1934年第233期	
《指令工务局据呈拟定编订特许广告号牌办法及号牌式样请核示应准照办由》	北平市工务局	《北平市市政公报》	1934年第246期	
《北平市政府工务局编订特许广告号牌办法》	北平市工务局	《北平市市政公报》	1934年第246期	
《北平市工务局二十三年七月份广告罚金细目表》	北平市工务局	《北平市市政公报》	1934年第265期	
《取缔淫秽广告案》	南京市工务局	《南京市政府公报》	1934年第148期	
《广告刊词》		《金石书画》	1934年第11期	
《广告与售货术》		《日报索引》	1934年第2卷第1~6期	
《活动广告》	舒适	《新医药刊》	1934年年第15期	
《招生广告的背后》	火雪明	《长城》	1935年第2卷第3期	
《论广告》	霍去开斯等著，波罗译	《天籁》	1935年第24卷第1期	
《指令公用局呈拟规定人力货车一律不准发布广告准如所拟办理由》	广州市公用局	《广州市政府市政公报》	1935年第516期	
《广告摄影美术》		《良友画报》	1935年第107期	

题名	作者	刊名	年卷期	
《招生广告的背后》		《长城》	1935年第3卷第2期	
《咨实业部工厂商店利用妇女照相或图画刊作广告无从取缔》		《内政公报》	1935年第8卷第16期	
《广告与推销》	向宏昌	《机联会刊》	1935年第112期	
《福建省管理中西医药新闻广告规则》		《福建省政府公报》	1935年第527期	
《广告对于国货厂商的前途》	徐百益	《机联会刊》	1935年第112期	
《巴黎各报离奇征婚广告》		《妇女月报》	1935年第1卷第4期	
《汉市管理广告规则》		《湖北省政府公报》	1935年第152期	
《广告经济学》	王汝梅译	《报学季刊》	1935年第1卷第4期	
《电气广告术》	张文辉	《通俗文化》	1935年第1卷第2期	
《广告效力及运用》	张一梦	《汉口商业月刊》	1935年第2卷第7期	
《电气广告（自然）》	徐允昭	《中华教育界》	1935年第22卷第9期	
《（己）关于管理本市广告》		《市政评论》	1935年第3卷第1期,第2期	
《活动的广告灯》	彬度	《科学的中国》	1935年第5卷第8期	
《上海市卫生局召集各报馆举行广告会议》	出版者	《医药评论》	1935年第7卷第8期	
《用广告眼药之弊害》	寿梧青	《医药评论》	1935年第7卷第6期	
《谈广告》	郭季田	《芒种》	1935年第2卷第6期	
《侮辱女性的广告》	无夺	《客观》	1935年第1卷第2期	
《小广告（一）（二）（彩色）》	张德荣	《美术生活》	1935年第2期	
《广告伦理化与中国的广告》	唐克明	《青年界》	1935年第7卷第3期	
《广告补白索引》	出版者	《食货》	1935年第3卷第1期	

题名	作者	刊名	年卷期	
《广告补白索引》	出版者	《食货》	1935年第3卷第2期	
《新的广告》		《读书生活》（1934年）	1935年第2卷第1期	
《悬赏广告之研究》	丘彬和	《民钟季刊》	1935年第1卷第4期	
《转知准予中国飞行广告公司专营五年案》	南京市工务局	《南京市政府公报》	1935年第152期	
《南京市管理中西医药新闻广告传单规则》	南京市工务局	《南京市政府公报》	1935年第157期	
《南京市近两年来核准各类广告统计表》	南京市工务局	《南京市政府公报》	1935年第159期	
《公用局取缔人力货车张挂广告》	广州市公用局	《广州市政府市政公报》	1935年第516期	
《本市法规：修正北平市广告管理规则》	北平市工务局	《北平市市政公报》	1935年第285期	
《准实业部咨为准予中国飞行广告公司专营五年请查照刊登公报公告》		《湖北省政府公报》	1935年第94期	
《北平市管理中西医药新闻广告规则》	北平市工务局	《北平市市政公报》	1935年第313期	
《北平市工务局二十四年二月份广告罚金细目表》	北平市工务局	《北平市市政公报》	1935年第308期	
《黄色新戏之广告》		《北洋画报》	1935年第25卷第1236期	
《希望行政当局取缔医药广告》	高克仁	《新医药刊》	1935年年第30期	
《广告补白索引》	出版者	《食货》	1936年第3卷第11期	
《私塾招生广告》		《漫画界》	1936年第2期	
《广告用纸草案（CIS24-P19）》		《工业标准与度量衡》	1936年第2卷第8期	
《活广告》	乃玉	《工读半月刊》	1936年第2卷第1~5期	

题名	作者	刊名	年卷期	
《报纸附刊式的医药广告》	竹崖	《康健杂志》	1936年第4卷第8期	
《店窗中的活动广告》	慧	《科学的中国》	1936年第七卷第八期	
《玉蜀黍茎可写广告》		《海事》"说荟"	1936年第九卷第七期	
《花样新鲜：摩登广告术：[漫画]》	金剑凡	《中国漫画》（1935年）	1936年第7期	
《以纸色屋作广告》		《科学的中国》	1936年第10卷第3期	
《广告员的梦想》	悄吟	《中学生》	1936年年第63期	
《"大点"广告》		《逸经》	1936年年第1期	
《革命逸史——孙逸仙行医广告》	冯自由	《逸经》	1936年年第1期	
《天空广告术》	亚	《科学的中国》	1936年第二期"科学趣谈"栏	
《广告杂谭》	孟霞	《商职月刊》	1936年12月15日第三卷第四期,天津公立商科职业学校出版	
《广告之效用》	郑惠益	《交大经济》	1936年第五期	
《读报常识：第十四课广告》	文博	《社会常识读本》	1936年第五期	
《商业广告刊登地位的研究》	朱庆麒	《商业月报》	1936年第十六卷第一号	
《部颁职业学校广告科课程表教材大纲及设备概要》	上海中华职业学校	《福建教育》	1936年第三期	
《广告文考》		《海事》"说荟"	1936年第十卷第九期	
《苏联广告管窥》	陆锡麟译	《报人世界》	1936年第六期	
《广告与新闻》	黎庵	《宇宙风》"姑妄言之"	1936年第十五期	

题名	作者	刊名	年卷期
《商品广告的摄影》	田布毅	《飞鹰》	1936年第8期
《从皮鞋大王拔佳的广告术说起》	平心	《自修大学》	1937年第1卷第1~6期
Advertising Fraud（《书店利用广告骗线》）		《实用英文》	1937年第2卷第5期
《广西游记：近在广告家杂志陆续发表》(The Advertiser《广告家》杂志由粤人名画家梁宝和主办，宝和美术广告公司出版，英文月刊)	淑	《工业周刊》	1937年第291期
《世界珍闻：活动广告》		《世界猎奇画报》	1937年第1卷第1期
《从影戏绘影戏广告》	P.A.W	《科学画报》	1937年8月1日第5卷第1期
《卖报童子身上装氖管广告》	P.A.W	《科学画报》，中国科学仪器图书公司中国科学社发行	1937年5月16日第4卷第20期"科学新闻"栏
《世界最古的征婚广告》		《月报》，开明书店出版	1937年4月15日第1卷第4期
《东南风（六）·摩登广告》		《逸经》（文史半月刊）	1937年5月20日第30期
《广告用纸草案（CIS24-P19）》		《工业标准与度量衡》	1936年第2卷第8期
《活广告》	乃玉	《工读半月刊》	1936年第2卷第1~5期
《怎样设计一幅动人的广告》	童泳鋈	《心理季刊》	1937年3月31日第二卷第一期"生活应用"栏，上海大夏大学大夏心理学会发行
《论广告摄影之布局》	聂光地	《长虹》	1937年3月第3卷第1期，上海益昌照相材料行出版

续　表

题名	作者	刊名	年卷期	
《谈广告》	张继仲	《汉口商业月刊》"商场言论"栏	1937年6月10日新第二卷第一期,汉口市商会主办	
《商业广告》	王能学	《新商业季刊》	1937年6月第2卷第2期（下）,上海江大学城中区商学院发行	

二、新闻学文献中的广告学研究

广告学酝酿于新闻学母胎，由1918年广告学专著的出版开始，广告学专著和文章的持续出版，标志着广告学正式从新闻学中分离，独立的广告学科体系逐渐形成。但广告学与新闻学的联系依然紧密，广告学对新闻学的依附性依然存在。这一点从当时学术文献的成果形式、文献著作者的身份、刊发载体以及研究内容等方面出发，抽丝剥茧，均可以找到佐证。例如，从当时广告学研究的学术文献的成果形式上看，除了广告学专门文献之外，新闻学文献中的广告学研究也占有一席之地。个别文献，如《新闻学》《中国报学史》等，甚至在广告学术发展史上具有举足轻重的作用。从广告学的研究主体来看，特别是在理论广告学的研究方面，与新闻业相关的报业从业者占了半壁江山，更遑论新闻学文献的著作者了。从相关广告学研究成果的发表渠道看，除了以专著形式出版为图书之外，大量的成果以单篇文章的形式刊载在各类报刊媒体中，作者身份也多为新闻及报业从业者。

根据《中国新闻年鉴》中《中国新闻书刊简目》的统计，1920年至1937年，共有150多本新闻学著作问世。1936年3月《图书馆季刊》第二期发表了《中国新闻学文字索引》一文，根据该文的统计，1920年至1936年初各类报刊上共刊发了850多篇新闻学文章。可见在这一时期所出版的新闻学文献数量之多超出了预期。而广告本就是新闻学研究的一部分，所以这一时期刊发的新闻学文献中都多多少少涉及了广告方面的内容。限于篇幅，本书不可能悉数列举。为了研究方便，现在选择其中的重要文献见表4-4-3。

表 4-4-3　1920—1937 年重要文献

题名	作者	出版单位	出版时间	备注
《欧美新闻事业概况》	愈之	《东方杂志》第十五卷第三号	1918年3月	
《新闻学大意》	徐宝璜	《东方杂志》第15卷9~11号	1918年9~11月	
《北京大学新闻学研究会成立演说词》	蔡元培	《北京大学日刊》第228号	1918年10月16日	
《新闻纸之广告》	徐宝璜	《北京大学月刊》	1919年第1卷第3期	
《新闻学》	徐宝璜	北京大学新闻学研究会	1919年	
《应用新闻学》	任白涛	中国新闻学社	1922年11月	
《实际应用新闻学》	邵振青（飘萍）	京报馆	1923年	
《新闻事业困难之原因》	汪汉溪	《新闻报馆三十年纪念册》（新闻报馆编印）	1923年	
《新闻纸与广告之关系》	薛雨孙	《最近之五十年》	申报馆1923年版	
《西洋新闻纸杂谈》	周瘦鹃	《最近之五十年》	申报馆1923年版	
《五十年来北方报纸之事略》	熊少豪	《最近之五十年》	申报馆1923年版	
《本报之沿革》	李嵩生	《最近之五十年》	申报馆1923年版	
《墨衢实录》	伍特公	《最近之五十年》	申报馆1923年版	
《世界新闻事业》	谢福生	《最近之五十年》	申报馆1923年版	
《新闻学撮要》	戈公振	上海新闻记者联欢会出版	1925年	
《新闻学大纲》	伍超	商务印书馆	1925年1月初版	

题名	作者	出版单位	出版时间	备注
《新闻纸之性质与价值》	徐宝璜	《新闻学刊》	1927年1月	被选入黄天鹏编《新闻学刊全集》，光华书局1930年出版；又被收入1930年版《新闻学纲要》附录
《中国报学史》	戈公振	上海商务印书馆	1927年11月	
《中国报纸进化之概观》	戈公振		1927年	简述了中国报纸广告的发展历程
《中国新闻发达史》	蒋国珍	世界书局	1927年	
《新闻编辑法》	张九如，周翥者	上海中华书局	1928年3月初版	
《中国的新闻记者与新闻纸》	张静庐	现代书局	1928年	
《最新应用新闻学》	周孝庵	上海时事新报馆	1928年11月初版	
《对中国报纸罪言》	王世杰	光华书局	1930年1月版	见黄天鹏编《新闻学论文集》
《美国新闻发达之原因》	鲍威尔	光华书局	1930年1月版	见黄天鹏编《新闻学论文集》
《中国报纸应有之觉悟》	汪英宾	光华书局	1930年1月版	见黄天鹏编《新闻学论文集》
《中国之广告术》	张一苇	光华书局	1930年	见黄天鹏编《新闻学刊全集》，写于1928年3月
《中国新闻事业》	黄天鹏	上海联合书店	1930年	
《新闻文献概论》	黄天鹏	上海光华书局	1930年9月	
《新闻事业经营法》	吴定九	上海联合书店	1930年4月1日	

题名	作者	出版单位	出版时间	备注
《新闻概论》	[日]杉村广太郎著，王文萱译	现代书局	1930年5月初版	
《新闻纸与社会之需要》	徐宝璜	《报学杂志》		《新闻学纲要》1930年版附录
《新闻事业之将来》	徐宝璜	《报学杂志》		《新闻学纲要》1930年版附录
《新闻学上之精编主义》	周孝庵	光华书局	1930年	见黄天鹏编《新闻学刊全集》
《新闻纸与商业》	方宗鳌	光华书局	1930年	见黄天鹏编《新闻学刊全集》
《新闻发展之新途径》	顾红叶	光华书局	1930年	见黄天鹏编《新闻学刊全集》
《中国新闻事业》	胡政之	光华书局	1930年	见黄天鹏编《新闻学刊全集》
《新闻学讲话》	徐宝璜	上海联合书店	1930年	黄天鹏编《新闻学名论集》
《中国新闻学不发达之原因及其事业之要点》	邵飘萍	上海联合书店	1930年	黄天鹏编《新闻学名论集》
《新闻论略》	丁叔良	上海联合书店	1930年	黄天鹏编《新闻学名论集》
《最新应用新闻学》	陶良鹤	上海复旦大学新闻学会	1930年12月版	
《报学大纲》	汪英宾	天津大公报西安分馆	1931年2月版	见王澹如编《新闻学集》，"报学丛书之一"，天津大公报西安分馆1931年2月版

题名	作者	出版单位	出版时间	备注
《广告话》	骆无涯	天津大公报西安分馆	1931年2月版	见王澹如编《新闻学集》，"报学丛书之一"，天津大公报西安分馆1931年2月版
《工商业与广告谭》	蒋介民	天津大公报西安分馆	1931年2月版	见王澹如编《新闻学集》，"报学丛书之一"，天津大公报西安分馆1931年2月版
《新闻政策》	杜超彬	上海复旦大学新闻学会	1931年5月版	
《分类广告之研究》	高青孝	良友公司	1932年6月初版	见燕京大学新闻学系《新闻学研究》，良友公司1932年6月初版
《新闻广告》	管翼贤	良友公司	1932年6月初版	见燕京大学新闻学系《新闻学研究》，良友公司1932年6月初版
《欧美新闻鸟瞰》	甘家馨编著	南京正中书店	1933年3月版	
《新闻学入门》	黄天鹏	上海光华书局	1933年4月出版	
《新闻学之理论与实用》	吴晓芝编	北平立达书局	1933年8月被版	
《新闻学论集》	管照徽	复旦新闻学会	1933年10月出版	
《新闻学》	曹用先	商务印书馆，王云五主编之百科小丛书	1934年1月版	
《实用新闻学》	梁士纯	上海商务印书馆	1936年	

题名	作者	出版单位	出版时间	备注
《新闻与广告之伦理观》	谢小鲁	复旦大学新闻系出版	1936年1月	收录《报展纪念刊》，1936年1月复旦大学新闻系出版
《新闻学要论》	俞爽迷编	上海大众书局	1936年6月版	
《报业管理概论》	刘觉民	上海商务印书馆	1936年6月	

第二节　广告学的研究内容

1918年至1936年是近代中国广告学的建立期，广告学作为一门独立的科学已经得到了业界的普遍认可。广告学科意识的明确势必带来其理论研究的深入。广告学理研究的深度和广度进一步发展。广告学科体系初具雏形，研究内容不再只是广告学原理和广告史，不再只是广告业基本情况和广告学知识的介绍，而是更加细分和深入，向广告学的各个领域拓展，在广告学的三个分支理论广告学、应用广告学和历史广告学的研究上都小有斩获。

一、广告专业书籍中的广告学研究内容

理论广告学是构建广告学学理的基础。这一时期中国的广告学理论研究对广告本体问题、广告与新闻的关系、广告与报纸的关系、广告的社会影响等问题进行了论述。

应用广告学的研究是以广告活动的具体运作方式和业务规律为内容。这一时期应用广告学研究的成果散见于各类报刊及广告书籍中，重点在实践层面的探讨，如关于广告设计制作方面的叙述和研究。以图书形式出版的主要是关于广告画、广告图案、广告字方面的作品集，另有一本霓虹灯广告制作技术相关图书问世。理论性较强的应用广告学研究很少，代表作仅有《新奇广告术》和《广告与人生》两本。

这一时期历史广告学研究散见于各类广告文章和广告书籍中，在一些新闻学研究文献中也出现了少数研究广告历史的佳作。但以图书形式公开出版的专门历史广告学著作只见到一本，即1936年上海华商广告公司为纪念公司创办十周年特编辑出版的《近十年中国之广告事业》一书。

现就这一时期理论广告学研究著作的主要内容详述如下：

1.《广告须知》（1918）——中国最早出版的广告学专著

1918年上海商务印书馆出版了甘永龙❶编译的《广告须知》，这是我国最早出版的广告学专著。全书由22章组成，每章的主要内容及观点评述参见附录2。

总之，该书讨论的内容已涉及了广告的定义、广告分类、广告文案、广告媒介、广告预算、广告代理、邮购广告、户外广告、交通广告、广告与销售之间的关系等，比较全面，与现今广告学理论体系比较接近，只是尚不完善。如关于广告的定义，作者认为广告定义的界说极多，从不同的角度出发可以得出不同的定义。如从广告发布市场区域和广告发布主体出发来界说广告，可以得到不同的结论。但是，广告目的和原理应该是一致的。该书作者对广告的定义是："广告者，以一种可发卖货物之名目、性质及用途，布告公众使咸得稔知之美术也"。此处作者认为广告是一种商业美术，是20世纪一种可以"增进物产与商品之销路"的美术。广告的第一要质是创造新需要。这里已经涉及广告本体的论述。再比如关于广告创意、广告表现、广告策划、广告管理的探讨等，在个别章节中也零星涉及了，但不够系统明确，缺乏深入系统的理论层面的探讨。该书的重点在探讨应用性层面的广告学知识，这点也吻合该书作为广告学创建初期学科意识萌芽的特征。一方面，认识到了广告学是一个专门学问，必须将其作为一门专门的学问来对待；另一方面，限于时代及实践的需要，对广告学的探讨，应用广告学的内容多，理论广告学的内容少，具有显著的学科创建初期的过渡型特征。该书的另一个优点是，理论与案例结合，先提观点，然后用案例论述，比较通俗易懂。

这是一本编译自美国的广告学著作，作者并非完全照译原书，而是在翻译过程中，加入了编著的内容，融入了自己的观点。如书中多次提到"作者""记者"等字眼，"作者"是指美国原书作者，而"记者"则是指《广告须知》的译者甘永龙自己。因为甘永龙的身份是商务印书馆的记者，在商务印书馆同期所出刊物中，甘永龙多次以记者身份发表署名文章或海外翻译稿件。这点也与那个年代中国人翻译外文书报刊的习惯及特征相吻合，既翻译又编写，故称编译。在当今知识产权保护日臻严格的情况下，这种编译书稿的现象已非常少见了。

---

❶ 甘永龙（生卒年不详），字作霖，清末民初著名翻译家。1910年，编注并出版《莎氏乐府本事》，此书曾广为发行，到1922年共出版19版。1912年，编译了由孙中山著述的《伦敦被难记》。1918年，编译《广告须知》，为我国第一部广告学研究专著。其他译著包括《论美洲合众国三权分立之真相》《卢宫秘史》《红发女》等，并主持编写了《华英初阶》《华英进阶·初集》等英语类读本。参见辽宁教育出版社2011年11月出版的《豆蔻香茶长生诀》书中的作者简介。

甘永龙在编译《广告须知》的过程中，融入了个人的见解，已非完全意义上的外来之作。所以说，称商务印书馆出版的《广告须知》是中国第一本广告学著作，一点也不为过。况且为了迎合中国读者的习惯，该书在翻译时，对字词句段作了删改。因此说，《广告须知》是中国的第一本广告学著作，它的出现标志中国广告学创建时期的开始。

2.《广告与人生》(1925)

曹志功著的《广告与人生》由上海申报馆出版。笔者所见该书没有版权页，出版时间不详，但该书附录中有一段文字："申报创于清同治十一年，即西历一八七二年，迄今已五十三年矣。"据此推断出版时间应该是1925年。该书目录及主要内容见表4-4-4。

表4-4-4　《广告与人生》目录及主要内容

章节目录	主要内容
弁言	书名由来及写作目的
分类广告之真义	分类广告的重要性，与社会人生关系密切
分类广告之经济	分类广告经济实用，刊资"较其他广告为廉，然其效力所在，尤较他种广告迅速"
分类广告之需要	满足社会人生需要
分类广告之范围	分类广告适用范围
分类广告之体例	分类广告体例
分类广告之利弊及其防止法	分类广告之利弊及其防止法
使用信箱之利弊及其防止法	使用信箱刊登分类广告之利弊及其防止法
登载分类广告之三要点	登载分类广告之三要点：（一）须知市面，（二）显明标题，（三）注意措词
投登分类广告之手续	阐述了给报馆送登分类广告流程及事项如广告题目、广告稿、联系方式、广告种类、刊资计算及支付刊登日期、登载次数、错误纠正等
南美洲报中之分类广告	介绍了南美洲报中分类广告的情况

章节目录	主要内容
申报本埠增刊分类广告刊例	申报本埠增刊分类广告刊例
附录	申报之实力与精神

　　这是我国出版的第一本研究报刊分类广告的专著，说明20世纪二三十年代近代中国的广告学研究已经开始将视野投向了广告的某一个专门领域。

　　该书虽然是本土广告学著作，但细究其中的内容及观点，明显地受到了美国广告学理论的影响。这也是这个时期本土广告学的共有特色。"适本馆汪英宾先生，自美归来。汪先生对于报业，尽力已久，在美复专攻报学，于广告事业，尤有心得。鉴于国人之于分类广告，多以其小而忽略之，每与同仁言及，思所以阐明之道，爰于治事之暇，演述分类广告之真义，及其与人生之关系，嘱不笔而出之。"

　　3.《实用广告学》（1925）

　　该书是商务印书馆出版的"新学制高级商业学校教科书"之一，作者是蒋裕泉，1925年10月初版，1926年3月再版。著名报人时任《时报》总主笔戈公振和中国广告公会会长张竹平为该书作序。全书共分九章，目录及主要内容见表4-4-5。

表4-4-5　《实用广告学》目录及主要内容

章节目录	主要内容
第一章　中国之广告史	中国古代广告沿革、现代广告趋势
第二章　广告之意义	广告的定义、广告学的内容、广告的能率
第三章　广告之价值	广告的功效、广告的信誉与名片、广告与经济势力、广告的便利等
第四章　广告之种类	重点介绍了日报、杂志、包裹纸、传单、油漆牌、招贴、邮递广告、影片、霓虹灯、游行广告、电车、橱窗以及特别传达物如戏馆幕布与戏单、节目单、日历、月份牌、时刻表等十三类广告的特性

章节目录	主要内容
第五章　广告与文字	广告文字的优点：方便，实在，宣传范围广，时间速。广告文字的性质："惹人注意，发人兴趣，触其需要而成购买"。广告文字的结构要点：（一）主旨，（二）次序，（三）字法，（四）句法。广告文字体裁：谈话体、问答体、故事体、叙述体等。广告文字标题的8种方法：（一）简短，（二）特别，（三）切合，（四）惊奇，（五）赞扬，（六）疑问，（七）劝勉，（八）催促
第六章　广告与图画	广告图画的利用。广告图画的性质："第一为辅助文字，传达意思；第二为促人之注意。"广告图画的结构。广告图画的种类：论述了实物体、惊奇体、寓意体、讽刺体、滑稽体五种体裁种类的广告图画
第七章　作广告之方法	广告者的责任；做广告者事前应有的准备；做广告要务：关注需要之研究、需要之机会、需要之探测；做广告的程序：第一步预备稿本，第二步定形式之结构，第三步定排列的方法，第四步广告样张的校对
第八章　商标	商标的定义及意义。商标的做法
第九章　印刷与制版	广告印刷与制版基本知识
附录	

这是一本广告职业人士所写的广告学专著，该书作者蒋裕泉有8年的广告从业经验，"秉其平素之经验学识，著述是书"（该书狄景森序言）。这一点，在该书"编辑大意"中描述如下："作者服务广告事业已有八载，凡广告稿样之拟撰、式样之创制、广告部之组织，广告竞争之擘画，皆尝躬预其事……"戈公振在该书序中也写道："蒋君任时报馆、商务印书馆、有正书局、万国储蓄会、东方储蓄银公司广告事务有年。今本其素所研究，及经验所得者，编为是书。"因此，本书的实用性很强，在介绍理论知识和广告方法的时候，结合了许多实际的广告案例，显得通俗易懂。

蒋裕泉所著的《实用广告学》是中国近代第一本本土广告学理论著作。书中明确提到了"广告学"一词，并对广告学定义、广告学的内容及研究现状作了阐述。由此我们可以知道，广告在当时已被认为是一门专门科学，广告学的学科意识已经建立，但理论建树才刚刚开始。

此书关于广告学体用的论述，尽管简单浅显，但为后续的本土广告学理论的构建奠定了框架基础。

4.《新奇广告术》(1925)

该书1925年由中西书局出版，由董志坚编著，全书分两大部分："广告说明"和"广告式例"。"广告说明"主要阐明广告基本理论及知识，"广告式例"则具体叙述各种广告类型的实用知识。该书的目录及主要内容见表4-4-6。

表4-4-6　《新奇广告术》目录及主要内容

章节目录	主要内容
总论	广告在商业中的作用
（甲）广告说明	
（子）广告文	广告文字体裁及标题的种类、写作要求
（丑）广告画	广告画作用及种类
（寅）广告字	8种当时最著名的广告字体样式的介绍
（卯）广告色	广告色彩及配置
（辰）广告要点	广告功能："创造新需要""动心目引兴味""使阅者信服""招徕新主顾"
（巳）广告常识	阐述了广告家、商标、射的法、广告词等广告常识
（午）广告用法	广告步骤
（未）广告心理	与广告相关的心理学知识介绍
（申）广告整理	与广告相关的资料研究、收集、分类、储藏
（酉）广告民律	（略）
（乙）广告式例	对各种广告形式的介绍
（子）印刷物广告	日报及杂志、传单、包纸、小册子、定价表及目录、月份牌、月历及日历、货样
（丑）交通上广告	铁道、电车、依山沿海、飞艇、游行、街市
（寅）通讯广告	界说、效用、用法、制表
（卯）日用品广告	通讯用品、吸墨纸、寒暑表、手帕、镜子、扇子、鞋子、玩具等
（辰）夜间广告	影戏、电灯、提灯、焰火
（巳）杂类广告	陈列、口头、招牌、饰窗、市肆、公共场所、实地指示

正如该书书名一样，这是一本专门研究广告"术"的书，书中几乎没有广告学理方面的论述，属于典型的广告方法论著作。

该书认为广告是一种"术"，一种专门技术，并在书里多次提到。如作者在序言里说，"凡百行业，第一步入手方法，必先注重于广告一术。"在该书"总论"中，也提到了广告"术"："我国近年商业，日渐进步，而广告一术，亦多考究。若无专书出版，致商人摩仿无由，著者有鉴于斯，特将世界近日所通行之广告，详加说明，并举式例，以为研究者之补助耳。"这段话也说明，书中的广告知识来自国外的相关广告学理论，只不过在引进吸收的过程里，结合实际情况，加入了本土的案例等内容。这也说明1925年前后，时人对广告的认识是存在分歧的，有认为广告是"学"，有认为广告是"术"（如该书观点）。

5.《广告心理学》（1925）

日本井关十二郎所著、唐开斌译的《广告心理学》初版于1925年11月，1931年再版，被商务印书馆纳入商学丛书第10种。该书共分14章，主要内容如下：广告与广告心理学（第一章）、广告之心理经济的任务（第二章）、人类之原始的要求（第三章）、主要的人类本能与要求及其情绪（第四章）、商品之分解（第五章）、联合及联想之成立（第六章）、联合及联合之原动力（第七章）、印象之鲜明与印象之确保（第八章）、印象之连续与确保（第九章）、商标及商号之心理（第十章）、商标与文字（第十一章）、表现及表现力方法（第十二章）、习惯及阅读广告之习惯（第十三章）、广告与心理实验（第十四章）。

这是我国20世纪20年代至40年代第一部也是唯一一部翻译自日本的广告学系统理论专著。该书重点并不在广告本体论的论述，"余著《广告心理学》一书，非就广告之历史，定义，机能，以及其效果而叙述之"。[1]而是区别于一般广告理论书籍的泛泛而论，将心理学体用知识应用于广告学的研究。该书作者是日本大学教授，有多年的广告学教学经验，也有条件接触到最新的美国广告业情况，并运用于自己的教学中。这一点从该书中对美国实例及科学实验、调查统计等研究方法的大量使用中，也可以得到印证。这也是目前笔者所见的最早的、系统的广告心理学著作。特别是随着该书的出版发行，源自美国的有关科学实验和调查统计等研究方法也被介绍到了中国，为中国广告学研究方法的科学化作出了一定的贡献。

6.《广告心理学》（1926）

1926年2月，史可德（即 W.D.Scott，今译"斯科特"，又译"斯各特"）原著、

---

[1] [日]井关十二郎著，唐开斌译：《广告心理学》，上海商务印书馆1925年版，第1页。

吴应图译述的《广告心理学》由上海商务印书馆出版。该书共十七章，目录及主要内容见表4-4-7。

表4-4-7　《广告心理学》目录及主要内容

章节目录	主要内容
第一章　绪论	广告的心理学基础、心理学在广告研究中的应用
第二章　记忆	增加广告记忆的四个原则：反复、强度、联想和机巧
第三章　感情与情绪	情感与广告的关系，对称与比例在美化广告版面中应用
第四章　诉诸主顾之同情	消费者情感共鸣对广告效果的影响
第五章　人类之本能	研究人类本能在广告中的应用
第六章　暗示	有效心理暗示在广告中的运用
第七章　意志之分析	第七章到第八章消费行为研究
第八章　行动之种类	略
第九章　习惯	略
第十章　阅读广告之习惯	阅读广告人数、广告读者比例、性别差异、标题与插画的利用
第十一章　进步的思考法	进步的思考法：观察、分类、推理和应用。即广告效果的研究步骤
第十二章　广告地位之大小	版面大小与广告效果的关系
第十三章　广告者之死亡率	版面大小广告成功之一要素，广告技师的重要性
第十四章　食品广告之心理学	心理学在食品广告中的应用
第十五章　电车广告之不觉的势力	电车广告特性及其心理效力论述
第十六章　质问法之应用	质问法即问卷调查法在广告研究中的应用
第十七章　结论	略

该书非常详细地分析了消费者在接受广告时的心理特性，并用一章的篇幅重点分析了电车广告的心理效力。因为研究电车广告者少，而"今者电车广告之研究，较其他媒介尤为人所注重故也"。

书中在论述广告心理学问题时，多处用到了调查法和实证研究。还辟出了专门章节来介绍质问法，质问法即指今天的问卷调查，属于定量研究的方法，这对启发和充实国人的广告学研究方法起到了很大的作用。因为中国本土的学问历来重定性研究，轻定量研究。

斯科特（W.D.Scott）是美国著名社会心理学家，1901年12月在美国西北大学的一次会议上，提出可在广告中应用心理学理论，广告工作应该发展成为一门科学。会后，其发表了一系列有关的文章。1903年 W.D.Scott 将发表的文章汇编成《广告理论》一书出版，这标志着广告心理学的形成。1908年斯科特"在系统研究广告活动实践经验的基础上"[1]撰写出版了《广告心理学》一书，进一步系统化了广告心理学理论。"这本书……标志着广告学学科体系的初步形成。"[2]1926年，吴应图将斯科特《广告心理学》编译成中文，由商务印书馆出版，是"新学制高级商业学校教科书"之一。距离该书在美国出版不到20年时间，国外的广告学最新研究成果就被引入了中国。这也从一个方面证明美国是中国近代广告学理论传播的主要来源地之一。

7.《广告学 ABC》（1928）

该书作者为复旦商学士蒯世勋，是"ABC 丛书"之一种，1928年7月为初版，到1933年3月为三版，由上海的世界书局出版发行。顾名思义，"ABC 丛书"是一套普及知识的通俗读物。其中之一的《广告学 ABC》，"只用浅显的文笔，叙说了广告一般的原则，并略重于实际的应用方面"。《广告学 ABC》全书共十三章，主要内容及观点评述参见附录3。

该书论述了广告及广告学、广告功效、广告文案、广告构成、广告画、彩色广告、广告媒介、商标、广告与定价的关系和广告校样等问题。在"第十二章广告之经济"中，关于广告通常导致商品价格的降低的观点，与信息学派的经济学家们的观点类似，广告可以降低生产成本和分销成本，从而降低商品的价格。[3]

---

[1] 丁俊杰：《现代广告通论》，中国物价出版社 1997 年第 1 版。
[2] 丁俊杰：《广告学》，武汉大学出版社 2006 年版，第 51 页。
[3] 丁俊杰：《广告学》，武汉大学出版社 2006 年版，第 27 页。

在"参考书"部分，作者从约一两百种英文广告学书籍中，精选了十本，推荐给读者以作进一步研究。从这段文字中，可间接推测，当时国人已经能够通过一些渠道接触、购买和阅读国外的广告学书籍了，并且已经具备了较明确的广告学学科意识。这点该书中也多次提及，广告是一门专门学术，需要专门人才来从事此业的经营。

8.《广告学纲要》（1930）

1930年苏上达的《广告学纲要》由商务印书馆出版，该书共五篇二十一章，目录见表4-4-8。

表4-4-8　《广告学纲要》目录

章节目录	主要内容
第一篇　总论	第一章广告之意义／第二章广告史／第三章广告与商业之关系
第二篇　市场	第四章市场之研究／第五章调查市场之方法／第六章调查市场之实例
第三篇　广告方法	第七章广告方法之发现／第八章广告方法之审查／第九章制作广告步骤
第四篇　制作广告之方法	第十章广告方法之选择／第十一章广告与道德／第十二章广告之图画／第十三章广告之标题／第十四章广告之结构及字体／第十五章商标／第十六章广告与经济问题／第十七章广告与装潢问题
第五篇　广告之媒介	第十八章广告媒介之选择／第十九章杂志及书籍／第二十章报纸／第二十一章邮物电车看报之广告媒介
附录	全国注册局注册条例／商标法／商标施行细则

该书虽然是纲要，但对广告学学理的论述较为完备，涉及了广告学理论、应用和历史三个方面。其主要观点摘要介绍如下：

（1）关于广告和广告学的论述

"广告"一词的由来。"在研究广告学以前，我人应先了解'广告'二字之意义，然后乃易规定广告学之范围，了解'广告'之内容。'广告'二字，乃由英语之 advertising 译出。此英语源于拉丁语之 advertere，乃通知或披露之意。我人以中文解释之，则'告'者，语也，报也；'广'者，大也，阔也；所以我国'广告'二语，即将事物宣传于四方之意思，与英语拉丁语之原意，尚无大出入。"此处该书作者认为广告就是"将事务宣传于四方之意思"，是对"广告"一词广义的解释。

广告的最终目的是销售。该书认为销售货物的方法有两种，分别是"推销员销货法"和"广告销货法"，且后者优于前者，因为广告销货法"如其分布范围甚广，则在同一时间内，可与千万人接触"。"所以广告之最后目的，乃推广货物之销路。"

关于广告学的定义。该书将广告学定义为"广告学是研究利用文字图画或印刷之文字图画，以推销货物之科学"。尽管有失偏颇，但已经包含了广告载体、目的和"科学"三个元素。

认识到广告的重要性，不仅对工商业，而且对整个社会都有影响。在"广告在今日社会上之地位"部分，该书认为"广告学不但对于工商界有所贡献，对于文化上亦有极大之关系。所以我人须知广告费，不是公司中之浪费，实为公司中所采用之最经济的卖货方法"。

（2）关于广告史的研究

认为广告的历史悠久。"广告之发达，只有七八十年之历史，然而人类之有广告，则远在数千年以前。"

将广告史划分为四个时期。"广告历史可略分为四期：第一，原始期。从有史以来至纪元1450年为第一期；第二，萌芽期。由1450年至1850年为第二期；第三，发达期。自1850年至1911年为第三期；第四，繁荣期。由1911年至于今日为第四期。"并对"美国广告发达史"和"中国广告发达史"进行了详述。在阐明中国广告发达史的时候，还以"上海某杂志"为例，将其从1904到1925年的"22年来广告营业状况"制表进行分析。关于广告史四个时期的划分标准问题，作者认为，印刷术发明前是原始期；印刷术发明后是第二期，此时报纸及报纸广告出现；第三期以广告组织出现为标志，1911年世界广告协会的成立标志着世界广告史进入了第四期。

（3）强调了科学方法论的运用

该书认识到了广告方法的重要，强调应用科学的方法来研究广告，并对广告方法及选择进行了详细阐述。"广告问题之复杂如是，故欲求良好之结果，自非用科学方法以为研究不可。社会上因广告学不发达之故，每年妄耗之金钱，何止千万。据美国广告统计而言，假如美国广告界仅再增进效用之十分之一，美国每年可省美金一万万元……我国今日已成为世界最大商场之一，在各国商业竞争之下，如不欲振兴本国工商业则已，如欲振兴，则对于广告实有研究之必要。""惟社会心理，亦因民族而异其趣。中国作广告之方法，未必适于日本；美国最有效力之广告，在他国不必仍然如在美国一样。"

此外，该书还对广告步骤、与广告设计制作相关的内容如广告之图画、广告之标题、广告之结构及字体、商标、广告与经济问题、广告与装潢等作了阐述。对广告媒介的种类、各类媒介的特征及适用以及广告媒介的选择等内容，专门安排在第五篇"广告之媒介"中作了论述。

该书作者认为广告学应该研究五个方面的问题，分别是市场问题、方法问题、技术问题、媒介问题和经费问题。《广告学纲要》共五篇，篇章结构就是以这五个方面为根据展开的，第一篇总论、第二篇市场（研究市场问题）、第三篇广告方法（研究方法问题）、第四篇制作广告之方法（研究技术问题）、第五篇广告之媒介（研究媒介问题）。经费问题没有专门谈论，但在部分章节涉及了这个问题，如第十六章的"广告与经济问题"。

总之，该书在向国内引介美国广告学理论和方法的过程中，运用了许多数据、图表和实例，是一本体用结合、相对完备的本土广告学代表性理论专著之一。

9.《广告浅说》（1930）

高伯时著的《广告浅说》（民众商业丛书之一）1930年由中华书局出版。该书共分十个部分，目录及主要内容见表4-4-9。

表 4-4-9　《广告浅说》目录及主要内容

章节目录	主要内容
一、引言	广告是一种专门学问，广告学的研究对象、研究方法
二、广告的意义	广告的定义："不论何种布告，凡是要深切第、感化人的，统叫做广告。"
三、广告的功效	广告的功效
四、广告的种类	广告分流动的广告、固定的广告和指定的广告三类，每一大类广告的构成及特性
五、广告成功的实例	用成功案例说明广告效力的伟大，案例之一是福特汽车
六、成立广告的要素	对广告要素文字和图画的研究

章节目录	主要内容
七、广告和商品的关系	做广告的商品未必都畅销，广告应实际，广告文字对于商品的叙述要客观
八、广告的经费	广告费应列入成本之内，不能超过预算
九、广告的人才	广告人才的四个标准：第一，要明事理；第二，要有学问；第三，要有思想；第四，"做事要敏捷，性情要爽直，口才要流利，这都是广告员的要点"。广告员不容易做，得有充分的知识，因此，广告的人才很难得
十、附说	商标是广告的一种，应易于辨别和记忆

该书安排专门章节对一般广告从业人员的基本素养进行了阐述，提出了四条衡量标准。这点与众不同。此前的书往往是对广告主任的从业标准提出要求，而很少针对一般的广告人。这反映了当时广告职业化的情况以及社会大众对广告职业的评价。广告是一门专门的学问，广告人是一种专门人才，优秀的广告人才很难得。

10.《广告经济学》（1931）

1931年2月南京书店出版了孙孝钧所著的《广告经济学》，全书共十二章，其目录及主要内容见表4-4-10。

表4-4-10　《广告经济学》目录及主要内容

章节目录	主要内容
第一章　广告之意义及其效能	广告的定义、广告的沿革、广告的效能
第二章　凭借广告以为宣传之根本原因	认为广告最大目的是增加销售，此外还有立公司企业之名誉、介绍货品新用途、输导群众对于货品的信仰、加厚兜售人或柜友之兜揽交易力、操揽市场、保持已得之市场、鉴别商标，分别作了阐述
第三章　广告之媒介	广告媒介效力的衡量，广告媒介的种类、性质、能力，对报纸、杂志、传单、屋顶及街旁之建筑、舟车、戏围茶馆酒楼浴室、邮寄品、包纸罐盒、玻璃窗陈列、展览会、游行队伍十二类广告媒介作了重点阐明

章节目录	主要内容
第四章　引人注目要则之研究	关于广告效用的研究。例如，论述了版面大小、版面位置、空白、强度、运动、对照、新奇、图画、色彩、滑稽、布置与广告效力的关系
第五章　撰拟广告稿之初步问题	撰拟广告稿之前应熟悉事项及准备工作
第六章　撰选广告文之要则	论述了广告文稿的撰写原则（文意统一、贯串和语势）、注意事项及广告文稿的体裁
第七章　引起欲望之稿文	关于广告诉求方法的讨论。对说理广告法和兴趣广告法的定义、具体应用及注意事项作了详细论述
第八章　标句	对标句及重要性，选择标句的五个定则简单、特殊、准确、自创和情感作了论述
第九章　字体与花边	字体与花边之重要及其应用、字体与花边之种类及其样式、包含意义之字体与花边、一般字体花边之批评
第十章　图画	广告图画与文字价值之比较，合理之广告画原则：统一、黏合和着重，广告画之体裁、类型，广告图画与摄影
第十一章　色彩	色彩之种类、观感及其意味、色彩之配合、广告用色研究
第十二章　商牌及商标	商牌与商标之区别，商牌之选择，商标之选择，商标注册条件

该书第一章和第二章探讨了广告基本理论。如认为广告除了用作商业上招徕之外，官署公文、乡民鸣锣集众、新闻报告等，都是广告。这其实是广义的广告，作者进而对广义的广告作了定义："盖广告者，凭藉一物，或举动以欲语之事，使众人周知之谓也"。作者认为商业广告是广告学的研究对象，书中专论商业广告，并对商业广告作了定义。接下来几章分别对广告媒介、广告文稿、广告效用进行了研究。第七章对广告诉求方法的讨论，提及的说理广告法和兴趣广告法，就是我们今天的理性诉求和感性诉求方法。第八章至第十一章从广告制作技术层面探讨了广告效力的问题。

值得一提的是该书第十二章对商牌及商标进行了研究。书中对商牌的定义是"商牌即俗所称之字号或牌子。专用以名一店者，是谓字号……其专用以名某种货品者，是谓牌子"。此外还提到了"司纳刚"（Slogan）一词，即今天的广告口号或广告标语。从书里这些对于商牌的认识来看，商牌类似于今天的品牌，已经具备了现代品牌意识的萌芽。

综观该书，全书讨论的是广告学的一般问题，并没有专门章节论述经济学方面的知识，"仅从这12章的标题中就可见出其主要内容，其实并不关心广告业的生产、分配、交换、消费等理论问题，更不是论述广告产业与国民经济关系或讨论广告代理制的'广告经济学'专题研究"[1]。无论从篇章结构还是论述的主题内容看，该书都是一本典型的广告学图书，书名应该是《广告学》之类，而不该是《广告经济学》。这其中有什么原因吗？本书推断，作者孙孝钧认为广告与商业密切相关，商业与经济相关，属于广义的经济学范畴，故广告也应属于经济学的范畴。另外由第一章内容"广告之用至广，常人往往以为广告仅为商业上招揽交易之利器，不知官署之公布文字，广告也；乡民之鸣锣集众，广告也；工厂之放汽笛，广告也；报纸之新闻报告，广告也；盖广告者：凭借一物，或举动以欲语之事，使众周知之谓也。惟其在商业方面应用广，故人多不觉其他方面应用之存在。本书所述，亦本其广用于商业，专论商业之广告……"可知，作者认为广告不仅有商业广告，还有官署公文等非商业广告，该书专论与经济相关的商业广告，故书名叫《广告经济学》。当然，还有一种可能，就是为了吸引读者的眼球，因为当时市面上广告学书籍已经出版不少，再起一个"某某广告学"的书名，比较平庸，恐怕难以吸引读者的兴趣，而以"广告经济学"为书名，会给人耳目一新的感觉。因为1949年前，这是唯一一本书名中有"经济学"字样的广告学著作，尽管并不名副其实。

书后附录了11种参考文献，其中有6本英文广告书籍，3本中文广告图书，中英文期刊各1种，中文期刊是《商业杂志》，英文期刊即是大名鼎鼎的美国 *Printer's Ink*。从中可以看出，一是当时中外广告界的交流联系密切。二是中国本土广告学理论的构建受美国影响较大。

11.《现代实用广告学》（1931）

1931年中国广告学会将何嘉所著的《现代实用广告学》作为中国广告学会丛书之一出版，扉页印有"本书目的在养成中国广告人才，为求业青年广一谋生出路"的字样。该书共有16章，目录及主要内容如下：广告之意义与使命（第一章）、广告与商业（第二章）、广告与道德（第三章）、广告与时代（第四章）、广告与气候（第五章）、各种广告通论（第六章）、人类之感觉（第七章）、人类之本能（第八章）、广告之感动力（第九章）、文字广告概论（第十章）、图画广

---

[1] 祝帅：《心理学、经济学与早期中国广告学的发生》，《广告大观（理论版）》2010年第5期。

告概论（第十一章）、广告色彩学（第十二章）、商标与商店名称（第十三章）、广告人材之养成（第十四章）、上海之广告事业（第十五章）、投考广告员指南（第十六章）。

第一章阐明了广告的定义和广告学的定义，论述了广告的功用。

第二章至第五章论述了广告对经济及社会的影响，重点论述了广告与商业之间的关系。"人家以为广告是附属于商业的，但我以为广告是领导商业的。换句话说，广告便是商业的先锋，也便是商业的灵魂，商业没有了广告，就像断了辕的车子一样。在近时代更觉得广告在商业上的重要。欧美的商店，有广告费化去资本金十分之七的。日本人对于广告也非常注重（他们的广告，有一种特殊的作风）。其他工商业发达的国家，对于广告事业都是很孤立的。我国工商业落后，广告事业更不能与之一较长短。为觉得目前底需要，特不惮琐屑地再讲一讲。"❶

第六章对广告进行分类，并对各类广告进行了研究。

第七章至第九章是关于广告心理学方面的研究。

第十章至第十二章探讨了文字、图画、色彩与广告心理效用之间的关系。

第十三章是关于商标及商号的专论。

第十四章和第十六章论述了广告人才方面的问题。

第十五章对上海广告事业作了详尽的介绍。

该书作者何嘉学经济学出身，在多所中级商业学校任教，兼有经济学和商学的背景，并且交游很广，因此该书出版时当时的政商界人士及业内名人如张竹平、徐佩璜、俞寄凡、潘公弼、郑耀南和江亢虎等纷纷题词和作序。江亢虎在该书序言中这样介绍何嘉："何生子苦攻经济学有年，于广告学亦颇有研究……我国工商事业落后，即广告学术亦迥不逮人。近年振兴实业之说，为国内人士所盛倡，则广告学术之亟宜普及，亦为当务之急。何生此书，于此现象之下，殆为时势所切要者，我知其裨益于我国实业前途者，当非浅鲜也。"

何嘉虽然兼有商学和经济学的学术背景，但在该书中并没有长篇大论地应用商学和经济学的知识来研究广告问题，只在部分章节有所涉及。例如在第六章中讨论"广告与经济"方面的内容时，"根据经济学的'理性人假设'提出了最为经济的广告预算原则……包括提出广告费用是企业生产成本的一部分，广告费用需根据不同的行业进行科学的预算，以及企业设立单独的'审度部'（有些类似于今天的市场营销部）负责进行市场调查、统计分析、营销计划、广告

❶ 何嘉：《现代实用广告学》，上海中国广告学会1931年版，第6页。

预算等等。无论如何，何嘉的著作……还并没有发展出广告经济学的独特的研究对象和研究方法。"❶

这是一本入门书，旨在为有志于广告业的人提供基本广告常识及实用指南，理论上的贡献并不突出，但在"参考欧美名著"进行写作的同时，非常强调本土化的广告学体用的构建，"非常强调国外与本土经验的比较，力求发展本土的广告学术与广告业，进而促进国内各项经济事业发达"。❷

12.《广告学》（1933）

1933年王贡三著的《广告学》（高级中学商科教本）由上海世界书局出版。该书共分八章，目录及主要内容见表4-4-11。

表4-4-11　《广告学》目录及主要内容

章节目录	主要内容
第一章　绪论	广告在商业中的重要地位，广告的定义，广告的沿革（重点讲了商业广告的四个分期），广告与心理学关系，广告的六个效能，广告的种类（二分法）
第二章　做广告前应有之智识	对广告商品各项问题的研究（商品、市场和推销），对暗示、广告诉求、广告媒介选择标准及应用原则、引人注目要则的研究
第三章　广告之构成	对广告的八个构成要素边线、空白、标题、文字、标句、字体、图画和色彩进行了细致的研究
第四章　各种媒介物之研究	对广告媒介物的种类和特性做了研究
第五章　商标与广告	商标的定义及价值，商标的选择，商标注册的条件，商标注册的手续
第六章　广告与印刷	论述了与广告有关的印刷知识，如活字与排版、制版与印刷、印前对广告稿本的排样和校对等处理
第七章　广告组织与计划	广告社的业务及组织，公司广告部和报馆广告部的目的、性质、业务及组织，广告主任的责任和要求，广告计划与费用估计
第八章　广告与道德	论述了广告信用的问题

该书是作者王贡三担任江苏省立南京中学商科主任时，所授广告学课程的讲义，由世界书局出版后作为商科教材用书。该书有两个特点，一是关于世界

❶ 祝帅：《心理学、经济学与早期中国广告学的发生》，《广告大观（理论版）》2010年第5期。
❷ 张树庭主编：《广告教育定位与品牌塑造》，中国传媒大学出版社2006年版，第202页。

广告史的划分，将世界广告史分为四个阶段。第一阶段，从有史以来到1450年，印刷术尚未发明，是手写广告时代。第二阶段，从1450年至1850年，是报纸杂志广告发展时代。第三阶段，从1850年到1911年，是广告发达时期。第四个阶段，广告职业诞生。第二个特点是对广告种类的划分，采用了二分法即分为普通广告和直接广告，两者的目的、性质、对象等不同。前者是对一般大众广告，目的是起提醒公众的作用，使其记住货品的名称与牌号；后者是对特定对象广告，目的是让消费者直接购买。此外，该书关于广告组织的论述也比较全面，涉及广告社、公司广告部和报馆广告部三方面，对它们的业务模式、组织结构作了详细的阐述。这些都是同时期广告书中少有的内容。书后附录的参考文献中，有10本来自美国的英文广告书，其中就有斯科特的英文原版《广告心理学》，中文广告书有5本。

13.《广告作法百日通》（1933）

1933年罗宗善编著的《广告作法百日通》由上海世界书局出版，该书也曾经以《最新广告学》书名出版。该书共三编三十二节，目录及主要内容见表4-4-12。

表4-4-12　《广告作法百日通》目录及主要内容

章节目录	主要内容
第一编　广告学概论	
第一节　广告学之意义	广告学的定义
第二节　广告学与其他科学之关系	广告学与文学、心理学、商业学、经济学、美术和印刷的关系
第三节　广告之应用	广告的应用广泛
第四节　广告之功能	广告的功能：一能引人注意与购买，二能创造新需要，三能授人以知识
第五节　广告之流弊	一使广告之信用薄弱，二使买卖清淡，人群道德堕落
第六节　广告之计算	精打细算广告费；批驳我国商人对广告的错误观点："虚耗论"和"万能论"
第七节　广告之缓急	登广告须分缓急及原因，缓与急广告对登载商家的影响
第八节　广告之对象	广告对象的研究

章节目录	主要内容
第九节　广告之传播	广告的传播方法：直接传播与间接传播的研究
第十节　广告之变化	广告功效在引人注意，而欲引人注意，则广告标题、说明、字体、图画等应时时变化，迎合人类好"奇特"心理
第十一节　广告之机会	广告时机的把握
第十二节　广告之类别	广告分类（重点讲按照媒介物分类的23种广告）
第二编　广告制作基本论	
第十三节　制作广告前之准备	做好广告前的准备工作
第十四节　广告之设计	准备广告图样、选择广告媒介、广告费用的计算
第十五节　广告之文字	广告文字特性、广告文字的体裁、广告文字的结构及注意点
第十六节　广告之措辞	广告措辞的注意事项：一忌浮夸，二忌散乱，三忌过当。描写商品务须正确、诚实和坦白
第十七节　广告之字体	广告字体主要目标是吸引读者目光
第十八节　广告之标题	主要阐述了惊奇法、疑问法、叮咛法、赞扬法、催促法五种标题的类型
第十九节　广告与绘画	广告画的重要、广告画的性质、广告画的结构、广告画的种类
第二十节　广告之轮廓	广告边线及使用与否、广告边线的分类、不同边线与排列的比较
第三编　广告制作分析论	
第二十一节　广告中颜色之使用及其价值	广告中色彩的使用及其价值
第二十二节　颜色与注意	色彩与注意的关系
第二十三节　广告与商标	商标的定义、特性、注册，创造商标的原则，有效商标的标准及注意事项，商标的假冒及救济方法
第二十四节　广告上官觉之利用	此节至第三十二节论述了广告心理学方面的内容。此节往后，略。
第二十五　节惹人注意	略
第二十六节　本能	略
第二十七节　致注意之法	略
第二十八节　兴趣之诱因	略

续　表

章节目录	主要内容
第二十九节 维持注意	略
第三十节 内容之情感	略
第三十一节 坚定印象	略
第三十二节 刺激反应	略

该书共分三编，第一编阐述了广告学基本理论，第二编论述制作广告的具体内容，第三编主要讨论了广告心理学方面的内容。该书在讨论广告学理论及方法的时候，在重要的部分，均列举了实例，共计113个广告图例，39个图表。卷首有广告实例的"检索表"，以便查阅。所选实例，从来源看，本土广告和西洋广告的数量基本相等，另有少量的日本广告。该书既有广告学理的论述，又有广告制作技巧的介绍，是一本将本体论和方法论结合得很好得广告学理论著作。

14.《广告学概论》（1934）

该书作者是苏上达，1934年2月由上海商务印书馆出版，王云伍主编"万有文库·商学小丛书"之一。关于该书的出版时间，刘家林在《新编中外广告通史》（暨南大学出版社2000年版）中认为是1929年10月。但笔者未找到相关版本的资料，只见到1934年2月上商务印书馆初版的《广告学概论》原书实物。该书是作者在《广告学纲要》基础上缩写而成的，章节顺序与《广告学纲要》没变化，但内容上有所变化。

该书对"广告"一词的渊源、中外广告发展历史、广告市场调查及"询察表"即问卷撰写、广告方法、制作广告之方法、广告媒介等作了论述。其认为广告的目的是销售货物。"故广告之目的，在乎销售货物。"并提出了选择广告媒介的六个标准。"故媒介物之优劣与广告之效果恒有密切之关系，广告者不可慎于所择。选择广告媒介物之标准有六（1）数量——媒介物之价值恒与发行额之大小成正比例，故媒介物发行之数量不可不详细考查。（2）质量……假如其数量适宜，而其购阅之人，与广告上所登之货物，一若风马牛之不相及，数量虽大又何益焉。故广告者又应知媒介物对于自己广告性质上之关系。（3）地方——媒介物之流行区域，与广告者亦发生密切关系……（4）广告之品类……与彼卑僻不堪之广告为伍，非独有害公司之名誉，亦且丧失已有主顾之感情。

故刊物上之广告，非经一度之审察，不能冒然将事。（5）发行之时期——刊物发行之时期，须适合于公司营业上之便利……（6）刊物之名望——有名望之刊物社会对之有相当之信任……此种刊物上之广告最有效力……"限于篇幅，以上重复的内容这里不作详细介绍。

该书对广告学定义如下："广告学者研究利用种种媒介物，以销售货物之科学也。"这与前书不同，多了研究主体"广告学者"，其意识到了广告学研究主体的重要性，并且对广告学的研究对象作了说明："兹为便于研究起见，将与广告学有关系之一切问题分为五项研究之：（一）市场问题……（二）方法问题……（三）技术问题……（四）媒介问题……（五）经费问题……"这是前书所没有的内容，相比前书，该书对广告学的研究又深入了一步。

15.《广告实施学》（1935）

1935年2月15日叶心佛编著的《广告实施学》由上海中国广告学社出版发行。全书共八章，其目录及主要内容见表4-4-13。

表4-4-13　《广告实施学》目录及主要内容

章节目录	主要内容
第一章　商业广告的意义和要素	商业广告的意义，商业广告的二要素（吸引力和印象力）及达成此要素的要求
第二章　广告家之责任	外商用广告霸夺我国市场，中国广告界的使命和责任不轻
第三章　广告之性质	广告的性质：真实性（商业广告的第一要务）、学术性、教育性和时间性
第四章　广告之种类	阐述了日报、晚报、小报、杂志、油漆路牌、舟车广告、窗饰广告、无线电、戏院、邮递广告、传单、电气广告、柜台广告、游行广告、旗帜广告、奏乐广告、演讲广告、公开指导（即公开演示）等广告种类的特性及使用
第五章　广告之作风	论述了广告文稿的风格类型：理论化、说明、证明、新闻式、笔记式、故事、疑问、问答、卡通、诱惑、激励、夸张、标语、实体、蓄势、利用时事
第六章　广告的各方面	样品和广告的关系，关联产品和广告的关系，印刷制版套色与广告的关系，色彩与广告的关系
第七章　广告的工具	论述了广告文字、广告画及广告作品的编排设计

续　表

章节目录	主要内容
第八章 广告代理商概论	广告代理商的性质、职能、种类和委托，代理商的组织结构，广告代理商的任务

　　该书作者是一位新闻广告的从业人士。这一点可以从该书里得到证实。说他是新闻业者，因为他在书中几次以记者身份自称。说他是广告人，是因为他在该书后记《不是广告的广告》中以广告人自居。"我们以广告为业的人，总免不了广告的色彩，所以这里我就自动的、义务的给孙老先生做一段广告。"

　　该书对广告代理商的论述非常全面，涉及了广告代理商方方面面的知识。如广告代理商的性质、职能、种类和委托，代理商的组织结构，广告代理商的任务。在广告代理商的任务部分，详细阐明了广告代理商业务的内容，对广告经费的预算与支配，代理广告设计，对广告货品、广告媒介及广告对象社会情形的调查，以及广告资料的保存和广告效果的探测。由此可知当时中国的广告代理业已经相当普遍和完备。

　　16.《广告学》（1935—1936）

　　赵君豪编的《广告学》（申报新闻函授学校讲义10）在上海申报馆出版。该书出版时间不详，笔者所见样书上并未发现出版时间。但据查资料，申报新闻函授学校由申报馆创办于1931年1月，马荫良、张蕴和等主持校务，共有学员500多人，该校至1936年停办。1935—1936年，申报新闻函授学校共编辑出版了17种讲义作为函授教材。在这17种教材中，其中就有赵君豪编著之《广告学》。据此可以推断，该书出版时间应在1935年至1936年之间。❶该书共二十六章，目录及主要内容见表4-4-14。

表4-4-14　赵君豪《广告学》目录及主要内容

章节目录	主要内容
第一章 广告之发展	广告的发源及进展，广告的定义
第二章 广告之功用	广告的主要功能及次要功能、广告不成功的原因

　　❶ 另外 16 本教材是：《新闻学概论》（孙怀仁编）；《报馆管理与组织》（钱伯涵，孙恩霖编）；《实用新闻学》（谢六逸编）；《通讯练习》（谢六逸编）；《评论作法》（郭步陶编）；《新闻储藏研究》（谢六逸编）；《记者常识》（汪馥泉编）；《报纸印刷术》（章先梅编）；《报纸发行学》（徐润若编）；《本国新闻事业》（郭步陶编）；《国外新闻事业》谢六逸编）；《出版法》（凌其翰编）；《时事问题研究》（罗又玄编）；《散文研究》（蒋寿同编）；《国文讲议》（蒋寿同编）；《报文选读》。

章节目录	主要内容
第三章　出品与市场	广告商品及其市场调查
第四章　贸易之途径	广告运动元素、广告与销售计划
第五章　广告与推销方式之演进	广告与推销方式的演进
第六章　现在发生效力之广告	现在发生效力的广告
第七章　将来发生效力之广告	将来发生效力的广告
第八章　心理之作用	欲望与本能在广告中的应用
第九章　广告之设计	广告设计要素、种类及功用
第十章　商标与标语	商标的溯源、定义、价值、种类、限制及选择，标语定义、要素、作用及与广告的关系
第十一章　商品之口号	广告口号的种类、特征及效用等
第十二章　图解之种类	广告中图解的作用及种类
第十三章　绘图与制版	绘图制版方法
第十四章　标题之要素	广告标题的定义及要素等
第十五章　中国报馆之印刷	中国报馆印刷方面知识如设备、技术等的介绍
第十六章　图解之设色	色彩知识及在广告中的应用
第十七章　广告之布置	广告版面设计，如版面形式、图解大小及位置、字体大小及形式、边框式样、留白、设色等
第十八章　普通杂志	广告媒介的选择，以美国发行的普通杂志为例，应视刊物广告效力、货物性质而决定
第十九章　特种杂志	特种杂志的定义、种类及与广告的关系
第二十章　报纸	以美国为例，对报纸广告作了阐述
第二十一章　直接广告	阐述了直接广告的定义、类型、功用等
第二十二章　户外广告	介绍了户外广告的类型、优点、如何运用及售货方法与户外广告的关系

续　表

章节目录	主要内容
第二十三章　特种广告	阐述了特种纪念品、店内广告、街车广告、样品、窗饰、活动影片、商业展览、商业指南等各类特种广告的范围、优点及如何应用
第二十四章　广告公司	广告公司收入、创办条件、组织、所提供的服务等
第二十五章　广告之试验	对实地试验、工厂试验及用户试验三种广告效果测试方法做了阐述
第二十六章　广告与推销人之关系	论述了广告与推销人之间的关系：协助货物推销

　　这是一本培训教程，在每一章结尾都留有习题，重点在广告学知识的传授，阐述广告设计制作印刷方面的内容有8章，阐述广告媒介内容的有6章，阐述广告组织、广告效果测定、广告心理、商标内容的各1章，关于广告本体论的内容有4章，其他内容占4章。因此，理论贡献并不大。

　　该书中涉及了大量的美国广告情况和案例，一方面与作者见多识广的集报人和学者于一体的身份有关。关于赵君豪的身份描述，以下一段文字非常贴切："更多的人，已很难区分他到底是学者还是记者，因为，事实上，他们往往一身二任，既在报馆任职，又在新闻系教书，甚至是集学者、记者、教授三位于一体，像赵君豪。赵君豪，江苏兴化人，是新文化运动中成长起来的报人。五四时期，赵君豪正求学于上海交通大学，经常给著名的《民国日报》副刊'觉悟'投稿，与'觉悟'的编辑邵力子讨论种种社会改造问题。毕业后，进入《申报》馆工作，历任记者、编辑、编辑主任，抗战后任《申报》副总编辑。陈布雷称他'是精勤专一于新闻工作的一位极可钦佩的记者'。1929年、1942年两度兼任复旦大学新闻系编辑教授。1930年兼任上海法政学院新闻专修科教授，讲授采访学，曾任申报新闻函授学校教授。"❶另一方面也反映了该书的理论渊源，在写作的过程中，是以美国广告图书为基础编译而成。

　　17.《近十年中国之广告事业》（1936）

　　1936年陈泠等著的《近十年中国之广告事业》由上海华商广告公司刊印。这是上海华商广告公司为纪念公司创办十周年特编辑出版了《近十年中国之广

---

❶ 李清栋，曹立新：《评赵君豪的〈中国近代之报业〉》，《湖北广播电视大学学报》2007年第5期。

告事业》一书。书中文章由中英文两部分构成，并穿插登载了不少的报刊及工商业广告，除了记述华商广告公司筚路蓝缕地创办与经营情况、当时广告业的甘苦之外，还涉及了新闻、报刊及广告等其他方面的内容。

（1）新闻业与广告业的关系

广告业是随着新闻业的发展而发展，两者关系密切，相辅相成。新闻业越发达，则广告业也越发达。该书中，陈冷在《十年来新闻业与广告业之关系》文中，对新闻业和广告业的关系描述如下："新闻业愈发达，则广告业亦愈发达。广告业愈发达，则新闻业亦愈发达。二者乃互相为因，互相为果。须臾不可分离者也。三十年以前，我国只有新闻业，而广告业尚未独立，所谓广告者不过新闻业中一部分而已。除报纸上所载之广告外，其余亦甚寥寥，故当时广告业不发达，而新闻业之发达亦甚有限。迨二十年前，而广告社始有树立。十年前，而广告业始逐渐发展。而新闻业于此二十年间与十年间，亦大不相同。"

陈冷（1878—1965），江苏松江（今属上海市）人，名景韩、景寒，笔名冷、冷血、无名、不冷、华生、新中国之废物等。父亲陈菊生是私塾先生，从小受儒家文化的熏陶，中过秀才。1897年进入湖广总督张之洞创办的湖北武昌武备学堂学习新式科学和军事知识。1899年，留学日本早稻田大学，攻读文学。1901年参加同盟会。1902年回国，在上海《大陆》月刊做编辑。1904年，被上海《时报》聘为主笔。1912年至1929年，史量才高薪聘请陈冷为《申报》主笔。陈冷是近代中国著名的报人和小说家。

（2）关于广告媒介和广告发展史的阐述

该书孙竹民在《中国日报广告以外之广告事业》一文中，对当时流行的除日报之外的七大类类广告形式作了详细描述，它们分别是招纸广告（即招贴广告）、窗饰广告、路牌广告、投递广告、影片广告、无线电广告以及以实物作实地之试验（表演、展览和指导）。

此外，该文对中国广告的产生进行了探讨，并对伴随着中国广告的产生与发展导致国人对广告认识上的变化原因作了论述。如该文认为报纸与广告，是来自西方的新事物。"中国之有现代广告事业，迄今未及七十年……有此诸种原因，所以既无现代式之广告事业，亦几无广告之名称。有之乃与日报以俱来也。故言中国之广告事业，日报实为其先导。中国日报之刊行最早者，在香港当推《华字日报》，时为同治三年（一八六四年）。在上海则为《申报》，同治十一年（一八七二年）。此时海禁已开，国际贸易频繁，欧美商品，源源输入。广告之术，挟以俱至……"近代报刊的出现和商品贸易的需要，使近代中国广告得以产生。

该书为研究中国近代广告发展史提供了不可多得的史料，特别是那些当事人根据亲身经历及回忆记录下的一手资料，尤为宝贵。但因为是多人的文集，研究上难免零碎和存有偏见。

18.《现代实用广告画》（1936）

1936年3月洪方竹编的《现代实用广告画》（上下）由形象艺术社出版。该书扉页有"商战先锋"的题字，反映了时人对商业广告功用的认识。全书由开业庆典、周年庆、大减价、抵制日货等主题及各类商品商业美术设计、广告画等组成，以供读者学习和参考。

此外，这个时期还出版了一些关于广告画、广告字、广告图案等设计制作类的应用广告学图书，因为学术性不强，对广告学理论构建没什么影响，所以在此从略，不再详细研究和叙述。

二、广告专门文章中的广告学研究内容

随着国人广告意识的增强，这一时期各类报刊上刊发了大量的广告文章，或理论上的探讨，或知识上的传授，或作业务上的指导，或讲述中外广告的逸闻趣事。这部分的广告文献散见于当时的各类报刊，数量庞大。根据其内容大体可以分为两个部分：第一部分是关于广告的逸闻趣事方面的叙述；第二部分是关于广告的专门研究文章。这些单篇文章中不乏力作，通过这些文章，也可以略窥当时广告学术研究风貌。总的来说，报刊上大量刊发的各类广告文章，又反过来进一步扩大了广告学的影响。

1. 关于广告的逸闻趣事的叙述

这部分文章的主要内容有：中外广告新现象、新知识、新形式，广告界奇闻逸事、名人与广告、广告漫画、社会大众对广告的感知等，虽然标题里也都冠以"广告"字样，但不是专门研究广告的论文，普遍学术性不强，对广告学习基础理论及学理上的研究贡献不大，却是进行广告学研究不可或缺的组成部分，特别是为广告历史的研究提供了丰富翔实的材料。因此，这部分文章本书仅收录于表4-4-15里，不作赘述。

表 4-4-15　关于广告逸闻趣事的文章

题名	作者	刊名	出版时间
《新闻纸上的广告》	严芙孙	《快活》	1922年第25期
《德国新闻纸上的求婚广告》		《紫兰华片》	1922年第3期
《滑稽广告》	陆吕亭	《红杂志》	1923年第27期
《将来之广告》	郑逸梅	《红玫瑰》	1924年第1卷第25期
《开幕广告》	徐卓呆	《红玫瑰》	1924年第1卷第1期
《滑稽廉价广告》	吴真奇	《红玫瑰》	1924年第1卷第20期
《奇怪的寻母广告》	王天恨	《红杂志》	1924年第2卷第83期
《广告琐话》		《紫兰华片》	1924年第23期
《新发明的小说广告》	程瞻庐	《红杂志》	1924年第2卷第74期
《滑稽广告》		《红杂志》	1924年第2卷第93期
《介绍广告家董白也先生》	田季恒等	《工商新闻百期汇刊》	1925年第1期
《滑稽求婚广告》	朱宪英	《红玫瑰》	1925年第1卷第38期
《滑稽广告一则》	郑逸梅	《红玫瑰》	1925年第2卷第15期
《广告中的上海》	含凉	《新上海》	1926年第11期
《名人与广告》	冰如	《幻洲半月刊》	1927年第1卷第5期下部
《新文化上的广告》		《语丝》	1927年第124期
《最新奇的广告灯——氖灯与氖管》	小有	《中学生》	1930年第10期
《广告界为爱迪生寿》	威声	《商业杂志》	1927年第2卷第7期
《革命广告》	郁达夫，鲁迅	《语丝》	1928年第4卷第33期
《征婚广告黑幕》		《常识周刊》	1928年第1卷第57期
《杂谈：二从看报纸广告说起》	瞿然	《北新》	1928年第2卷第24期
《妙哉广告》		《北洋画报》	1930年第11卷第514期
《周毓英的广告术》	秋士	《巴尔底山》	1930年第1卷第5期
《小广告之兼差》		《北洋画报》	1930年第12卷第561期
《出版部主任兼广告主任应策：照片》		《东南医刊》	1931年第2卷第2期

题名	作者	刊名	出版时间
《美国之奇异广告术》		《北洋画报》	1931年第15卷第709期
《天上广告》		《现代学生》	1932年第2卷第4期
《伪造肥料广告饬起诉》		《浙江建设》	1931年第4卷第5期
《饬议国货广告免费》		《浙江建设》	1931年第5卷第3期
《由职业谈到聘请广告》	吴丽娟	《女朋友》	1932年第1卷23期
《肉体广告》	艾斯	《体育周报》	1932年第5期
《广告式的著作家》	何海鸣	《金刚钻月刊》	1933年第1卷第1期
《上了廣告的当》		《老实话》	1933年第8期
《男子广告征婚的黑幕》		《玲珑》	1933年第3卷第27期
《广告新术》	南郭先生	《越国春秋》	1933年第48期
《广告谐谈》	如丝	《越国春秋》	1933年第29期
《厕中的招生广告》	不生	《广州杂志》	1933年第9期
《招生广告》	大昭	《社会新闻》	1933年第2卷第11期，第12期
《广告生意》	野闻	《社会新闻》	1933年第4卷第1~30期合订
《奇怪的广告》		《厦门周报》	1933年第5卷第2期
《读广告后》	绍平	《中华周报》	1933年第87期
《广告与售货术》		《日报索引》	1934年第2卷第1~6期
《电检会检查影片广告》		《玲珑》	1934年第4卷第1期
《蝴蝶组织广告公司》		《玲珑》	1934年第4卷第14期
《活动广告》	舒适	《新医药刊》	1934年第15期"文艺"栏
《巴黎各报离奇征婚广告》		《妇女月报》	1935年第1卷第4期
《广告巨靴》	M.U.U	《科学画报》	1934年第2卷第1~24期
《广告人体内装扬声器》	P.S.W	《科学画报》	1934年第2卷第1~24期
《伦敦报上之怪广告》		《华安》	1934年第2卷第4期
《"危机"广告》		《华安》	1934年第2卷第6期

题名	作者	刊名	出版时间
《女人文之页——女人和广告》	乌利	《十日谈》	1934年第47期"随笔杂感"栏
《招生广告的背后》	火雪明	《长城》	1935年第2卷第3期
《新的广告》		《读书生活》（1934年）	1935年第2卷第1期
《黄色新戏之广告》		《北洋画报》	1935年第25卷第1236期
《转知准予中国飞行广告公司专营五年案》	南京市工务局	《南京市政府公报》	1935年第152期
《广告》	陆一郎	《妇女共鸣》	1935年第4卷第6期
《餐馆的新法广告》	范泗	《科学画报》	1935年第3卷第1~10期
《未来派之广告术》		《独立漫画》	1935年第1期
《禁止妇女照片作广告》		《妇女共鸣》	1935年第4卷第7期
《私塾招生广告》		《漫画界》	1936年第2期
《广告用纸草案（CIS24-P19）》		《工业标准与度量衡》	1936年第2卷第8期
《活广告》	乃玉	《工读半月刊》	1936年第2卷第1~5期
《报纸附刊式的医药广告》	竹崖	《康健杂志》	1936年第4卷第8期
《店窗中的活动广告》	慧	《科学的中国》	1936年第七卷第八期
《玉蜀黍茎可写广告》		《海事》"说荟"	1936年第九卷第七期
《花样新鲜：摩登广告术：[漫画]》	金剑凡	《中国漫画》（1935年）	1936年第7期
《以纸色屋作广告》		《科学的中国》	1936年第10卷第3期
《广告员的梦想》	悄吟	《中学生》	1936年年第63期
《"大点"广告》		《逸经》	1936年年第1期
《革命逸史——孙逸仙行医广告》	冯自由	《逸经》	1936年年第1期
《从皮鞋大王拔佳的广告术说起》	平心	《自修大学》	1937年第1卷第1~6期
Advertising Fraud（《书店利用广告骗线》）		《实用英文》	1937年第2卷第5期

题名	作者	刊名	出版时间
《广西游记：近在广告家杂志陆续发表》(The Advertiser（《广告家》）杂志由粤人名画家梁宝和主办，宝和美术广告公司出版，英文月刊）	淑	《工业周刊》	1937年第291期
《世界珍闻：活动广告》		《世界猎奇画报》	1937年第1卷第1期
《从影戏绘影戏广告》	P.A.W	《科学画报》	1937年8月1日第5卷第1期
《卖报童子身上装氖管广告》	P.A.W	《科学画报》，中国科学仪器图书公司中国科学社发行	1937年5月16日第4卷第20期"科学新闻"栏
《世界最古的征婚广告》		《月报》，开明书店出版	1937年4月15日第1卷第4期
《东南风（六）·摩登广告》		《逸经》（文史半月刊）	1937年5月20日第30期

2. 关于广告研究方面的专门文章

这方面文章的数量非常多，研究的内容涉及广告活动的各个方面，如广告理论、广告常识、广告历史、广告心理学、广告设计、广告版面、广告发布、广告摄影、广告展览、广告与艺术、广告与商业、广告经济学、广告教育、广告法律问题、广告伦理、广告监管以及无线电广告、霓虹灯广告、天空广告，等等。既有本土原创，也有编译及翻译之文章（见表4-4-16）。刊登的刊物也是五花八门。总体来说，这部分文章在对广告学构建的贡献上，比不上专门广告书籍。当然其中也不乏在广告学术历史上应占有一席之地的有影响的学术论文，如孙科的《广告心理学概论》、陈听彝的《广告学》、解士弘的《广告心理学的应用》、徐百益的《广告对于国货厂商的前途》等。广告学是西学东渐的结果之一，也是经济高度发达的产物，欧美国家普遍经济上强于中国，因此广告事业相对发达。伴随着广告事业的发达，广告学的研究也走在了前面。一些最新的广告实践及广告理论研究的信息和成果，也被迅速介绍到了中国。在广告学最新知识及成果的引进上，当时的报刊广告论文明显走在了广告专门书籍的前面。也就是说，报刊广告文章在时效性上，对广告业及我国广告学术研究的贡献，要比广告图书迅速。例如，1935年第1卷第4期的《报学季刊》发表了王汝梅译的《广告经济学》一文，就是翻译自英国经济学者柯尔（G.D.H.Cole）1934年出版的《世界经济研究》书中的一章"广告经济学"（Economics of Advertising）。相隔不到1年的时间，国外关于广告经济学的研究成果就被译介到了我国。该文从总需求和成本的经济学立场分析批评了现代广告的应用：如何减少广告的浪费？厂商为其货物刊登广告是否有利？广告是否会增加货物的售价？这也是目前所见那个时期从经济学角度研究广告问题的唯一一篇论文。

表 4-4-16　关于广告研究方面的专门文章

题名	作者	刊名及出版时间	主要内容
《广告心理学概论》	孙科	《建设》1919年第1卷第1~6号	广告的定义、心理学与广告的关系、广告的心理效用及实施办法
《广告学大意》	晦厂	《广益杂志》"论坛"第十五期（1919年3月20日）	概论、广告学之历史、广告的定义、广告的目的、广告之利益、广告的方法
《广告杂谭》	鸣章，马鸿书	《商学杂志》"论说"栏第四卷第一、二期（1919年3月20日）	
《实用广告学》	焦子坚	《商学杂志》"著作"栏，第四卷第三、四、五期（1919年11月22日）；第五卷第一、二、三期（1920年4月30日）	
《广告学》	陈听彝	《新中国》1920年第2卷第1期，第2期	广告市场研究、广告商品优点的研究、广告心理效用（AIDA）
《广告学上美人的研究》	亚尘	《美术》第二卷第一号（1920年3月31日）	
《广告的研究》	戚其章	《复旦》"言论"栏第十一期（1920年9月1日）（民国九年九月一日）	

题名	作者	刊名及出版时间	主要内容
《广告与报格》	淅沥	《战时记者》1921年第2卷第9期	报纸不能唯利是图，应该审核、拒登不真实的虚伪成分的广告，不仅能维护读者的信任，而且能提高报纸的报格，忠诚服务于社会
《报纸登载外货广告》	思棣	《钱业月报》1921年第15卷第8期	在提倡国货的呼声中，报馆应该拒登外货广告，肯略略牺牲一些广告费才好，表示舆论界的爱国意思
《广告未制成以前应注意之各点》	杨文澜	《钱业月报》1922年年第2卷第4期"报馀"栏	广告效力与激起读者反应能力大小有关，接着阐述了广告引起反应的方法及适用的商品
《说广告与商业之关系》	鼎益	《小说日报》汇订1923年年第242期	简单论说了广告与商业之关系
《论广告》（一）、（二）	方宗鳌	《商学季刊》"论坛" 1923年5月第1卷第2号、第4号	广告的定义、广告之方法及种类、广告方法的选择、广告心理学研究、广告经济、广告业者、广告道德与法律
《说广告与商业密切之关系》	阎桢	《商学季刊》1923年第1卷第4期	广告与商业密切的关系、广告的分类、做广告的方法及注意事项
《北京师范大学广告展览筹备会启事》		《北京师大周刊》1923年第209期第一版	展会目的是改良中国广告、振兴中国商业、增添心理学识
《改良银行广告之研究》		《银行周报》1924年第8卷第10期	改良银行广告文字样式之研究
《广告心理学的应用》	解士弘	《商旅友报》1924年第1期"商学"栏	广告的联想作用
《广告心理学的应用（续）》	解士弘	《商旅友报》1924年第2期"商学"栏	广告的心理学混合作用
《广告心理学概论》	师泉	《东方杂志》1924年第21卷第21号	广告的定义，广告心理学的定义，广告学的略史，消费者对广告刺激的反应，广告的种类、标题、颜色、商标，广告学对于社会的义务
《银行广告之文字式样观》	沧水	《银行周报》1924年第8卷第5期	银行广告之文字式样

题名	作者	刊名及出版时间	主要内容
《广告运动》	戴景素	《工商新闻百期汇刊》1925年第1期	广告运动的定义及广告运动的系统阐述，是较早涉及广告策划内容的专门文章
《广告之种类》	沙治身女士	《工商新闻百期汇刊》1925年第1期	
《广告是什么》	LY	《工商新闻百期汇刊》1925年第1期	
《广告学之研究》	施督辉	《钱业月报》1925年第5卷特刊号	广告与商业关系、广告的历史、广告的定义、广告的种类、广告的功用、广告与物价之关系、广告与管理的关系、广告的学理基础、广告未做成前应注意的问题
《辅助营业之橱窗广告图及说明》	英美烟公司	《英美烟公司月报》1927年第7年第2期、第4期、第5期	关于怎样可以布置一个动人的店面橱窗广告的研究
《广告实用》	罗冶欧	《商业杂志》1927年第2卷第3期，第4期	阐述了广告的含义、利弊、广告方法、广告之经济主义、广告变化、广告大小、广告文字、广告种类、广告绘画、广告标题、广告句法等。作者是东南大学经济学士，任上海中华职业学校商科教员，讲授商业常识、广告学等科目，本书系其自辑广告学讲稿一部分
《广告浅说》	蔡正雅	《商业杂志》1927年第2卷第7期	广告学的历史、广告的含义、何种情形下适宜大登广告、广告计划、做广告时应注意的几点等。作者在美专习商业管理，对于广告尤研究有素，现任暨南商科教授
《广告上的常识》（商业常识之第四章）	李培恩	《商业杂志》1927年第2卷第12期	广告的功用、广告的计划、撰稿、广告居间物、广告公司、广告道德
《售货术与广告术》	周仲千	《商业杂志》1927年第2卷第6期	论述了售货术与广告术的关系

续　表

题名	作者	刊名及出版时间	主要内容
《广告与货品合论》	徐国桢	《世界》1928年第1卷第1期	论述了广告与货品的关系，纠正对广告的误解，认为销售好坏与广告和货品关系同等重要。广告是"先锋"，货品是"后盾"
《五种报纸的广告分析》	编辑部	《清华学报》1928年第2卷第2期	用经济学、心理学及定量分析方法，对5种报纸40日内的广告作了归纳统计与分析，内容有某种报纸登载些什么广告、广告如何分类、哪几类广告比较多或少等
《银行之广告选择法》	何立生	《商业杂志》1929年第4卷第12期	银行之广告选择法
《图书馆广告学》	陶述先	《武昌文华图书科季刊》1929年第1卷第3期	图书馆广告学的产生，图书馆广告的理由，图书馆广告学的定义，图书馆广告的目的、原则、注意事项、实际的难题、广告宣传方法
《广告与商业之关系》	胡忠彪	《商业杂志》1929年第4卷第11期	论述了广告与商业之关系，并介绍了广告宣传的三种类型和两种方法。
《来校讲演报纸广告》		《复旦周刊》1929年第24期	这是一个广告，内容是复旦文学院新闻学系请《时事新报》广告部主任黄逸民来校讲演报纸广告，并对广告的种类、报纸广告的效力及报馆对广告的选择作了简述
《航空运输之广告术》	顾永痕译	《交大月刊》1929年第2卷第2期	阐述了广告术之原理、广告目的、航空运输广告类别、特异之可贵、广告修辞学、陈设及风格、商标及标语、媒介物的选择、广告招揽、户外广告等
《缅甸华侨经商广告术之缺点》		《工商半月刊》1930年第2卷第5期	广告意识薄弱，手段落后
《广告之设计与研究》	汪中	《钱业月报》1929年第9卷第10期	阐述了广告分类、广告稿本制作、商品性质的分析，认为"广告科学上的研究"，"自成为一种专门学问"

题名	作者	刊名及出版时间	主要内容
《中国广告事业之现在与将来》	林振彬演讲；许迈十,王韵秋合记	《商学期刊》1929年第2期	
《广告之意义及现在世界上之广告热》	戬武	《中东经济月刊》1930年第6卷第7期	广告对于商业的意义,欧美国家的广告现状
《广告学》		《商业月报》1930年第10卷第10期	该报刊登的涉及广告学书目广告
《谈广告》	亦庵	《民众生活》1930年第1卷第5期"谭话"栏	生活中处处可见的形形色色的广告现象
《商用美术广告展览》		《北洋画报》1930年12月2日第12卷第558期	广告
《谈中国之广告》	李治	《商业月刊》1931年第1卷第1期	广告的含义、优美广告四要件动趣紧切、广告类别及体裁、广告方法等
《广告在公私法上之效力》	瘦秋	《法律评论》1931年第16卷第10期	论述了广告在法律上会发生怎样的效力
《广告之常识》	不文	《商业月刊》1931年第1卷第2期	广告小常识,如广告作用、广告方法等
《无线电话广告之办法》	广播无线电台	《浙江省建设月刊》1931年第4卷第12期"报告"栏	缘起,无线电广告优点、特性、现状,广告办法
《商业广告浅说》	颂先	《国货研究月刊》1932年第1卷第4期	什么是广告、广告的起源及发展、广告术成功的要诀（从市场、商品和心理上三个方面进行论述）
《艺术与广告术》		《华年》1932年第1卷第29期	对报纸上刘海粟画展广告过分夸大宣传的感想
《运动的广告的价值》	岂凡	《十月谈》1933年第8期	校方对能给学校带来名誉的喜好运动的特长生的纵容的议论
《夸大广告与诈欺》	西冷	《中华周报》1932年第9期	关于不诚实广告的批判

题名	作者	刊名及出版时间	主要内容
《吾国商人对于广告应有之认识》	王逢壬	《厦门周报》1932年第100期	广告的重要性、广告是什么、广告的效用、三类商品广告的制法、完美广告的五个要件
《从招生广告谈到中国教育》		《华年》1933年第2卷第29期	由招生广告入手谈中国教育的现状
《论广告摄影之布局》	聂光地	《长虹》1933年第3卷1期	详细论述了广告摄影的布局问题
《从小广告谈到男人女人》		《老实话》1933年第10期	广告的负面作用
《反宣传的广告》		《华年》1933年第2卷第13期	刊物经济独立很重要，应审慎选择广告刊登
《何谓内部广告问题》		《钱业月报》1933年第13卷第10期	以银行为例，阐述了内部广告的定义、重要性及方法
《论民法上悬赏广告之意义及其性质》	德辅	《法治周报》1933年第1卷第30期	从民法层面论述了悬赏广告的含义及三要件、悬赏广告性质
《一年来之上海广告事业》		《时事大观》1933—1934年上册	论述了经济衰落对广告业影响、报纸广告与其他广告、广告商的性质与种类、上海市一年来广告业概况，并附录了上海市广告同业公会名单
《医药广告与卖药取缔》	壮克	《市政评论》1934年第1卷合订本	阐述了报刊医药广告社会影响，呼吁加强报刊上医药广告的监管
《改善客列车内装置广告办法》		《京沪沪杭甬铁路日刊》1934年第1040~1065期	客列车内装置广告及收费办法
《铁路应该怎样运用广告》		《京沪沪杭甬铁路日刊》1934年6月4日第991号	铁路运用广告的三个主要原则
《刊物内广告地位应改用新制尺寸计算案》		《工业标准与度量衡》1934年第1卷第4期	刊物内广告地位应改用新制尺寸（即公尺公分及市尺市分）计算
《邮政业务之增进——邮政广告之创办》		《政治成绩统计》1934年第5期	邮政广告创办的意义及办法

题名	作者	刊名及出版时间	主要内容
《由金融业广告而得之疑问》		《钱业月报》1934年第14卷第11期	金融业广告现状及作用
《广告跑街》	练秋	《社会周刊》1934年第1卷第30~37期	对报馆广告跑街即广告业务员的职业写真
《对于播音广告之我见》	陆以振	《广播周报》1934年第9期	关于广播广告的论述，如讨论了国人对广播广告的认识、广告对象、广告内容、广告效力、广播广告的重要性等
《广告（或广告之抵抗）术》	沈有乾	《论语》1934年第37期	对名人明星代言的证明式广告的议论
《广告问题》	亦敏	《机联会刊》1934年第107期	"广告"的含义、广告的效用、广告的种类、书报广告的撰述、刊登注意事项、报纸广告效力的测验办法
《无线电话广告之办法》	广播无线电台	《浙江省建设》1934年第4卷第12期	对无线电广告的广告办法、广告用语、广告时间及收费、效力范围等作了阐述
《谈广告》	施梅笙	《新华行报》1934年第7期	论述了对银行广告"赓续不断""新颖好看"和标题文字的个人观点。作者司职新华信托储蓄银行广告多年，经验丰富
《储蓄银行广告格言》（一）至（九）	王大鸿译	《新华行报》1934年第10，第11期、第13~14期、第16期、第19期、第21期、第23期、第34期、第41期、第43期	储蓄银行广告格言
《银行广告的效力》	华炜生译	《新华行报》1934年第33期	关于银行广告的效力的研究
《年红广告与彩色电管》	王孟澂	《中央时事周报》1934年第3卷第11期"科学"栏	介绍了霓虹灯广告的优点、构造原理及制作
《论电影的广告》		《一周间》1934年第1卷第1~6期	陈述了电影广告的类型及负面的现象

题名	作者	刊名及出版时间	主要内容
《侮辱女性的广告》	无夺	《客观》1935年第1卷第2期	对侮辱女性的广告背后的社会原因的议论
《电气广告术》	张文辉	《通俗文化》1935年第1卷第2期	电气广告术的优点、电气广告术的发展史、气体管电气广告术（霓虹灯及霓虹）
《谈广告》	郭季田	《芒种》1935年第2卷第6期	对类似同一作者写了一篇文章又用另一篇文章做广告的"不择手段广告"现象的批评
《广告伦理化与中国的广告》	唐克明	《青年界》1935年第7卷第3期"新闻讲话"栏	商人欲销售其商品和报馆谋经济上补助之下，新闻广告蓬勃发展。但同时，也出现了一些对社会有害的广告。在这种情势下，发出了广告伦理化的呼声。进一步对什么是广告伦理化，进行了解释。举例说明了新闻广告伦理化在彼时中国的必要性。有两种解决办法：报纸的自觉和舆论的制裁。并介绍了欧美报馆在这方面的做法
《用广告眼药之弊害》	寿梧青	《医药评论》1935年第7卷第6期	论述了报上广告眼药的弊害。编者认为，医药是人命关天大事，借此忠告患者谨慎对待广告药品，勿盲从；同时也寄希望我国报纸对于广告"负指导社会责任"
《活动的广告灯》	彬度	《科学的中国》1935年第5卷第8期	图文并茂，叙述了广告灯的种类及构造原理
《广告与推销》	向宏昌	《机联会刊》　1935年第112期	叙述了广告在推销货品中的注意事项，如广告计划、广告经费、广告媒介物的选择、广告时机、广告对象、货品种类及特性、撰稿方针、广告地域及广告设施等

题名	作者	刊名及出版时间	主要内容
《广告对于国货厂商的前途》	徐百益	《机联会刊》1935年第112期	国货厂商应充分利用广告，同时在"店员的训练"和"货品的制造"上下一番功夫，"使内外一体"，不仅可抵制舶来品，还可"造成国货光明的前途"。并就媒介物的种类、价值及效用，及如何利用广告作了说明
《电气广告（自然）》	徐允昭	《中华教育界》1935年第22卷第9期"补充教材"栏	这是一份"小学高级及初中用自然教材"教学大纲，内容包括电气广告的教学旨趣、教材纲要、教学活动、参考资料、复习和推究的问题、参考书籍
《悬赏广告之研究》	丘彬和	《民钟季刊》（广东国民大学文法学院学术研究社编印）1935年第1卷第4期	悬赏广告的概念、悬赏广告之契约界说、悬赏广告之成立要件、优等悬赏广告、悬赏广告之效力及悬赏广告之效力消减
《全国广告业调查》	钱川	《报学季刊》（上海申时电讯社编行）1935年第1卷第4期"调查与统计"栏	以上海为中心对上海、广州、香港、南京、天津、哈尔滨等地全国广告业情况做了调查，共涉及了51家中外广告代理机构（其中，华商27家和外商24家），调查内容包括公司名称、负责人、创办年月、代理广告种类、代理报社名称、营业总额、公司地址
《广告经济学》	王汝梅译	《报学季刊》1935年第1卷第4期	本书译自英国经济学者柯尔（G.D.H.Cole）1934年出版《世界经济研究》书中的一章"广告经济学（Economics of Advertising）"，本书从总需求和成本的经济学立场分析批评了现代广告的应用：如何减少广告的浪费？厂商为其货物刊登广告是否有利？广告是否会增加货物的售价？

题名	作者	刊名及出版时间	主要内容
《广告效力及运用》	张一梦	《汉口商业月刊》（汉口市商会出版）"商业讲座"栏1935年第2卷第7期	广告的重要性、广告种类、广告目的、广告媒介物、广告政策、广告与商人、广告与顾客、广告与色彩、广告与持久性、广告社会价值、经济迟滞与广告
《论广告》	霍去开斯 等 著，波罗译	《天籁》1935年第24卷第1期	即今译《霍铺金斯谈广告》中的部分内容，包括什么是广告、广告的效用和广告的分类
《广告摄影美术》		《良友画报》1935年第107期	广告摄影美术的研究
《小广告（一）（二）（彩色）》	张德荣	《美术生活》1935年第2期	属于广告作品赏析类
《希望行政当局取缔医药广告》	高克仁	《新医药刊》1935年年第30期	鉴于夸大虚浮医药广告的危害，呼吁行政当局取缔医药广告
《广告信的研究》	华炜生	《新语》1935年年第3卷第2期、第3期、第4期	广告信即直邮广告的研究，什么是广告信、广告信的写法、要点及法则等
《银行广告之研究》	华文煜	《新语》1935年年第3卷第22期	银行广告研究之必要、银行广告的原则与方法、银行广告的真正效力
《天空广告术》	亚	《科学的中国》1936年第二期"科学趣谈"栏	叙述了天空广告术的起源、概况、效果及种类
《广告杂谭》	孟霞	《商职月刊》1936年12月15日第三卷第四期，天津公立商科职业学校出版	什么是广告、广告的商业效力、广告的做法
《广告之效用》	郑惠益	《交大经济》1936年第五期	该文对广告的含义和目的、广告的历史及现状、广告的效用等做了研究。并认为广告是一种专门的学识，广告的研究成为了"商学上必须的学科"
《读报常识：第十四课广告》	文博	《社会常识读本》1936年第五期	
《商业广告刊登地位的研究》	朱庆麒	《商业月报》1936年第十六卷第一号	研究了商业广告效力大小与其在报刊上刊登位置不同之间的关系

题名	作者	刊名及出版时间	主要内容
《部颁职业学校广告科课程表教材大纲及设备概要》	上海中华职业学校	《福建教育》1936年第三期	高级广告科课程表、教材大纲及设备概要，学习商业广告学、广告心理学、报纸杂志广告、通信广告、广告排列法、广告文字学、户外广告、广告效力测验法、广告设计法、广告中西文美术字体、商标设计图、各业分类橱窗布置、单色报纸广告画、灯彩广告设计、机械活动广告制造法、月份牌等
《广告文考》		《海事》"说荟"1936年第十卷第九期	属于广告史的研究，我国古代官府及私家著述中的广告文的历史
《苏联广告管窥》	陆锡麟译	《报人世界》1936年第六期	苏联广告的见闻，属于世界广告史的研究
《广告与新闻》	黎庵	《宇宙风》"姑妄言之"1936年第十五期	广告与新闻的关系，对广告侵略报纸现象的批评
《商品广告的摄影》	田布穀	《飞鹰》1936年第8期	关于商品广告摄影的研究，商品广告摄影的效用、注意事项等
《怎样设计一幅动人的广告》	童泳鎏	《心理季刊》1937年3月31日第二卷第一期"生活应用"栏，上海大夏大学大夏心理学会发行	从人们接受广告的心理学层面，详细论述了怎样设计一幅动人的广告的三个原则，即如何引起注意、把握或维持注意、对广告发生反应——购买
《论广告摄影之布局》	聂光地	《长虹》1937年3月第3卷第1期，上海益昌照相材料行出版	论述了广告摄影之布局，并附照片
《谈广告》	张继仲	《汉口商业月刊》"商场言论"栏1937年6月10日新第二卷第一期，汉口市商会主办	论述了广告信用的重要，商家的广告宣传与货品改良应该一致
《商业广告》	王能学	《新商业季刊》1937年6月第2卷第2期（下），上海江大学城中区商学院发行	广告的定义、广告价值的判断、广告的心理根据、各种广告媒介物、广告的排法、广告的功能、对各种错误广告观的纠正、做广告时应该注意的数点

三、新闻学文献中的广告学研究

广告是报馆的经济命脉，是报纸经营的主要部分，而报馆及报纸经营又是新闻学的研究对象之一。所以，这个时期新闻学文献中的广告学研究内容也非常丰富。

报刊是中国早期新闻学发展的重要平台，《东方杂志》是其中的佼佼者。据统计，从1904年3月创刊到1948年12月终刊，《东方杂志》共发表新闻学方面的"论文、文章近200篇。其内容涵盖了新闻学的各个方面"❶。其中包含了丰富的广告学内容，新闻学者是将广告学作为新闻学的一个方面来进行研究的。

例如，1918年3月《东方杂志》杂志编辑胡愈之在《东方杂志》第十五卷第三号上发表《欧美新闻事业概况》文章，对广告与新闻纸营业的关系作了论述。"新闻纸之营业，须视其销路之广狭，与广告之多寡而定之。""此项代价，抵销纸张印工，亦已不敷，而各报馆独能支持不弊者，则以报纸之代价，直接取诸阅者，为数虽少，而间接所取，则固有数倍于此者。间接取诸阅者，用何法乎？曰，惟广告是已。广告费为新闻纸之大宗收入。商家虽刊广告于报纸，以介绍于阅者，而此项广告费，必仍取偿于顾客，故与间接取诸阅者，实未有异。"

特别是1918年9月，《东方杂志》第十五卷第九号发表了徐宝璜所写的《新闻学大意》一文，文章中对报馆广告经营组织进行了介绍。报馆内部之组织，常分为三部：编辑部、营业部、印刷部。营业部主任"总揽部务，谋报馆经济上之成功"，下设广告经理，"专司出售广告，并为人计划广告事宜"。"广告经理之下，有广告招揽人以佐之"。

1919年11月，在《新闻学大意》的基础上，徐宝璜正式出版了《新闻学》专著，这是我国的第一部新闻学著作。书中关于报纸广告的论述也更加详细。该书第十章"新闻纸之广告"专论广告，对报纸广告作用、刊登原则、广告伦理问题进行了研究。书中观点明显地受到了美国人休曼的影响。此外，该书还就以下内容作了论述。一是广告与报纸的关系。认为广告可以使报馆经济独立，而经济独立又可带来报纸言论的独立。"新闻纸最要之收入，为广告费……广告多者，不独经济可以独立，毋须受人之津贴，因之言论亦不受何方之束缚，且可扩充篇幅，增加材料，减轻报资，以扩广其销路。又广告如登载得当，其为多数人所注意也，必不让于新闻。故广告加多，直接亦足推广一报之销路也。

---

❶ 马光仁：《〈东方杂志〉与新闻学研究》，《古籍新书报》2012 年 11 月 8 日。

故为一报自身利益计，实有谋其发达之必要。况广告者，乃有力之商业媒介。……又广告者，人事之媒介也。……故为发达商业计，便利人事计，一报又有谋发达其广告之必要也。"二是招揽广告的方法。"发达广告之法，最要者有二，即推广销路与用有广告知识之广告员及广告经理是也。"三是阐述了报纸发行与广告的关系。"故销路广者广告多，销路狭者广告少，而求一报广告之发达，应先求其销路之推广也。推广销路，为道多矣……其一则为登载正当之广告也……当先审查其内容何如……因登有碍风纪之广告……登载虚伪骗人之广告……必广告之信用扫地，因之其价值不堪阅矣，最后结果，必为广告减少。"四是介绍了报纸广告分类。"广告可概分为五种，即寻常广告、特别广告、分类广告、附图广告与联合广告是也。"

蔡元培则在《北京大学新闻学研究会成立演说词》❶中提到了广告与报纸新闻的关系，强调了新闻品格的重要性。"新闻自有品格也。吾国新闻，于正张中无不提倡道德；而广告中，则诲淫之药品与小说，触目皆是；或且附印小报，特辟花国新闻等栏；且广收妓寮之广告。此不特新闻家自毁其品格，而其贻害于社会之罪，尤不可恕。"

民初独立报人邵振青（飘萍）在《实际应用新闻学》❷一书中，关于广告与报纸新闻之间的关系的论述，则更加翔实和丰富。该书在"十""新闻价值减少之原因"中说，原因之一是新闻中"含有广告的意味者"。并对什么是广告性质新闻作了界说，还提出了材料的处理办法。"广告的意味之新闻，乃于新闻之中加入一种作用，大约新闻社所接得外间供给之投稿，皆含有此类作用者为多。盖欲以新闻之面具而利用报纸为之宣传其目的……。须注意勿采用广告的性质之消息。所谓广告性质者，不仅在商品上用之，医生律师之名誉，文学家艺术家之作品、军人之战功、官僚之治绩，是皆广告而已。我国所惯称之'作用'两字，颇与广告之意味相合，总之，凡报告新闻之外另含其他目的者即系广告的性质。外交记者如遇半含新闻半含广告之材料，可削去其广告（有作用）之部分。若系全有作用者，则直弃之如遗绝勿受人愚弄转以愚弄读者，否则即大损害新闻之价值。惟近世广告方面技术之进步，每皆作为纪事体，含入新闻消息以引起读者注意，此则另一问题耳。"

汪汉溪在论述广告与报纸新闻的关系时认为，报纸经济不自立，则言论记

---

❶ 蔡元培：《北京大学新闻学研究会成立演说词》，《北京大学日刊》第 228 号（1918 年 10 月 16 日）。

❷ 邵振青（飘萍）：《实际应用新闻学》，京报馆 1923 年版，第 121-122 页。

载难以自由，而报纸欲经济自立，必须依赖广告费和发行的收入。汪汉溪为《新闻报》总经理兼董事。他事必躬亲，提出了"经济自主""无偏无党"的办报宗旨，坚持不在报业以外经营他业的原则。1923年，在纪念《新闻报》创刊三十周年时，汪汉溪写下了《新闻事业困难之原因》❶，痛述了当时中国环境下办报之不易。"办报非经济自立，则言论记载难于自由；即使苟且敷衍，亦不能广其销路。然经济独立，言之非艰，行之维艰。中国报纸各埠姑不论，即上海一埠，自通商互市以来，旋起旋仆，不下三四百家，惟其致败之由，半由于党派关系，立言偏私，不能示人以公，半由创办之始股本不足……进退维谷之时，不得不仰给于外界，受人豢养，立言必多袒庇，甚至颠倒黑白，淆乱听闻，阅者必致相率鄙弃，销数自必日少，广告刊费，更无收入，此办报困难之一大原因也……"

经过努力，《新闻报》终于成为了中国第一家经济独立的报纸。广告费是报纸经济自立的主要支撑。"按办报之第一难关，即经济自立。今本报广告刊费及报资收入，经济已足自立，基业巩固，此为最可欣慰者也。"还认为，"广告术"应该成为新闻人才必备的专门学识。从人才培养的角度论述了广告学与新闻业"泰西报界，新闻记者，均具有专门学识，曰新闻学，曰广告术，故报馆各部，人材无患缺乏。乃中国报界缺乏专门人才，虽近年来各大学校，间有附设新闻学一课者，亦正在教学期间，此吾国报界所以有幼稚之叹"。

《最近之五十年》❷是申报馆为了五十周年纪念而出版的册子，汇集了多人的相关回忆文章。其中涉及广告学方面的研究内容不少。例如，关于新闻与广告的关系方面的论述。伍特公在《墨街实录》中认为，两者不能混同，报纸应该广告与新闻并重。"馆中定例，凡新闻中之文字，不得见于广告栏；广告中之文字，不得见于新闻栏"。"要知广告一物，为报纸所不可少，除重要商务报告外，如戏剧报及火车开行表之类，皆为公众及商界人士所注意。就办报经验论，读报者之视广告，实与新闻并重。"关于广告与报纸之间关系的论述：薛雨孙的《新闻纸与广告之关系》一文首先对广告进行了定义："广告者何？即欲以私人或一团体之事，广告于大众者也。"因为意识到了国人广告意识淡薄。"吾国昔者不知广告为何物，即以商标而论，驰名者每恃有固定之商标，以为人苟知我之信用，则定惠而好我，奚必浪费巨资，从事广告作无谓之周旋欤。"所以劝说国人，"广告之意义，不惜现在之微资，可博将来之巨利"。接着该文对报纸广

---

❶ 汪汉溪：《新闻事业困难之原因》，《新闻报馆三十年纪念册》，新闻报馆 1923 年编印。
❷ 《最近之五十年》，申报馆 1923 年版。

告的优点作了论述，认为报纸广告效力大于传统广告。"以土地之宽宏，人民之众多，取一事以尽晓群众，不能遍执途人而告之，即散给传单，亦只限于一地。纵使印发数千百纸，张贴通衢，往往因地位与时间之关系，行人不加以注目。故广告之方法不同，收效之大小亦殊。若夫新闻纸上之广告则异是……至广告之术，亦愈求愈进。取其重要者，列诸封面。次要者，印于评前。因所求之目的而尽为分类，以平泛之启事而置于普通。此新闻纸广告之定例也。……故报纸所到之区，即广告势力所及之地。且茶坊酒肆，每藉报纸为谈料，消息所播，谁不洞知……非若他项广告之流行不远、传单之随手散佚也。"所以说报纸与广告的关系密切，不可分割。"故新闻纸愈发达，广告之作用亦愈宏。""然不藉报纸为传播，则广告亦何能流行深印人之脑海耶。"此外，该文还认为，广告是一门学问和事业。"西人于商学中有广告专科，此广告之理论也。报纸中有广告一部，此广告之事业也。"

该纪念册子里关于报纸广告历史方面的研究内容也有不少。周瘦鹃在《西洋新闻纸杂谈》中提到的一段文字："最先的广告在新闻纸上发现的，是1648年3月伦敦《公平通信报》（*Impartial Intelligence*）登着一段，因有人失去了两匹马，悬赏找寻。这要算是现在新闻纸广告的祖宗了。"熊少豪在《五十来年北方报纸之事略》中则回忆了早期北京报界对广告的认识：认为北京各报了无生气的原因，来自内外两方面，自身内部的原因之一是"（三）不以营业视报纸，广告学绝无所知。"即不重视报纸营业和不懂广告学。这两篇文献都是关于广告史研究方面的宝贵史料。李嵩生在《本报之沿革》中，研究了《申报》50年广告刊登情况：该文第三部分"（三）广告"专论《申报》广告刊登的情况，对50年来广告刊资、版面编排等作了叙述。其中就谈到了国人不重视报纸广告。"昔日交通阻滞，商业未兴，商人不明广告之效力，广告之刊于新闻纸者，绝不多见……光绪元年起，戏馆渐开，彩票（吕宋白鸽票）始行，是项告白日增。然广告排列法，毫不讲究。"这是一篇研究《申报》广告史方面的重要文献。

谢福生在《世界新闻事业》一文中，则对广告对报纸经济独立的作用作了论述。"广告须多，销路须广。盖广告缺乏，即有经济不能独立之苦。易言之，即不得不倚赖津贴，津贴不能免，难乎为公允之言论矣。销路不广，则效力有限，亦是障碍也。"该文还对报纸广告刊登注意事项作了探讨。"报纸广告须注意以下各点：①登载广告不可能完全为被动的……②广告价格不可不划一……③图画太少……④广告须有精湛之标题，且宜多设分段之文字。⑤广告须慎加选，不可俱收并蓄（参看《纽约时报》所拒绝登载之广告）。此非由馆中专员调查，不能为功，所费虽巨，第关系营业前途，实匪浅鲜。……"

伍超所著的《新闻学大纲》，由孙中山先生作序，共8章。在第6章"测定新闻价值之标准"中，该书认为广告会灭杀新闻之价值，编辑、记者于此点应倍加用心，尤其是将"含有欺诈性质之广告"植入新闻中。"世有黠者，以绝类良好之新闻，投诸报社，藉作其商品或事业之发展。此虽广告术之进步，无如新闻之价值，为之断伤殆尽矣。"遇到这种情况的处理办法是："但有时苟遇某事，半含新闻半含广告之材料，即可删去其广告之部分而用之。至若其全部皆以广告为目的者，实字纸篓中之物耳。"论述了广告对新闻价值大小的影响。

蒋国珍所写的《中国新闻发达史》是新闻史研究著作，由世界书局1927年9月出版。该书第四章"论中国报纸的诸特征"之"第四节中国报纸与广告"，对早期中国报纸广告现状做了研究。一是国人不重视报纸广告的应用。"广告在报纸上的价值，中国人从前是不知道的。熊少豪氏的论文之中，也说中国人不知用报纸广告法。即在现在，多数人对于报纸上的广告，亦不大注意。中国商业的广告费，大部是用于店面的招牌和招贴上，藉以提醒路人耳目。因此若投数千元的广告费，和外国人利用报纸广告的，那真是少得很呢。"[1]二是报纸广告在中国效力受限。"如果要支配中国商场，仅靠着中国报纸的广告，是尚不足；因为大部分的民众，对于报纸无甚关系的原因。而必须在街道上、火车上、轮船上、贴以光彩夺目的广告。关于这一点的成功者是美国人，而美孚火油公司的火油和英美烟公司的纸烟，到一九〇五止，所以能完全独占中国市场者，亦端赖于此。在中国的无论什么名胜的山坡上，都能见有此种触目的广告板。日本的'仁丹'和'味之素'也仿造此法，而能得到很大的效力……"[2]

张静庐在《中国的新闻记者与新闻纸》中涉及了广告史方面的研究。该书下编第四部分"上海报馆的组织和现状"中，首先以《申报》和《新闻报》为例，介绍了上海报馆的内部组织，其通常分四大部：总理处、编辑部、营业部和印刷部。营业部下设发行、广告、推广、承印、收银各科；广告科之下又设收稿、编校二股……印刷部下与广告相关的是活版科，活版科下设新闻、广告、刻字三股。其次描述了上海各报的现状及广告竞争之异常激烈。"……各报馆为增高他的地位，增加他的收入，现在可以看得出的，就是'新闻的竞争'和'广

---

[1] 蒋国珍：《中国新闻发达史》，世界书局 1927 年版，第 67 页。
[2] 蒋国珍：《中国新闻发达史》，世界书局 1927 年版，第 68 页。

告的竞争'。……广告竞争。自从汪英宾从美国回来担任《申报》的广告部主任以后对于广告方面的确是日有起色。且并为拉拢商店的便利起见，特另出一张《本埠增刊》专登广告式的文字，每逢阳历年底前，还分出各种冬至特刊，和其他的装饰饮食等货的特刊，一方面是提倡，一方面可以多拉拢商店广告。曾经还另刊广告竞赛，定有奖金，以资鼓励。《新闻报》也另刊有《本埠附刊》一种，其性质和《申报》的《本埠增刊》相同；有时还另印各业的专号……"❶

商务印书馆1927年11月出版了民国著名报学专家戈公振的代表作《中国报学史》❷。该书第六章第三节专论"广告"，论述了我国报纸广告发展史、报纸广告现状、广告文化价值、广告伦理等问题。在广告研究方法上运用了图表、统计资料等量化工具。该书详列了五个表格，分别是第一表为"广告之分类"，将广告分为商务广告（下列7小类）、社会广告（下列7小类）、文化广告（下列2类）、交通广告和杂项。第二表、第三表为"广告面积与全张及新闻面积之百分比"，第四表为"广告每门面积与广告全部面积之百分比"。第五表为"广告各门每次平均面积"。除了商业上的功能，戈公振还认识到了广告的文化价值。"广告为商业发展之史乘，亦即文化进步之记录。人类生活，因科学之发明日趋于繁密美满，而广告即有促进人生与指导人生之功能。""搞广告不仅为工商界推销出品之一种手段，实负有宣传文化与教育群众之使命也"。书中还有关于广告伦理方面的研究内容。"不道德与不忠实之广告，此不但为我国实业界之大忧，亦广告界之大耻也。"戈氏对广告的认识更进了一步，从物质层面上升到了精神层面。

另一位民国著名学者徐宝璜关于广告学的研究也颇有建树。他的主要广告观有：广告属于新闻学研究的内容。"新闻学者，研究新闻纸之各问题而求得一正当解决之学也。""新闻纸之各问题，可分属于编辑、组织、营业三方面。"营业方面的问题主要是"（1）广告如何可以发达？（2）销路如何可以推广？"❸对报纸广告的产生作了探讨。"近代商业以世界为大市场，一般商业家，必争奇斗巧，使人知其货物种类名称及特长，然后销路可广，商业始有发达之希望，故有待于宣传之媒介。新闻纸不翼而飞全球，其代登广告，因是项需要而发生也。"

---

❶ 张静庐：《中国的新闻记者与新闻纸》，现代书局 1928 年 2 月 20 日初版。
❷ 戈公振：《中国报学史》，商务印书馆 1927 年 11 月初版。
❸ 《新闻学纲要》第 3 页，第 168 页。《新闻学纲要》出版于 1930 年 10 月 20 日，由徐宝璜著，黄天鹏编纂，上海联合书店出版。《新闻学纲要》是徐宝璜 37 岁仙逝后，其友人为怀念故友为新闻学所作之杰出贡献而出的。

研究了报纸广告的效力及如何增加报纸广告的效力。"（甲）树立广告之信用"和"提高广告之技术"。研究了报纸广告的经营，承认广告是一门学问，需专门人才去经营。"广告今日已成为专门之技术，故报馆宜延聘对于广告学有研究者以担任之。"❶在《新闻事业之将来》❷一文中，徐宝璜详细论述了报纸与广告之间的关系，如关于报纸销售和广告营业的关系。"实则新闻纸销路广，广告亦增多，在登广告者固择销行最广之新闻纸以刊载，是以广告多寡与报纸销路，颇有因果。"二者"实互相以为因果也"。论述了广告与报纸、报纸新闻之间的关系。"用广告营业以维持报纸生活，此殆已成近日新闻社之公例。""新闻纸上广告既多，则无须于津贴，议论亦归于纯正，消息因亦求其灵确，销路既然广，广告遂亦臻上乘矣。"新闻应事实化，遇到"探听错误""有意捏造"的不确实新闻，"初则若可猎得阅者之信心，仔细以考查，则大贬其价值。于是广告锐减，根本摇动矣"。

徐宝璜还提出了衡量报纸广告价值的标准即"广告之艺术化"。"广告之艺术化"应该有"六要"，即真实、选字、选句、地位、变换和附图。这六者"若能化成艺术，或有文学上之意味，非特尚美于一时，亦可见效于俄顷也"。此外，他还对广告进行了定义。"所谓广告者，任何方法之宣传，能转移心理，引起注意，以达其目的也。"不过可以看出，这是从新闻学和报业经营的角度出发，给广告下的定义，其中有很大的片面性。

任白涛在《应用新闻学》第二章第一节"新闻社之组织"中阐述了新闻社之组织：一般分编辑、印刷、营业三大部，营业部下设"（一）贩卖主任（二）广告主任（三）会计主任。……广告主任之下，有劝诱广告之外交员、广告栏编辑员及事务员、司账员等"。❸

《应用新闻学》书前王拱璧所写的一篇序言《写在任著新闻学的上头》（写于1926年6月）里，对广告伦理问题进行了研究。"广告的势力，差不多是与新闻记事并驾齐驱的。有少数的中国报纸，对于新闻记事，还知道负点责任。而对于广告能负责任的，不但没有一家，而且明明是毒物，是危险物，明明是欺骗的，诱惑的，明明是丑恶的，污秽的，明明是违反群众心理的，只要拿钱来，就替它登载，替它宣传；至于那广告登载后的影响如何，自然是不必管它了。

❶ 《新闻纸之性质与价值》，见《新闻学纲要》附录，第168页。
❷ 见《新闻学纲要》附录，第201-205页。
❸ 任白涛：《应用新闻学》，亚东图书馆1937年版，第21页。

据说美国的报馆，对于广告负有极大的责任……我以为因看广告而受损害的人，是应该向报馆要求赔偿的。"

张九如、周翥者编的《新闻编辑法》（上海中华书局1928年3月初版），共3卷30章，第29章讨论没什么价值的新闻是怎样的？其中之一就是"含虚假性质的广告作用的新闻"。"这种含有广告作用的新闻，容易叫人读了讨厌，切宜避去。"因为其降低了新闻的价值就此论述了广告对新闻价值的影响。

周孝庵著的《最新应用新闻学》共4编，在第一编"新闻采访法"之"第十六章广告中之新闻线索"中，强调了广告也是新闻线索来源之一，可为访员新闻采访提供线索。"新闻与广告，有密切之关系，为访员者，不能不随时注意于广告。盖广告中颇多新闻线索，重要新闻尤不少发见于广告，而进一步采访得之也。"当然，广告中的新闻线索，只是线索中的一种"小线索"，访员身边，随时随地，都会有新闻线索存在，贵在抓住"时机"。在第四编"杂著"收录的"报纸的实益主义"文中，表述了"广告的实益主义"的观点，论述报纸广告"效力的伟大"及其与报纸"彼此相依相赖"的关系。"一般人靠着广告去获利，而报纸也依赖广告来生存，所以新闻学者常说'广告是报纸的血液'……广告家常勾心斗角、专心致志于千变万化的广告术，而报纸也常千方百计地去兜揽广告，藉谋营业上的进展。"对"虚伪的或言过其实的广告"，"报纸"不可不注意社会的实际利益，而加以严密的审查和自动的取缔。"广告须求真实"，是"报纸实益主义的一种"，也是"报纸进步的一个特征"。并提出了几个解决办法，将此种不良广告驱逐于报纸之外。

[日]杉村广太郎著、王文萱翻译的《新闻概论》（现代书局1930年5月初版），分9章，第六章"新闻价值与其由来"之第二节"新闻价值的减少与消灭"中，认为广告是减少与消灭报纸新闻价值的三种情形之一。"记事有广告宣传的意味是没有价值的。""在举世趋于广告宣传的今日"，对于多少"含有些宣传意味的NEWS"，"非打一点折扣去判断其价值不可"。第七章"近代新闻社之组织"之第二节和第四节阐述了贩卖与广告的关系。"占新闻纸财产主要部分的广告部，也是唯一望着发行数的增加，因发行数愈多，广告效果愈著，随之广告费率高，要登广告者也易招集。"但是"广告的效果未必常单依贩卖部数的多寡而定"，"读者的本质是最有重大的关系。'质'的贩卖部数，非比过'量'的贩卖部数不可，这是才发现的事。从质上看，知道广告效果的显示不是这样的，故对购买者应限制赎买。"即读者对象对广告效果的影响。第8章首次介绍了日本电通

通讯社，不过未介绍它的广告情况。

在黄天鹏丰富的新闻学著述中，涉及了不少广告学方面的研究内容。例如，在其《中国新闻事业》（上海联合书店1930年版）中，与广告学有关的内容如下：

一是关于广告史的阐述。该书第四章"新闻事业之勃兴"之第二节"外国人在华之报业"，"邸报纪录成文，止于朝政，无评论，无访稿，无广告，仅能称为官报，不洽于今日之所谓报纸也……"❶

二是关于广告组织的阐述。见"第五章新闻事业之现状""第一节报馆之组织与内容"，"一组织系统报馆组织之系统，大都设一总理或董事会以总其成，下分设三大部：（一）编辑部，（二）营业部，（三）印刷部。各报因事务之繁简，而略有不同，就大体言之，总理或董事长之下，设有各部部长，各部长隶属之下有主任，主任之下始为办事之人员。"接着以《申报》组织系统为例进行了详述："……营业部各科各设主任一人，广告科计八人，外又有外勤广告员六人，以辅助广告之发展。并设广告整理股，专司整理次日见报之广告稿件，分日夜班任事，计日班六人，夜班二人。又广告校对员六人，广告审查一人，广告收账员三人，文书兼翻译二人，缮写木戳二人，刊刻木戳十人。……惟营业部事务过繁，故特设营业主任一人，负设计及接洽与决定关于发行广告各项事宜之责。（三）印刷部人员计……广告四十人……"（57页）。

三是对广告本位的论述。报纸经营宗旨究竟该是新闻本位还是广告本位呢？"二经营方针……近代新闻事业由政论本位进而为新闻本位，由津贴本位，进而为营业本位……营业则为营业部之责任。营业之致力不外二道，即为发行与广告，二者互为因果，欲得多数之读者，则惟有低廉其定价，使购买力遍及于各级社会，读者即众，则广告效力自大，而登广告者随以俱来，收入因而大增，收入既丰，业务弥发达。此近世营业之所以由发行本位，而趋于广告本位也。英美报社类以广告为本位……"（58页至59页）法德报社则以发行为本位，此外，还有党报，"其经费有自，则不甚注重营业也。"（59页）"我国经营新闻事业者之方针，因地而异，上海、汉口、天津等埠，商业发达，广告收入素丰，报馆遂赖以独立，大都取法英美广告本位之说。……其次则因广告尚无可观，而致力于编辑，以求发行数之增多，藉以维持其营业……而内地尤甚。盖内地广告收入既少，自不能不求偿于发行也。"（59页至60页）

四是关于报纸广告经营现状、广告招徕与刊例、广告方法、广告分类、广

---

❶ 黄天鹏：《中国新闻事业》，上海联合书店1930年版，第38页。

告效力、广告与发行的关系等广告经营方面的论述。例如，"报馆之经营，因发行之亏损而不能不取偿于广告，然目下商业之情况，尚未尽量发达，而商家之广告亦仅限于通都大邑之著名商肆，且商店生产之能力有限，则所支出于广告者，亦遂因而从减。……知新闻事业之纯以广告费为挹注为尚未可恃"。（报纸广告经营现状）"五广告之招徕与刊例"介绍了报馆广告的来源、刊例（以申报和新闻报为例）、招徕方法（70页）。"广告为报馆之食料，全馆之消费，几全赖其维持。欧美广告本位之报纸，广告收入占全数十分之八九。我国商业尚未发达，经营无剧烈之竞争。商人对广告之价值，尚未有尽知者……即报馆执役广告者，亦多未能尽知广告能事，与引起读者与广告主注意之方法也。"（广告方法）"广告与新闻有同样之价值，其影响于社会亦钜，欧美对于广告之性质，检查极严，我国报纸则以广告尚少，故刊登颇滥……现时之广告，可分为（甲）商务广告……（乙）社会广告……（丙）文化广告……（丁）交通广告……（戊）杂项……"（71页）"拒登含有欺骗性之广告，使广告之效力可信，则此后发展可操左券矣。"（73页）广告与发行之关系："报馆之经营虽以广告为本位，而发行之收入亦殊可观，且广告之增加，亦以发行数为正比例，是至堪注意也。"（84页）正因为报刊发行数多寡会影响到广告刊登，所以"报馆发行之实数每不愿示人，若欧美日本之公开者尚无有"。此外，对广告的社会影响作了论述。"广告对社会之关系，至密且钜，其影响所及，不在新闻之下。倘有宣传诲淫书籍，售卖假药，假托招考职员，骗收保证金等类，均属贻害社会，当道每有取缔之者……"（76页）

该书中还附录了一篇怎样进行报纸广告研究的论文。该论文来源于北京的清华学报。北京的清华学报曾选取全国5种著名报纸通过图表及归纳统计的方法，对上面刊登的新闻及广告进行了分析。关于报纸广告分析，主旨是"某种报纸登载些什么广告？广告如何分类？哪几类广告比较的最多？哪几类比较的最少？因此或者可知社会所最需要的，是哪几类物品，因此或者可以推测普通社会情形。……照此说来，分析广告对于研究社会情形，却也有些帮助"。（289页）关于报纸广告研究方法。"研究广告，大约可从三方面下手：第一是从登广告者着想，第二是从做广告者着想，第三是研究广告所发生的影响。"（289页）……这是目前仅见的一篇关于探讨广告学研究方法的研究文献，既有定量分析，也有定性分析，这篇论文的出现，不仅说明了系统的定量方法在广告学研究中的应用，而且也标志着广告学研究科学化的到来，是方法论上的一次突破。虽然，此前的其他许多文献里也有定量分析的内容，但比较零散，不系统，许多都是从国外文献中翻译改编而来。其实现了本土广告学研究与科学研究方法定量分析的真正结合，是一个非常好的例证和突破，标志着本土广告学研究科学化时代的到来。

黄天鹏不仅是一名新闻学研究者，还是那个时代著名的编辑和出版人。[1]在其1930年编辑出版的《新闻学论文集》(表4-4-17)、《新闻学刊全集》(表4-4-18)、《新闻学名论集》(表4-4-19)等论文集中，也有许多广告学方面的研究内容。

表4-4-17 《新闻学论文集》中的广告学研究内容一览表

作者	文章名称	观点及内容摘要
王世杰	《对中国报纸罪言》	该文涉及了报纸广告的责任担当问题。中国报纸广告"丑诋他人"，商业广告"不实"，究竟该由谁负责"法律上或道义上的责任"，报纸不可以"纯然抱一个发财主义"。介绍英、美、法等国在这方面的处理经验，批判了报纸不重视不法广告刊登的错误观念，报纸须对所刊登的广告负责
鲍威尔	《美国新闻发达之原因》	中国新闻纸不发达之原因之一是"广告未推广"，而这也正是美国新闻事业发达之原因。"新闻事业能推广广告之效力，则与商界有两利之道，在商则推广销路，在报馆则增加收入。"报馆"尤须注意于自己之编辑印刷推销各项，而经济独立，尤为重要"。论述了广告与新闻纸的关系
汪英宾	《中国报纸应有之觉悟》	在论述报纸经济问题时，阐述了报纸广告的作用及中国报纸广告的现状。品质"精美""应用"便利之货物，不登广告，"销数必少"。"故广告实为推销百货之利器，况在一报登广告，无异雇车送货于主顾也。"中国商人广告意识淡漠，所以"办报者宜常常考量，时时向商人指导""广告之常识"。中国报纸广告水平低，形式单一。"今日中国报纸之广告，即以上海各大报而论，不外乎声明之一种"。这种广告，被认为是"不生产之广告"，"不能久在商业中立足"。故办报人应重视广告的编写，扩大广告范围，为商人

----

❶ 1923 年，国人创办的第一个大学新闻系北京平民大学报学系正式成立，特聘我国早期著名新闻学者徐宝璜任该系系主任。这是中国大学中第一个新闻系主任。黄天鹏此时就在该系就读。1927 年 1 月，由黄天鹏主编，北京新闻学会出版的《新闻学刊》在北平创办，为季刊，这是我国最早的新闻学刊物。1928 年 8 月，北京新闻学会又出版了《新闻周刊》，主编仍是黄天鹏。1929 年 3 月，黄天鹏将原北京《新闻学刊》改为《报学杂志》(月刊) 在上海出版。《新闻学刊》《新闻周刊》《报学杂志》三种刊物都是我国最早研究新闻学的专门学术刊物。从 1929 年至 1931 年间，黄天鹏又编辑出版了《新闻学名论集》《新闻学刊全集》《报学丛刊》等新闻学论文集。

续 表

作者	文章名称	观点及内容摘要
汪英宾	《中国报纸应有之觉悟》	解决推销问题，报业则有"充足之进款"，事业得以日新月异。"广告之编写，在欧美各国为一种专门学问：文字之精致，不足为广告也；图画之工细，不足为广告也；书法之古雅，不足为广告也；广告者，宜使读者见之读之悟之信之而买之，而后能尽其事。"强调了报纸广告的效用

表 4-4-18　《新闻学刊全集》❶中的广告学研究内容一览表

作者及文章名称	观点及内容摘要
周孝庵《新闻学上之精编主义》	关于广告与新闻之关系。"第六节广告新闻不正确之新闻无刊载之价值，无新闻价值之事实，亦无刊载之余地，此治新闻学者类多知之。乃各报独对'宣传性质'之广告新闻，则宁割宝贵之地位而刊载之，殊以为惜，盖广告新闻之目的在'夸扬'，在'引诱买客'，新闻中每有言过其实之处，社会凭报纸而尝试，尝试不满意，辄有厌恶报纸之心理。……姑不问新闻之内容如何，但报纸苟每日有类似之广告新闻二十则以上，则所占之地位，已极可观，因此牺牲其他纯粹之新闻，殊不值得。证之欧美日本之报纸，对于新闻之力求正确无论矣，即滑头之广告，亦必严行拒绝，故其广告，非具有信用之商号，绝少登载。若吾国报纸则淫药广告，无日靡有。虽曰维持营业，不得不尔，抑知维持报纸营业而使群众受害，于心安乎，即属正当广告而为之宣传，所占地位，亦不宜过多，仅可酌登其'事实'，若过甚其词之字句，则期期以为不可。"（41～42页）
邹宗孟《日本新闻界一瞥》	日本报社广告经营情况：报社广告组织、广告费、广告招揽等。日本新闻社之组织，通常分编辑及事务（或称营业）两处。"事务处分为广告贩卖两部，新闻社之重要收入，为广告费及报费，通例广告费，较报费为尤多，故报费仅足供给纸笔费及邮费，而社员之俸给及机械之运转费，则非依广告费不可。广告有直接对于新闻社请托之者，有由新闻社劝诱之者，但由广告介绍所转来者亦不少。"（91页）
方宗鳌《新闻纸与商业》	报纸广告优点。"然而登载广告之机关多矣，除新闻纸外，若杂志、若仿单、若牌板，无一非登载广告之利器。然究其实，则无一能与新闻纸相抗衡。盖新闻纸为普遍的、一般的、无论何种阶级，皆能见之。他种姑不论，若杂志之订阅者，因男女阶级而异，其内容又有文学的、经济的、政治的、美术的……之分。发行部数，终不及新闻纸之多……新闻纸为广告机关之特色，即在乎此。"（137页）广告与商业的关系。商人营业，无论中外，"皆盛行广告之术，以广

❶ 黄天鹏：《新闻学刊全集》，光新书局 1930 年版。

作者及 文章名称	观点及内容摘要
方宗鳌《新闻纸与商业》	招徕者也"。"值此商战时代，营业之盛衰，全系广告术之巧拙；而广告之普遍，全视新闻纸之销场为转移。""商业非利用广告不足以资发达也"。（136～137页）报纸与广告的关系。"新闻纸为登载广告之利器"。（135页）
顾红叶《新闻发展之新途径》	广告与报纸的关系。"帮助新闻营业之大宗，即推广告。"（200页）关于广告人才的论述。"广告在二十世纪，也早成为专门的技术。非有研究者的创作，即不能引起一般人的注意。故新闻社中，对于广告，不仅当聘招徕广告之人，尤当专聘审查广告之人，与改撰广告之人。"（200页）广告不受人信任的原因。一是"在广告的有登载价值与否？"二是"广告字句太多，或形容过度"，三是"要配置精当。款式地位，务要时时使人惹入眼帘"
胡政之《中国新闻事业》	广告与营业的关系。"报社营业若能独立，始有发展之机。通常报馆收入，卖报之外，最大为广告费。"（246页）广告与报纸的关系。"而广告费则报纸物质上之粮食也。故新闻事业须有大工业作后盾，乃能充分发达。吾国工商业不振，广告费为数有限……吾人每呼打倒帝国主义，抵制外国广告，但报纸若不登外国广告，则无以维持现状……"（247～248页）广告效力及现状。"真实一般人不明广告之效力，万不得已登一广告，地狭字挤，费用诚省，而收效实微，几等于不登也。大都会及商埠，人事广告已渐发达，一般人对广告似已有较好之觉悟——认识其意义与功效。"（248页）
黄粱梦《终刊感言》	广告是报学之一门。即是新闻学的研究对象之一。"举凡有关报学之科学，皆应有相当之注意，而广告一门，尤应广为发扬。"（358页）
洪阳生《天庐谈报》	关于广告史方面的资料。广告可以补白。"北京每在军事时期，军警设有新闻检查处，凡有利对方之消息，即予撤去，明日报上多大空白，读者益形疑虑，军警嘱事调版，实则时间所迫，不及改版，乃以广告补白。"（397页）
张一苇《中国之广告术》（写于1928年3月19日,北京通明寺）	国人不重视广告。"我国人于广告一门，向乏兴趣和研究。自西商来，亦有仿效利用者。""报纸的广告，就更不注意了。"（238页）中国式广告术类型。介绍了墙壁广告、门圈广告、标志广告、悬牌广告、象征广告、口头广告六种。广告与商业的关系。"我国商业的不振，不注意广告，总算是一重大原因……"

表4-4-19 　《新闻学名论集》❶中的广告学研究内容一览表

作者	文章名称	观点及内容摘要
徐宝璜	《新闻学讲话》	新闻学和广告学的关系。间接关系，广告学是新闻学的研究对象之一，是研习新闻学的基础。"一个新闻学的专门研究者，不能把社会学、经济学、哲学概论、政治学、法理学、政治学史、外交史、英美日本书学史、世界史；与新闻学概论、新闻采集法、新闻编辑法，同广告学，混乱瞎学，临阵磨枪。假如我们要希望来学的人，对于新闻学或新闻业有相当的贡献时，我们一定先要把前边的基础，比前边还要复杂的基础，使他立好，然后再教以专门的新闻学。否则，在不精稳的基础建立伟大的房屋，很是危险。我们不能在不懂心理学、商业等科学时研究广告学，犹之，我们不能不懂心理而研究教育学一样。"（24页）
邵飘萍	《中国新闻学不发达之原因及其事业之要点》	广告与报纸的关系。报纸"后来渐为政客、政党所利用，或发广告而设立，又逐渐变成卖广告性质，就是现在，仍然是广告制度下营业。虽有各国新闻界的觉悟，深以为不当，然要不卖广告，则收入不抵支出，势非倒闭不可……"（42页）该文认为实业不发达是中国新闻事业不发达的原因之一。"新闻事业全赖广告维持其生命，广告多则生命绵长，且易于发展……然要实业发达，才可公司林立，公司林立（公司本身发展，非广告不可），公司的广告自然加多，哪个公司的广告不是新闻事业的好收入，要想这种收入增加，除非实业发达不可……"（46页）该文在"四报纸之广告与发行"中专门论述了报纸广告的问题。一是阐明了广告本位的观点。"广告为新闻事业的本位，而发行因之亦有重大关系，要是发行好，报的销售自大，报的影响之效果亦广，所以开报馆差不多都拼命的设法销售，且拼命的减价和折扣，于是其目的在广告费之收入而不在发行。"（48页）二是叙述了广告之来源。认为广告发展至今，已经"成为一种专门的学识"。"广告一项，已成为专门的学问，有专门的人才去研究，花样不惮新奇，样式之多亦不怕烦厌……"（49页）三是介绍了五种常用的广告样式。四是讨论了报纸广告效力。"至于其效力如何，则看与新闻接触情形，有接触则有效力，无接触则无效力，亦就是接触则有价值，接触多则价值越多，所以其效力最大，也最复杂。"（49页）报纸广告的效力大小视其与报纸新闻（即内容）的相关度而定，关联度越高，效力越大。具体来说，一是卖得好的报纸广告效果未必就好；二是"看报的种类，

---

❶ 黄天鹏：《新闻学名论集》，上海联合书店 1930 年版。

作者	文章名称	观点及内容摘要
邵飘萍	《中国新闻学不发达之原因及其事业之要点》	即是看那一种人看的多"；三是"报的信用"，"信用好，大家才敢信用你报上登的广告"；四是"发行的地点"；五是"纸面一致的主张，比方排斥日货时，则不登日货的广告"。（49～50页）报馆广告组织。"报的组织分两大系统：一是营业，内分（一）印刷部（二）广告部（三）发行部。二是编辑，内分广义的编辑，与狭义的编辑……"广告似的新闻会降低报纸新闻的价值。报纸新闻价值减少的四种原因之一是"广告的意味太浓：怎样是广告的意味？就是有一种似新闻非新闻的新闻。要分析起来，简直是广告作用的性质……此类的新闻，不单能捧某某学校，其实不论那样的人，那样的事，都可以大捧而特捧，这是与新闻有莫大妨碍的；切要禁止这类广告似的新闻"。（63页）
作者不详	《编辑实习》	报社编辑在整理原稿时，应该"删除诽毁及广告性质之词句"。"编辑员当为精密之判定。然欲此判定之精确，而求取舍之恰当，须根据法律学理，及社会心理而出之……若含有广告性质之文词更不免为人利用，而无价值之记事，拉杂满纸矣。"（133页）
黄天鹏	《日本新闻事业之分野》	广告与新闻纸关系。"新闻纸粮食为广告，恃之既殷，遂不免为人所挟持。而广告者对于新闻纸亦隐然具有支配之潜势力矣。"（152页）
丁叔良	《新闻论略》	对报纸广告术进行了研究。认为"广告的本质为助本社的经济帮助工商业，介绍事业，与本社社会、工商皆有莫大关系，所以应请广告专门人材来管理。他的原则，为推广报纸销路、登载正当广告、取价纸廉，采用分类广告法等等"。（224页）
汪竞英	《新闻社营业之我见》	不重视报纸广告。"商业不发达"导致报纸"销路不广，广告只为义务，此无可讳言，且中国商人，大半缺乏知识，恒以广告为不足轻重，因之报业间接受其影响者二也"。广告对新闻事业的重要。"于此可见销路与广告，实为新闻事业之生命，欲救斯弊，非利用时代趋势于社会群众之心理上着手，不为功也。"（228页）
黄天鹏	《东南亚华侨报业》	广告与报纸关系。"广告为报纸之食料，东南亚为商业之要镇，商业发展未可限量，一时广告纵感缺乏，而最近之将来，此难题必可迎刃而解。"（261页）报纸之发达与效力如何，一看发行量，二看"广告之多足以资养"。（261页）

作者	文章名称	观点及内容摘要
黄逸民讲，杜绍文笔记	《新闻广告》	该文对广告业现状、广告种类、报纸广告的效力问题、报馆广告责任、报纸广告业务来源及处理、报纸广告未来等作了阐述。
钱伯涵讲，杜绍文笔记	《美国广告事业发达的原因》	该书论述了美国广告媒介、广告精神、广告的科学方法、广告伦理、广告行业自律与广告法律等。最后借鉴法国广告业不发达的情况，提出了发达和研究我国广告业的方法。

陶良鹤的《最新应用新闻学》（上海复旦大学新闻学会1930年12月版）扉页上有"上海复旦大学新闻学系毕业论文"字样，共5章：新闻学的通议、新闻纸的研究、新闻社的组织、新闻人才的养成与待遇、最近新闻事业的趋势。对报社广告部作了介绍。新闻社的组织由三大部构成：编辑部、营业部、印刷部，营业部下设广告、发行、会计、庶务四个部分，"广告部专司新闻纸的广告事宜"，"广告部的部长应有丰富的活泼的敏捷的手腕，才能指挥着内外勤的人员，来开拓新的广告主的地盘"。在"第四章新闻人才的养成与待遇"中，新闻学系课程的设置，应该"理论与事实并重"。就其性质，分为五项。（1）基础知识；（2）专门知识；（3）辅导知识；（4）写作技能；（5）实习与写作。其中，专门知识包括新闻学理论与实际两方面的课程，广告就属于新闻学实际方面的课程。

汪英宾的《报学大纲》（入《新闻学集》，王澹如编）全文分五部分：（一）报纸范围；（二）"报纸之技能"；（三）"广告"；（四）"发行"；（五）"机械"。该文认为广告属于报学的范畴，是报学知识体系的组成部分之一，也是报学的研究对象。并从报业经营的角度对广告进行了简述。

骆无涯的《广告话》（入《新闻学集》，王澹如编）对广告的重要性、日报广告之条件、广告与版面、理想之广告作了简述。作者曾从事报纸广告工作，深谙其中"利弊得失"。蒋介民的《工商业与广告谭》（入《新闻学集》，王澹如编）讨论了工商业与广告的关系。"吾国工商业之进步，半由时势所趋使然，但由广告效力所促成者，不容淹没"。工商业者初具广告意识，但对广告方法运用正确者不多。报纸广告略有起色，但对其他广告形式不够重视。工商业内部多半不专设广告部门，"每遇登广告时，即由店中账房，或职员代为拟稿，所撰者，佳作固有，而大半非惟文句不适于营业，甚有长篇累牍，无益于事"。工商业者碍于情面，刊登应酬广告，作"无谓之牺牲"，"非经营工商业之正轨"。"经理广告者，屡造其门，请登广告。彼曰广告本不欲登，因情不可却，应酬数天，是则不知广告之性质与价值者也。"该文对广告业者的重视，认识到了广告人的重要地位，在时文中不多见。"广告业者，在社会上实属重要地位，惜乎人多漠视之，盖从事斯业者，吾人不能视其任务，仅仅为个人单独谋生活，应知彼之责任，并为公共工商业求利益。即如广告之经理人，对于所代理之广告，实负一种使命，即不但使委托者满意，亦应使社会上对广告满意，故经营广告，殊非易事。观乎今日我国有经营广告事业，能预为广告客商家周密策划者，有如硕果辰星。因大都会之所谓广告家，不过为数家报馆，兜揽报纸广告而已。即于所兜之广告，亦不过作一中间之传递人而已，能为委托者对其经营之工商业，应用如何广告方法，妥为策画，使委托者，获事业之进益，颇不易得。此所以欧美各国广告公司，独胜于吾国也。"文中还提及了广告经费预算和广告策划的问题。这是对西方广告代理制的较早阐述。

杜超彬著的《新闻政策》（上海复旦大学新闻学会1931年5月版）共6章，在第6章"结语"中讲到了新闻事业的表现形态，从"横的方面"来观察，"新闻广告的艺术化"是其中之一。"新闻广告为报馆经济的主要来源，报馆方面，除出卖纸面外，复不能不出奇制胜，以笼络广告主。如选字、造句、地位、变换、附图等，务使新闻广告富有艺术上的风格，可于俄顷而见效。"论述了新闻广告艺术化的作用，属于广告表现方面的研究。

在燕京大学新闻学系《新闻学研究》（良友公司，1932年6月初版），也有几篇关于报纸广告方面的论文。高青孝的《分类广告之研究》专论报刊分类广告。一是论述了分类广告之重要。第一，分类广告"虽可补助报纸之收入，而其最大之功用则为服务读者，为社会读者效劳"。第二，关系到报纸零星发行，"临时或短期读者"订阅报纸非专为新闻，而是为了分类小广告。第三，提高了报纸威权，巩固其信誉。此外，还论述了报纸分类广告部组织结构、分类广告之增进、广告费记账办法、分类广告价目、我国报纸分类广告现况（不太好，不及普通广告，各报对分类广告部组织不良，缺少专家与倡导不力是主因）。这是我国第一篇分类广告的研究论文。管翼贤的《新闻广告》论述了新闻广告与报社营业收入、国民经济状况、对外贸易、调节物价的关系。阐述了广告简史、各国广告消费率、广告经理的地位及职业情况简介，研究了广告科学、广告伦理观、新闻广告效力及测定、广告专用文、广告刊登的选择、广告费、广告部组织与运用。该书对广告主、广告经理及新闻社三者之间的相互关系作了较详细的论述。广告是一门科学，也是一个专门的职业方向。欧美及日本十分重视广告的研究，有专门的广告学校、研究广告的专家、广告顾问、广告俱乐部等。而我国关于广告的研究，则比较"冷淡"。新闻广告"大有学术的"的必要，"吾人不可不加以研究"。"又因广告之多，而特别职业亦多。各商店或公司，皆有所谓广告经理员、广告技术员、广告接洽员等职务，并时常组织广告展览会，供世人品评其图案文字，有无修正之点。或意匠心裁，有无改良之点。而一般专门学者，亦时就广告方面，加以热烈之研究。心理学家……专从心理上，研究广告之暗示术。美术家专从美术上研究广告之色彩图样。文学家之研究广告用语。法律家之研究广告法律。……"

甘家馨编著的《欧美新闻鸟瞰》（南京正中书店1933年3月版）共7章，分别对美、英、苏联、法、意的新闻界作了介绍。在第5章"苏联与新闻纸"中，第7部分对苏联当时新闻纸的发行和广告情况作了阐述，苏联新闻纸不以赢利为目的，其上的广告不像"资本主义的以营利为目的的欺骗的广告"，"实为清净与忠实"。

黄天鹏的《新闻学入门》（上海光华书局1933年4月出版）分上、中、下三篇，在上篇"研究新闻学"的方法中，认为新闻广告包含于新闻学的研究范畴。"研究新闻纸的学理的就是新闻学，在表面上看起来不过是新闻的采编，论说的撰述及营业的广告发行而已，其实就新闻二字来说……非有很好的修养和学问，洞明人生一切的关系，未必能彻底的领悟。所以新闻虽仅一种科学，而却需要着许多科学来帮助的。"应该怎样去研究新闻学呢？"第一要有基础的知识，如本国文、外国文、心理学、伦理学……"，第二要有"专门的知识"，"就是新闻学的原理和事实，如新闻学概论、新闻的采访编辑、报馆的组织管理、新闻的广告发行，以及印刷照相等……。"第三为辅助的知识……该文中还指出了新闻学必读之十类书籍，第八类是"广告与发行"，广告部分"讲授广告的原理、略史、功用、新闻杂志广告的编制与招致。并及广告图案的制作"。这也是该文中所指的新闻学所需研究的新闻广告的内容。

吴晓芝编的《新闻学之理论与实用》（北平立达书局1933年8月初版）共5编15章，"第四编新闻管理"中的"第三章广告"共分十一节，专论报纸广告。主要内容包括广告的定义、广告之效力、广告效力之测定、优美的广告稿本、报社广告处之组织、法国计算广告费之方法与图表、我国报纸广告之地位（版面）、广告费之计算、世界各国经营广告之成绩、世界各国广告的消耗、广告之净化运动。对广告的定义是："广告为创造新需要之一种美术，引导读者购求之欲望，普通及直接披露之媒介物也。"广告的效力有三种："（一）有新闻上的价值"；"（二）有心理上的权力"；"（三）有变更眼光或识见的功效"。测定广告效力的办法是"调查发行份数"和"辨别读者购买力"的大小。优美的广告稿本应有三要素：动人心目、引人兴味、令人信服，如何做到上述三点呢？必须"第一有简洁精警的文字"，"第二熟知货物之性质及其制造"。我国报纸广告费依广告版面优劣计收。该文还引用美国新闻界的事例，强调广告净化及广告伦理化。"报纸刊登广告就营业上言，应为报社谋收入，就责任上言，应为社会谋福利。无论何种广告，应先审查是否为害社会，为害人群，于本社信用有无妨碍，必须处处留意，不受刊登广告者之欺骗。"

管照徽编的《新闻学论集》（复旦新闻学会1933年10月出版），其中的袁殊《新闻学论》一文在阐述现代新闻经营两大矛盾时，批评了报社为了财政堕落了新闻及广告的现象。面对不良广告及有碍广告客户的新闻，不敢拒登，成了"效劳"资本家的报道机关。"新闻既赖广告的收入维系其生命的存续，若在新闻记事中揭载了稍有不利于广告主方面的言词，是否即刻就会引起广告主方面的反感，而且拒绝在报纸上登刊广告，藉断报馆方面的收入？"如此一来，报馆"则经济的流动停滞了，事实是否还允许其有报导的可能？"于是，报纸就不得不迁就广告主，"作虚伪的报道"。甚至更进一步，"揭载意识夸大的记事"，做"公然的欺诈"。该文批评了上述被商品化了的新闻。

曹用先的《新闻学》（商务印书馆1934年1月版）共10章，讲述了新闻的采访、编辑、标题、法律知识、新闻社与通讯、新闻纸发行、广告、插图等。其中，第八章"新闻纸之广告"专议新闻纸广告，内容有广告信用、广告编制、广告招揽、广告之违禁。该书认为广告是"新闻纸之生命线"，是"新闻社收入最大之源泉"，"新闻纸之职务，在服务公众，而广告之功用，一则为发达商业，再则为便利人事，均有益社会者也"。故有"谋发达广告之必要"。接着详述了广告经营方面的4点内容：树立广告信用、研究广告编制、重视广告招揽、不登违禁广告。新闻社应收登内容确实，"无关风化"之广告，否则"虽出重金"，亦当拒登。因为"广告之信用，亦即新闻纸本身之信用。广告有欺人之事，新闻纸若为之揭载，是即新闻纸欺人矣，其贻害社会岂有穷极乎"。"广告在今日已成专门技术，必精于斯道者方能胜任愉快，而能谋其发达。""故欲劝诱国人刊登广告，最好由广告部代为设计，代为编制，务必能引起阅者兴趣，而使之不忘。则广告之效力见，而人自乐于刊登矣。"（广告制作）"广告为商业新闻之一种，其目的非供读者之消遣娱乐，或使之惊异，不过报告读者以某种货物之待售，以使其注意而已。"广告来源可分三种："一为新闻社广告员所招揽者，一为广告主直接送登者，一为广告揽客或广告社所介绍者。"（广告招揽）"广告对社会之关系既深且巨，其影响所及，亦不在新闻之下。"所以说报馆对有贻害社会内容的违禁广告应当拒登（广告内容）。报馆组织"不外编辑营业印刷三大部"，"营业部内计分三门：广告门、发行门、会计门。广告门是专门出售广告、招揽广告、计划广告，编拟广告等事宜"。

谢小鲁的《新闻与广告之伦理观》（收录《报展纪念刊》，1936年1月复旦大学新闻系出版）积极倡导开展新闻伦理、广告伦理运动的必要。其中关于广告伦理问题，报社应对读者负责，能"认识自身职责之重要性，对于这些不正当广告，自有加以限制之必要"。对那些"破坏善良风俗、伤害道德人心的广告"及"夸大虚伪的广告"应拒登，"加以严格之纠正才对"。因为"这些广告不仅使其他正当广告连受其累致减少效力，且使读者对报纸本身不信任"。

俞爽迷编的《新闻学要论》（上海大众书局1936年6月版）共16章，与广告相关的是第十章"新闻纸广告"，阐述了广告与新闻纸的关系、广告伦理、广告审查、广告的编制如广告文字的结构、体裁、标题的处理、广告文章的效用、对广告经理和广告员的要求等。广告对新闻纸的影响很大，因为新闻纸最重要的收入就是广告费，"广告多的，不但经济可以独立，不用受人津贴，因之言论亦不受任何方面的束缚；而且可以扩充篇幅，增加材料，减少报费，以扩广销路。又广告如登载得当，必为多数人所注意的。所以，新闻纸要谋自身利益计，必须先要广告的发达"。而新闻纸对于广告，"先要审查其内容怎样"，对"有害于风化""虚伪骗人"的广告，应拒绝刊登。因为"新闻纸是社会的喉舌"，"为了贪图金钱而登载不正当的广告，必致自己的信用扫地，价值降低，最后结果甚至正当广告减少，受损反大"。正当广告不仅能增加新闻纸的收入，还能推广新闻纸的销路。所以，应加强广告刊登前的检查。该文认为广告是专门技术，对报社广告人才提出了要求。"与广告之发达有极大关系的，便是广告经理和广告员之得人与否，广告在今日已成为专门技术，非泛泛者所能胜任，必须聘用具有丰富的商业知识，对于货物性质能熟悉，且能精于广告学的人担任，才可谋广告的发达，而有利于新闻社。"在第十六章"新闻事业的过去及将来"中，认为将来的新闻纸商业化，新闻纸不断扩大报纸销售，以多吸引广告前来刊登。广告多了，便可"用广告营业维持新闻纸的生活"，新闻上就更自由了。二是广告的新闻化和艺术化。广告的新闻化即"真实"。广告的艺术化就是用怎样的方法如选字、造句、地位、变换、附图等引人注意，"一时"见效。

袁殊的《新闻法制论》（群力书店1937年版）第九章"新闻广告—特殊的新闻记事"，提出了"新闻广告在新闻纸上看来，也不过是新闻记事之一种"的观点。首先讨论了新闻纸法上的不正当广告的净化问题。所谓不正当广告，"即是广告之不真实性之谓"。不正当广告的种类有15种。驱逐摒弃不正当广告即广告之净化。不正当广告"坏乱风俗"，损害读者，恶害社会，使刊载的新闻纸品位"下落"，应净化。其次，讨论了依新闻法应予以取缔和依其他法规如刑法应予以取缔的新闻广告。第三，讨论了广告的募集问题。第四，论述了广告的责任：新闻纸的绝对责任者（发行人和编辑人）、刑法民法上的责任者、广告主的责任等。

报业经营属于新闻学的一个分支。这个时期的报业经营管理方面的著作中，也保留了广告学方面的研究内容。例如，吴定九所著的《新闻事业经营法》一书，由上海联合书店1930年4月1日初版，1932年11月11日再版，共四编十二章。这是我国新闻史上第一本研究报业经营管理的专著。该书第一编"总论"中的第三章"发行本位与广告本位"以及第三编"营业部"中的第三章"广告"（第一节广告处之组织，第二节广告之地位，第三节广告费之规定，第四节广告之责任与信用）一是论述了新闻纸与广告、发行的关系，即新闻纸经营以何者为侧重，以广告为主则是广告本位，以发行为重则是发行本位。二是论述了新闻社广告经营，营业部广告处的组织结构和人员安排、新闻纸广告版面等级的划分及编辑法、广告费的收取标准以及告责任和广告信用等问题。上海商务印书馆1936年6月出版了刘觉民的《报业管理概论》一书，该书第9章"广告推广的实际"对报刊广告的招揽、管理等进行了详细的叙述。

总之，这个时期的新闻学文献中，关于广告学的研究视角，主要是从新闻学的维度出发，来研究广告与报纸、广告与报业经营以及广告与新闻等的关系。并在此范围内，根据新闻学或报纸经营的需要，对广告进行了定义和分类，认识到了广告是一个专门学识和技术，需要专门人才来经营，并提出进行必要的广告学研究、具备一定的广告学知识，是从事新闻业的基础之一。在这里，广告学更多的是被作为新闻学的一个分支来进行研究的，其中有一定的偏颇。

第三节　小结

总之，20世纪二三十年代是中国广告学的形成与初步发展时期，"广告学"的概念已经确立，认为广告是一门专门科学的观念已经深入人心，几成社会共识。各行各业报刊上刊载的大量的长短不一的各类广告知识文章可以佐证这一点。这个时期的广告学发展呈现出以下几个特点：一是就研究主体来说，以新闻从业人士（含报人）、院校教师和广告人为主，其他相关各方人士如编辑、翻译、商业人士等为辅。例如，戈公振、徐宝璜、邵飘萍、陈冷等是新闻从业人员，徐百益、蒋裕泉是广告人，学经济学出身的何嘉、南京中学商科主任王贡三则是学校教师，蒯世勋是复旦商学士，甘永龙是商务印书馆编辑。此外，还有些人则具有多重身份，集报人、编辑、广告人、教师等多种身份于一身。例如，赵君豪是集学者、记者、教授三者于一体，汪英宾和叶心佛既是新闻从业人员又是广告人，徐宝璜在北京大学、平民大学讲授新闻及广告学课程。二是就成果的形式、内容及传播载体来看，这一时期的广告学研究成果不仅散见于各种报刊，而且开始以专著形式出现。报刊广告文章以知识性、趣味性、实用性见长，广告专著则在理论性、系统性、科学性上略胜于报刊广告文章，对广告学理论构建的贡献更大。当然，报刊上也发表了一些高质量的学术论文。特别是在早期，报刊广告论文对我国广告学构建的启蒙和促进作用是显而易见的。中后期随着火车、霓虹灯、飞艇、广播等新式事物在现实生活中的出现，相关的广告形式及广告文章也迅速地呈现，反映了彼时广告学理论构建者对广告实践的密切关注。广告是一门独立的学科从这时候起被越来越多的人们所认识和接受，并成为新闻、广告及商业人士的共识。从这个时期出版的有关广告文献的内容上看，已经具备了现代广告学架构体系的雏形，加之广告已经是社会上人们谋生的一种专门的职业，广告学已被高等学堂列为讲授课程，故此本书将这个时期界定为我国广告学的建立期。

第五篇
中国近代广告学的初步发展
（1938—1949）

这个时期的广告学发展先后历经了两个阶段。第一个阶段是抗战时期，工商业日渐颓败，报馆相继倒闭或歇业，广告业随之低落。作为广告学母体的新闻学进入了战时新闻学时期，广告人、工商界人士、学人及新闻从业者纷纷走出书斋，在炮火的洗礼下，围绕着抗战与国难的主题，开始了挽救民族危机的救亡图存的行动。学术研究活动被迫停滞、中断。第二个阶段是抗战胜利后，百废待兴，专家学者们重返书斋，重新拉开了广告学术活动的大幕。

第一章　广告学研究的成果

考察这个时期的广告学研究成果，有三种途径：一是广告专门著作中的广告学研究，二是新闻论著和新闻报刊中的广告学研究，三是其他各类报刊中的广告学研究内容。

第一节　广告书籍中的广告学研究

这个阶段的广告书籍查阅到了以下几种，广告学概论类图书有4本，专门广告论述类图书1本，广告史类图书1本，商用广告图案集1本，广告作品集1本，见表5-1-1。

表5-1-1　1938—1949年广告书籍目录

书名	著作者	出版
《商店应用广告图案图集》	洪方竹	形象艺术社1939年版
《广告》	陆梅僧	职业学校教科书，商务印书馆1940年9月初版，1947年2月再版
《欧克科学欧克牌墨水广告品》	天津欧克家庭工业社主办	天津欧克家庭工业社1941年发行
《广告学》	丁馨伯著	立信商业丛书之一，上海立信会计图书用品社1944年版
《广告学》	吴铁声，朱胜愉编译	部定大学用书，中华书局1946年出版
《广告学》	冯洪鑫编	中华文库初中第一集，中华书局1948年2月出版

续　表

书名	著作者	出版
《广播与广告》	中央广播事业管理处台湾广播电台编	中央广播事业管理处台湾广播电台1948年出版
《中国广告事业史》	如来生著	上海新文化社1948年10月版

第二节　新闻学文献中的广告学研究

这一时期的新闻学著作和新闻学报刊上，部分章节和篇目中包含了与广告学有关的内容，不过相对于同时期的新闻学著作和新闻学文章的总量来说，涉及广告学研究内容的新闻学文献所占比例很小，可见广告学作为报刊经营的组成部分，是新闻学的研究对象之一，但并不占重要的地位。

现择要表述如下（表5-1-2）。

表 5-1-2　1938—1949 年新闻学文献中的广告学内容

新闻著作	
书名及作者	出版单位及出版时间
《中国近代之报业》赵君豪	这是一部继《中国报学史》之后的重要的新闻史研究著作，1938年9月由香港申报馆刊印。该书总计十五章，"第十二章广告之进步"专论报纸广告
《现代新闻学概论》储玉坤	世界书局1939年初版，1945年12月和1948年4月再版两次，共13章。"第十一章广告"分四节阐述了广告的重要性、广告的作用与制作、广告的价格制定及收取、广告科的分工合作。第十二章"报纸的发行"对美国 ABC（Audit Bureau of Circulations）组织作了介绍
《新闻学》戈公振	商务印书馆1940年4月初版，1947年2月再版，"新中学文库"之一，原为戈氏1932年为"万有文库"所写，1935年病殁，未及付梓，到1940年始被商务印书馆初版，共6章。只在第3章报馆组织中提到了广告部方面的内容
《综合新闻学》任白涛	1941年7月商务印书馆出版
《新闻学集成》管翼贤编	中华新闻学院1943年版，第1辑"新闻篇"第五章"新闻与各方面的关系"中，第三节专论"新闻与广告"的关系。第四辑"广告篇"共8章论述了广告本体论，第7辑"新闻教育篇"共4章，在阐述中外新闻

新闻著作	
书名及作者	出版单位及出版时间
	教育情况时，涉及了广告方面的内容
《英国之新闻事业》马星野	文风书局1943年11月版，在介绍英国新闻事业概况时，部分涉及了英国报纸广告情形
《新闻学新编》田玉振	新闻出版社1944年7月版，分四卷，"卷二新闻纸篇"中，"第7章新闻纸的经营""第一节新闻纸的组织"阐述了新闻纸广告部门的设置及人员配备。
《新闻学》鲁风	新中国报社1944年9月版，分上篇和下篇，上篇阐述新闻学的基本理论知识，下篇第三章"新闻纸的广告"详细讨论了新闻纸广告内容
《发展全国新闻事业刍议》张志智	见新闻战线社编《新闻事业建设论》，侨声书店1944年12月版。关于战时新闻纸广告情况的记载
《科学的新闻学概论》萨空了	1946年香港文化供应社出版
《新闻史上的新时代》胡道静	世界书局1946年11月版
《美国的新闻事业》[美]Frank Luther Mott	王揆生、王季深节译，共8章。由上海文化服务社1947年7月出版，该书"第七章广告与发行"叙述了20世纪一二十年代至三四十年代，美国报纸广告史上的重要事件
《新闻学的理论与实际》Henry Wiekham Steed 著，王季深，吴饮冰译	上海文化服务社1947年11月版，第四章"发行与广告"阐述了报刊广告的情况

新闻报刊	
篇名及作者	刊名及出版时间
《地方报纸的广告》邵鸿达	《战时记者》1939年第9期
《广告与报格》淅沥	《战时记者》1940年第2卷第9期
《论报纸的广告》	《报业旬刊》1941年第1卷第2期
《广告与发行》周钦岳	《中国新闻学会年刊》1942年第1期"会员论文（专论之部）"
《新闻纸面》张友鸾	《中国新闻学会年刊》1942年第1期

新闻著作	
书名及作者	出版单位及出版时间
《新闻教育感想》蒋荫恩	《中国新闻学会年刊》1944年第2期
《报纸经营与报社管理》陈铭德	《中国新闻学会年刊》1942年第1期
《中国广播事业之展望》陆铿	《中国新闻学会年刊》1944年第2期
《新闻广告漫谈》丁一	《上海记者》1942年第1卷第2期
《广告学的原理和法则》苏甫	《上海记者》1944年第2卷第5~6期
《美广告又增》	《报学杂志》1948年第1卷第7期"新闻界新闻"栏
《银行家相信广告》	《报学杂志》1948年第1卷第7期"新闻界新闻"栏
《请正视办地方报的困难》杨寒玉	《报学杂志》1948年第1卷第7期
《史达林能够看到的广告》方圆	《报学杂志》1948年第1卷第7期
《新闻广告学》庄伯勋	《报学杂志》1948年9月第1卷第7期
《论黄色广告》李果	《报学杂志》1948年第1卷第7期
《新闻自由与广告》赛克莱著，明之译	《报学杂志》1949年第1卷第10期
《商业广告的净化问题》穆加恒	《报学杂志》1949年第1卷第10期

第三节　报刊文章中的广告学研究

这一时期数量众多的各类报刊上，发表了不少与广告相关的文章。本书通过关键词及篇目检索，剔除重复和不相关的文章，总共检阅到了111篇，其中学术论文30篇、政府公报及规则22篇、广告新知及趣闻27篇、其他31篇（见表5-1-3）。报刊上的广告文章，呈现了以下的特点：一是普及程度，几乎涉及了各种性质的报刊。例如，从文章的形式看，有议论文、有说明文、有小说、有画刊、有广告；从刊物的构成看，有企业报刊、戏剧刊物、图书馆协会会报、文艺报刊、画刊、印刷月刊、工商业报刊、政府公报等；从所发文章的内容看，有学术论文、有知识介绍、有奇谈趣事等。说明此时的广告意识已经渗透中国社会的各个层面，而不仅仅局限于广告业、新闻出版业及工商业。二是不乏有一定价值的广告研究文献。

表 5-1-3　1938—1949 年涉及广告学内容的报刊文章

题名	作者	刊名及出版时间
《广告人像之制法——工艺讲座之一》	吉云	刊发于《自修》1938年第1期1357，《小工艺月刊》1941年第1卷再次发表署名"吉云"的《广告人像的制法》，文字内容一样
《本厂广告部之概略》	赵晓霞	《新亚半月刊》1938年第22期
《写在广告心理学试卷前面》		《新亚半月刊》1938年第44期
《述广告工作之经过（一）》	晓霞	《新亚半月刊》1938年第1期
《应用文作法（广告）》	范烟桥	《自修》1938年第33期"国文"栏
《应用文作法（营业广告）》	范烟桥	《自修》1938年第35期"国文"栏
《广告（小说）》	徐盈	《新学识》1938年第3卷第3期
《不是广告》	岂敢（胡山源）	《红茶》1938年第1期
《利用图书馆作广告在法律上之检讨》	喻友信	《中华图书馆协会会报》1939年第14卷第2期，第3期
《茶叶的广告宣传》	徐傅夔	连载于《茶声》半月刊1939年第8期、第9期、第10期和第11期，第12期
《有望于更新广告部》	忆华	《十日戏剧》1939年第2卷第34期
《新药业广告与新闻报》	叶山	《上海评论》1939~1940年第1期
《广告》	恝契	《青年大众》1939年第1卷第7期，第8期
《报纸的广告》	长	《方面军》1939年第1卷第5期
《发光的天空流行广告》	宣武	《科学画报》1939年第5卷第17~24期

题名	作者	刊名及出版时间
《有效的广告》	梦蝶	《职业与修养》1939年第1卷第7期
《广告与商业》	黄宇桢	《自修》1940年第97期"商业"栏
《奇异的广告术》		《三六九画报》1940年第4卷第15期
《自修文选——人生之广告》	艾寒松	《自修》1940年第98期
《广告制成的要素》	黄宇桢	《自修》1940年第98期"商业"栏
《广告媒介物的说明》	黄宇桢	《自修》1940年第99期"商业"栏
《[商业广告]作法漫谈》	更新	《文心》（上海）1940年第2卷第7~12期
《空中写字广告术》		《三六九画报》1940年第6卷第4期
《结婚广告》	碧梧	《上海妇女》1940年第4卷第3期
《广告和现代印刷术》（一）、（二）、（三）	吴铁声，朱胜愉	《艺文印刷月刊》1940年第2卷第6期、第7期、第8期
《色情文字与色情广告》		《上海周报》1940年第2卷第14期"短评"栏
《乱世男女的广告相》	周树三	《大风》（1938年）1940年第62~64期
《谈广告标语》	沐更新	《文心》（上海）1940年第2卷第7~12期
《马克吐温论广告》	夏雨译	《杂志半月刊》1940年第6卷第4期"世界杂谈"栏
《馨香油墨印的香料广告》	P.A.W	《科学画报》1940年第6卷第7~12期
《色情文字与色情广告》	梦蝶	《上海周报》（1940年）第2卷第26期"短评"栏
《天空广告》	P.N.W	《科学画报》1940年第6卷第7~12期"商业界"栏
《天空炸弹散布广告》	P.D.U	《科学画报》1940年第6卷第7~12期
《云南省管理中西医药新闻广告规则》		《云南省政府公报》1941年第13卷第67期
《广告新术》		《黄埔》1941年第6卷第17期
《重庆市管理广告规则》		《重庆市政府公报》1941年第16期，第17期
《奇妙的广告术》		《经济商业期刊》1941年第1期
《广告文字的研究》	沐更新	《文心》（上海）1941年第3卷第1~9期
《我的求业宣言和广告》	李金发	《宇宙风》1941年第108期

题名	作者	刊名及出版时间
《从报纸广告中所见的上海社会》	林一岁	《世界文化》1941年第2卷第2辑
《箱式广告灯的制造与装设》	务实	《小工艺月刊》1941年第1卷第2期
《广告标语》	真	《乐观》（1941年）1941年第2期
《两段广告》	杨六郎	《立言画刊》1943年第262期"七日杂谈"栏
《谈人生广告》	许晚成	《大众》1943年第2卷第7期
《闲话广告》	班公	《人间》1943年第4期
《怎样建设一个健全的广告科》	王守仁	《新亚半月刊》1944年第129~136期
《广告里的喜剧》	韦颖	《文艺先锋》1944年第5卷第3期
《工商业上的广告政策》	应振昌	《经济与经营》1944年第1期，国立暨南大学工商管理学会
《纳粹的传种广告》		《妇女共鸣》1944年第13卷第1期
《广告宣传及其他》	谢人堡	《国民杂志》1944年第4卷第2期，"月间评论（社会·文学·美术·演剧）"栏
《从药的广告说起》	黄云	《艺潮》1944年创刊号
《上海市公用局广告商登记规则》	上海市公用局	《上海市政府公报》1945年第1卷第3期
《广告》	章羽	《小天地》1945年第5期
《商业广告和政治广告》	陈仁	《新华论坛》1945年第2卷第6期
《民主广告》	鲁迅	《周报》1945年第9期
《天空广告的新技术》	程颖候	《新中华》（1933年）1946年第4卷第20期"通俗科学"栏
《上海市广告管理规则、附上海市广告捐率表》	上海市公用局	《上海市政府公报》1946年第3卷第30期
《商业广告》	王能学	《新商业季刊》1946年第2卷第2期
《广告录奇》		《广播周报》1946年复刊第17期

续　表

题名	作者	刊名及出版时间
《北平市政府管理中西医药广告规则》	北平市工务局	《北平市政府公报》1946年第1卷第11期
《当前的广告问题》	徐百益	《商业月报》1946年第22卷第3期
《天空写字》	张若虚	《西风》1946年12月第86~90期，"科学·发明"栏
《青岛市广告管理暂行规则修正条文》		《青岛市政府公报》1946年第3卷第29期
《从报纸广告看中国社会》	陈定闳	《民主与统一》1946年第11期
《广告弹》	智慧	《西风》1946年第83期
《北平市政府管理广告规则》	北平市工务局	《北平市政府公报》1947年第2卷第3期
《北平市政府管理广告规则登记费表》	北平市工务局	《北平市政府公报》1947年第2卷第22期
《上海市公用局广告商登记规则》	上海市公用局	《公用月刊》1947年第20期，第21期
《北平市政府管理广告商规则》	北平市工务局	《北平市政府公报》1947年第2卷第10期
《修正北平市政府管理广告规则》	北平市工务局	《北平市政府公报》1947年第2卷第22期
《本路各组车站广告由交大广州同学会承办》		《粤汉半月刊》1947年第2卷第21期
《谈美国的广告》	刉夐	《观察》1947年第3卷第6期
《美国的广告术（附图）》	叶蜚	《美丽月刊》1948年1月10日第20期
《表北平市广告检验》	北平市工务局	《北平市政府统计》1947年第2卷第4期
《表北平市管理广告捐则》	北平市工务局	《北平市政府统计》1947年第2卷第4期
《郑毓秀毛子佩广告之战》		《大地周报》1947年第94期
《嗅味广告（科学奇谈）》	清水	《广播周报》1947年复刊第54期
《王龙与广告》	何德衰	《大地周报》1947年第90期

题名	作者	刊名及出版时间
《关于广告》	舆诤	《大地周报》1947年第86期
《修正上海市广告管理规则条文》	上海市公用局	《上海市政府公报》1947年第7卷第15期
《嗅味广告》		《半月新闻》1947年第4期，第5期"国际珍闻"栏
《我学习广告画》	沈克定	《中学生》1947年第185期
《苏联报纸上登些什么广告》	Leonid 端纳译	《自由丛刊》1947年第3期，原载《苏联周刊》
《改订广告捐率》	南京市工务局	《南京市政府公报》1947年第3卷第4期
《美国报纸上的募兵广告》	毓德译	《自由丛刊》1947年第3期
《南京市广告捐率表》	南京市工务局	《南京市政府公报》1947年第3卷第4期
《南京市工务局管理广告章程》	南京市工务局	《南京市政府公报》1947年第3卷第4期
《轰动上海市民的活动广告内幕》	柯士锵	《幸福世界》1948年第2卷第5期
《战后的广告任务》		《工商管理》1948年第1期
《广告与推销中：大众联路的七个基本条件》		《工商管理》1948年第2期
《活动广告灯述略》	谢宜培	《电世界》1948年第3卷第5期"专载"栏
《青年广告商陶格拉斯》	恒永	《茶话》1948年第29期
《广告一生》（第一章、第二章）	克劳第章霍普金	《工商管理》1948年第1期、第2期
《略谈广告设计》	卞其蘷	《工商管理》1948年第2期
《不要停止广告除非预备关门》	R.吉尔门作	《工商管理》1948年第2期
《调整本市广告捐捐率》	南京市工务局	《南京市政府公报》1948年第4卷第9期
《修正南京市工务局管理广告章程》	南京市工务局	《南京市政府公报》1948年第5卷第2期
《附南京市广告费率表》		《南京市政府公报》1948年第5卷第2期

续　表

题名	作者	刊名及出版时间
《广告拾趣》	闲人	《中美周报》1948年第303期
《从婚姻广告观察中国战时婚姻问题》	岑家梧	《社会建设》1948年第1卷复刊第7期
《方志清起广告底子有绝活儿》		《一四七画报》1948年第19卷第7期
《台湾省各县市广告管理费征收规则》		《台湾省政府公报》1948年夏字第25期
《聚会的广告》	李晨钟译	《圣经报》1948年第2卷第2期"特载"栏
《广告的广告》		《健与美》1949年第12期
《广告与肉感女人》	东郭	《茶话》1949年第33期
《英美银行的广告》	硕（总）	《新语》1949年第14卷第6期
《银行业有效广告的研究》	穆（总）	《新语》1949年第14卷第11期
《研究室征求广告人才》		《新语》1949年第14卷第22期
《别开生面的气球广告》	W	《科学画报》1949年第1卷第3~24期
《天空广告，一字五百元》		《科学画报》1949年第1卷第3~24期

第二章　广告学研究的内容

本书分别对广告书籍、新闻书籍、新闻报刊及其他各类报刊中的广告学研究内容进行了探讨。

第一节　广告书籍中的广告学研究内容

这个时期所出版的广告书籍，本书查阅到了8本，第一个阶段（1939—1945年）和第二阶段（1946年和1949年）各4本，形象艺术社1939年版的洪方竹的《商店应用广告图案图集》是一册商用广告图案集，天津欧克家庭工业社1941年发行的《欧克科学—欧克牌墨水广告品》是一本广告作品集，《广播与广告》侧重于广播业务的指导，更像是一本业务手册，以上三本书对广告理论的构建贡献不大，故不在此赘述。现重点介绍其余的5本广告书籍。

一、《广告》（1940）

陆梅僧著，为职业学校教科书，由商务印书馆1940年9月初版，1947年2月再版，全书共分六大篇，第一篇讲广告原理，第二篇至第四篇讲广告制作与刊登，第五篇讲广告组织，第六篇讲广告伦理。现将主要内容概述见表5-2-1。

表 5-2-1　《广告》（1940）主要内容

篇章		主要内容
第一篇　广告的原理	第一章　绪论	广告的定义、广告的构成、广告的重要性
	第二章　广告的历史	中国广告落后于欧美的原因、中国广告史、世界广告发展简史（四个时期）

篇章		主要内容
第一篇　广告的原理	第三章　广告的功用	广告的功用、对广告的批评、广告失败的原因
	第四章　行销的途径	拟订广告计划前，对普通货品行销的途径研究
	第五章　广告的工作	广告工作分五步即引起注意、产生兴趣、坚定信任、激起动作、存留印象及基本办法
第二篇　广告的制作	第一章　心理的研究	关于广告心理需要的研究
	第二章　商品的研究	商品的定义、优点及广告商品的研究方法
	第三章　市场的研究	市场研究的目的、调查方法及调查后工作
	第四章　广告所产生的动作	目前发生动作的广告的方法
	第五章　日后生效的广告	日后生效的广告
	第六章　广告稿	广告稿的定义、重要性、广告的组成及广告的重复、广告稿的种类及制作方式、广告稿的主要部分
	第七章　标题	何谓标题、标题的地位、良好标题的需要和浮泛的标语
	第八章　文字	广告文学的次序、字数、步骤及要求
	第九章　广告中的其他部分	广告中的商品定价、敦促语、商品名称、厂商地址、实地练习与资料参考
	第十章　商标	商标的定义、价值、种类、制作、取舍及注册登记
	第十一章　标语	什么是标语、标语的功用、标语在广告中的地位
第三篇　广告的排列与印刷	第一章　草样	广告的草样及作用、草样设计要点
	第二章　图画	广告中的图画及功效、绘画应注意的几点、绘画的方式、图画的种类、图画与照片
	第三章　制版与印刷	尺寸缩放的方法、各种制版的方法
	第四章　铅字的选择	铅字排列、字体及字号的选择
	第五章　彩色	色彩的功用、用色的方法、彩色的价目
	第六章　校样	校样的作用及校对方法
第四篇　广告之登载	第一章　广告的范围与预算	广告范围的选择及广告预算的确定，广告计划的对象、周期、种类

篇章		主要内容
第四篇　广告之登载	第二章　广告媒介物的选择	何谓广告媒介物、选择的标准、广告媒介物的种类，附完整广告计划的实例
	第三章　报纸广告	报纸的特性、种类、报馆广告简章
	第四章　杂志广告	杂志的特性及种类
	第五章　户外广告	户外广告的优缺点、户外广告的种类及制作
	第六章　邮递广告	邮递广告及应考虑事项
	第七章　店铺广告	店铺广告的优点及种类介绍
	第八章　其他广告	对电影广告、节目广告、无线电广告以及簿册、出版物和新奇物品等广告的选用作了介绍
第五篇：广告的工作部分	第一章　广告部	厂商广告部的设立及工作范围的论述
	第二章　广告代理商	论述了什么是广告代理商、利用广告代理商的好处、广告代理商的服务、广告代理商的酬劳、广告代理商的组织、广告代理商与广告部之关系、广告代理商的选择
	第三章　与经售商合作的办法	厂商与经销商合作做广告的办法
	第四章　广告的测验和记录	广告测验的三种方法：试行测验、记忆测验和用户测验；常用的广告效力的记录方法（赠券、地址、书号、用户）及考查标准
第六篇　广告道德		阐述了广告道德的重要。广告缺少道德的现状及造成这种现象的原因，欺骗广告的恶劣影响及纠正，提出了提高中国广告道德的办法

　　该书作者陆梅僧曾就读于清华学校，后又留学美国哥伦比亚大学硕士，归国后任上海仁昌公司副经理、上海联合广告公司经理，在经营上将美国广告公司模式带入中国，同时兼东南大学、东吴大学、沪江大学、大夏大学、暨南大学广告学讲师、教授。其可以说是一位既有学理基础又有广告实际经验的专家。正如他在书中也多次提到的，制作广告离不开广告学知识，更应依赖专家，这样的广告更易发挥效力。该书大体框架清晰，但在局部篇章内容冗杂拖沓，层次不够精练、分明。书中引用了许多美国广告事例和理论，想必与其留学美国的经历有关。

该书实用性强，图文并茂，特别是对广告代理公司的论述，详尽具体，非实际经验丰富者很难写得如此到位、条理脉络如此清晰明了。

该书在论述世界广告史之前，从技术和形式角度对中国报纸广告史作了简略划分，划分为三个时期：通告式广告时期（海禁未开之前）、洋商广告的全盛时期（"海禁既开"之后）、国人竞用广告的时期（未给出具体划分的时间）。从技术和形式的视角来考察广告史的思路，这对研究我国广告史具有一定的参考价值。

对广告属性的认识，该书认为广告既是"科学"又是"艺术"。"广告不但是一种科学，并且也是一种艺术，必须按照科学的方法艺术的手腕去实施，在计划实施的时候，固然需要非常审慎，就是登出以后的核对工作，也是十分重要的……"

二、《广告学》（1944）

丁馨伯著，为立信商业丛书之一，由上海立信会计图书用品社1944年出版。全书共四编二十一章，各章内容见表5-2-2。

表5-2-2　《广告学》（1944）各章内容

篇章		主要内容
第一编　广告原理	第一章　性质与基础	"广告"一词的来源、广告的定义、广告学的定义、广告发达的原因、广告学的基础、广告学基础的三大争论
	第二章　广告演进与效用	世界广告发展略史，广告的功效（分一般的效用六种和工商业的效用，主要功效10种和次要功效4种），广告的弊端，广告的五种基本职能，对广告的误解（增高物价、加多奢侈品的需要、有时反不可靠等）
	第三章　广告职责的认识	广告主任的职责：广告工作之确定（广告之主要与次要目的、向谁广告、广告什么、何时广告、采用何媒介物广告、费用多少），广告结果之计划（广告效果测定方法），广告制作的理论（提出了"3S"法则，即醒目 Striking、肯定 Specific、有服务价值 Service），广告螺旋说（介绍了美国大学广告学教授克莱伯勒的理论）

篇章		主要内容
第二编　广告制作论	第四章　广告制作概论	广告制作的定义及研究范畴、广告制作之分类、理论式与图画式广告选定条件、两类广告制作之理论
	第五章　广告稿本	什么是广告稿本、稿本的内容、稿本内容的拟定、广告文意的拟作、广告文意的选择、广告结束法、文意拟作的要素、文意道德信条、广告内容审核
	第六章　商标拟制	商标的定义、商标与商号的区别、商标的作用、商标制作原则、商标制作的种类、商标近似问题、商标形成之鉴定、商标之信守与禁例、商标注册及注册手续
	第七章　广告标语	广告标语的定义、类别、构造要素、良好标语之戒忌、次要标语、结语
	第八章　广告图画	广告图画的目的、制作、效能、种类
	第九章　广告标题与字体	广告标题之作用、种类、制作标准，广告字体的种类及采用原则
	第十章　广告与颜色	颜色对广告的价值，颜色之分析，颜色与年龄、性别、种族、地理及季节的关系，颜色的调制规律
	第十一章　广告设计或布置	广告排列与设想、设计要素、匀称、设计审核、选择艺术家的要素
第三编　广告媒介物的分析研究	第十二章　媒介物的分析	媒介物的定义、种类、择用原则
	第十三章　定期刊物媒介	对报刊广告利弊、分类、刊费等作了阐述
	第十四章　户外广告与街车广告	户外广告的定义、种类、优点、三种户外广告性质之比较、户外广告制作，我国霓虹灯广告的性质、沿革、原料及制造方法，街车广告
	第十五章　直接邮寄广告	直接邮寄广告之性质、种类，寄送姓名之收集、编造方法及编造原则
	第十六章　客商陈设广告	客商陈设广告之定义、性质、利弊、种类，采用时应注意事项、分送方法、制作问题等
	第十七章　广播电音广告	广播电音广告的特性及适用标准、广播方法、广播广告体裁、广播广告效力之选择

续　表

篇章		主要内容
第三编　广告媒介物的分析研究	第十八章　货物包装	货物包装的功能及式样、大小、形状之选择等
第四编　广告问题	第十九章　广告计划	广告计划的作用、广告计划的拟订、测验广告效力的四种方法
	第二十章　广告业务组织	广告业务组织的成立、业务、内部结构、取费制度
	第二十一章　广告市场的研究	广告市场研究的重要性及研究范围，广告市场研究的功效、研究方法、研究调查的原则、市场调查的要项及分析

值得一提的是，该书书后的参考文献共有7条，英文文献5个，霍普金斯的 *Advertising Copy* 赫然在列，均来源于美国，中文文献2个，是苏上达《广告学大纲》（商务印书馆）和徐国桢《最新广告学》（世界书局）。该书正文内容多次大量引用 Goode, Knenneth 的 *Manual of morden Advertising* 和 Kalppner, otts 的 *Advertising Procedure* 两本美国广告书籍中的观点及案例。该书作者曾留学美国，其自身的广告学理论体系深受美国影响。这也从一个方面说明了一个事实：美国广告学理论对我国广告学构建起到直接影响，这种影响主要通过书籍及留美留学生来实现。也就是说，在我国广告学的构建史上，美国广告学理论传播至我国是直接、正面、作用巨大的。该书第一编为广告原理，第二编为广告制作方法研究，第三编为广告媒介分析，第四编是广告计划经营等具体问题的探讨。该书写作目的是"供专科以上学校广告学教本之用"以及"为一般从事工商业人士之参考"，故此完全是照西式教科书体例来写来，书中有注释，章后有练习题，全书最后有参考文献。这与作者的阅历密切相关。作者曾留学美国，接受过西方文化和工商广告学知识的熏陶，另外，作者归国后长期从事教学工作，有机会梳理习得，写成讲稿，并在教学过程中结合需要和中国现实，不断加以修改和完善。所以呈现于我们眼前的丁馨伯之《广告学》，整本书结构清晰，有理有据，有本体论，有方法论，是一本相对成熟的本土广告学概论类的专著。

该书对广告学的阐述十分详细。广告学是什么？"广告者系一种印刷的文字或画图的推销方法也。"广告学就是"专门研究此一推销方法之专门科学"。认为研究广告学是工商业者"不可或少之学识"，"有使'商业活动敏捷化，人类欲望现实化'之功"，不仅认为广告关乎工商业成败，而且认识到了广告学对工商业者的重要性。

关于广告学基础的研究。该书认为"心理学是广告基础学之一重要部分"，广告学除了与心理学关系密切之外，还离不开下述各科学的辅助：广告实际家的丰富经验、风俗、人情、习惯、美术（尤其是绘画、图案），法律学，伦理学，商业学，印刷术，能率增进法的原理，历史及地理学，统计学及其他科学等。该书此处强调了实际经验对广告学研究的贡献。

关于广告学基础的三大争论。什么是广告学基础的争论？"即制作广告所应根据之学术与所著重之观点如何是也。因为广告的目的，无非在引起公众的注意与促进消费者的购买，因此有主张着重心理学者，有主张着重艺术者，亦有主张着重实际者，主张不一，乃有广告学基础之争论焉……"书中分别对争论三派主张作了详细的论述。争论的三派分别是心理学派的广告基础学、艺术学派的广告基础学和才能学说的广告基础学。丁馨伯对此的观点是："研究广告学应取的态度，我们认为三者均应兼顾，厚此薄彼，皆不能得广告之要旨也……"该书中关于广告学基础的三大争论，就是当今广告学理论研究涉及的广告究竟是一门艺术还是科学之争，普遍认为两者兼而有之，广告既是艺术又是科学，不可偏颇。丁馨伯的观点也是心理学、艺术学和才能学说三者兼顾，不能厚此薄彼。这与我们当今的观点十分接近，可见当时的广告学理论已相当成熟。

关于广告史的分期。该书将世界广告史分为草昧期或原始期（有史以来至1450年）、萌芽期（1450—1850年）、发达期（1850—1911年）和确立期或兴盛期（1911年至今），并对各时期的广告发展作了阐明。不过，该书关于广告史的划分法与苏上达的《广告学大纲》完全一致，从该书书后参考文献中收录了苏上达的《广告学大纲》一书来判断，明显是参考了苏上达的《广告学大纲》中的广告史分期法。

该书对广告公司的成立、业务、组织、结构、收费等作了阐明。

该书在研究广告学时，多次引用市场学的理论和方法。例如，在第二十一章中，将市场调查应用到了广告学研究中，来进行广告市场研究，并对这些方法作了翔实的介绍。这与作者深厚的市场学理论功底密不可分。众所周知，丁馨伯是我国最早的营销学专著的作者。这一点大大便利了其从事广告学教学和研究工作。

该书还阐明了广告学研究的方法。该书认为广告既是一种"学"，也是一种

"术"，"因为广告的性质，包含着'学'与'术'的关系，故其范围甚为广泛，研究广告者，不仅要明了广告的学理，更须精通广告的技术，今日（一）广告实际家则由其丰富经验，作成有效的广告，（二）心理学者则尽其专门知识说明广告动人的作用，（三）美术家、文学家则藉神龙的技能研究最能引起人注意的文句与绘画，（四）法律学者则运用其法律知识制裁诈欺的行为以纳广告于正轨，（五）印刷家则改良印刷技术以增加广告的吸引力，（六）商业学者更由商品的贩卖、分配及经济各方面，热心研究广告的效力。广告因为'学'与'术'的二重性质，所以设计的完全与理论的精密，两者兼顾，就是广告的最大原理，也就是广告的最大理想"。其强调了广告学研究应该"学"与"术"、理论与技术相结合的方法论。

三、《广告学》（1946）

吴铁声（中华书局国立编译馆老员工，于1930年考入中华书局，"擅长商学"，"从事广告事业多年"）、朱胜愉编译，为部定大学用书，由中华书局1946年出版，全书共14章，主要内容见表5-2-3。

表5-2-3 《广告学》（1946）主要内容

篇章	主要内容
第一章 广告的定义和演进：第一节广告的定义、第二节广告术的一般演进	"广告"一词的来源及字面解释，广告（商业广告）的定义；我国古代商业的起源及广告术的演进，西洋古代广告和现代广告发达的情形
第二章 现代广告的趋势：第一节广告伦理化运动、第二节法规和统制、第三节广告的审美化和专业化	广告伦理化的意义、美国广告伦理化的情形、广告在伦理方面应该注意的问题、不良广告的种类及影响；对不良广告的管制；各国的广告法规、相关条文及统制；广告的审美化和专业化
第三章 广告的机能：第一节需要的创造、第二节教化的机能、第三节生产和分配的合理化、第四节销售费用的经济	关于广告机能的阐述
第四章 广告心理：第一节惹起注意的法则、第二节概念的联合和记忆、第三节诉求	广告心理规律及诉求的研究

续 表

篇章	主要内容
第五章 广告稿本：第一节广告稿本的概念、第二节主文做成法、第三节补足文作成法	广告稿本的概念，制作广告稿本的根据，广告稿本主文（即正文主体部分）和补足文（即随文非主体部分）和标题、标语、词句的制作方法及适用
第六章 广告的表现法：第一节表现的样式、第二节形式原理、第三节排列	广告表现方法论的探讨
第七章 色彩和绘画：第一节色彩的概念、第二节色彩的应用、第三节绘画	色彩的配合、偏好、效果及在广告上的利用；绘画的目的、功效、重要性及在广告上的应用
第八章 广告和现代印刷：第一节广告和印刷术的关系、第二节中文活字、第三节英文活字、第四节活字的应用、第五节印刷、第六节制版和校对	广告和印刷的关系及与广告相关的印刷方面知识的介绍，如中英文活字及应用、符号、花边、印刷版的分类、制版和校对等
第九章 商品研究：第一节商品的分析、第二节诉求力的决定、第三节商品之广告的要素	广告商品的分类、分析的要素、销售基本点的决定，各类商品诉求力的测定及分析，商品的广告要素
第十章 市场调查：第一节市场观测、第二节市场调查的手续、第三节市场调查的应用	市场调整及分析，市场调查的途径，市场调查的应用
第十一章 广告媒介物上：第一节广告媒介物的概念、第二节期刊广告、第三节户外广告、第四节无线电广告	广告媒介物的定义及选择法，对期刊广告、户外广告、电影广告、无线电广告的研究
第十二章 广告媒介物下：第五节直接广告、第六节窗饰术、第七节其他广告方法	对直接广告、窗饰术及展览会、表演、邮件广告、游行广告、看板广告、剧场广告等的研究
第十三章 广告实行机关：第一节广告部、第二节广告代理业、第三节报馆广告业、第四节杂志社广告部	企业广告部的机能、组织结构、广告部长的职责和学识修养；广告代理业的本质、业务、组织结构及未来趋势；报馆广告部的地位、组织结构和商业调查课；杂志广告部的地位、业务分工、组织结构
第十四章 广告计划：第一节广告经费和预算法、第二节广告计划和检证、第三节广告效果	广告经费和预算方法、广告经费的编制；广告计划的编制及检验、广告效果及测定方法

续　表

篇章	主要内容
附录　一规定张贴广告标语处所式样、二出版法、三商标法、四本书主要参考书、五研究广告学之英文参考杂志、六研究广告学之英文参考书	

　　该书书后收集了大量的参考文献，中文、英文、日文均有，但以英文的广告学研究参考书籍和杂志居多。此外，还有一份中英文广告学及相关词汇对照表。再加上书中大篇幅地引用中外文广告文献资料来阐明作者自己的观点，并以此来丰富书中的案例。由此可知，该书在写作时参阅了丰富的中外文资料，关于外文资料的使用，其以美国广告文献及相关资料为主，杂以少许日文资料。但引用资料过于冗杂，笔者认为反倒并不适合作为教本使用。这大概与作者身份有关，作者在中华书局从事编译工作，近水楼台先得月，存有接触中外广告学文献的工作便利。该书关于广告学本体论的研究篇幅相对较少，而关于广告方法论的论述则占了绝大部分篇幅。这也反映了当时中国广告学术研究的现状，虽然已经认识到了广告学理论研究的重要，以及学理是实际工作的基础，但依然重术轻学，偏向于广告方法论的研究。这也是当时诸多广告学著作中所标榜的既有理论又"切合实际"，而往往是实操性远远超过了对学理的研究。这是一本近代引用资料最为丰富的广告学图书。

四、《广告学》（1948）

冯洪鑫编，为中华文库初中第一集，由中华书局1948年2月出版发行，该书共10章，各章内容见表5-2-4。

表 5-2-4   《广告学》（1948）各章内容

篇章	主要内容
第一章 总论	广告的定义、广告的历史、广告的功效、广告与心理、广告的种类
第二章 广告的组织方式	广告组织根据性质不同分为公司广告部、报馆杂志广告部和广告社三种，第一节至第二节对它们各自的目的、性质、业务、组织结构和利弊作了论述。第四节专门探讨了广告主任的才能和责任
第三章 作广告的研究	论述了预备做广告前的市场研究、商品研究、广告方法研究、广告刊发研究、如何引人注目研究和广告媒介物的选择研究
第四章 广告与文字	研究了广告文字的特质，广告文要则，广告的标题的作法、种类和广告的字体
第五章 广告与图画色彩及边缘	广告图画的效用、作成的要件、种类，色彩的价值、种类、调配和应用，广告边缘（即边框）的作用、种类、特性及利用
第六章 广告与媒介	对报纸、杂志、传单、邮寄品、招贴、屋顶及街旁建筑物、舟车、电影、公共场所、包纸罐盒、玻窗陈列、展览会、乐队奏唱及游行队伍、无线电等各类广告媒介物的介绍
第七章 广告与印刷	与广告相关的印刷知识，广告的付印
第八章 广告与商标	商标的含义与价值、商标的选择、商标的注册条件、商标的注册手续
第九章 广告与经济	广告上的经济原理、广告上的经济问题（篇幅大和登载次数）及如何解决
第十章 广告与道德	说明了广告道德观念的重要性，使人不再对广告两字"含有藐视之意"

根据序言内容可知，这是为高中商科学生所写的"教本"，也是商界"作广告的参考读物"，故注重实际方面，专论"商业广告"，并对商业广告进行了定义，浅显实用，且偏重广告"术"的方面的研究。但或许是校勘不严，书中错

误较多，这一定程度上影响了该书的质量。

该书将广告史划分为五个时期：原始期（有史以来至1450年）、萌芽期（1450年至1850年）、发达期（1850年至1911年）、繁盛期（1911年至1937年）、退化期（1937年至第二次世界大战结束）。前四个时期的划分是参照了他人广告学书中的观点，关于第五个时期退化期的划分应该是作者的原创，作者任教于沪新中学，完全具备这方面的学术修养。

五、《中国广告事业史》（1948）

如来生著，为上海新文化社1948年10月版，这是我国第一本广告史专书。作者如来生从业广告近20年，"就其见闻所及，参考所得，爬梳整理"（詹文浒序），撰述成该书。该书书前有新闻报詹文浒、陆守伦和陆梅僧三篇序文。该书分五个部分：引言、草创时期、发展时期、抗战时期、胜利以后，详细内容见表5-2-5。

表5-2-5 《中国广告事业史》（1948）详细内容

篇章	主要内容
（一）引言	概述了什么是广告、广告的两种性质（营业广告和人事广告）、广告的媒介品、广告的重要作用、广告学教育、广告组织（商）、广告客户关系即与工商界的合作、报纸与广告的密切关系、广告业的分期（分为四个时期：（一）草创时期；（二）发展时期；（三）抗战时期；（四）胜利以后）
（二）草创时期	认为中国广告事业发源于"逊清末年"，那时报纸不发达，媒介形式主要是海报招贴，广告登户是寥寥可数的手工小作坊及老式店铺，直到英美烟草公司在华设厂出品、黄楚玖开设中法药房等，广告始"热闹而改进起来"。记录了当时比较活跃的广告商及广告人，如夏馥生好华广告社、闵泰油漆广告社、王梓濂捷登广告社（后改名为维罗广告公司）、郑耀南耀南广告社、胡锄金胡罗广告公司、程士良（绰号程天亮、雪花大王）中西广告公司、张廷荣中华广告社（后由凤昔醉经营，改名大中华广告社）、美灵登和美灵登广告公司、[加]克劳的克劳广告公司、林振彬和商务印书馆广告部、英美烟草公司广告部（蔡子庐、胡伯翔、丁悚、殷悦明、杨左匋等）、美商慎昌洋行广告部（王鹭、叶建伯、林秉枢等）、三友实业社（叶浅予、张乐平、季小波）、五洲药房广告部、冠生园广告部、联辉广告画社、生生美术公司（经理孙雪泥），等等。其中穿插介绍了不少广告界的逸闻趣事

篇章	主要内容
（三）发展时期	认为1936年开始是广告的发展时期。对这个时期重要的广告组织、广告人、广告事件和论著作了阐明。广告组织出现了兼并重组和业务分工。林振彬、李道南等华商广告公司、联合广告公司（耀南广告社、一大广告社、大华广告社、申报经理张竹平、汪英宾、陆梅僧、陆守伦、王鼐等共同创办）。一二八前一二年，广告业蓬勃发展，著名的广告社雨后春笋般出现。如联华、大陆、大东、中国、公益、国华、亚西亚、普益、维新等。好几家公司广告部集合组建了广告公司：如联谊广告公司；1935年7月，时事新报广告部元勋联合联华广告公司创办人陆守伦（总经理）创办联华广告公司。一二八后一年，蒋东赖、虞洽卿、胡蝶、潘有声、陈小蝶等办中华广告公司，荣昌祥与联合合并成荣昌祥广告股份有限公司专营路牌广告，其他的路牌广告商还有：新新、大陆、源源广告社、陈泰兴广告社、爱克美广告社。金康侯的上海播音广告公司是经营播音广告的鼻祖。1935年，中华工商美术作家协会成立，有董事、理监事和会员300多人，与上海沪江大学合办"商业美术科"，课程有广告学等；出版了《现代中国商业美术选集（二集）》，举办了一次商美展览会。介绍了切合实际、销行最广的广告图书，其中有：（1）陆梅僧《广告学》大学教材（商务版），（2）叶心佛《广告实施学》（国光版）（日本最大广告公司电通曾来沪采购一批），（3）徐百益《广告与推销》（图文并茂，销售额惊人），（4）*Printers*，（5）*Commercial Art*
（四）抗战时期	广告业的衰落时期，抗战后期，物资匮乏，报纸篇幅减少，广告业受挫。抗战后期，维罗广告公司没落。1945年5月，胡谭明办企新广告公司（兴盛及名称的由来）。并出现了影院银幕广告经营商：华商广告公司、银都广告公司、广艺广告公司，太平洋战争后，受人欢迎。胡农彪代理克劳，姜玉书代理美录登。愈蕙东、徐百益、丁浩、蔡振华等办宏业广告公司，后与新亚药厂广告部合并，成立新业广告公司。抗战后期，徐百益的人生出版社代客户设计广告。此时，路牌油漆广告火爆，荣昌祥出现了一位路牌广告描绘圣手赵锡奎。这时期比较活跃的广告商还有：新闻报记者吴承运所办ABC广告公司、朱伯勋中亚广告社、金林耕大明广告社、邬一乔乔光广告社、鲍承钦金蕾广告社、薛万生中央广告社、胡雄飞协和广告社和马启旺环球广告社
（五）胜利以后	论述了抗战胜利后我国广告业的概况，各报相继复刊，广告复兴。路牌广告（铁路沿线及各站）商有中央广告公司、荣昌祥。银幕广告有华商广告公司，独资后改名华商广告社。沈哲民、胡克敏、沈秋雁等办世界广告公司。还有唯昌、大新、工商等。原新亚药厂广告科科长王守仁艺联广告设计公司，专门代客设计。中联广告公司承包车厢及沿线各站巨型钟广告。微波广告公司专做橱窗陈饰广告。出现了广告业公会：如上海市广告商业同业公会，有章程，理事长为陈守伦。民初，中华广告公会成立，会长为王梓濂。一二八前有广告业同业公会，郑耀南任主席
附录	公会章程、业规草案、会员名录等

　　该书是一本研究广告史的专书，价值在于对我国广告业的发展进行了分期，明确了每个时期的起始时间。该书将我国广告史分为四个时期：（一）草创时期、（二）发展时期、（三）抗战时期和（四）胜利以后。在每个时期，不仅记录广告业发展的概况、重要的人和事，还穿插叙述了不少广告界的轶闻掌故，为研究广告史保存了不少资料。不过，该书的论述是以广告社和广告公司为重心展开的，书中对广告学理论发展的情况很少叙述，只在发展期提到了几本广告方面的论著和期刊。而且在进行广告分期时，标准比较模糊，没有阐明分期的依据是什么。

第二节　新闻文献中的广告学研究内容

　　为了便于研究起见，本章将新闻文献分成新闻类论著和新闻类报刊文章两个大类来考察其中的广告学研究内容，详情参见下面的表格。

一、新闻著作中的广告学研究

　　新闻著作中的广告学研究择要表述见表5-2-6。

表 5-2-6　新闻著作中的广告学研究择要

赵君豪《中国近代之报业》：赵君豪曾任《申报》记者、编辑，申报新闻函授学校教授，兼任过复旦大学新闻系、上海法政学院新闻专修科教授，所写《中国近代之报业》是一部继《中国报学史》之后的重要的新闻史研究著作，1938年9月由香港申报馆刊印。该书总计十五章，"第十二章广告之进步"专论报纸广告。具体内容如下：第一节"报纸与广告"：论述了报纸与广告的关系：报纸与广告互相需要。报纸借广告收入为自给自足自主之资源；登广告者借助报纸力量来达到目的，具有新闻价值和艺术意味的广告对报纸起点缀作用。报纸销路与广告的关系。报纸广告的功效及价值。第二节"如何发生效能"：认为广告要发生效用，取决于三个方面，一是报纸销路即读者多寡；二是登广告者应知营业之发展不能单靠广告，须"良好之出品""精密之管理""干练之推销员"，相互策动；三是广告制作，"如何确定宗旨，如何调查市场，如何把握大众心理，更如何避免不必要之糜费，均为刊登广告之先决问题"，如能圆满解决，则广告可收到宏大效果。接着文章对广告效用的具体内容作了阐明，广告效用包括八个方面：推广分销、增加顾客、引起需要、商品保证、划一货质、预防竞争、变更习惯、保持顾客。第三节"广告种类分析"：分析了包括分类广告在内的十五种报纸广告。其中，分类广告最值得珍视。第四节"广告代理人"：论述了广告代理人的职责、分类以及广告公司和广告掮客的利弊。值得一提的是，在论述报纸广告制作的时候，强调了广告计划的重要。并对相关内容如广告费用规划、广告市场调查、广告设计、广告之糜费和报社之服务，作了详细阐述。说明当时报社对广告的理解及专业水平已经比之前有了质的飞跃。也正因为如此，该章虽然是专论报纸广告问题，标题却是"广告之改进"

储玉坤《现代新闻学概论》：世界书局1939年初版，1945年12月和1948年4月再版两次，共13章。"第十一章广告"分四节阐述了广告的重要性、广告的作用与制作、广告的价格制定及收取、广告科的分工合作。"由于报纸的商品化……现代报纸收入的财源，完全依靠广告，广告收入的多寡，足以决定报纸的生死命运。一般唯利是图的资本家，对于经营报业的精力，自然都要集中在广告方面了"。"其实不但报纸的收入完全依赖广告费，就是杂志（Magazine）、定期刊物（Periodical）也是如此。以产业发达的美国为例……它们的收入，有百分之九十以上是广告费。由此可知出版界的依赖广告收入了。"报纸广告的作用："在促进社会对于商品及役务的交换"。报纸广告相比其他任何性质广告的六个优点。广告如何能收效呢？制作广告原稿时应注意四个事项（即今天的 AIDA 法则）：第一要能引起读者的注意、第二要能使读者发生兴趣、第三要能增进读者的欲望、第四要能使读者相信，并介绍了具体的办法。对广告写制的体裁及广告内容的选择也作了论述。既然广告是报馆收入的大头，那么报馆广告科的组织及广告主任的人选都非常重要。广告主任的任职条件是："广告主任，不但要有商业头脑，熟悉市场，明了商人的心理；而且还要有艺术的意趣，能了解优美的广告底稿，领略富于美感的图画。所以这种人才，在我国新闻界是非常缺少的。"报馆广告科的组织，在主任之下，设立四个部：本埠广告、分类广告、全国广告和研究部。研究部"研究本埠的商情行市，调查各种商品的销路，以供广告主顾的参考"。该书建议报馆广告科下设研究部，这在同类新闻书中少见。从研究部的设立及其工作内容上可以看出，报馆开始重视新闻广告的研究，而不单单是招揽广告，广告科为客户服务的意识也增强了，而研究本身也是为了更好地服务广告主顾。广告的来源有三：一是门市广告，二是招揽广告，三是广告公司的广告。此处，该书还对广告公司的产生性质、作用、优点与流弊作了必要的论述。"近来世界各国报界，均有广告公司的存在，即在我国报界，上海、天津、香港等处，亦有广告公司，而以上海一埠最为发达，从前洋商势力较大，而今多为华商所经营。上海各大报所刊登之广告，十之八九，来自广告公司。"这段文字反映了当时广告公司业务已经比较成熟，报刊广告代理已颇具影响力。在第十二章"报纸的发行"中，在论述报纸发行份数稽核时，还对美国1913年成立的 ABC（AuditBureau of Circulations）组织作了介绍

戈公振《新闻学》：商务印书馆1940年4月初版，1947年2月再版，"新中学文库"之一，原为戈氏1932年为"万有文库"所写，1935年病殁，未及付梓，直至1940年始被商务印书馆初版，共6章。只在第3章报馆组织中提到了广告方面内容，戈氏认为报馆组织最好分为五部：执行部、编辑部、广告部、发行部、工务部

任白涛《综合新闻学》：任白涛（1890—1952），著名新闻学者，终身致力于我国的新闻学研究，幼名洪涛，笔名冷公，河南南阳人，曾任上海《新闻报》驻汴特约通讯员，1916年进日本早稻田大学政治经济科学习，并加入了日本新闻学会，开始研究新闻学。1921年在杭州创设中国新闻学社，1922年11月以中国新闻学社的名义自费出版我国第一部应用新闻学著作《应用新闻

学》。1935年至1937年完成了六卷本、130万字的《综合新闻学》，1941年7月商务印书馆出版了《综合新闻学》第一卷至第三卷，第四卷至第六卷由于各种原因，直至其病逝，始终未能出版与读者见面。《综合新闻学》是一部系统化、体系化的新闻学著作，也是20世纪三四十年代资产阶级新闻学研究第三次高潮的代表作之一。《综合新闻学》共六卷35章，虽然未能见到该书后三卷，但从所能见到的该书总目录来判断，与广告相关的章节如下：在"第五卷经营和管理"中：第二章第二节"营业部的组织和职司"，营业部下设发行科、会计科、庶务科和广告科，广告科下辖整理系、计算系、外交系、图案系和分类广告系。对报社的广告组织及职能作了介绍。"第五章报纸上的广告"：一广告与新闻事业（1）何以要刊登广告和如何获得广告（2）广告的功用和报纸广告的效力（A）广告的功用（B）何以报纸广告效力最大（3）中国报纸广告的缺点种种（4）美报的广告栏及广告吸收策；二报纸广告的伦理运动（1）广告的不正和欺骗（2）报纸广告的伦理运动（A）美国（B）日本（C）中国。在"第六卷杂志"中，不仅对"杂志广告的种类""正直的广告的重要性"和"可恐的广告力"作了阐述，还重点阐述了杂志广告招揽法。"第七章杂志广告招揽法"内容如下：一预备政策（1）杂志广告的性质（2）杂志广告的机能（3）杂志广告的特征；二间接政策（1）广告部的完备（2）广告刊费的规定（3）广告的限制（4）外务员的奖励法（5）应付广告社的办法（6）赠送杂志（7）代理部的利用；三直接政策（1）杂志广告的争夺战（2）外务员的任务（3）劝诱法。该书还阐述了广告真实性的问题。在论述新闻道德和新闻真实的问题时，任白涛提出新闻业者应把"正确"当作"惟一无二的金科玉律"，"如欲保持报纸的威力，不使失坠，必须牢守着'正确'或'真实'的原则"。新闻业者"不单在记事上要这样办，在广告上也要这样办"。在强调新闻真实的同时，也表达了广告真实的观点。任白涛认为，广告不是新闻。广告不应与新闻编辑在一起，混淆视听，特别是那些酷似新闻的"记事广告"。"所谓'记事广告'者，是具备记事体裁的广告文。登到普通记事下面，或是像普通记事那样，同记事编辑到一起；我们当作记事去看，不料看到中间，才知道是广告而生出无限的不快活。把不是记事的东西，当作记事去看，使读者耗费无谓的时间，实在是可憎的诈欺行为。"读者会因对这样做法的报纸的憎恶和反感，而生出不买广告商品的决心。"诚实"、有"良心"的报纸应在此类记事文字的后面加上带括弧的"广告"字样的文字

管翼贤编《新闻学集成》：中华新闻学院1943年版。管翼贤（1899—1951），男，湖北蕲春人，东京法政大学政治经济科毕业，20世纪20年代初任天津《益世报》驻京记者以及神州通讯社记者，1928年在北京创办了《实报》（后并入《华北新报》）小型报纸，采取"小报大办"的方针，大受读者欢迎，发行量曾经高达10万多份，居华北各报之首。北平陷落后变节为汉奸，《实报》也成了日伪的宣传工具。担任过伪职"中华新闻学院"教务主任兼新闻学总论教授，"就以往燕大、平大、朝大、民大及最近三年来于本院讲述新闻学总论之教材，重加整理"（前言），纂辑成《新闻学集成》，于1943年由日伪"中华新闻学院"印行，成为敌占区新闻理论的代表。书中涉及广告方面的内容有：第1辑"新闻篇"第五章"新闻与各方面的关系"中，第三节专论"新闻与广告"的关系。两者有时密切，有时无关。广告常作为新闻的一部分，新闻利社会，广告"以利润为对照"，在经济上有益，"对于个人比对社会尤为直接地有益"。广告常随新闻

发表，此时广告与新闻的关系，"好像亲子一般"，但广告与新闻不同，绝不能"离开经济的观念"。在"报社组织篇"中有关于报社广告组织的阐述。报社广告部隶属营业局，负责招揽广告及费用收取，下设外交科（外勤、跑广告）、整理科（编纂校正广告纸面）、计算科（核定及收取广告费）、意匠科（作广告画）。"各国新闻概况篇"对1933年9月12日德国广告法内容作了较详细的介绍，认为广告法"是新闻广告的统制法"，一方面为"防止恶劣广告"，另一方面为"促进新闻广告的合理化"。叙述了英国报纸广告的经营如分类、招揽、版面等，认为增加报纸销路要以"是否能提高广告费为标准"。分析了法国报纸的特点之一广告少、人们不愿登广告的四个原因。第四辑"广告篇"共8章，对什么是广告、广告的起源、广告的类别、各类广告媒体、广告原稿、广告文字、广告费的算定、广告之经济学的考据、最近广告的趋势、战时体制下的广告动向等内容作了论述。第7辑"新闻教育篇"共4章，在阐述中外新闻教育情况时，涉及广告方面的内容，认为广告学方面的知识是新闻学教育中不可或缺的组成部分之一，属于报业经营技巧及报纸杂志制作设计技术方向的课程，应用性极强。在叙述美国新闻学校课程时比较详细。美国新闻学校的广告学课程有广告学原理、广告写作及其制作、广告推销及其竞赛等，还有一门宣传课，此课程与广告学关系密切，主要研究如何利用各类媒介达成宣传之最大目的。在介绍中国新闻学教育时，涉及广告学课程，介绍得也比较详细

马星野《英国之新闻事业》：文风书局1943年11月版，在介绍英国新闻事业概况时，部分涉及了英国报纸广告情形，如广告收入与报纸关系，报纸广告种类、定价，广告篇幅与销数的关系，报社内部广告部门及从业人员概况等。该书可供当时国人了解英国报纸广告经营的概况

田玉振《新闻学新编》：新闻出版社1944年7月版，分四卷，"卷二新闻纸篇"中，"第7章新闻纸的经营"第一节新闻纸的组织，阐述了新闻纸广告部门的设置及人员配备。新闻纸由编辑、营业、印刷三大部门构成。营业部下设发行、广告、出版三个部门。广告部门负责招揽广告刊户工作，又分内勤和外勤两种，外勤接收本埠及各地广告，内勤接收直接刊户及广告社广告。"第二节新闻纸的业务"中，新闻纸的业务以广告和发行为主，而两者业务的发展，又依赖新闻纸"内容的充实"和"经营的得宜"。新闻纸的经营，有以发行为本位的，也有以广告为本位的。"以广告为本位者，其营业收入系以广告费收入为主，所以报费价格可较成本为低"。又因为"报费低而销路大，因为销路大而广告更增多，所以目前大都市新闻纸多采广告本位主义"。接着具体叙述了新闻纸广告业务，可分为广告的招揽、广告的设计及广告的刊登三项，并对三项广告业务的操作及要求作了具体论述。由此可见，此时新闻纸内广告部门的工作，已经根据业务性质出现了岗位分工。这是当时报刊广告业得到进一步发展的例证。该书"卷四新闻工作员篇"则对新闻工作员（即新闻从业人员，包括营业部人员）的职责、任职条件及接受专门教育的重要性作了阐述

鲁风《新闻学》：新中国报社1944年9月版，分上篇和下篇，上篇阐述新闻学的基本理论知识，下篇论述新闻纸的经营管理、印刷、发行、广告和报业管理。第三章"新闻纸的广告"详细讨论了以下内容：（一）新闻纸广告的特性及其种类，（二）新闻纸广告的技术的运用，（三）新闻纸广告的兜揽，（四）广告价格的计算。此外，还阐述了新闻纸与广告的关系。广告发达后，

新闻纸的主要经济来源由发行转向了广告，"依持了招登广告的收入"来"抵补损失"。新闻纸的经营方针逐渐从"发行本位"转移到了"广告本位"。并在编辑方面也受到了显著的影响。"广告地位大量侵蚀了新闻纸的篇幅"，广告本应是"新闻的附属""因新闻存在而存在的"，实际上，许多新闻纸广告已经"超越了新闻纸本身的存在价值"，广告变成了"吸引读者主要内容的一种"，即广告"已变成了存在和发展的主体"。"这是商业资本主义反映于新闻事业上的一种特殊现象。"该书中还多次提到了广告学是一种专门学问的观点，说明广告学作为一种科学的观点已被相关人士所接受。"在目前商业社会间，广告学已成了一种专门的学问。新闻纸上的广告，不过是其中主要方式的一种而已。"此外，还讨论了广告公司与新闻纸之间的利弊关系

张志智《发展全国新闻事业刍议》：见新闻战线社编《新闻事业建设论》，侨声书店1944年12月版。"战时各报篇幅有限，自然没有余地来登那些无聊的社会新闻、无聊广告，就是必要登载的新闻也要采取精编主义。"这是关于战时新闻纸广告情况的记载

萨空了《科学的新闻学概论》：1946年香港文化供应社出版。萨空了（1907—1988）是20世纪三四十年代著名新闻记者、报刊编辑和新闻学者。笔名了了、艾秋飙。蒙古族。原籍内蒙古昭乌达盟翁牛特旗。1925年参加"阿波罗画会"，1927年开始从事新闻工作，任《北京晚报》编辑记者。1929年后任《世界日报》画刊编辑，《世界画报》总编辑，天津《大公报》艺术半月刊主编。1935年起任上海《立报》副刊主编、总编辑兼经理。1938年秋任《新疆日报》社副社长。1940年任重庆《新蜀报》总经理。1941年任《光明报》总经理。1941年10月10日萨空了建议采用广告形式在《光明报》上刊发了《中国民主政团同盟宣言》和《中国民主政团同盟对时局主张纲领》，巧妙地避开了当时香港当局的新闻审查制度。1945年6月任香港《华商报》《光明报》总经理。还曾任北平大学艺术学院讲师，在北平中国大学、平民学院、民国学院新闻系、北平新闻专科学校担任教学工作。萨空了不仅有着丰富的新闻实践，在新闻学理论的研究上也独树一帜。《科学的新闻学概论》（1946年香港文化供应社出版）是其代表作，书中不仅集中体现了其新闻学观点和思想，关于报纸与广告关系的研究也颇有见地。他认为广告属于新闻学的研究内容之一。新闻学研究不仅要研究理论上的问题，还应研究使报纸发生巨大作用的制作与管理技术。"我们在技术上要研究如何采访、写作、编辑。甚至如何组织一个报社，如何管理它，像印刷、发行、广告种种事务的安排，都要探讨到。"（第12页）报社下设总管理处、编辑部、经理部和印刷厂，广告股设在经理部营业科，负责管理报社广告事务，广告股可下辖内勤组和外勤组。前者处理有关广告的一切对内事务，后者负责对外招揽广告及收取长期广告户的广告费等。关于战时广告版面变化的论述。过去一份大报至少是对开两张，多则四五张，"除了第一版不刊登广告外，其余各版新闻多与广告杂糅在一起"。（第88页）报名旁则刊登重要新闻或广告。抗战期间，受纸张、印刷等条件所限，中国报纸都缩小篇幅为对开一大张。通常来说，第一版为报名和广告；第二版和第三版为新闻、社论、通讯、特写和短评；四版广告多时登广告，少时广告与副刊、新闻各占一半版面，再少则只登副刊或新闻。"广告户的减少可能性，在战时却非常强大；所以中国报纸遂不能不成今日这种现象。"（第89页）广告版面也首当其冲地受到了压缩，但依然安排在一、四版，目的是向广告户收较高的广告费。这些论述也为

我们研究广告史留存了资料。在论述报纸的广告问题时，认为广告对报纸的影响是两方面的，有利也有弊。广告对报纸的有利影响是："（1）广告使报纸成为廉价的商品"，广告收入可以降低报纸的售价。（2）保持报纸的独立。（3）使报纸"不受政治理论的支持"。广告收入是报社的重要经济来源。一份营业性的报纸，"是靠广告收入而存在"。广告对报纸的不利影响：（1）读者不见得对广告文字都是"有兴趣的"，强迫读者看，令人生厌。（2）广告文字多少都有点夸大，夸大就是不真实，说不真实的话便是欺骗，因此，广告不免骗人……报社因为收了钱，便须帮凶……。（3）有违办报宗旨和新闻价值。新闻应益国益民，办报者应"站在为社会大众福利而奋斗的立场上"。欺骗性的广告、引导国人走向纸醉金迷的美国电影广告、敲吸国人金钱的外烟广告，"并非有利人类的"，报纸应当对这些事予以"无情的评击"，而不是为了广告费，充当"帮凶"，甚至还要在新闻版"刊载一下那些广告户自己作来的宣传新闻"。广告对报纸的干涉，使报纸"被迫变了质"。"试想如果一个大资本家通过刊广告这一条路来支持一个报社时，这报社须如何俯首贴耳来听他的话吧！"正因为如此，在讨论报纸广告问题时，萨空了强调讨论的中心是："如何保持刊登广告的主动权。不叫广告影响甚至改变了报纸的中心主张。"办法之一，"最上策"是"缩小篇幅，不接受出金钱委托刊载的广告"。义务刊登政府公告、购物顾问、人事招聘、娱乐介绍等具有新闻性、为大众服务的广告。办法之二是折中的做法，掌握住广告的编辑权。"依然收取广告户付予金钱委托刊载的广告，不过广告在广告栏中如何刊载，不能由广告客户指定，而须由报社决定"。报社怎样决定呢？可设立一位"广告版编辑"，把每天的广告全都"合理的编辑过"，以决定取舍及刊登位置、大小等。萨空了还对报纸广告的编排发表了看法。"综合编辑法"比"分门别类"的编法进步。分门别类的编排法之所以存在，是为了广告。分门别类法将新闻分门别类散布在各版，各版余下的位置刊登广告，比没有新闻、一版全登广告更容易使读者注意和辨别，因此也更容易受"广告刊户的欢迎"。分门别类编法的缺点是，广告割裂了新闻版面。广告版采用新闻版的特刊编法，推出广告特刊。使广告不再成为"割裂新闻版面的主动者"。"这是编报的特刊编法的采用，经过事前的准备、接治，于是一个广告特刊——联合广告成功了，所用的力量，并不见得大于新闻版出版一次任何性质的特刊。""如果有一份报纸首先采用了广告版以新闻编法编辑的办法，我相信可能很快各报都将仿行。因为这一办法，比现在的死板排列办法为进步，使广告部更易于应付广告客户要刊好地位的要求。"第三，"广告的编法，应力求其有新闻价值"，使读者爱读。"广告也是新闻，广告如果经过有计划的撰稿编辑，也可以使读者爱看。"接下来，介绍了具体的办法。例如，为客户设计广告、"文字的写法，广告的计划，皆可代为拟定。"分类编成一览表，调整排列位次，设计种种特刊，变换广告方式重复刊登，等等。还论述了报纸广告股的一般工作及内部分工。特别是对广告人的素养和条件以及广告佣金制度的论述，尤应引起重视。对广告外勤人员的任职要求是"不一定要有什么社会关系，只须态度不惹人讨厌，口齿伶俐多会几种方言，有随机应变的智慧，有耐性，不怕吃苦，再有一个好的广告科长指挥，不久他自己便可创造出来社会关系。"当然人品也应考虑。"如果这个人品行不好，"也容易引起纠纷。对广告部门负责人的要求是"在广告方面努力的秘诀，是要勤，不怕碰钉子，更主要的是时时有新计划"，广告部负责人是"这个广告部分的总司令，许多人以为应当是一个交际家，其实更适合的是一个计划家。最好这个人能兼任前述的广告编辑，就更合理想。他运筹帷幄，其他广告外勤……遵循他的计划去组织寻求广告，辛辛勤勤的作，辛辛勤勤的作，报纸只要不是毫无地位，广告安能找不来？"关于广告佣金制的问题。萨空了认为报纸为了拉来广告，给中间人或广告社佣金；中国人或广告社为了讨好客户，不惜让利，不按照广告定价出售，形成变相的广告，对报社和广告客户都没好处，应予以纠正。这种广告价格混乱现象迄今存在。报业实践丰富的萨空了看到了这种现象，并提出了批判，无疑值得肯定。为了解决这种现象，萨空了提出让报纸努力与广告客户直接交易，不经过中间人。进而可以自设广告社或广告公司。这样，"不以佣金养未出劳力的人"，"今日的广告社的存在的可能，自然就灭削了。"这个观点未免狭隘，与现代职业专业化分工的科学精神相违背，也不利于广告代理制在当时中国报界的形成与发展，虽然因实践的需要，广告代理制已经初露端倪

胡道静《新闻史上的新时代》：世界书局1946年11月版。胡道静（1913—2003），安徽泾县人。古文献学家、科技史学家，也是中国最早的新闻史研究者之一。1932年参加柳亚子主持的上海通志馆工作，分编新闻、文化、竞技、交通、宗教诸部，开始了自己的新闻活动。1938年4月《通报》创刊于上海"孤岛"时期，胡道静任总编辑。胡道静还先后做过大中通讯社编译、《中美晚报》采访部主任、《大晚报》编辑记者、《密勒氏评论报》撰稿、《东南日报》撰稿人、《正言报》总编辑等。著有新闻史系列专著《上海的定期刊物》《上海的日报》《上海新闻事业之史的发展》《新闻史上的新时代》等。他在书中认为，广告是"报纸的内容"，是现代报纸的组成要素之一，并对"广告与报纸"（《新闻史上的新时代》第17页至第22页）的关系作了详细的阐述。"在报纸的内容里面，广告业占着一份很重要的位置：它对报纸的本身和社会，也都起着非常重要的影响。""我们谈新闻史的，对于报纸中广告部门发展的经过，也值得研究。关于报纸招揽广告的技巧，广告图文拟制的技巧，广告对于报社经济的影响，对于版面和编辑政策的影响，对于社会和商业所发生的影响，都是大可研究的事。在新闻史家所应做的工作，乃是搜集有关此方面的具体资料，从而窥见其演变、进步与产生的后果。有关报纸中广告的史实，容或不是谈新闻史者所可忽略的……"胡道静是从研究新闻史的角度来研究报纸广告的，如单纯的报纸广告招揽技巧，不是研究重点，重点是研究报纸广告招揽技巧的演进，"搜集有关广告技巧的资料，写为有系统的文字，当然是件很有意义的工作"。此外，他还强调广告在报纸经济状况中的重要地位。报纸可依靠广告取得经济上自给自足，独立经营，"减少受'政治资本'的影响"，但又不免会受广告客户即'商业资本'的指使。这攸关报纸的全部政策，并举例说明了广告破坏编辑政策的事实。正如胡道静先生在自序中所言，写作《新闻史上的新时代》的目的"在于提供一些有关的新闻事业史上的资料和意见，希望对于此种学术的研究者能作参考之助"。该书记述了那个时代的报人、报纸和报事，为后人研究新闻史留存了宝贵的资料。研究报纸广告是出于研究新闻史的需要

[美]Frank Luther Mott《美国的新闻事业》：叙述了自1690年起美国250年的新闻发展史，王揆生、王季深节译了该书最后一部分，全书共8章，由上海文化服务社1947年7月出版，司徒雷登作序（燕京大学报学系创办者）。该书"第七章广告与发行"，叙述了20世纪一二十年代至三四十年代，美国报纸广告史上的重要事件，如设法取缔虚伪不正当的广告情况

Henry Wiekham Steed 著，王季深，吴饮冰译《新闻学的理论与实际》：上海文化服务社1947年11月版，译者任教于上海文化函授学院新闻学系，全书共8章，第四章"发行与广告"阐述了报刊广告的情况。其中关于广告与发行的关系的观点："一般人总以为一张报纸的销数，可以表示其内容受人注意的程度。"故有人认为"一张报纸销路愈大，广告收入亦必愈大，这种说法也有错误。广告登在报纸上，效力如何，至少有一部分须视读者之购买力如何而定。一张报纸，销路虽然不广，但它的读者'质素'较高，则其广告效力，必较销路广大，但读者都属贫苦阶级者为高"

二、新闻报刊中的广告学研究

新闻报刊中的广告学研究择要表述见表5-2-7。

表 5-2-7　新闻报刊中的广告学研究择要

篇名、作者及出版时间	主要内容
《地方报纸的广告》邵鸿达，《战时记者》1939年第9期	论述了地方报纸广告的战时经营实际情况。地方报纸的收入由津贴、广告、发行三项构成，主要依赖津贴；地方报纸商业广告并不多，广告收入主要依赖婚姻、人事、遗失声明等"启事"一类的广告
《广告与报格》浙沥，《战时记者》1940年第2卷第9期	该文认为报纸应做好"广告的消毒工作"，不能唯利是图。报馆都很重视广告，因为"没有广告的进项"，报馆就"无法生存"。但报馆在刊登广告时应该加强对其内容的审核，摒弃刊登有碍报格的不真实的、不良的广告。"广告原是将某种事物广布给大家知道，获得一种效力……这种宣传，应该真实，丝毫不能有渲染、夸大甚至于言过其实的欺骗读者，叫人上当。当承登广告的时候，报馆应该审核是否真实，如有虚伪的成分，就该拒绝刊登……""形形色色，词句淫恶……诱致意识浅薄的读者"，不要成为此类广告"帮凶的刽子手"
《论报纸的广告》，《报业旬刊》1941年第1卷第2期	专论报纸的广告，强调要确立其公益性。报纸是具有报格和使命的，登载报面的广告应该审慎考虑。广告的选择及编排不应与新闻消息的性格相冲突。该文提出了全国报纸彼此合作，排除竞争与对立，共同成立一个组织的设想，在此组织之内，设立办理批销及广告业务的共同机关，既可避免各报各自为政的冗费，还可设定合理的价格，确保各报馆正当的广告收入。该设想具有一定的合理性和超前性

篇名、作者及出版时间	主要内容
《广告与发行》周钦岳，《中国新闻学会年刊》1942年第1期"会员论文（专论之部）"	该文认为，广告与发行是经营报纸的两大业务，报纸适应的阶层广泛，发行量必大，而广告的吸引力亦"随之增强"。广告收入的"旺歉"，可衡量报社经营的盛衰。接着详述了两者的关系。发行领域即广告领域、广告之力量与地位（"报纸发布之区域愈广"，广告宣传的力量"愈宏"；"广告地位价值之如何？亦必为刊户所注意之问题。……可见报纸之地位，亦赋予广告之地位。更有进者：报纸选择广告，亦如选择新闻然。凡足以影响其地位、信誉者，即以重金劝诱，亦绝对拒刊"，否则"不特损其报纸之地位，实亦降低了广告之地位"）、广告刺激发行（"广告之领域、力量、地位，均决于报纸发行之情况，已如上述"，反过来广告又刺激发行。读者不仅重视新闻版面，也重视广告，因为"广告为社会全班生活便利而丰富之集体媒介；无论任何阶层，发生任何需要，多可于广告中求之。"所以报纸"重视新闻版面之充实"的同时，应"尽量充实其广告版面，以为巩固并扩大其发行之手段"）、广告面积版次之分配（广告及新闻面积、版次的分配，亦足以影响发行）。总之，广告与发行关系密切，"两者互为因果，互为调剂。"
《新闻纸面》张友鸾，《中国新闻学会年刊》1942年第1期	该文在论述新闻纸面的分栏怎样使新闻醒目时，探讨了报刊广告刊登位置的优劣。"试以广告学理为喻：在报端刊登广告，其收费标准因篇幅地位而有异，大略言之，则广告四面皆有新闻者为最优，三面新闻者次之，两面新闻及一面新闻者更次之，广告与广告相处，不与新闻衔接者，斯为收费最低之广告地位。广告既须与新闻错杂以显示其地位，新闻宁不当与新闻错杂以显示其地位耶？"
《新闻教育感想》蒋荫恩，《中国新闻学会年刊》1944年第2期	该文论及了广告教育问题。作者时为燕大新闻学系负责人，当时该校新闻学系共开设了13门课程，其中8门必修科目，5门选修科目。"广告与发行"课记2学分，在大学三四学年开设。当时新闻教育还面临师资缺乏的问题。"普通科目如《新闻学概论》"等，"要聘请适合的人才，已经不易"。像《广告与发行》等"专门科目的教员"，"简直更难"。此外，还谈了补救的办法
《报纸经营与报社管理》陈铭德，《中国新闻学会年刊》1942年第1期	文中论及了报纸广告净化的问题。广告费是报社的生命线，因此报社非常重视广告刊费收入，对广告兼收并纳，难免刊登了"不净"广告。广告也是报纸内容的一部分，"不净"广告会使读者对报纸产生不良印象，从而影响到报纸的销路，最终会影响到广告收入。所以应该净化报纸广告

续　表

篇名、作者及出版时间	主要内容
《中国广播事业之展望》陆铿，《中国新闻学会年刊》1944年第2期	关于广播广告史的阐述，1924年上海美商开洛公司所设私营电台，开始播放唱片，播送广告，这是中国第一座广播电台
《新闻广告漫谈》丁一，《上海记者》1942年年第1卷第2期	该文谈了新闻广告的重要性。"报纸上为什么要有广告呢？它的原因有两个。（一）……若果想报社的经济独立，则不得不趋重于广告一方面。于是广告费须成为报社经济的主要源泉了。因为报纸是依赖广告来生存的，所以新闻学者时常说：'广告是报纸的血液。'（二）广告是事业之钥，一切事业，大半须依赖广告，才得发展……"广告到底有什么效力呢？"广告是创造新需要的一种美术，引动读者购买求得的欲望，乃是普通和直接披露的媒介物。"广告的效力有三点："（一）有新闻上的价值。"（二）有心理上的权力。"（三）有变更眼光或识见的功效。"要达到上述的效果，必须"研究怎样造成一个优美的广告"。怎样做一个优美的广告呢？有三点要素："（一）动人心目，（二）引人兴味，（三）令人信服。"欲做到令人信服，广告"必须（一）有简洁精警的文字。……启其信服的观念。（二）熟知货物的性质和它的构造，广告稿本，宜合乎理论，循乎常识，以斟酌情理有当乎读者意旨为归"。该文还提出反对"虚伪或言过其实的滑头广告"。报社应尽最大的职责，预先审查"广告的内容和出品的质料"，"是否为害社会，为害人群，对本社的信用有无妨碍"。"刊展真实的广告，乃是报纸进步的一个特征。"日本欧美等国注重"广告道德"，拒登"欺诈性质的广告"，发起了"广告的净化运动"，"将种种不良的广告驱逐于报纸之外"。我国报纸在这方面"应该急起直追"。怎么样"急起直追"呢？该文认为应先有"负此责任"的"一个完善的组织"，并谈了一些具体的办法
《广告学的原理和法则》苏甫，《上海记者》1944年第2卷第5~6期	该文论述了广告学的一些原理和法则。第一部分阐述了广告学的产生、广告学与新闻事业的关系及广告的运用。第二部分归纳和分析了六种广告的目的，进而认为广告是商品和雇主间的媒介物、广告是商品制造者推销的扬声筒、广告是商品制作者战斗的武器、广告是营业的酵母菌、广告是粉刷的漆汁能增加商品本身的价值、广告是奠定营业的社会基础的基石；第三部分阐述了关于广告建立的五项原则（真实性、提示性、普遍性、浪漫主义的扩展性、现实主义的研究性）；第四部分论述了广告的种类和方法（分别从表现形式、时间和处理手法角度划分了广告的种类），并重点探讨了从处理手法上区分的四类广告；第五部分是关于广告的含义和广告学的定义，关于广告的含义是："广告是雇主和商品间的媒介物、是争取顾主

篇名、作者及出版时间	主要内容
	的武器、是巩固和发展商品基础的工具"。对广告学所下的定义是"广告学是研究将商品怎样合理而有效地介绍给顾主，因而在商品销售的市场里占有了或企图占有着优势地位的学科。"
《美广告又增》，《报学杂志》1948年第1卷第7期"新闻界新闻"栏	消息，略
《银行家相信广告》，《报学杂志》1948年第1卷第7期"新闻界新闻"栏	美国银行家重视通过广告开展业务
《请正视办地方报的困难》杨寒玉，《报学杂志》1948年第1卷第7期	回忆了自己办地方报的经历，地方上"不离婚，不遗失，根本用不着广告"，因此地方报广告经营维艰，广告收入微乎其微
《新闻广告学》庄伯勋，《报学杂志》1948年9月第1卷第7期	该文是新闻广告学专论。认为广告有广义和狭义之分，"通常广告是工商业上招揽交易、宣扬货品质量、效能的工具，但实际上，举凡行政机关的布告招示公文，社会人事关系的启事，哀启、公文、制诔、歌舞都是广告。广义说人类一切行为都具有广告的意义或作用"。关于广告的定义是："广告是通过文字、图画、音乐、语言或其他行为，表达于社会公众，以达到商业上宣传的目的和方法。"文章提出了新闻广告学的概念，认为"新闻广告学"属于"广告学的一部分"，"偏重于新闻纸的广告"的研究，规定了新闻广告学的研究对象及范畴，但并未从学理上对新闻广告学作出完整的定义。二、阐明了广告与宣传的关系、宣传的起源及历史。三、关于理性宣传与感性宣传的效力的研究。认为"最良好的宣传方法是感性与理性兼施并用"。四、讨论了广告心理学的应用。人的情绪和分类在广告制作上的应用，如广告的准备、引起注意的方法、广告效果的分析等。强调了广告的伦理性和客观性。五、专门阐述了心理学与广告技术的关系。阐明了心理学在譬如地位、位置、大小、空白、花边、图画、文字、标句与商标等广告制作技巧中的运用。六、认为广告在新闻纸中的地位"异常重要"。"广告是新闻纸血肉的一部分"，"无法与新闻纸脱离关系"。并试着从广告与报纸本身的关系和广告与道德、新闻、政治、法律等之间的关系对此作

篇名、作者及出版时间	主要内容
《新闻广告学》庄伯勋，《报学杂志》1948 年 9 月第 1 卷第 7 期	出了分析。七、讨论了广告的反效用。什么是反效用？就是广告"能引起人的厌恶、反感、憎恨"，在效果上起了反作用。怎样克服反效用呢？"我们要依广告的对象而有所取舍，不能为讨好所有的观众的喜爱而牺牲广告本身的立场与效果。"八、对新闻广告的未来发展从技术、内容和社会影响上作了探讨。特别提到了希望未来的广告在经济上和版面地位上"不侵犯新闻"，"对社会的影响，不再是欺骗、夸大，色情，荒诞，逃避现实，不深入，不逼真"。反对广告干涉新闻和强调广告伦理，这些观点在今天看来依然都具有进步意义。但该文关于"广告是多余的浪费的"观点缺乏科学依据，故不敢苟同
《论黄色广告》李果，《报学杂志》1948 年第 1 卷第 7 期	该文论述了黄色广告的危害性。黄色广告遗毒社会，危害性比黄色新闻更甚，呼吁报纸不要为了不义之广告费而助纣为虐，更不能自造黄色广告以吸引读者注意，扩大销路
《新闻自由与广告》赛克莱著、明之译，《报学杂志》1949 年第 1 卷第 10 期	该文在讨论新闻自由的时候，谈到了新闻自由与广告的关系。报刊依赖广告刊费，广告人是否会"控制"报刊呢？通过对"广告主的生意眼"的分析，认为广告主"多半是商人"，对报刊的"言论"根本就"不发生兴趣"，他们"最关心的"是"报纸和杂志的读者"究竟是哪一类。事实上刊登广告的人并不会去"控制"报纸和杂志的内容。倒是报刊似乎有一个不成文法，不攻击登广告者的产品
《商业广告的净化问题》穆加恒，《报学杂志》，1949 年第 1 卷第 10 期	文章在讨论商业广告净化问题之前，开篇先论述了广告的定义（"公告说"即"凡公告之企图在影响他人行为，使符合公告所预期之目的者，即为广告。"）、广告的特性、商业广告的定义（"商品主将其商品之特点公告于此，使读者发生购买之行为，以符合其预期推销商品之目的者，即为商业广告。"）、商业广告的特性（"增加销路"，"树立商誉"）、商业广告的机能（"创造需要"）、报纸刊登商业广告的优点（读广告的人至少一倍于报纸发行量、读者对报纸的信誉可转嫁到在其上刊登的商业广告上、"有时效上的快速"、费用低廉）、商业广告在报纸中的地位及影响（广告收入是报社的主要收入，"为了巨额的广告收入，使报纸在印刷上、编辑上及内容上，获得了高度的发展，使报业日益进步"。广告"能够刺激报纸的销数。因为广告具有新闻性，最显著的例子，莫过于电影广告"。），从量与质两方面检讨了商业广告的不良影响（商业广告之量的不良与影响："在限量的购买群中去求逾限量的销路，是不可能的"，因此"逾量的"刊登商业广告是一种浪费，"对社会、报纸及其他广告登户的损害是很大的"。对社会的

续　表

篇名、作者及出版 时间	主要内容
《商业广告的净化 问题》穆加恒，《报 学杂志》，1949年 第1卷第10期	影响是广告费会转嫁在消费者的身上，表现为商品价格的提高，给购买者造成不必要的损失。对报纸的影响是：广告是"今日报纸经营"的主要财源，"发行收入是不足道的"，大的广告登户通过这种经济关系"往往足以控制报社，影响报纸的舆论"；报纸上刊登的大幅广告是对报纸篇幅的一种浪费，在战时节约纸张期，"不但破坏了版面组织及美观，更影响了新闻的容量。"对广告登户的影响：商业广告在报纸所占篇幅最大，挤占了"人事广告及其他广告的地位"，"削弱了报纸对读者服务的范围"，违反了报纸本身的为读者服务"职责"。商业广告质的不良及影响：报社致力于新闻净化，对广告很少提及，"所以广告仍然普遍的流于虚伪夸张"。在质的方面不良的广告，最值得注意的是医药广告，其次是电影广告，还有大减价大折扣之类的营业广告、流行的赠券广告、投机宅号的广告、妓女营业广告等，并对这些有害于社会的不良广告现状及对读者、社会、优良广告和报纸的"弊害"作了详细阐述。所以，报社对于不良广告，除了"消极的拒绝刊登"，出于服务社会和读者及本身发展的需要，更应帮助商业界"推进广告道德伦理化"）。该文分析了不良商业广告产生的社会背景。首先是由广告费用的性质所决定。对广告费用与读者、报社、商人、广告之间的关系作了经济学分析。从广告费本身来说，"是带有资本性的"，但"这种资本并未参加生产过程"，而资本是讲究回报的。报社又不得不刊登广告，因为广告是其主要的财源。在此情况下不良商业广告的产生就在所难免了。其次，不良商业广告的产生与社会性质有关。它更多地出现在资本主义社会里，社会主义社会不良广告是"绝迹"的，因为其"生产制度及经济生活上都无此需要，所以广告全是富有公共教育性的"。那么如何处理有恶劣影响的不良商业广告呢？态度上应该"正视"，对广告作出选择，不收不良广告。"在中国今日情形下，不刊登广告自然不行，但态度上对广告之选择处理，是该予正视的，视其对读者及社会有无弊害而定。"这里提到了鲁迅先生办《语丝》时，不刊"六零六"广告的例子。进一步的，该文提出了几个处理不良商业广告的途径。一是政府应订定"广告法规"，"限制不良广告的发展"；并结合美英等国广告立法情况及我国现状进行了说明。二是新闻界应订立规约限制不良广告的刊登；同时结合美国纽约时报及我国《大公报》《新闻报》等报的广告规约进行了说明。并在全国报界联合会于1910年5月5日"劝告勿登有恶影响于社会之广告及新闻"一案公布29年后，"重行提出'广告道德伦理化运动'"。三是社会人士也应响应这一运动，"努力揭发虚伪广告"。此外，报社本身应硬性限定广告篇幅、订定具体的广告规则，不登不良广告；同时帮助商人提高商业

篇名、作者及出版时间	主要内容
	道德觉悟、制作"合宜的""形式内容美观诚实之广告"。做到了以上几点，"若求在今日社会做到绝对净化，实在困难。……但报社本身却应使其广告尽量净化。"

第三节　报刊文章中的广告学研究内容

各类报刊上发表的广告文章数量不少，风格不一，良莠不齐，远远超过了广告著作和新闻文献的数量，内容择要见表5-2-8。

表 5-2-8　报刊文章中的广告学研究内容择要

作者及题名	刊名及出版时间	主要内容
吉云《广告人像之制法——工艺讲座之一》	刊发于《自修》1938年第1期1357，《小工艺月刊》1941年第1卷再次发表署名"吉云"的《广告人像的制法》，文字内容一样	详述了橱窗广告中广告人像的用途、种类、制作方法、制作过程、注意事项等
赵晓霞《本厂广告部之概略》	《新亚半月刊》1938年第22期	这是一篇回忆录，作者回忆了淞沪会战前新亚公司广告部的发展情况，为我们从另一个侧面研究广告史提供了宝贵资料。《新亚半月刊》是上海新亚化学制药股份有限公司的内部刊物，"本厂广告部"即指新亚化学制药公司广告部，作者赵晓霞是广告画家，也是该公司广告部负责人，曾经在高吉洋行、佛慈药厂、生生美术公司等任职，有20多年工商美术及印刷从业经验。1932年11月开始为该厂广告绘画，1933年因业务发展需要，奉命组设广告部，初为4人，最多时达到11人，其中包括木工、电工各1名。广告部业务除了"包装印刷之设计，橱窗陈设之绘制"之外，还负责"支配分发管理报章杂志"。可见那个时期，因业务需要自设广告部的厂商不在少数，广告部的业务范围也并未局限于发布广告，"因

作者及题名	刊名及出版时间	主要内容
赵晓霞《本厂广告部之概略》	《新亚半月刊》1938年第22期	此本部工作，除应办之全部广告外，凡有连带关系者，必兼筹而并顾，例如美术书画、印刷打样、橱窗与广告品之制作、装潢布置之设计，含有美的意义者，一概附设于本部之内"。雇有木工、电工，说明当时部分施工作业都是由厂商广告部自行完成的。而且厂商懂得了"寓广告宣传于文化之中"，"举办图书馆与健康家庭社"。当时广告业的发展也为广告画家群体的存在提供了空间。新亚公司广告部中既有初出校门、雅好绘画的新人，也有青年才俊、工商广告画能手及当代名画家。以上为我们也就当时公司公告部情况保留了难得的资料
《写在广告心理学试卷前面》	《新亚半月刊》1938年第44期	冠群补习学校工商美术速成班，1940年春创设，学生30余人，共有工商美术类课程10门，广告心理学是课程之一，每周课时几十分钟，由赵晓霞负责，择优在《新亚半月刊》上刊发工商美术专修班学员的广告心理学试卷
晓霞《述广告工作之经过（一）》	《新亚半月刊》1938年第1期	作者回忆在新亚制药公司广告部工作的经过，字里行间也体现了其广告观。如"执笔绘写广告者，必以货品主持人之意志为意志"，"广告之本旨，但求作各种出品之正当介绍而已，极非挂羊头卖狗肉之某洋行者可比也"，"至今凡阅吾厂广告者，已有诚实无欺之信念……然则感人之深，正胜于以新奇之广告术欺人于一时者多矣"，强调了广告的真实
范烟桥《应用文作法（广告）》	《自修》1938年第33期"国文"栏	该文举例说明了召盘、出盘、受盘广告、出租广告、合股广告、并股广告、拆股广告、退股广告、受股广告、股票过户广告和出让股票广告11类商业上常用的广告的写作法。
范烟桥《应用文作法（营业广告）》	《自修》1938年第35期"国文"栏	该文认为营业广告应"有图画"，有"足以吸引主顾的文字"。接着举例说明了开幕广告、廉价广告、迁移广告、分店广告的写作法，此类广告是"登'长行'（即今天的通栏广告）和'封面'的"。另一类"零星营业"或"特种营业"的广告，"以字句简单而扼要为最要条件"，可登在分类广告栏。另由"规模较大的厂家商号，都有广告员设计打样"。可知，当时广告人已成社会的专门职业，且在我国厂商中自设广告岗位的相当普遍

作者及题名	刊名及出版时间	主要内容
徐盈《广告（小说）》	《新学识》1938年第3卷第3期	这是一则广告小说，题材是寻找失踪的朋友
岂敢（胡山源）《不是广告》	《红茶》1938年第1期	逸闻趣事
喻友信《利用图书馆作广告在法律上之检讨》	《中华图书馆协会会报》1939年第14卷第2~3期	从法律层面对利用图书馆做广告的行为进行了反思
徐傅夔《茶叶的广告宣传》	连载于《茶声》半月刊1939年第8期、第9期、第10期和第11~12期	这是一篇茶叶广告专论，分4次连载于《茶声》杂志，分绪论、茶叶广告所负的任务、茶叶广告的撰作、茶叶广告的媒介和结论五个部分。绪论部分采用问答的形式对什么是广告（该文引用了美国哲斯敦广告公司关于广告的定义"广告者，以一种可发卖货物之名称，性质及用途，布告公众，使咸得稔知之美术也"。）、广告的目的（"广告的目的，简单的说是在乎销售商品"）、广告的效力（"广告宣传的效力的伟大是无庸待言的被证明了。"）和广告的特性（"广告宣传虽不能像推销员或跑街那样和顾客直接接触而随机应变，但广告宣传范围可分布得很广，减少了地理上空间上、时间上的限制。这好像同时和亿千万的消费者接触。果若应用得法，这种宣传方法显然是很合经济原则的，就是能以最小的代价而取得最大的收获。"）作了厘清。该文将广告定义在美术的范畴内，是有其时代局限性的。在"茶叶广告所负的任务"部分，认为广告"不仅具有新闻上的价值并且还拥有心理上的摧力"，广告在商业上所负的任务即商业功能是：应用"适当"，可"制胜""竞争的对手"，巩固并扩张"商品的销路"，"在市场上创造其商品的新需要而夺取其代用品的市场"。接着详细谈论了茶叶广告所负的任务。在"茶叶广告的撰作"部分，先讨论了广告撰作者应该具备的素养、广告撰作的普遍原则以及从广告全体、标题、图画、文字和商标五点出发衡量是不是一幅"良好的广告"的条件；接下来论述了茶叶广告的撰作法，提倡要"有严正的科学态度"和"绝对诚

作者及题名	刊名及出版时间	主要内容
徐傅夔《茶叶的广告宣传》	9 连载于《茶声》半月刊1939年第8期、第期、第10期和第11~12期	实"，并强调了对事后广告效果的测验。在"茶叶广告的媒介"部分，对可用来刊登茶叶广告的媒介物作了阐述，分别是报纸杂志、邮件、赠品、露天广告牌、附带广告、窗饰、电气广告、街车悬牌、传单、招帖（今作招贴）、编辑刊物、公开演讲、开设高等精美茶室、展览会、举行茶叶运动年、其他共十六种。还阐明了广告者应注意事项："（一）广告的对象是谁？（二）广告的地理范围？（三）广告的时间限止？（四）采取哪一种广告媒介？"结论部分，一是点明了因为不重视宣传推广，"华茶"对外贸易的现状堪忧，逐渐被印度等国外竞争者"排挤"；二是中国自抗战以来，茶叶跃居土产出口的首位，靠它稳定外汇，换取军火，"华茶国外贸易的兴衰"可能会"影响抗战的前途"。所以要"加倍的努力以广告宣传为武器来夺回我华茶在国外固有的市场"。当然，该文也认为，仅靠广告宣传是不足以复兴中国茶叶的，更需要优良品质的茶叶作为广告宣传"强而有力的基础"。广告和商品品质是相依为命的。这虽然是一篇研究茶叶广告的论文，期间也穿插了不少一般广告学理论和方法的介绍，强调了学识和经验对广告工作的重要，强调了科学性和心理学在广告工作中的应用。
忆华《有望于更新广告部》	《十日戏剧》1939年第2卷第34期	该文认为戏院为了宣传新角，在各报刊登介绍新角的广告文字时，应该名副其实。"介绍文字首在使人获有认识，务求确实为要"。"对于日后应邀南下之新鲜角儿，在未登台前，亟应加以切实之询问，以为登载时冠衡有据，庶不致再有李戴张冠之嫌"
叶山《新药业广告与新闻报》	《上海评论》1939—1940年第1期	该文认为，当时我国各报用纸主要靠进口，由于战时外汇紧缩，导致纸价飞涨，"较战前竟涨至六倍之多"，甚至重庆成都等地涨达二十倍。而我国报纸篇幅特别多，用纸量大，需消耗大量外汇。我国报纸篇幅特别多，是因为广告篇幅特别多，且不乏半版、整版，甚至两版的大幅广告。"广告篇幅的增大"，又"反宾为主"，使新闻相较起来"简直相形见绌"，《新闻报》便是其中的典型。但在当时的环境，不允许登大幅广告来浪费篇幅，

作者及题名	刊名及出版时间	主要内容
叶山《新药业广告与新闻报》	《上海评论》1939—1940年第1期	消耗报纸的纸张，因为报纸用纸都是进口，进口需要外汇购买，所以浪费报纸无异于浪费外汇，浪费外汇便是间接削减国家财力。大幅广告良莠不齐，效果未必显著，只会转移成本，增加消费者的负担，于国于民均不利。因此新药业公会希望"限制同业广告地位"，实行广告节约，同时也希望其他各业，也和新药业采取"一致的步骤"行动，但是新药业公会提倡广告节约、缩减广告篇幅的公告，被以《新闻报》和《申报》为代表的一些报刊拒绝刊登。《新闻报》是沪上知名商业报，广告是其收入的主要来源，新药公会的广告节约公告直接影响其利益，遭到抵制可想而知。该文认为新药业的节约广告启事，是一件义举，不负报纸的使命，不辱报格，《新闻报》类商业报刊不应该拒绝刊登
恝契《广告》	《青年大众》1939年第1卷第7期，第8期	以记事体讲述了孤岛时期办刊不易，"经费不足"，广告几乎没有，就是在这"万分困难"的情况下，主人公不为金钱所动、拒登不良广告的故事
长《报纸的广告》	《方面军》1939年第1卷第5期	评析了战时报纸单凭营业利益承登妨碍民族利益广告的社会负面影响
宣武《发光的天空流行广告》	《科学画报》1939年第5卷第17~24期	以美国"圣诞老人乘鹿车"的发光广告为例，介绍了飞机拖拽的发光的天空游行广告的制作和拉放方法
梦蝶《有效的广告》	《职业与修养》1939年年第1卷第7期	广告有发展营业的效力，商店营业只有做到"死的广告"和"活的广告"并重，"相辅而行"，才能生意兴隆。所谓广告，是"刊载于书报杂志或舟车牌贴招贴的文字、图画，以及电影、幻灯、无线电等的宣传"。这是"死的广告"，可让顾客"远来"，即招徕顾客进店，但进店之后，如何能让顾客"近悦"，则取决于店员，称"店员招待顾客为'活的广告'"。重点做到店员招待顾客应做到的几点注意事项：招待、涵养、解释、诚实、硬买、敏捷、稳重和欺生
黄宇桢《广告与商业》	《自修》1940年第97期"商业"栏	论述了广告与商业的关系。广告是商战的先锋。广告的唯一目的，"就是宣传商品，喊其需要，促其购买"。广告任务，就是"宣传所欲销售的商品怎样精美，怎样价廉，怎样需要，比较别家商品怎样优良"。凡登广告的

作者及题名	刊名及出版时间	主要内容
黄宇桢《广告与商业》	《自修》1940年第97期"商业"栏	人，必须知道商品销售于哪一种社会、哪一种顾客，广告的内容材料、商品的作用和各项条件，都要注意。并择要介绍了适合对象的心理、构制的方法（"构制广告，全靠运用艺术方法，来引起对象的注意"）、广告字句（"精醒的语句"）。文章还谈到了广告价值和虚假广告的问题。"但若商品本身，不能如广告所宣传，那就要消失广告的价值，违背商业的道德了。"广告是营业上的一种帮助，"切不可将其作用误解，藉广告来欺骗社会；因货品优劣，内容虚实，终必辨明"。虚假广告"有害于营业"，"流毒社会不浅"，"以为商人所切忌"
《奇异的广告术》	《三六九画报》1940年第4卷第15期	逸闻趣事
艾寒松《自修文选——人生之广告》	《自修》1940年第98期	作者为《生活周刊》撰稿人，该文最早即刊登于该刊。首先解释了所谓人生之广告，是一个人的个性品德表示于外者，接着阐明了人生广告的效用，所以应该保全"人生广告价值而不使之低落"，使其名副其实
黄宇桢《广告制成的要素》	《自修》1940年第98期"商业"栏	阐述了做广告应预先研究广告商品的相关问题和广告对象心理反应（反复、强度、联想和机巧），"我们在制广告之前，对所欲广告商品的各项问题，和对象心理的反应，就是我们研究的唯一目的。因为心理作用，和广告效果，有密切关系。"其次对广告材料、样式、版面位置、面积大小详加计划，"否则，不但无效，且耗费金钱"。第三，选择合适的广告媒介物。"究以何者为合适，这全视广告的对象而定"。并对广告媒介物的种类作了介绍。只有做到上述几点，才可"达到'百战百胜'的目的"
黄宇桢《广告媒介物的说明》	《自修》1940年第99期"商业"栏	择要说明了报纸、杂志、传单、招贴、电影、播音、交通工具、公共场所、玻窗陈列、店门装潢、口头叫卖、游行街市十二类广告媒介物的特性。并指出口头叫卖"是我国商业广告中最古老的方法"
更新《[商业广告]作法漫谈》	《文心》（上海）1940年第2卷第7~12期	作者是广告从业人员，自嘲在"广告界"混了17年。通过案例分析，来谈论广告标题的写作，"这标题要生动而活泼，要和广告主体有联络，要联络得自然而不牵强"，此外广告标题写作还须注意三点：要认清对象、

作者及题名	刊名及出版时间	主要内容
		要有神秘性、要有时间性
《空中写字广告术》	《三六九画报》1940年第6卷第4期	专论空中写字广告，即"利用飞机在空中写出各种字样的广告法"。该文叙述了这种广告形式出现的历史、三种方式、商业应用、广告效果及局限性等。尤其是提到了"配百西，可乐"（今译百事可乐）和"好运道公司（Lucky Strike）"对这种广告形式的应用
碧梧《结婚广告》	《上海妇女》1940年第4卷第3期	逸闻趣事
吴铁声、朱胜愉《广告和现代印刷术》（一）、（二）、（三）	《艺文印刷月刊》1940年第2卷第6期、第7期、第8期	广告制作者了解现代印刷知识的重要性。介绍了凸版印刷（活字版、铅板、锌板、照相铜版、三色照相铜版、木版等，广告利用此类印刷方法最多），平版印刷（珂罗版、石版、铝版、橡皮版等，适合印刷彩色广告物），凹版印刷（印刷极为精准，但制版费较普通印刷昂贵）的知识，如各种印刷方式的定义、概况、制版原理、特性、种类、广告适用性等
《色情文字与色情广告》	《上海周报》1940年第2卷第14期"短评"栏	略
周树三《乱世男女的广告相》	《大风》（1938年）1940年第62~64期	关于报纸征婚广告的研究。对战时重庆各报广告栏所登的征婚广告分成征求类、结合类、婚变类、仳离类、走失类、悔悟类及其他进行了阐述。
沐更新《谈广告标语》	《文心》（上海）1940年第2卷第7~12期	该文谈了什么是广告标语（标语是"广告主体简明的解释，是说明文字的结晶"，"是宣传广告主体的旗招"），广告标语的作用（"其作用正和八股文的破题相类似"），地位（"其地位大概在广告主体和说明文字之间"），写作对象（"以购买大众为对象，是要迎合社会上一般人的心理和程度的"），写作方法（"字数宜少不宜多"，"嵌字格和卷帘格"，"音韵方面的推敲"，"意义方面的研究"）以及广告标语与广告标题的区别
夏雨译《马克·吐温论广告》	《杂志半月刊》1940年第6卷第4期"世界杂谈"栏	广告逸闻趣事。马克·吐温讽刺店家不懂得生意经，不在报上刊登广告
P.A.W《馨香	《科学画报》1940年	介绍美国新闻纸为了推广新香料，刊登了一种能发出香

续　表

作者及题名	刊名及出版时间	主要内容
油墨印的香料广告》	第6卷第7~12期	料香味的彩色广告
梦蝶《色情文字与色情广告》	《上海周报》（1940年）第2卷第26期"短评"栏	略
P.N.W《天空广告》	《科学画报》1940年年第6卷第7~12期"商业界"栏	简介了天空广告，还配了一幅车胎模型的空中广告图片
P.D.U《天空炸弹散布广告》	《科学画报》1940年年第6卷第7~12期	介绍天空广告是怎样发射到空中，打开后有气球状巨型货品散布空中，徐徐降落，还配了构造剖面图
《云南省管理中西医药新闻广告规则》	《云南省政府公报》1941年第13卷第67期	略
《广告新术》	《黄埔》1941年第6卷第17期	这是一则补白短文，介绍了战时伦敦大轰炸后的新奇商店广告
《重庆市管理广告规则》	《重庆市政府公报》1941年第16~17期	略
《奇妙的广告术》	《经济商业期刊》1941年第1期	逸闻趣事，介绍美国某银行的广告小册子
沐更新《广告文字的研究》	《文心》（上海）1941年第3卷第1~9期	该文专论广告文字（即广告文案）。研究了广告文字的几项重要原则：诚实为上策、只说自己的优点不说他人的缺点、文字深浅宜以"广告的对象"即"购买群"的知识程度为准、宜简练活泼忌浮泛呆板、要有丰富的商品知识（提到了广告之"教育运动"的概念）和以退为进
李金发《我的求业宣言和广告》	《宇宙风》1941年第108期	略
	《世界文化》1941年第2卷第2辑	通过广告看社会，这是"一种研究社会问题的新尝试"。该文分"广告和社会""本书的目的""材料和方法""四个元旦日上海申报广告分类比较表"和"上海的轮廓"

作者及题名	刊名及出版时间	主要内容
林一岁《从报纸广告中所见的上海社会》	《世界文化》1941年第2卷第2辑	五部分，选取1939年、1940年、1941年元旦及抗战前1937年元旦共4天的《申报》广告（约1800多条广告）为依据，将战前、战后的广告进行分类比较，分类标准以广告材料的性质为原则，运用整理、分析、统计等社会学方法，勾画了上海社会的轮廓，并就其中"大者""重要者"作了"综合的说明"。该文认为广告是社会学的研究对象，"广告是最好的和最便当的研究社会问题的原料。"这种原料的特点是直接（"研究社会问题的人，需要多方去采取他所应用的材料，而直接的材料——原料，比之间接的更见重要。广告是社会问题的直接材料，而且是有记载的一种"）、公开（"有记载的原料，别的固然也有。如信札和其他文件都是，但这些通常是保守秘密的，没有广告这样公开"）、价值和分量不在新闻之下（"拿新闻和广告比较，从原料的价值说，实在新闻还不及广告那么纯净，因为它是经过记者制造的。从分量说，新闻的篇幅，并不比广告多得多，有许多大报，广告的分量实超过于新闻"），内容非常复杂。文中所引用的资料均注明了出处，如对《东方杂志》二十一卷二十一号师泉的《广告心理学概论》和《科学杂志》四卷二期的《广告与道德》文中资料的引用。可见这是一篇比较规范的广告社会学研究论文
务实《箱式广告灯的制造与装设》	《小工艺月刊》1941年第1卷第1卷	阐述了箱式霓虹广告灯（灯箱广告）的优点、设计、制造与安装
真《广告标语》	《乐观》（1941年）1941年年第2期	关于上海街头一则广告牌上的福特汽车广告标语的赏析，新颖别致，令人印象深刻
杨六郎《两段广告》	《立言画刊》1943年第262期"七日杂谈"栏	关于广告语的论述。以"刺眼刺耳的调侃语"和"生硬训词"为招徕术，不甚高明，广告效果"怕不恰得其反才怪呢！"
许晚成《谈人生广告》	《大众》1943年第2卷第7期	略
班公《闲话广告》	《人间》1943年第4期	该文认为广告很重要，与我们切身相关，而且"广告文章的趣味"，"不比一般的副刊逊色"，能"开发心思"，"益智助脑"，"消磨""无聊的岁月"。美国人善做广告，

作者及题名	刊名及出版时间	主要内容
班公《闲话广告》	《人间》1943年第4期	国人大多不像已故的黄楚九那样善做广告，不懂得顾客的心理，没认清广告的对象。一个善做广告的人，一定不要一味地"自说自话""大吹大擂"。广告员对这一点看得相当清楚，但大老板们往往不这么想。所以广告员不得不说一些别人想听的话——老实话，但为了博得老板的欢心，又不敢把别人爱听的老实话说得太多。否则便"不像老板们心目中的所谓广告了"。所以"广告员就变为承上启下的最难做的职务，一个不巧便腹背受敌，弄得焦头烂额"。广告员想说老实话不容易。其实，广告员应该说老实话，门面话不要太多。说老实话可以得到广告效果，"而且如果老实话说得'妙'"，"所收到的效果只会更好"。"老板们之所以不许广告员说实在话者，其理由是因为他们所想做广告的东西必有靠不住的地方。"
王守仁《怎样建设一个健全的广告科》	《新亚半月刊》1944年第129~136期	作者是新亚制药公司广告科负责人，有十几年从业经验，该文发表了其对怎样建设一个新生健全纯洁的广告科的看法。作者在文中还认为，广告是推销货品的工具，比推销员推销，范围更广，效率更大；广告表面上看是一种消耗，实际上是一种生产
韦颖《广告里的喜剧》	《文艺先锋》1944年第5卷第3期	奇闻趣事
应振昌《工商业上的广告政策》	《经济与经营》1944年第1期，国立暨南大学工商管理学会	该文首先解释了什么是工商业上的广告政策。"本书所谓工商业上的广告政策（以下简称工商广告政策）讨论的重心，也就在工商业上之同以工业制造品营利为目的者而言，因此我们将它解作是工商业上依其营业政策利用广告扩大其营业量的一种策划亦无不可。"其次阐述了工商广告的源起及发展。再次，阐明了工商广告政策的一般原则。如工商广告政策应根据销售政策来决定；成功的广告政策还在把握其对象之一切，把握顾主的心理和其购买行为；研究市场的广度和种类；"关于制作广告之种类、方法、技术，亦须考虑"等。复次，关于工商广告效力的研究。衡量工商广告政策成功与否，应考虑是否"最经济的""最有效的"两点。"如何才算是最有效的广告呢？这具体的表现，当以其作广告后而营

作者及题名	刊名及出版时间	主要内容
应振昌《工商业上的广告政策》	《经济与经营》1944年第1期，国立暨南大学工商管理学会	业是大增，较之正常情况大有进步者。"有效的广告所支出的大量广告费，"在售价不变时，该固定费可因营业量大增而相对减少，使利润率增加甚大"。最后，工商广告政策对社会的影响相当大。并从利弊两方面作了详细阐述
《纳粹的传种广告》	《妇女共鸣》1944年第13卷第1期	逸闻趣事
谢人堡《广告宣传及其他》	《国民杂志》1944年第4卷第2期，"月间评论（社会·文学·美术·演剧）"栏	论述了广告宣传的魔力，无所不在。广告宣传是一种"美术的表现"，也是"操纵社会心理的一个最大的奇迹"。"若以科学分析方法论之，广告的宣传也是有它专门的学术的。因之，果然便有人埋首于著作'广告学'，告诉外国人如何会使商业竞争获得胜利。"
黄云《从药的广告说起》	《艺潮》1944年创刊号	杂文（略）。从药的广告说起，谈中国社会的某些现状
《上海市公用局广告商登记规则》	《上海市政府公报》1945年第1卷第3期	略
章羽《广告》	《小天地》1945年第5期	文章由店招谈起，谈到了广告在中国的历程，并对现实中的"多字广告""艺术字"广告提出了反对意见。"不论报纸广告或是广告牌，总是患在用字太多，黑压压挤在一起。""所以多字广告可以说是一种浪费，反不为简单明显的广告，容易引人注意。"还举例说明了刊登一次大幅广告，不如分成若干次刊登，"出现次数多，使人对之熟悉"，效果更好
陈仁《商业广告和政治广告》	《新华论坛》1945年第2卷第6期	揭露了当时报上政治广告的虚伪，说一套做一套。此外，该文认为，广告是一门学问，欧美有专门"广告心理学"课程，大商店登报做广告，"倘不留洋镀金，只学小贩叫卖，那就只好找苦力工人当主顾，'高等顾客是不屑一睬的'"。
鲁迅《民主广告》	《周报》1945年第9期	逸闻趣事
程颖候《天空广告的新技	《新中华》（1933年）1946年第4卷第20期	阐述了美国天空广告的情况：天空广告的经营商，天空广告的特性、发布、适用、费用、新技术、局限性及几

作者及题名	刊名及出版时间	主要内容
术》	"通俗科学"栏	例天空广告的趣事
《上海市广告管理规则、附上海市广告捐率表》	《上海市政府公报》1946年第3卷第30期	略
王能学《商业广告》	《新商业季刊》1946年第2卷第2期	该文首先阐明了广告的定义及判断广告价值的标准。认为广告有广义和狭义之分，"凡是宣传某种事件，欲使人尽皆知的，如机关或团体的宣言与通告、政治家的发表宣言，这种是广义的广告；凡是商业界所用的，如宣传物品或服务等，这种是狭义的广告。本书所要叙述的，仅是关于这后一类"。"广告的目的是宣传物品或服务的优点，要大家来买所登载的东西。"判断广告价值的三个标准是："关于兴趣价值的""关于说明价值的""关于艺术价值的"。其次，详细论述了广告的心理根据。再次，介绍了各种广告媒介物，既有直接媒介物如报刊、户外媒介、电台等，亦有间接媒介物如商店、装饰等。复次，详述了广告的编排。又次，论述了广告的效用，纠正了一般人对广告的四点误解。最后，阐明了做广告时的注意点。"我们计划广告，最要注意到所计划的是否经济、合算，不可浪费分文，应深留心的有三点……"
《广告录奇》	《广播周报》1946年复刊第17期	略
《北平市政府管理中西医药广告规则》	《北平市政府公报》1946年第1卷第11期	略
徐百益《当前的广告问题》	《商业月报》1946年第22卷第3期	该文谈论了两点内容。一是最早论述了 Institutional Advertising，即声誉广告。作者认为广告与工商业的经营关系密切，单登销售货品的广告"尚不能尽广告的能事，尚须有一种对于工商业本身具有极大宣传功效的广告。……这一种广告在国外称为 Institutional Advertising"。这种广告表面上"在讲述组织的完善、出品的精良等优点，并不在于销售货品，但实际上所产生的功效，更甚于单纯销货的广告"。作者认为建立永久的声誉比直接推销货品的广告更有效。这是国人对广告认识的一

作者及题名	刊名及出版时间	主要内容
徐百益《当前的广告问题》	《商业月报》1946年第22卷第3期	个质的飞跃。二是谈了广告预算的重要及美国 *Printer's Ink* 周刊列举的广告预算的七条原则
张若虚《天空写字》	《西风》1946年12月第86~90期，"科学·发明"栏	天空写字是当时美国广告上的新玩意儿。该文编译自1946年9月号美国皇冠杂志，原作者为罗斯（Janet Ross）。阐述了天空写字的源起、商业上的应用，天空写字广告在美国的发展，局限（受天气的影响），天空写字的要素、技巧、字体、工具（特制的飞机、各种颜色的气体）、飞行基地、注意事项及未来前景
《青岛市广告管理暂行规则修正条文》	《青岛市政府公报》1946年第3卷第29期	略
陈定闳《从报纸广告看中国社会》	《民主与统一》1946年年第11期	该文选取了1个月内的京沪地区报纸，从社会学视角对其上婚姻、医药、报刊书籍广告进行了研究，认为报纸广告反映了当时中国"病态"的社会。中国社会"乱"，"在社会制度解组之中"，"中国社会的经济基础已经走上崩溃之路"，国人无论在"体质"还是"精神"上，"都有着过分的不足"。这些"中国社会百年来的宿疾，并没有因为胜利而减轻"
智慧《广告弹》	《西风》1946年第83期	介绍美国最新的广告发布形式，天空广告的一种。广告弹射到空中后炸开，就会有大型的广告货品模型出现
《北平市政府管理广告规则》	《北平市政府公报》1947年第2卷第3期	略
《北平市政府管理广告规则登记费表》	《北平市政府公报》1947年第2卷第22期	略
《上海市公用局广告商登记规则》	《公用月刊》1947年第20~21期	略
《北平市政府管理广告商规则》	《北平市政府公报》1947年第2卷第10期	略

续　表

作者及题名	刊名及出版时间	主要内容
《修正北平市政府管理广告规则》	《北平市政府公报》1947年第2卷第22期	略
《本路各组车站广告由交大广州同学会承办》	《粤汉半月刊》1947年第2卷第21期	略
仞夐《谈美国的广告》	《观察》1947年第3卷第6期	阐述了广告在美国的发展概况。美国广告发达，无所不在。"不懂得广告学，别想在美国做生意，开工厂，甚至干政治。广告是获得成功最有效的秘诀之一。"美国广告战激烈，工商界对广告重视。而且非常重视广告技术及心理学在广告上的应用。美国可资利用的广告工具多，"老的一点办法有报纸、杂志、广告牌、画片。新的一点办法有：飞机在空中写字、飞艇在天空点灯、电影、无线电广播。更出色的另外还有一种别处很少看到的活广告——人（模特儿）"。并对报纸、杂志和无线电广告及活广告——人（模特儿）作了详细阐述。值得注意的是，该文的案例中提到了"可口可乐""力士""派克""箭牌衬衫""通用""杜邦""福特""骆驼""柏甫塞（Pepsi-Cola）"（这是当时的翻译法，今译为百事可乐）等众多牌子。当时"可口可乐"名已经出现，并在中国使用，而"百事可乐"的译名在中国的出现较晚，此时尚未使用
叶蕫《美国的广告术（附图）》	《美丽月刊》1948年1月10日第20期	关于美国广告术的介绍。可惜未能见到原文
《表北平市广告检验》	《北平市政府统计》1947年第2卷第4期	略
《表北平市管理广告捐则》	《北平市政府统计》1947年第2卷第4期	略
《郑毓秀毛子佩广告之战》	《大地周报》1947年第94期	简述两人为了竞选立法委员不惜巨资在上海《申报》《新闻报》等显要位置刊登巨幅广告的宣传大战
清水《嗅味广	《广播周报》1947年	介绍美国大学教授新发明的能发出嗅味的广告

作者及题名	刊名及出版时间	主要内容
告（科学奇谈）》	复刊第54期	
何德衮《王龙与广告》	《大地周报》1947年第90期	随笔
舆诤《关于广告》	《大地周报》1947年第86期	该文简述了广告的商业推动力、广告的现状、广告公司、广告的特性、商人对各种媒介形式广告的应用等。文中对广告进行了定义，"广告文字是指一切所要公布于大众的文字"，商业作用是它的主要作用。该文将广告文字与广告概念混为一谈，是不对的。这是对广告认识上的局限
《修正上海市广告管理规则条文》	《上海市政府公报》1947年第7卷第15期	略
《嗅味广告》	《半月新闻》1947年第4~5期"国际珍闻"栏	美国大学药物学教授的新发明，"未来之新闻广告，可使广告品发出嗅味"
沈克定《我学习广告画》	《中学生》1947年第185期	该文作者回忆了自己从小时候对图画感兴趣，到更爱广告画，想冒昧拜丁浩为师学广告画而不得，再到自学广告画小有所成的经历
Leonid 端纳译《苏联报纸上登些什么广告》	《自由丛刊》1947年第3期，原载《苏联周刊》	介绍了苏联报纸广告的情况。广告在报纸上没有"绝对优先权"，篇幅大小受严格限制，主要是科学、文化和教育类广告，几乎没有资本主义式的"大腿广告"，"广告栏实际上单纯地就是一个供给消费者新闻的服务栏"。这从一个侧面反映了苏联广告的实况，计划经济，没有市场竞争，商业性广告不受重视，"报纸是不依靠广告收入来维持的"。甚至认为广告是"'愚惑顾客'的差事"。广告这个职业"在外国有着高度的发展"，在苏联是不存在的，"广告专家"在"苏联是找不到饭碗的"。因为思想认识上的差异，该文关于广告职业的看法不正确，是对广告的误解和偏见，今天我们不能苟同
《改订广告捐率》	《南京市政府公报》1947年第3卷第4期	略
毓德译《美国	《自由丛刊》1947年	译介了8则美国报纸上的募兵广告原文

作者及题名	刊名及出版时间	主要内容
报纸上的募兵广告》	第3期	
《南京市广告捐率表》	《南京市政府公报》1947年第3卷第4期	略
《南京市工务局管理广告章程》	《南京市政府公报》1947年第3卷第4期	略
柯士锵《轰动上海市民的活动广告内幕》	《幸福世界》1948年第2卷第5期	介绍了活动广告（霓虹灯广告）史、原理及制造的内幕
《战后的广告任务》	《工商管理》1948年第1期	略
《广告与推销中：大众联络的七个基本条件》	《工商管理》1948年第2期	该文编译自美国 *Printer's Ink* 杂志，原文是根据访问福特汽车公司相关高管（如副总裁兼推销广告经理、总裁助理兼公关经理）和当时美国最大广告代理商汤姆生公司的结果整理而成。阐述了广告与推销中大众联络的七个基本条件。"大众联络"（Public Relations）今译"公共关系"。当时欧美的一些大企业已经设立了专事公共关系的专门人员，业务范围是"经常和报馆的记者接触，或是招集特种的集会等，希望和大众打成一片"。但对中国国内来说尚是新生事物。当然根据需要，这种业务也"可以由从事广告设计者兼做这种服务，是一个驾轻就熟而可以得到省费功效的办法"。这是目前所见的国内文献对公共关系的最早的书面文字介绍
谢宜培《活动广告灯述略》	《电世界》1948年第3卷第5期"专载"栏	图文并茂，阐述了广告灯的作用、类别、布置，以及如何获得闪光效果（三类闪光效果的效能及基本原理），移动字母市招的构造及电路
恒永《青年广告商陶格拉斯》	《茶话》1948年第29期	关于美国纽约户外广告怪杰陶格拉斯李的个人传记
	《工商管理》1948年第1期、第2期	作者克劳第章霍普金（今译克劳德·霍普金斯）是美国广告史上顶尖广告文案撰稿人，被大卫·奥格威称为创

作者及题名	刊名及出版时间	主要内容
克劳第章霍普金《广告一生》（第一章、第二章）	《工商管理》1948年第1期、第2期	造现代广告的六位巨人之一。《广告一生》英文书名是 *My Life in Advertising*，是克劳德·霍普金斯的个人自传，书中记述的一些广告原理及原则极其简练深刻。该书出版于1927年，1948年被译成中文刊登在《工商管理》杂志上，目前手头资料仅见到在《工商管理》1948年第1期、第2期上分别连载了该书"第一章早年的影响""第二章广告和推销方面的教训"，至于后续章节是否刊出不得而知。这是克劳德·霍普金斯的著作在国内的首次公开出版
卞其蕤《略谈广告设计》	《工商管理》1948年第2期	探讨了广告设计理论。一是基础的审定：在广告设计时，应考虑商品（实际价值、效用），商品的市场和广告媒介物；二是"显著"的重要（广告设计目的）及"显著"定律；三是介绍了证明式、标语式、报告式、商标式、目录表、图画、感情诉求式、启示、漫画、保证等15种广告形式
R.吉尔门作《不要停止广告除非预备关门》	《工商管理》1948年第2期	该文翻译自美国 *Printer's Ink* 杂志，作者时任美国利华兄弟公司副总裁。文章论述了广告的重要效用，如广告可以让用户知道某种商品胜过其他货品的理由，广告可以保障固有的主顾，广告可以增加现有货品的销路，开拓新市场，等等
《调整本市广告捐捐率》	《南京市政府公报》1948年第4卷第9期	略
《修正南京市工务局管理广告章程》	《南京市政府公报》1948年第5卷第2期	略
《附南京市广告费率表》	《南京市政府公报》1948年第5卷第2期	略
闲人《广告拾趣》	《中美周报》1948年第303期	奇闻趣事
岑家梧《从婚姻广告观察中国战时婚姻问题》	《社会建设》1948年第1卷复刊第7期	作者收集自1942年10月起《贵阳中央日报》及《贵州日报》的婚姻广告，分成七类进行分析，来探讨中国战时婚姻问题

作者及题名	刊名及出版时间	主要内容
《方志清起广告底子有绝活儿》	《一四七画报》1948年年第19卷第7期	逸闻趣事
《台湾省各县市广告管理费征收规则》	《台湾省政府公报》1948年年夏字第25期	略
李晨钟译《聚会的广告》	《经报》948年第2卷第2期"特载"栏	论述了广告对教会工作的重要性及如何登广告，教会可借助广告来发展教徒、开展活动；在介绍适合教会的各种广告形式时，特别强调了应重视对报纸广告的应用
《广告的广告》	《美》1949年第12期	该刊招揽广告的启事
东郭《广告与肉感女人》	《茶话》1949年第33期	关于广告题材的阐述。认为用肉感女人来做广告的题材，也许大部分男人喜欢，但女人未必。此类荒谬绝伦的东西，虽或可以引人注意，令人产生美感，但没法直接引起人们购买的兴趣。广告题材的选用，多种多样，不必单限于肉感女人，商品是为了满足需求的，究竟选用哪种题材，唯一的标准是"认定此项题材是否适合于商品的性质，是否确能打动顾客们需要的心理"
硕（总）《英美银行的广告》	《新语》1949年第14卷第6期	介绍了英美银行一些别出心裁的广告案例。为了"招揽顾客，推广业务"，英美银行很重视广告的刊登。"英美银行在扩充营业上，常视广告为一种展业的工具。"
穆（总）《银行业有效广告的研究》	《新语》1949年第14卷第11期	论述了银行业广告如何有效的问题。如银行业的有效广告包括三项要素：广告对象恰当、能为顾客着想即用正确的宣传、能反复向顾客陈述；选择恰当的广告媒介物及版面位置刊出；广告有效的六项原则
《研究室征求广告人才》	《新语》1949年第14卷第22期	这是某银行研究室"为增进本行业务广告工作"，招聘对广告有兴趣者加入新设广告小组，研究广告术。可见当时银行等服务性、竞争性行业对广告运用的重视
W《别开生面的气球广告》	《科学画报》1949年第1卷第3~24期	介绍了美国芝加哥新发明的按照各式货物形状制作的气球广告，并附了几幅照片
《天空广告，一字五百元》	《科学画报》1949年第1卷第3~24期	介绍了英国"天空写字"广告名家

报刊上的广告文章五花八门，本书根据其对广告学术史研究的贡献大小，分为两大类。第一类是对广告学术史研究贡献较大的文章。第二类是政府公报及广告管理规则、广告趣谈逸事、新奇广告术等类文章，对广告学术理论的构建，贡献不大，不作为本书的研究重点。但是那个年代这些文章在传播广告知识、普及国人广告意识上还是起了一定的作用，为广告史的研究提供了不少的佐证。所以本书又收录了这些内容的文章，旨在为今后其他方面的广告学研究保存资料。

本书重点研究第一类文章。此类报刊广告文章，内容既涵盖了理论广告学方面的研究，包括：工商广告的现状、源起及发展，广告的定义、特性、作用、心理根据及判断广告价值的标准，广告与工商业的关系、广告的效用、广告对社会的影响等；又有应用广告学方面的研究，包括：广告制成的要素，制作广告之种类、方法、技术，广告媒介物及应用，广告标题、广告标语、广告文字的研究，广告编排及广告设计，广告和现代印刷术，广告预算，各种形式广告的原理及制作如箱式广告灯、店招、活动广告（霓虹灯广告）、活动广告灯、天空广告等。还有一些文章则将视角投向了广告的专门领域或某一类的广告。如报纸征婚广告的研究、政治广告、公共关系、银行广告、商店营业广告、广告公司等。此外，还有零星的对西方及领国广告的介绍，包括对美国的广告和苏联报纸广告的介绍。

报刊上的广告文章，在数量上领先于新闻文献和专门广告著述，但普遍质量不高，研究得不够深入和系统，大多数是见闻类和知识性的介绍，没什么学术性。而且没有一篇专门阐述广告史的文章，只在少数文章的内容里涉及一点广告史方面的内容。这也许是由报刊特点、办刊宗旨和读者对象所决定的。但是，也有一些期刊和编译自国外的文章，及时将国外最新的广告知识、技术介绍到了我国，因而时效性较强。不过，报刊的广告文章中，也有写得不错的文章。如班公的《闲话广告》，王能学的《商业广告》，黄宇桢发表于1940年《自修》杂志上的《广告与商业》《广告制成的要素》《广告媒介物的说明》等文章，沐更新在《文心》（上海）1940年第2卷第7~12期连载的《[商业广告]作法漫谈》，写得都还行。值得一提的是徐傅夔的《茶叶的广告宣传》，该文分绪论、茶叶广告所负的任务、茶叶广告的撰作、茶叶广告的媒介和结论五个部分，连载于《茶声》半月刊1939年第8期至第12期，这虽是一篇研究茶叶广告的论文，但其间也穿插了不少一般广告学理论和方法的介绍，强调了学识和经验对广告工作的重要，以及科学性和心理学在广告工作中的应用。该文其实就是一篇系统的、专门阐述茶叶广告的高质量论文。由此可见，报刊文章中不乏上乘的佳作，只不过所占比例较小而已。因此，研究广告学术史，不能忽略了报刊上的广告文章。

第四节　小结

总之，因为战争的影响，这个时期广告业一落千丈，发展步伐减缓，广告学理论研究活动受到了一定程度的影响。尽管如此，这个时期的广告学理论还是取得了一些成绩。一是第一本中国广告史类研究专著出现。虽然在此前的一些书籍中已经存在广告史方面的内容，但以专著形式正式出版则出现在此阶段。1948年出版的如来生的《中国广告事业史》是我国第一本广告史专书，该书按时间先后对我国广告业的发展进行了分期，明确将我国广告史分为四个时期：草创时期（源于"逊清末年"）、发展时期（1936年开始）、抗战时期和胜利以后（抗战胜利后）。虽然分期标准未必完全科学，但为他人研究广告史和广告学理论提供了借鉴。二是明确了广告学的概念并进行了系统的论述。例如，丁馨伯在1944年出版的《广告学》中认为，"广告者系一种印刷的文字或画图的推销方法也"，广告学就是"专门研究此一推销方法之专门科学"。接着对广告学的重要作用、广告学与其他各科的关系、广告学基础的三大争论、广告学的研究方法进行了详细的论述。丁馨伯虽然不是我国第一个论述广告学的人，但是其《广告学》专著是我国第一本系统地论述广告学理论的图书。三是新闻广告学的提出。报纸是新闻学的重要研究对象，广告作为报馆的经济命脉，一直也是新闻学的研究内容之一。但以往的新闻学文献中，通常研究广告与新闻的关系、广告与报纸的关系以及报纸广告的经营，更多地是将广告纳入报馆经营的视野来进行探讨，将广告作为新闻学的附庸进行研究，很少将新闻学中的广告研究划分出来、上升到学的高度来独立地进行研究。庄伯勋在《报学杂志》1948年9月第1卷第7期上发表的《新闻广告学》一文，第一次提出了新闻广告学的概念，将报纸广告作为了新闻学分支学科新闻广告学来进行研究。虽然该文对新闻广告学的阐述并不周密，但已很难得。四是报刊广告文章中缺少广告史方面的专门文章。报刊广告文章中不乏佳作，有原创的，也有编译的，既有理论广告学方面的研究，又有应用广告学方面的研究，唯独没有阐述广告史方面的专门文章。这与报刊本书性质及读者对象相关，报刊大量刊发广告趣闻逸事和新奇广告术之类文章，是为了增加读者的阅读兴趣。仅有的少数几篇上乘的佳作，也是以工商业广告为研究对象，刊发在工商业报刊上，也是与报刊读者对象吻合，有益于此类报刊的主要读者群工商业人士的。1938年至1949年是中国广告学术史上的曲折发展的时期。但是即使在最艰难的时期，我国的广告业及广告学研究都没有完全停下发展的步伐。

第六篇 结束语

本书认为1949年以前的中国广告学术发展经历了三个阶段：前广告学时期、广告学构建期和广告学初步发展期，并尝试着对每个阶段作了时间上的划分。在对三个阶段进行具体研究时，既有对每一个阶段的广告学术风貌全景式的扫描，也有对各个时期广告学的成果形式、主要内容、观点评价、学术特征等的重点阐述。同时，力争多角度地来挖掘当时的广告学术研究情况，评述彼时广告理论构建中的亮点，加上文中所搜集和涉猎的丰富资料，都可为后续研究起到抛砖引玉的作用。如此则幸甚。本书作了以下几点尝试：

本书尝试之一是对近代中国广告学术史的分期。以时间为经、以史料为纬，将1949年前广告学研究放在历史发展的长河中去考察，分为准备期（或称前广告学时期）、建立期和初步发展期三个时期来进行研究，从1815年8月中国第一份中文杂志《察世俗每月统记传》月刊创办开始一直到1949年中华人民共和国成立为止，共计对近140年的广告学术发展史进行了梳理。其时间跨度大，这好比有纵向坐标，还有横向坐标。即在不同的历史时期，以广告文献作为研究重点，来考察和评析广告学术研究风貌，有理有据，先史料后观点，尽量避免主观臆断。

至于为什么要将研究近代中国广告学术史的时间上溯到1815年，主要是基于如下考虑：虽然中国广告学的产生是20世纪一二十年代的事情，但是广告学的产生得益于西学东渐的历史大背景，没有西学东渐，就不会有我国广告学的产生。要考察我国广告学的产生，就必须从考察西学东渐开始。而西学东渐历经了两个阶段，一是明末清初，二是晚清及民国初年。显然，广告学产生于西学东渐的第二个阶段即晚清及民国初期。来华西方人（传教士、商人、政客等）和留洋华人（留学生、外交使节和商人等）是主要的传播通道，报刊、书籍、学堂等是最重要的传播载体。传教士报刊是最早和最重要的传播西学的平台之一，所以要研究西学东渐，就离不开对传教士报刊的研究。传教士办的第一份近代化中文报刊是创办于1815年的《察世俗每月统记传》。而且西方传教士报刊将报刊与广告结合，最先将西方大众化报业时代的报刊广告模式引入中国。这种"结合"也是从1815年开始的。1815年8月5日《察世俗每月统记传》创刊号上就刊登了一则广告。虽然其是非商业广告，但这是我国最早的报刊广告实践。广告学术研究必须以广告实践为基础，广告学术史是以广告学术为研究对象，就更加应该关注广告实践的发展。因为报刊广告的出现是近代广告诞生的标志，所以研究近代广告学术史，离不开对报刊广告实践的关注，而最早的报刊广告实践开始于1815年。种种迹象表明，1815年应该是本书研究近代中国广告学术史的最佳源头。历史教科书通常是以1840年作为中国近代史的开端，本书没有采纳这一划分标准，而是从广告自身的发展出发，借鉴新闻史的分期法，认为1815年是中国近代广告史的开端，研究近代广告学术史，自然也可以从1815年开始。当然，近代广告的产生不代表近代广告学的产生，但近代广告的产生可为近代广告学的产生做好准备，故此，本书将从近代广告出现至近代广告学产生前的这段时期称为前广告学时期、准备期或酝酿期。

本书尝试之二是将1918年作为广告学元年。本书认为国人广告意识的普遍觉醒、广告教育进入高等课堂和广告学专著的出现，是近代中国广告学形成的必要条件。而正是在1918年，中国第一本广告学专著《广告须知》出版，中国第一个广告学团体北京大学新闻学研究会成立，广告学课程走进了高等学府等。1918年对于中国广告史来说太重要了，出现了多个第一。故此，本书将1918年作为中国近代广告学产生的关键时间节点，并称为广告元年。一元复始，万象更新。这不同于此前的研究，以往的广告学研究通常将广告学形成的时间定在20世纪二三十年代或一二十年代，时间上过于宽泛，不利于广告学术史研究的深入。

当然，任何理论的形成和完善都是一个过程。本书认为1918年广告学在中国的出现或诞生，并非说广告学理论到1918年就已经建成了，而是说1918年是广告学诞生或出现的时间标志。其就像一个初生的婴儿，从呱呱坠地到长大成人，还需要一段很长的过程。从1918年到1937年，广告学在近代中国历经了不间断的引进、碰撞、吸收和移植过程，逐渐成形，初露锋芒，以至独立成学。所以，笔者称这个时期是近代广告学的建立期或构建期。

本书的尝试之三是没有单纯地就广告学而论广告学，而将广告学术发展历程放在了一个大的历史背景下来研究，探讨了中国广告业及广告学理论产生与发展的社会思想基础。这是真正推动中国广告业及广告学得以产生和发展的内因。虽然广告是西学东渐的产物，但是如果没有这个内因，作为舶来品的广告学是难以在中国土壤上生根发芽的。"无论是追溯学科之形成，分析理论框架之建构，还是分析具体的名家名著、学派体系，都无法脱离其所处时代的思想文化潮流。在这个意义上，学术史与思想史、文化史确实颇多牵连。不只是外部环境的共同制约，更有内在理路的相互交织。想象学术史研究可以关起门来，'就学问谈学问'，既不现实，也不可取。"❶以上观点纯属个人浅见，难免疏漏，求教大方之家。

本书的尝试之四是关于广告学理论的来源途径及在中国的发展问题。我国广告学理论的构建的来源有三个途径：欧洲、日本和美国。日本和美国对我国近代广告学理论的构建贡献较大，欧洲广告学理论在前广告学时期和广告学构建期对我国有影响，但影响很小，甚至微不足道。日本对我国广告学的影响主要是在广告学构建期。例如，我国近代广告学名人李叔同等就有留学日本的经历，曾经在那里办报及从事广告工作；这个时期我国出版的广告及新闻类书籍正文中常涉及与日本有关的广告内容，书后的参考文献也常附录日文参考文献，等等。这些都是极好的例证。这个时期翻译出版的《广告心理学》（井开十二郎著、唐开斌译，商务印书馆1925年版）对我国广告学理论构建的贡献很大。美国广告学理论对我国的贡献主要是在广告学的初步发展时期。这个时期中外交流加强了，美国广告界的新消息、新奇广告术、新理论会被很快译介到中国。这个时期的5本广告理论图书，其中三本受美国广告理论的影响最大。陆梅僧著的《广告》为商务印书馆1940年9月初版，书中引用了许多美国广告事例和理论。丁馨伯著的《广告学》，由上海立信会计图书用品社于1944年出版，该书后的参考文献共有7条，中文文献2条，英文文献5条，均来源于美国，其中就有霍普金斯的 *Advertising Copy*。该书正文也多次大量引用 Goode, Knenneth 的 *Manual of morden Advertising* 和 Kalppner, otts 的 *Advertising Procedure* 两本美国广告书籍中的观点及案例。吴铁声、朱胜愉编译的《广告学》，由中华书局于1946年出版。

---

❶ 陈平原：《触摸历史与进入五四》"学术史丛书"总序，北京大学出版社2005年版。

该书后收集的参考文献，中文、英文、日文均有，但以英文的广告学研究参考书籍和杂志居多。关于外文资料的使用，以美国广告文献及相关资料为主，杂以少许日文资料。林振彬就曾经留学美国专攻广告学，回国后开办广告公司，将美国广告理念及业务模式引入中国。可见，在初步发展期，我国的广告学理论受到美国的影响最大。西方广告学理论如日本和美国对我国的影响主要借助于以下的途径来实现：一是由留学生带入我国。如林振彬、汪汉溪曾经留学美国，李叔同、陈冷曾经留学日本。陆梅僧留学美国，获美国哥伦比亚大学硕士；丁馨伯曾经留学美国，也是我国第一本营销学著作《市场学》的作者。二是以书籍和报刊为载体进入我国。以广告专著形式进入我国的，有译介自日本的井开十二郎的《广告心理学》，译介自美国的有 W.D.Scott 的《广告心理学》、L. D. Herrrold 的《实用广告学》（*Advertising for the Retailer*）、Gold S.的《霓虹灯广告术》等。出现在报刊上的编译自美日等国的广告文章，如《论广告》（霍去开斯等著、波罗译，《天籁》1935年第24卷第1期），《广告经济学》（王汝梅译，《报学季刊》1935年第1卷第4期），《广告一生》（克劳第章霍普金，《工商管理》1948年第1期、第2期），《不要停止广告除非预备关门》（R.吉尔门作，《工商管理》1948年第2期）等。该类文章数量更多，前面论文中已经讨论过，此处不再详细叙述。在近代中国广告学的形成与发展中，还在不断兼收并蓄着其他学科的知识养分。如丁馨伯的《广告学》一书中，关于广告学的基础，该书认为"心理学是广告基础学之一重要部分"，广告学除了与心理学关系密切之外，还离不开下述各科学的辅助：广告实际家的丰富经验，风俗、人情、习惯、美术（尤其是绘画、图案），法律学，伦理学，商业学，印刷术，能率增进法的原理，历史及地理学，统计学及其他科学等。综观当时人们的著述可知，当时的人们一致公认心理学是广告的基础学问，对广告效果的影响最大，此外新闻学、市场学和印刷美术与广告的关系也比较密切。

本书的尝试之五是关于广告学术史的写作体例和史料问题。可以以某个时期的学科学术论著为研究对象，按照时间先后顺序来写。也可以按照时间先后顺序，以某个时期的学科思潮及理论观点为研究视角来写。本书主要采用了前者，以学术论著为中心，按照出版时间先后来写，先阐述主要内容，再对该文献进行评述，评述时结合作者生平及时代背景进行，以求尽量客观。这样写的原因，一是这个时期的资料比较杂、比较散、比较多，没有人对此系统整理过，笔者想对1815—1949年出现的文献作系统的梳理，尽可能地留存，从史料价值上，为人作嫁妆，便于后续及他人的研究。如戈公振的《中国报学史》就收录了不少其他地方已经散佚的文献。这也是本书尽量保留了许多文献资料信息的原因。二是参考了相关学术史文献的写作方法，如梁启超的《近三百年中国学术流变》、李秀云的《中国新闻学术史》、徐培汀的《中国新闻传播学说史》等。三是近代中国广告学理论尚且处于引进和构建期，加上理论本身的发展性，很难界定某个观念和学说在国内具体的成形时间。故此，本书以文献为主要研究对象，兼及学术组织、学术活动、学术事件。笔者觉得学术史可以自由书写，但要突破一定的窠臼，不拘一格才对。

本书有待进一步发展的地方如下：

一是关于广告学术史的划分标准，以什么为标准来分，笔者考虑过历史分期法、广告史分期法、新闻史分期法、革命史分期法、思想史的分期法以及新闻学术史和经济学说史等，后来在此基础上综合了一下，按照新闻史、广告内在发展规律、结合了中国历史分期法来进行划分，将近代中国广告学术史分成三个阶段，并试图给每个时期广告学术史寻找一个标志性的事件，可惜未能完全如愿。另外，本只是明确了1918年是广告学术史的重要分水岭，之前称前广告学时期（即准备期），从1918年开始标志着中国近代广告学的诞生。20世纪二三十年代是中国广告学发展的构建期，三四十年代则是中国广告学发展的一个高峰期。关于广告学术史是否还有更科学的划分标准呢？比如，按照广告业发展的内在逻辑来划分，而不是目前教科书中千篇一律地按照历史分期法来划分广告史和广告学术史。本书只是一家之言，想做个尝试，更希望能抛砖引玉，引起大家对学术史分期的重视。

二是广告学术史的研究有待深入。特别是横向地对广告学术史的研究尚停留在浅层。笔者认为，可以立足于广告事件、广告团体、广告机构、广告人、广告报刊、广告教育、广告法律及其他相关文献，对广告学术活动和广告学术成果进行探析。本书限于资料、时间、篇幅等原因，不可能面面俱到。广告学术史不属于热门的研究，乐于研究者不多，但广告学术史的研究对广告理论和广告史的研究及广告学科的建设起到推进作用，还有许多深耕细挖的必要和空间。本书的论述是建立在翔实丰富的资料的基础上，即便如此，也未能穷尽一切史料及文献。相信未来随着广告理论和实践的发展，新的文献资料会被不断发现，目前广告学理论研究中的薄弱点，都将一一迎刃而解。

主要参考文献

[1] 百业广告社编辑部.百业广告月刊.百业广告社，1934年.

[2] 北京美术学校出版部.广告应用图案集.昌泰刊印，1919年.

[3] 陈冷等.近十年中国之广告事业.上海华商广告公司刊印，1936年.

[4] 丁馨伯.广告学.上海立信会计图书用品社，1944年版.

[5] 董坚志.新奇广告术.上海中西书局，1925年.

[6] 冯洪鑫.广告学.中华书局，1948年2月.

[7] 傅德雍.广告图案字.商务印书馆，1937年.

[8] 甘永龙.广告须知.商务印书馆，1918年.

[9] 高伯时.广告浅说.中华书局，1930年.

[10] 何嘉.现代实用广告学.上海中国广告学会，1931年.

[11] 洪方竹.现代实用广告画（上、下）.形象艺术社，1936年3月.

[12] 洪方竹.商店应用广告图案图集.形象艺术社，1939年版.

[13] 蒋裕泉.实用广告学.商务印书馆，1926年.

[14] [日]井开十二郎、唐开斌译.广告心理学.商务印书馆，1925年.

[15] 蒯世勋.广告学 ABC.上海世界书局，1928年.

[16] 刘葆儒.广告学.中华书局，1930年.

[17] 陆梅僧.广告.商务印书馆，1940年9月.

[18] 罗宗善.最新广告学.上海世界书局，1933年.

[19] 罗宗善.广告作法百日通.上海世界书局，1933年.

[20] 如来生.中国广告事业史.上海新文化社，1948年10月版.

[21] 苏上达.广告学纲要.商务印书馆，1930年.

[22] 苏上达.广告学概论.商务印书馆，1934年.

[23] 孙孝钧.广告经济学.南京书店，1931年.

[24] 孙一芬.宣传画与广告画.中华书局，1936年.

[25] 天津欧克家庭工业社.欧克科学 欧克牌墨水广告品.天津欧克家庭工业社，1941年.

[26] 王贡三.广告学.上海世界书局，1933年.

[27] 王元福.实用广告画.大众书局，1935年.

[28] 吴铁声、朱胜愉编译.广告学.中华书局，1946年.

[29] 徐百益.《广告与推销》杂志.1936年.

[30] 徐国桢.最新广告学.世界书局，1932年.

[31] 叶心佛.广告实施学.中国广告学社，1935年.

[32] 张一生，郑忠澄.广告画经验指导. 上海形象艺术社，1933年.

[33] 赵君豪.广告学.上海申报馆，出版时间不详.

[34] 中国广告学会.广告学会丛刊.上海广告学会出版，1931年.

[35] 中央广播事业管理处台湾广播电台.广播与广告.中央广播事业管理处台湾广播电台，1948年.

[36] 朱凤竹.五彩活用广告画.上海形象艺术社，1931年.

[37] [美]Gold S.霓虹灯广告术.陈岳生译.商务印书馆，1936年.

[38] [美]Herrrold L D.实用广告学（*Advertising for the Retailer*）.李汉荪等编译.天津新中国广告社，1932年.

[39] [美]Scott W D.广告心理学.吴应图译.商务印书馆，1926年.

注：限于篇幅关系，论文中已经注明出处的参考文献大部分未列在此处。

附　录

附录1
部分广告专文的主要内容及评述

一、《招刊告白引》（1872年5月7日《申报》）

主要内容及评述如下：1. 报刊广告的优点。与传统信息传播渠道——张贴广告（文字传播）和口耳相传相比，报刊广告的优点十分显著。报刊广告优点。是传播面广，效力持久。我国是文明古国，随着造纸术和印刷术的发明和应用，我国古代出现了印刷广告，而招贴是我国古代印刷广告的重要形式。进入近代报业时代，张贴这种传统的广告形式在被广泛使用的同时，劣势也非常明显。"尝游通都大邑，见中国一城一邑、一乡一市之中，有怀一端之事思告白于人而无由遍诉者，常贴墙阴屋角间，罗而致之，不可枚举。然多旋贴旋扯，往往十无一二经人之眼者，其故有由来也。"文章认为，一是传统形式的张贴，传播范围有限，"无由遍诉"，信息没办法普遍地进行诉求传播。二是传统广告经常采取张贴的方式，张贴于墙阴屋角，大部分广告"旋贴旋扯"，不容易长久保存。三是"往往十无一二经人之眼者"，广告信息被受众阅读的机会很渺茫，效果自然就会受到影响。张贴形式的广告传播局限性较大。口耳相传的信息传播方式，有较强的主观性，在传播的过程中间更容易出现"噪音"，导致误传，"曲直不彰"，以讹传讹。"我有事以白之人，而彼亦因我之事以曲为直而别白之。则我前所白之人者已隐而人之曲直不彰。后起而别白之，反显矣。"所以，应选择适合的信息传播方式。选择好的广告术非常重要，这会影响到最终的广告效果。造成上述张贴广告劣势的原因何在呢？人们只知道做广告，而不知道选择好的广告方式、方法。"盖人徒知事之可以告白，而不知所以善其告白之术。既知告白之大有可恃，而不思可久可广之策，以传其告白之方。"因此，如果不思考出一个"可久可广之策"，"以传其告白"，广告就无法"遐布而迩闻"。而报刊广告克服了上面两种广告形式的缺点，是"可久可广之策"、可以"遐布而迩闻"。

2. 报刊广告的重要性。报刊广告与人们的日常生活关系密切，发挥着重要的作用，"贸易与万事皆能日受其益"。广告与社会的关系，非常密切。"夫告白一事，俗之所不能免，而事事有相关者也。"人们的世俗生活离不开广告，方方面面都与广告相关，都可借助广告的功用。"如有新来之货，可招人售；不常有之物，可觅客沽；居常无工，可以求主；开设新铺，可以示人；各船装货，可晓人出口之期；别路探亲，可示人迷津之处。以及新庙落成，预示晋祝之日；名园斗巧，先知观玩之辰。"对广告积极的社会服务功能的叙述。"见招租类知某处房屋之空，见名医兼识某店药材之美，失物难寻，求人指点，名言足著，代我口传。"通过刊登招租、寻医问药、失物寻找等非商业性广告，向社会提供一系列与日常生活联系紧密的服务信息，方便人们的社会生活，从而实现了广告的社会功能。广告可以沟通商情。"上海为货物众多之所，往来贸易之场，苟能使某货某价尽得之耳闻目见之中，则不独新闻之为用，其于贸易一道，尤为当今之切务所一日不可无者也"。广告是促进信息流通的桥梁。我们常说，买的找不到卖的，卖的找不到买。报刊广告可以"流传四方"，在"供""求"关系中起到桥梁的作用。"至如士人著述宏富，欲供诸同志以流传四方者，往往求者不可必得，而著者无由遐布也。有新闻纸以告白之，而未见其书先明其义，人人得而知之，其获益岂浅鲜哉？"总之，报刊广告有着非常重要的作用。"使华人新报之事果能大畅其所行，则贸易与万事皆能日受其益。" 3. 朴素的广告受众意识的觉醒。受众是广告信息的接受者和消费者，广告的信息内容、表现方式、媒介选择必须考虑受众的情况。这也是影响广告传播效力的决定因素之一。该文认为，西人告白，事无大小，都能"通晓遍谕四达，而天下共知"。而华人的告白术往往是"即通衢大道之中，贴于墙上"，所以大多数情况下华人广告效果受到限制，影响范围"多囿于乡邑"，不能够像西人那样，广告家喻户晓。为什么呢？原因之一是"高车驷马者不顾焉"，"杜门不出者不知焉"，即没有考虑受众的媒介接触习惯，被动性传受，容易出现"墨白未分，是非混淆"的情况。之二是没有"善其告白之术"，张贴这种形式的传统中国信息传播媒介不如西方"新闻纸"，"新闻纸之益"不仅是"民之情不至拥于上闻"，还是很好的广告信息传播媒介。 4. 劝说国人重视报刊广告的作用。劝说国人重视"新闻纸之用"，重视报刊广告的作用，寄希望于扭转当时国人传统广告理念，启发了国人广告意识。该文说，华人没有认识到新闻纸及新闻纸告白的作用。华人历年来"未曾以新闻纸为用，告白亦然。即如字林新闻所载，都系西人之告白"。也就是告诉读者，西人广告意识高于华人。接下来文章劝说华人应扭转固有的广告理念。并说明了华人一定要重视新闻纸及其告白作用的原因。"今何说必欲用乎？"一是天下之事，过犹不及。"过则当损之，不及当益之"，"此自然之理也"。言下之意是中国人应该改变一下传统的广告观念及方式，任何事情都有一个限度，别太固执了。二是"新报"传播"天下之情事"，"四达而不悖"。言下之意是"新报"克服了传统的张贴及口耳相传方式的不能"四达"（传播面不广）且易"悖"缺点，为什么就不能尝试用"新报"及其告白呢？那么怎样才能让华人知道新闻纸之用呢？"广行"新闻纸于中华，才能使观者咸知为"必需之事"，而华人"克知行此之益"。为此，该报采取了"廉其价、博其闻、广其传"的方法。"广其传"，即扩大发行，增加流通，这是加强报刊影响力的重要途径。而"廉其价""博其闻"，均可以增加报刊发行量。而且如果说做到了"廉其价、博其闻、广其传"这三点，则"僻壤遐方"，"咸知有新闻纸之用，而相观摩焉"。言下之意，到那时候，何愁华人不以新闻纸为用而刊登告白乎。文章接下来所说，"惟愿世人念利益之无穷计，与时而宜行之，不特告白一端也"。这句话是进一步劝说国人及时扭转观念，应"念利益之无穷计"，与时俱进，不仅仅是在重视报刊广告这一件事情上。

二、《劝广告说》（1900年3月20日《台湾日日新报》）

主要内容及评述如下：1. 什么是广告？该文对广告的定义是"广告即告白也"。简洁明了，对当时的中国人（包括台湾人民）来说，"广告"就是"告白"的解释比较容易被理解和接受。虽然这里没有对"广告"一词的概念进行系统科学的界定，还算不上是严格意义上的定义。但这是彼时国人对"广告"进行认知的最贴切的回答。因为此前的近代中国报刊广泛使用"告白"一词，来指代广告的含义。而"广告"一词，反而是一个新出现的国人还比较陌生的词汇。所以，用在当时大家熟悉的"告白"来注解"广告"一词是最好的解释，也比较容易能够被接受。近代中国报刊广泛使用"告白"一词，来指代广告的含义。如1871年3月25日《中外新闻七日报》上就刊登了一则"告白"："蔼廷陈言先生前在巡理府充当书吏之职，今本馆延请司理翻译事物，并英文日报副主编……"

此处"告白"的作用相当于广告。1872年4月30日,《申报》创刊号登载了《本馆条例》。其中,"告白"一词多次出现,如"如有西人告白欲附刻本馆新报中者,每五十字取洋一圆"。这里的"告白"就是指今天报刊上大量刊登的广告。在中国近代报刊上,"告白""本馆告白"等词经常出现,到1900年后使用频率逐渐降低,直到1910年前后,"告白"(广告之义)的用法几乎销声匿迹,被"广告"一词取而代之。2. 论述了广告的重要性。广告对实业及"百般事业"都很重要。"广告一事,实业者必不可无,此则百般事业,皆宜视为切要,固不烦吾人喋喋。"广告的重要性不只是商业方面,"凡百人事",都可凭借广告"驰名"于四面八方。"况广告之要务,岂仅商业已乎? 凡百人事,苟无广告,亦皆不能驰名于四方也。"3. 探讨了广告与商业之关系。商业的兴衰受广告水平好坏的影响。"惟商业之盛衰,谓因广告之如何,亦非过言。如欧美各国商人,咸注全力于广告,意匠经营,推陈出新,以求顾客之临,不厌不倦,诚非无故也。"广告推动了商业的发展。"广告之于商业,犹蒸汽力(蒸汽沸水烟也)之于机器,有绝大推动力。岂非不刊之论乎?""就零售商之本要,分而为三:日货物、日事务、日广告。此三者要领,虽在伯仲间之,而广告即其宗动力也。"广告可以促进消费。"广告与招徕,均能使顾客不得不买。"广告是欲望的制造者,广告通过对消费者心理层面的影响,"以求顾客之临",劝诱消费行为的产生。广告是"商战场"的"战略"观。"广告系平和战争之战略,不裕此战略,而欲于商战场中握胜利霸权,盖亦难矣。"4. 关于广告史的阐述。虽然非原创,弥足珍贵。该文认为,广告的历史久远。"人群未开化之时","广告法"就已经被使用,只不过"甚粗杂"。印度酋长"饰身整发",广告其酋长身份,就是一种原始的广告表现形态之一。我们现在通常认为,广告可以分为两大类。按目的划分,一是赢利广告,即商业性广告,二是非营利性广告,即社会广告。前者是商品生产和商品交换的产物,广告被作为一种促销手段来看待。后者是人类社会信息交流活动的必然产物。即使在生产力水平十分低下的原始社会末期,"社会生活中就产生了广告信息的萌芽,社会广告便应运而生。"文中提到的酋长"饰身整发"广告其身份的做法,是人类社会早期广告表现形态之一。这说明广告的历史悠久,与人类社会的关系密切。早在人类社会未开化之时,就已经"不可无之"。可见,人们重视广告由来已久。原始社会时期,就已经对广告的社会功能有了较深刻的认识。5. 对广告职业化的描述。"广告之切要如斯,故欧美国人之机敏者,恒注意于此举。凡商家,莫不置专任广告人,厚给薪水,多用广告费。尔时广告念头，亦随之而发达，如其意匠，其方法，俱甚有可观也。"商家高薪聘请"专任广告人"（即专职广告人）来投放广告，是广告人生涯职业化的开始。6. 广告的方法种类。做广告的方法种类很多。"为广告，至其方法种类，则千分万别，不一而足。如揭于新闻杂志及新闻者，固不待言。或制招贴，或制邮札信封，或悬招牌。或于众人多触目之处，如停车场内、火车室中、浴堂、剃发铺等，高贴广告。或用乐队，奏自己所制新歌，以耸人听闻，动人思慕。如斯之类，不遑枚举。"广告的形式也多种多样。"其广告新闻杂志者无论矣，或用新声乐队，或绘华丽画图，无非竞意争奇以恢商战之略……"7. 报刊广告的重要性。尽管各种形式的广告种类繁多，但新闻广告（即报刊广告）最重要。"当今第一急物，尤最为捷径者，莫有逾于新闻广告也。"为什么这样说呢？理由何在？因为新闻广告的优越性。接下来将介绍。8. 报刊广告优点。新闻广告（即报刊广告）的优点是便利性，无远弗届，而且"效验速大"。"盖广告之要，在乎广传人知，善白于世。新闻一出，人争先睹为快，以广告附载新闻，阅新闻即及广告，其便利为何如耶？""彼夫昂立街头，掉三寸舌，大声疾呼，历谈货物妙用，其听而思购者，果几何乎？是等举动，虽亦合于广告主旨，然利人方便，且无远弗届者，则终不如新闻广告之为最。""新闻者，文明的利器"，"不论老幼男女"，富贵贫贱，"皆宜读之"。读者对象广泛，受众面广。再加上报刊发行范围广，信息传播迅速，在其上刊登广告，广告效果又快又好。"故当今新闻，直不翼而飞，不胫而弛。通都大邑，僻壤遐陬，无不纵横四至。范围之广如斯，则其所附载广告，亦因而效验速大，何待言哉？"新闻广告（即报刊广告）最重要，因为其具备传统广告所没有的优点。9. 申明"广告有益"，重用"新闻广告"。申明广告有益，好比是开启"宝藏之库"大门的钥匙。如果重用"新闻广告"，"则其骏业之宏开，利源之广进，当必长享不尽也"。启发当时人们的报刊广告意识。

三、《美商塞勃列子论广告之价值》
（1907年1月18日《商务官报》）

该文论述的主题是广告价值。认为广告价值大小与广告费投入多少没有必然联系。例如"美国每年商家所出刊布广告之费"较巨，"较之一年全国小麦之收获额"，"尚有过之"，"然究属有益与否，不得而知"。美国每年广告投入很多，但未必有益，应辩证地看待两者之关系。强调广告的真实性原则。认为应辩证地对待广告投入与广告价值之关系。投入多未必价值大，投入多未必都有价值。只有真实的广告才能有价值，且价值恒久。"其广告出于虚张声势，只计顿时获利，不求久远主顾者，所费虽少而犹多；其广告出于真实，可维久远者，所费虽多而亦少。"真实的广告，可保持效力久远，表面上看广告费投入很多，但与其产生的久远效力比，其投入实际上并不算多，还是算少了。言下之意，其广告投入是值得的。虚张声势的广告，只算计眼前获利，"不求久远"，即使广告费投入得再少，也是浪费，因为其效力不能久远。接着该文举例假设论证。假使各新闻纸每日发行总量百万份，阅报者125万人，其中有五分之四的人浏览及于广告，就有百万人。这百万人中，有一半的人即50万人详细阅读过广告。这半数的人中，"有购求之意"又"能于阅读之翌日至广告之铺户者"至少有1万人。但实际情况大不一样，"广告之后，所获新顾客六人而已"。这是为什么呢？为什么报纸广告的实际效果与理论上的假设相差悬殊呢？因为只有真正的广告才有价值。"是故真正之广告，乃有光辉，有威严，其效久而靡得以消失也。"这里"真正之广告"指"出于真实"而非"虚张声势"的广告，才能有光辉，影响广远；有威严，令人信服；广告效力历久不衰。

四、《欧美实业家利用广告之法》
（1908年8月21日《商务官报》）

主要内容及评述如下：1. 广告的重要性。认为对于工商业者来说，不能只凭借恳切、公平、勤俭等传统美德，就足够能扩大事业，取得成功。还应该重视广告的利用和广告费的投入。"三十年来，有新奇之方法焉，以引动世人之耳目，左右商务之进退，则广告是也。今之世界，殆一广告之世界耳。""美国每年所用广告费，合须五亿弗。几与俄德法奥西各国之军备经费相埒。则千九百六年以后，更可知也。前此一商店，役三千金为广告费，殆为空前绝后者矣。"报刊也乘机扩大广告版面，适应工商业竞争的需要。"试取今日欧美新闻杂志而一观之，大半皆系广告。盖苟有些微之发明，些细之改良，即藉此以绍介于世界。"2. 邮寄广告的介绍。直邮广告形式那时已经出现，并受到欧美工商业者的重视，不吝花费邮资进行邮寄。"市俄古之各种广告，甚至与邮信并相附送。商店之大者，其邮寄之商品目录，或重至五百钱，每卷一千二百余页。单计此项目录之邮费，已需六十四万弗。"3. 做广告之法。该文从创意、设计、制作角度发表了对做广告的看法。广告应出奇制胜。"凡作广告之法，利在离奇变化，引人入胜。"类似的奇广告例子不胜枚举。例如，"甚至有绘盗持枪，受其击者则血迹淋漓，凶险万状。或于玻璃窗内藏龟数尾，各于其甲上刻一字迹，使人猜拟。若有能识其字之次序而读之成句者，即赠二十五弗。以此店前观者如堵。可谓奇矣"。这是奇广告的做法，是从创意的角度谈论广告。招贴广告的设计制作非常重要。张贴于四通八达大道之广告，应该重视其色彩、文字、文案等的运用。"广告之贴于通衢者，其所用之彩色，亦一重大之问题。宜用红绿黑各色。或蓝地而白字，字画缘以黑线，务使虽在暮夜，犹能触目。其文忌冗长，用字忌错杂，忌用学术中语，务使浅简易明，俾往来行人以及乘车之人无不一望而知。"对印刷广告的要求，"广告之印成卷册者"，应该重视纸张及印工，"务使纸质精良，印刷鲜美"。

五、《商业广告之用途（章乃炜）》
（己酉第二十九册即1909年11月7日《商务官报》）

主要内容及评述如下：1. 强调广告的真实性。强调广告的真实性：真实的产品、真实的广告。（1）广告不是用来帮助推销劣质产品，纠正了世人对广告用途的误解。广告不是"世人以为不正之货，如不惜广告费，亦能售去。此其大误也"。"凡货籍广告之力，而实效历久弥彰者，惟其货之良耳。不然，或惟其良者与良者竞争。又不然，或惟其登广告者能给公众正当之需求耳。"（2）只有品质优良的货品做广告，广告效果才能显著持久。"否则肆其谰炸，恣其朦混，纵其贪欲，奋踔而前。绝不思阻其行为之法律、发其隐匿之顾客，随其后者相环也。迨侥幸既不售，广告费又耗去无算，悔而思救，惜已晚矣。是以货物登广告者，当以戒欺务实为本。"广告真实性包含两层含义：一是产品真实。做广告的商品质量好，靠得住，不是"不正之货"，是"货之良耳"。二是广告的真实。不真实的广告肆意谰诈，蒙混顾客，纵一时得逞，但终究会被发现，受到制裁，追悔莫及。看来虚假广告的苗头由来已久，在20世纪初已经出现了虚假广告的现象。商业广告的根本是戒欺务实。2. 广告与竞争的关系。该文认为广告是竞争的产物。"广告非自行生产之一种也，其能力但能表物不能成物……假使有数十人沦落荒岛间，耕田力作，以其所产殖者，出而与绝远地相交易。其产殖为垄断，其精神或仅注在议价，而不在广告也。自同业生产者众，互相争利，物价遂不得不定。物价定，则议价之事止，而广告之事起矣。"广告是企业竞争的常规武器。有市场，就有竞争，广告就不可避免。"广告之事起，则生产家不复注意于消用人之付重价，而注意引诱消用人舍他家而择用己货矣。"西方广告学者 Ralphs 认为，"同一行业如果存在几家企业，那么这几家企业之间的敌对关系是不可避免的。如果在价格上有所限制，这种竞争就将以其他形式表现出来"。这里的"其他形式"，包括广告。两者有异曲同工之妙。在品质相同、价格相当的情况下，广告便是企业竞争的利器。企业可用商业广告来吸引消费者，诱导消费者，拉拢竞争对手的顾客。3. 广告有利于商家效率的提升。广告可以稳定商品的价格，提高经营效率。"若举广告、议价二者相提并论，议价所耗者时，广告所耗者财。时去不再来，财去可复返，此其间有天渊之别。"4. 商业广告用途。广告是沟通产销的中介。对消费者来说，通过广告可以十分容易获知商品价格和生产厂家信息。"广告日渐发达，贸易范围亦日愈扩张。向之买物者，不知费去几许议价时刻，今则绝无此苦。向之买物者，不知生产家为谁氏，今则尽人皆知。"对生产厂家来说，广告促使其保证产品品质，因此广告最终是造福于消费者，对消费者有利。"生产家亦因登载广告之故，懔懔焉将货物品质竭力护持。一则恐消用人一朝窥见破绽，货物即不能行销；一则恐名誉一毁，不得不为隐名货物之贸易，隐名货物断不能与登载广告货物相竞争。是广告又大有造于消用人也。"做广告的商品，比未做广告无名的商品，更具竞争力。5. 登载广告之法："三忌"。生产厂家不惜重金登广告，信誉和实力已经具备，但还应该注意一下登载广告的方法。即广告有三忌，登广告的注意事项有三个：忌冗长，忌吝惜，忌漫不加察。如何理解广告的"三忌"呢？该文作了详细的解释。"大凡登广告，切忌冗长，最宜明简。冗长转令消用人模糊，明简可令消用人一触即觉也。又忌吝惜。登载未几，戛然而止。成效未彰，赀费已去。此甚不可也。又忌漫不加察。货物必适如其地消用人之所需，而后从其地登载广告。否则陇西之游，越人之射，掷金虚牝，徒自损耳。"

六、《广告之活用法》
（《中华国货日报》1915年10月第二期）

　　该文的主要内容及在广告学术研究上的观点如下：1. 广告的重要性。广告对工商业来说，非常重要。"广告一项，是商业上最紧要的事情。"为什么这样说呢？该文认为广告可使生意发达。"任你货物怎样好，价钱怎样便宜，用处怎样大，买卖方法怎样便利，可是没有广告，人家就无从知道。纵然知道，也断不能普遍。这生意自然难望发达。"这里所描写的，是广告的告知性功能，广告可传递商品或服务信息，对做生意有帮助。2. 广告的长处。工厂、商店一般都雇有拉生意的人，与其相比，广告优点多多。"拉生意的范围小，广告的范围大；拉生意的费大，广告的费省；拉生意的要去找人家，广告能叫人家来找。"与传统的人员推销相比，广告的优点是，传播范围广，费用较省，可以招徕顾客。3. 广告有益于生意。广告是一门营销工具，它的产生与工商业有着极大关系。"有广告才有生意，没有广告，就会没有生意。"接着该文举了两个例子来佐证。一个是双妹牌香水和生发油类，"广告极多，销路日大"。另一是日本"仁丹"，其广告在日本国内到处都有，在中国"触目皆是"，"人人知道他，以为他有些效力，所以销路日宽，销货日多，就成了大宗生意"。4. 中国人应重视广告研究。该文认为，中国的"药料"（即药材）和绸缎外国人也很喜欢，"但因没有广告，人家全都不知道。所以销路不能打开"。类似的货物还有很多。货物不做广告，销路打不开。深层的原因是，"中国人不研究广告的缘故"。"外国人把广告作为一种专门学问，拼命的研究改良。所以工商业一日千里。……据我看来，我国商人也得把广告留心讲究才好。"该文认为，中国人不重视广告，货物养在深闺人不识，没有销路。而外国人把广告当作一门学问来研究，所以工商业发达。因此，建议国人重视广告及广告研究。5. 关于广告种类的论述。该文对广告种类采用了二分法。即将广告分为两大类。一类是"小而言之"即从小的方面说，广告是"专指用文字的东西，好比店头的招牌、分发的传单、道旁街上的广告牌，报纸登载的告白，就算广告"。一类是"大而言之"即从大的方面说，"分送的样本，店头陈列的货物，商品陈列所陈列的货物，博览会的出品，凡可以招徕主顾的，都可以算是广告"。此处，简单归纳，"小而言之"的广告，是指文字广告；"大而言之"的广告更多的是指实物广告。6. 文字广告的三宗需改良。处该文论述了三个方面的内容。第一，关于广告文案。广告文案的四个要点："一要字句稳当，二要明白透激，三要有兴味，四要惹人注意"。应该改良的地方是，"白字多，不通的多，鄙欲不堪的多，令人读而生厌的多……"这是第一宗要改良的。第二，关于广告用纸、广告图画和广告结构的原则。广告用纸最重要的是"脱俗"。广告图案最重要的是"雅致"。广告结构的方法，最重要的是"新奇"。这是第二宗需改良的。第三，关于广告发布的策略。该文认为，"广告要择相当时候"，即选择广告发布时机十分重要，广告要选择恰当的时间发布；"广告要择地方"，即广告发布要选对地方，实际上是说广告要选准对象，广告目标对象的选择很重要。"广告要叫人长久保存"，实际上是延长广告生命力，让受众"人人看见，时时看见，销货的机会自然多了"。要做到此点，广告媒介的选择就显得尤为要。"好比年头分送月份牌，在月份牌上登广告，人家自然会整年的挂在壁上。夏天合送纸扇，在扇上登广告，人家自然会整季的留在手中。"我们现在做广告投放媒介计划时，传播对象，沟通渠道何时进行和怎样进行几个方面的元素。与上述第三点何其相似。

七、《广告与营业》
（《国货日报》第一年第五期即1915年12月）

　　主要内容及观点评述：1. 广告与营业的关系。该文认为，广告与商店营业之间，有莫大的关系，广告好比是商店的"推销员"。"广告者，不啻商店之推销员也。……有力之广告，即商店有力之推销员也。一商店有一有力之推销员，其营业必臻发达。而推销员之魄力至宏，而广告之收效尤巨"。2. "广告员"的重要性，能左右商店营业。广告是商店的推销员，而广告效力大小是由"广告员"水平高下决定的。事情是人来做的，广告效力的好坏是由做广告者的水平高低决定的。"广告之效力，做广告者之力也"。"广告之收效如何，则须视做广告者之构意撰句良否而定"。此处的"做广告者"，就是文中接下来所提及的"广告员"，我们今天通称为广告人。所以说，"广告员"水平的高下，"实有左右营业兴盛与衰败之关系"，即影响商店的营业。正因为"广告员"的重要性，商店对"广告员"的任用也很注重。"商店任用广告员是不得不审察其学识与经验。""今既知广告与营业有若是之关系，又知广告员与营业尤有更大之关系，则广告员之令人注意，甚重也。"即商店应重视广告员。如何处理好店家与广告员的关系呢？如何处理广告员在店中的位置？文章第二部分作了论述。广告员"能有左右营业之能力"，是"一商店之重要人物"，是除了"制造师"和"经理人"之外，"重要之主动人员"。叙述了广告员在商店里应有的重要地位。那时的商店，相当一部分都是作坊式，前店后厂，故该文中才会有"制造师"之说。"制造师"类似于今天的工程师和技术人员，是负责技术研发和生产。"经理人"就是经理，类似于今天的 CEO，主管经营。"广告员"是专事广告及招徕。三者在店中的位置应该说都很重要。"广告员旨意"应该与"制造师之主意""经理人之方针"一样重要，"不得加以牵制"，不得"强人去金取土"，否则就是"自败其营业"。文章阐述了广告员在商店应有的地位，是"舍一制造师与经理人之外"，"重要之主动人员"。不要太多干涉广告员。"故普通商店而加广告员以各种之牵制，殊非所宜……"在广告员的任用方面，适当放权，发挥其本能。该文认为，"广告费之多寡"应确定一个权限，让广告员在权限范围内，根据广告计划及需要"取优舍劣"，自主安排广告费，自主经营，不得干涉，以实现其既定的目标策略。3. 关于广告效力的问题。该文认为，广告应该讲究信用，不能欺骗顾客，否则广告效力难以持久。"广告之收效，亦当以信用为号召。倘以一时机会，而以广告欺顾客，则营业亦必仅一时之稍可而已，不能持久者也"。正因为如此，对于以饭碗为目的的广告员不能求全责备，急功近利。"责备广告员之无能"或"办事不力"，"自使广告员失其信用"。此处关于如何看待广告效力的观点，直至今天依然具有警示的意义。

附录2
《广告须知》的主要内容及观点评述

一、"第一章　近世商品披露法"
——广告在经济活动中的重要作用

"广告者,现今商业界最雄健之原动力也。近世实业竞争之进化品、发育物也。造成商务之大工师,其力量超乎人类欲望之外者也。其功用不仅若游行商贩之逐户沿门,执销耗家而喧聒之也,亦不仅若纸上谈兵之发卖家,专于笔墨间作种种铺叙也。盖现今之广告,确于商务上有一种创办力。伟大之工厂,广告所成也。摩天之巨屋,广告所建也。匝地之铁道,广告所经营也。昔日商场中之欣欣向荣者,仅有一瓣之草。自得广告,而顿生二瓣焉。人类之需要,藉广告而什百千万之。人类之欲望,藉广告而扩充增益之。销耗家之迟回审顾,与夫有所惕而不敢购置者,藉广告一言,遂得放胆购买。且不患无辞以间执诮瀼者之口,若以实用言,则昔日未购之际,亦殊泰然安之,未尝觉其不便也"。此处"销耗家"指的是消费者。这里对广告的产生及功用作了说明。接着,具体论述了广告功用。广告有助于商业竞争。"不仅在采用广告者,得藉是以制胜不用广告之商家,而吸收其生意而已;亦不仅在推倒固步自封之同业,而据有其销路而已"。"广告者,兼具有新闻上价值,与心理上之权力"。什么是新闻价值? "所谓新闻价值者,以酌定之期间,随时予人以消息,俾知人生斯世,为日用及安适计,必如何供应,方为最优美而又最省俭之法"。什么是心理权力? "至于心理上之权力,则道在依心理学审定公例,逐渐施其运动,俾千变万化之人类心胸中,栽植一种思想。谓某物某物乃人生所必需,否则即不足以称安乐……"接着该文对广告新闻价值与心理权力的功用及如何实现作了细述。概括起来就是"收浸润或渐摩之效"，即广告效果的累积效应。"广告有创造新需要之力"。文中举例说，在新式剃须刀广告未发布前，男士都习惯使用旧式剃须刀，觉得十分方便。新式剃须刀广告发布后，男士们纷纷弃旧用新，争购新式剃须刀。因为"人人心目间，渐呈一不用此刀未免背时，不用此刀徒然自苦之象"。"广告有变更眼光或识见之功效"。文章举了个例子来说明此点。"彼以广告为业之男子，日出其锦绣文字，以赞扬某种之食品，曰：是有晰肤之功，歌咏某种之油脂，曰：是有嫩肌之效。而一般妇女，遂靡然从风，以修润姿容涂饰肌肤为本身天职。且深信某食某油之功效，谓服用既久，确足弥天生之缺憾"。"化除不经之成见"。该文举了个例证。"汽车始行之日，见者莫不讪笑漫骂"，"未几而广告出矣，广告家挟其纸笔，曲譬善诱，一唱三叹，锲而弗舍。曾几何时而成见已销弭无遗"。"至于今日，则人且不以汽车为奢侈品，而逐渐承认为需要品矣"。"地大物博问题之解决"。该文认为，中国地大物博，消费者众多，但情况千差万别。"出产品通告"、口头招徕（"立于肆门之前，而以货物之精良，遍语途人"）、人员推销（"藉旅行销售员之力"）、邮寄目录（"通信布告"）等，单纯依赖上述某一种方法来推销产品已经很难有效。在众多的"货物之披露法"中，广告有"地大物博问题之解决"的功效。但是针对具体的情况，广告的形式应该灵活多样。并且在安排货物"披露法"时，以灵活多样的广告形式为主，辅以其他各种货物推销的方法。"以我人之货物，供一镇一邑之用，其范围小，故广告之法易。若欲推行全国，而以一国之境土，供我营业之活动，则广告必须多其形式，且非审慎核定不可。日报及杂志上之广告，在今日已难遍及全国。故宜以别种形式之广告，补其不足。并藉别种方法，以引起国人之注意"。这里也侧面反映了当时中国广告形式及方法的丰富。有意思的是，该段文字还提及了当时广告代理业在中国的出现。"晚近形式及方法之众多，即在二十五年前之广告大家，亦未尝梦见也。每岁金钱之掷于广告者，数当以亿兆计，此诚不诬。然披露事业之在今日，已渐达于运用与收效，分量相等之地位，亦自至真至确"。此时的广告代理业已经出现，并能收支平衡。广告代理业的出现，促进了广告形式及表现方法的多样化，以及广告研究的职业化。而反过来，广告形式及方法的多样化，迫切需要专业的广告代表机构来实施专业化的作业。总之，第一章主要论述了"广告有益"这一问题，广告对工商界来说，十分重要，作用很大。"广告实为各业所不可少，其重要殆与原料相伯仲也"。

二、"第二章 何谓广告"——广告本体论

作者认为，广告定义的界说极多，尽管从不同的角度出发，可以得出不同的定义。如从广告发布市场区域和广告发布主体出发，来界说广告，可以得到不同的结论。但是，广告目的和原理应该是一致的。该章中，该书作者对广告的定义是："广告者，以一种可发卖货物之名目、性质及用途，布告公众使咸得稔知之美术也"。此处作者认为广告是一种商业美术，是20世纪一种可以"增进物产与商品之销路"的美术。关于"广告之第一要质"的论述。作者以为广告的第一要质是创造新需要。"广告亦可称为创造新需要之一种美术。盖精良有效之广告，其作用不仅在铺张产品之佳，而尤须令读者之心中，发生一种购求之愿望"。"能创造新需要者，其广告方得为成功，亦惟藉广告之力，而后新需要方能创造"。关于广告分类的论述。该文认为，"披露法可分两大类。一在广播声闻，使名望事物之昭著。一为商业披露或实际披露。本书所叙述，专限于后论"。也就是说广告属于商业披露方法，属于第二大类。此说与我们现今关于广告起源的观点类似。我们通常认为，从广告的起源来看，广告可以分为社会广告和商品广告两大类，广告学研究的主要是商品广告。接着，该书说，"本书所述之实际披露法可区分为两大部：一曰普通披露，一曰直接披露"。"普通披露者，乃广告之凭藉各种途辙与媒介，而播传其关于可发卖货品之消息"。消费者看到广告后，可去商家购买货品。"直接披露者，藉广告而直接售货于销耗家，无涉于趸售零售等商之居间人而言者也"。即通过报刊广告等直接将货物售给消费者，不通过中间商。而普通披露法费用大，是为店铺等中间商创造销路。这是两者的区别。直接披露法的优点显而易见。直接披露法有两种广告类型："一曰邮定广告，曰分类广告。前者为商界所通称，而后者亦报界之习语也"。即直接披露法有邮购广告和分类广告两种类型。接着，文章对什么是邮定广告优点作了重点介绍。

三、"第三章 普通及直接披露之媒介品"——关于广告媒介的论述

论述的重点是广告媒介即"普通及直接披露之媒介品"。首先，列举了主要的广告媒介形式；"其最要者曰：新闻纸（日报或周刊）、杂志及有图画之宗教

与非宗教周刊，广告招帖及及别种门外广告法、电车悬牌、书札、小书、簿册、传单、月份牌、提要书、吸墨纸，以及其他文学印刷件之可分布公众者"。其次，论述了广告媒介选择的重要性。最后，强调广告媒介研究的必要，因为这是一门专门的学问。"而有事于此媒介品者，亦不可无精心之研究，专门之学识。否则金钱虽掷，赢利无期，其事业亦将随风四散矣"。广告媒介从事者应加强对广告媒介这一专门学识的研究。

四、"第四章 稿本为广告之魂魄"——关于广告作品重要性的研究

什么是"稿本"？文中初步界定如下："出品家或发行家向杂志或日报赁定篇幅，而有所登载。此登载之件，在印刷家即曰稿本"。这是"稿本"一词的最初含义。"而记者所欲论之稿本，则不问其为个人经验之所得，抑或为悉心研究之所得，要可适用于任何形式之广告，其故盖由我人于阅读报纸广告或流览车中道上广告之后，其是否得有具体之功效，胥系乎该广告之所说何事及如何说法也"。这是对稿本即广告作品在广告中的作用作了阐述。稿本与广告的关系。"稿本为广告之魂魄。占广告之篇幅，而无良善之稿本，是犹雪茄烟店门前所植之印度木人。虽足为该店标识，而其实不曾作一语。此与聋哑之游历发卖员殆相仿彷彿"。这里论述了稿本（即广告作品）的重要性，稿本好坏将影响到广告效果的优劣。那么，好稿本的标准是什么呢？接着，文章对好稿本的要求作了说明。"然稿本必以正直诚挚令人信服为归。换言之，即须将有关发卖品之若干事实，布告于公众，并宣示其价目也"。报纸与广告的关系。"报纸之发行，设无广告，则报馆且无以供其纸料及买文之费。然在报馆，固不肯自认此事实"。刊登广告是报刊发行的目的之一。"报纸究属主峰，而广告为之环抱，即所谓从旁插入者也"。广告插登于报纸版面中，只是报纸的组成部分之一。广告与报刊中其他文字材料的关系。"广告必须与报纸文件竞胜"。因为"广告毕竟为从旁插入品，职是而广告家必须设法引读者注意，俾舍报纸中之文章及新闻。而对于广告，反为较切实之流连。是知广告家，实与报纸之论说家记载家文章家小说家美术家争胜。其材料之浓郁，文笔之精警，必须超过以上诸家"。更何况广告篇幅费用贵，"读者又不过偶一寓目"，"故广告文字，自以句句有意味，不浪费，句句能印入于读者脑筋为宜"。人们购买报纸并非为了看广告，广告要打动

读者、吸引读者注意力就必须"精巧、遒劲、切实、剀爽","设或参用图画，则图画之描绘，亦必优胜于报纸中其他图画而后可"。

五、"第五章 何谓优美之广告稿本"——关于如何创作优秀广告作品的论述

首先对什么是优秀广告作品作了说明。"我人一见广告稿本之后，如何而能知其为优美乎？曰：无他，视其能否动人心目、引人意味、使人信服而已"。动人心目、引人意味和使人信服，是判别广告作品好坏的三大标准。"夫动人心目、娱人之意志、餍人美术上之知觉，并能施其辞藻，发为妙文，此一事也。使读者心悦臣服，而于方寸中，创设一新需要，此又一事也。才者绝不能相蒙"。广告作品动人心目、引人意味是广告奏效的前提，也是广告告知和说服的开始。欲使消费者信服，还必须在广告作品中"创设一新需要"，即给出一个令人信服的购买理由。两者在广告作品中缺一不可，不可混淆。当然任何事情都有例外，对于大家所熟悉的商品或著名的货品，广告只是起提醒消费者勿忘此货的作用，不必多费口舌，故不能用上述三点来要求此类广告作品。如何创作优美的稿本（即优秀的广告作品）呢？广告作品怎样才能"动心目引人兴味"呢？该章列出了以下几点广告作品创作要求：1. 图画，"餍人美术上之知觉"。2. "大字标题之重要"。大字标题的重要程度甚至超过广告图画。"至大字标题，其重要视图画或且过之。此种标题，以显著奇特触目动心为合格，引人兴味与发人好奇心二者，须兼而有之"。3. "商标之效用"。在广告中刊登商标的好处是，"凡选用商标于随时随处之广告者，足使阅者一见其商标而即忆其货物"。具体做法是，"以货物登广告者，既常用一种商标，或认定一种花式如人面等，则决不至绝无价值耳"。4. "文字以简洁精警为最要"。"稿本中文字，最忌支蔓浮泛，造句以警策简练、掷地有声为最宜。长句及拖沓之句，务宜扫除。遣辞切中肯綮，说理明白透辟，此要著也"。"广告文字"欲动人心目，必须与"报中文字"不同，才能引起关注。"欲使阅报人，分其读报中文字之心，而读其广告文字，则此广告文字之方法，必为报馆记者及报中作文作诗之人所不知或不逮者而后可也"。广告文字欲引人兴味，"欲使读者保存其兴味，则须启其信服之念"。怎样才能让读者"启其信服之念"呢？"广告家必须研究及稔知物品"，"而后能发为通告，以致公众之信服"。接着，对如何研究和熟悉广告物品的方法及注意事项作了介绍。

六、第六章 "广告中之射的法"——关于广告主题的讨论

该章认为，无论广告之目的在于保存旧主顾，或招徕新主顾，又或二者兼而有之，"射的法"都十分值得采用。"缮写"广告稿本及擘画广告，都必须围绕一个特定的主题来进行。广告不只是起告知作用，"其目的似专在令人知有该肆或该肆所发卖之某物"，而不肯"数陈理由""曲譬善导"；还应该起劝诱作用，"贵在以明白有精采之辞令，具陈某出品所以应邀公众称赏、不能与其他同类出品等例并观之故"。"欲求中的，必先凝集其精力于一点，凡事皆然，而广告其一也。彼以纷披之辞藻，灿烂之文章，滥施其弹丸，而不注一鹄者，虽亦足令读者惊其才调，而于保存或招徕主顾之事实，会无所裨"。

七、"第七章 揭由稿本"——给消费者一个购买的理由

什么是揭由稿本？"揭由稿本者，言能于广告稿本中揭述所以发行之理由也"。即在广告中，必须给出让消费者购买某产品的理由。这个理由是说服消费者购买的，给消费者一个承诺，购买和使用某产品可带来什么样的好处。所以说，凡广告必须给出消费承诺，给出让人消费的理由，否则就不能称为合格的广告。"凡广告而不述发行理由者，不得谓广告，亦无披露之价值"。怎样创作揭由稿本呢？"仅仅以货物之名，高揭于牌，或用大号字刊载新闻纸中，此不得谓揭由稿本"。"以物品之价目，系于物名之后，如曰'上好雪茄烟，每枝银五分'，此得谓揭由稿本乎？以价目每枝五分，系于雪茄之后，诚亦不可谓非理由，特公众之为所动者，仅限于财力只能购吸每枝五分者流而已。今欲耸动只论货品不计价格之人士，则宜曰'最上等雪茄烟，纯洁哈佛烟叶所制，每枝五分'。此为揭由稿本之较健者。即货品画亦可为揭由稿本。盖货品画之优者，有使人一见而知其意义之力。若是则应购买之理由，亦即含于其内。试以某杂志所刊鞋图而言之。……"此段大意是：每则广告都须给出消费承诺，仅在广告中突出货物名或列出物品价目并非完全意义上的消费承诺。货品画可作为让消费者购买的理由。即配有插图的广告容易吸引消费者注意力，刺激购买，故广告插图有可能成为让消费者购买的理由。每一则广告只能有一个主题，围绕这个主题，可以给出一个或多个消费理由。这样的广告，所给出的理由，容易深入人心，起到效果。严禁在一次广告中，刊载太多的理由，让读者不胜其烦。"惟广告之中，初不必备举一切之理由，但依牛眼或射的法而行之，即至相合，

大约每日或每星期，以一二种理由，深纳之于人心。理由多者，可逐渐更易。斯较之尽数登载于一广告，至字迹小、头绪杂，而阅者或不胜其烦者，收效之间，相去远矣。至于每一广告，究以若干理由为度，则当视篇幅广狭、物品种类及其所叙理由，拟供何种人物观览而定"。每一次广告，只能有一个理由。理由多者，可通过系列广告，连续刊登、不断变更诉求理由的方式，来实现广告信息传播目的和效果。这是关于应用广告学的研究范畴。

八、"第八章　图画广告之价值"——
论述图画在广告中的地位

论述了图画是否广告中必需的，如果是必需的，那么图画是否就等于广告或就是广告的全部。"图画是否必需，设其必需，是否图画即为广告，不必更及其他乎，此一问也"。"图画应否即以出品当之，抑与出品可毫无关涉，仅取引动阅者心目，此又一问也"。图画是否应该与广告中的物品相关，或者是说图画与广告毫不相干，只是为了动人心目。该章认为，图画不是广告所必需的，没有图画的广告一样可以有效。"近世书报中所刊广告之最有力者，全视其稿本有无动人心目、引人注意、致人信服之力，而初不系乎有无图画也"。广告是否有效力，与其能否"动人心目""引人注意""致人信服"有关，而与广告中有无图画不相干。如对于"寻常日用之物，只须朴实说理，合乎常识，已足尽发卖论之能事，抑必须由绝不相干之美术家，作全不相关之奇怪画，而后诸君始以为惊心动目乎？"广告可以用图画，也可以不用图画。首先，对于"不用图画之稿本"。"然以书报中处处皆系有图画之稿本，而无图画者独能出其精悍廉厉之辞、明白透辟之理，自树一帜，绝不以广告家而乞灵于绘事。即此一端，已足动广告意味至浮浅者之心目。彼伟大之广告公司，所以取文学之工，而不以图画为急务者，其即以此欤。图画既在所弗采，则遣辞命句，自宜力求挺拔，不与众同，诡奇怪诞之文，虽不可用，而陈腐羽见之谈，亦须力扫。即寻常论说体裁，与广告亦复弗称。广告文字，以炼字炼句，语不虚发，发皆中肯为急务。若夫大字标题，所以惊人心目者，尤应斟酌尽善"。在众多图文并茂的报刊广告中，不用图画的广告稿本想要出色，引人注目，就必须在遣词造句和文字编排上（如用大标题）别出心裁，独树一帜，才能收到良好的广告效果。其次，对于不得不用图画的广告稿本来说，例如汽车广告，应该注意两个方面问题：

第一，广告中，文字为主，图画为辅。"广告之力，文字虽重于图画，然出品之性质，亦有非图画不能引人观览。例如新制汽车，即非图画不可"。第二，图画是否应与所广告物品相关。该书认为，广告采用图画，应该与所广告物品相关联。"是故就作者一己之意而言，广告既用图画，则图画即须为其所广告之出品，但由美术家描摹其形式性质若功用可矣。出口之中，诚亦有不易描绘，以及虽描绘而未必有十分功效者，然至少亦宜令图画与出品有极密之关系，使阅者一见图画，即联想而及于某物。此则不但无过，抑且有功。例如发行某项食物者，除表示其形式功用外，并绘写其出卖时包扎之形状，庶令销耗家在市间一见此包扎，即知为某物。至于图画与出口可以两不相涉之理，则作者至今而不能明也"。当然，凡事皆有例外，图画与广告物品也有不相关的情况存在，如用与广告物品不相干的少艾，以"少艾之容貌姿态"，吸引人们眼球，"悠然神往"，从而对该广告物品产生兴趣和好感。

九、"第九章　杂志与新闻纸"

报纸和杂志都是重要的广告载体。"货物所藉以披露之具，自当推报纸与杂志"。其他众多媒介，只是两者的补充，效力不及两者。"诚以出品家或发行家欲使其货物之情状，达于大多数识字明理之人士，亦即为其将来有望之主顾，自非报纸与杂志，不能施其具有实力使人信仰之教育运动。至于他种方法或媒介，则仅得谓教育运动之后盾，藉以补报纸杂志之不足"。该章此处论述了报纸和杂志这两种大众传媒在广告中的重要性。报纸杂志两者之功用及其广告利益之比较。日报广告与杂志广告各有利弊，不能抑彼扬此。1. "运动异斯方法亦异"。"杂志与日报广告，各利于货物或发行品之行销。惟广告运动，为类不同。故杂志日报，各有所宜。而广告稿本，亦未可以一概而施"。报纸广告媒介的特性如下："凡广告家欲从事于日报之广告运动者，必先审察以下数事。日报为忙碌之人所阅看，一也。日报之生命，至多不过二十四小时，二也。其流行限于偏隅而非达于全国，三也"。报纸和杂志的读者对象、生命周期、发行范围不一样，决定了报纸广告和杂志广告的实施及效果的不同。"为广告家计，自宜按日施其教育运动，分致其发卖论中新学说于逐日之报纸中，以千变万化之感触法，激动阅者心志，俾卒底于心悦诚服"。"欲以广告触阅报者之目，而动其意念，绝非出以迅捷"。"盖阅日报者之心象与阅杂志者之心象，彼此判然殊致"。报纸发行范围不如杂志广。"而究之日报销场，终不过限于偏隅……日报销行地点，除发行所所在之本地外，固有若干毗连或环绕之区域，其广远必非杂志所及。然而杂志之凤具盛名者，往往推销达于全国"。报纸广告稿本体裁与杂志不一样。究竟应该选用哪种媒介刊登广告，视所销售物品的特性来决定。"设其物品之性质，以登日报为宜，则自应特撰宜于日报之广告，而不得辄以见效于杂志者，为即收功于日报"。原因是，"盖阅日报者之心理，与阅杂志者之心理不同"。"继或日报杂志，两者并阅，而阅杂志之工夫，例必留于校闲之时期……欲以广告动其流览，亦必以特别之法出之而后可"。广告中包含热点事件（"广告中之所谓人类兴趣者"），吸引公众眼球。"凡刊登于日报之广告稿本，必须竟体为此种兴趣所贯彻。大致在择一世界大事，或公众意味所属之事，而善为附会，以揭布其货品"。对广告人及报馆广告业务的重要性的认识。"晚近广告家及日报广告部主任，随报纸业自然之发展而其他位日即于重要。报纸资本家之所有事，在购买纸料及新闻，而发售之以博赢利。恐赢利之不足，则又以篇幅购登广告，探取工商等界之资财"。发行和广告，是报业获利的两大渠道。关于杂志广告的论述。"杂志中之广告篇幅，所以视他种报纸为特见有味者，亦正以杂志之发行期间，距离较远。撰广告者得以从容研究，详慎出之耳"。"特欲登广告于杂志，而又欲尽纳发卖论中种种要领于篇幅，则断断非善为剪裁不可。文字剪裁，极费工候"。杂志广告的优点："杂志之平均存活期"即阅读期限较长；可以被反复多次阅读，"便于保存，可以引发读者思考"。杂志之广告篇幅，故屡屡为家人、俱乐部成员乃至宾客朋友等所翻阅。且居家通例，有新杂志既到，即将旧杂志收拾者。亦有重叠堆积，至年终而一并收拾者。是知予向者所谓日报广告，略如电车所悬揭贴，仅在提撕公众，使知有某物。而杂志广告，则在引心思精细性情笃实者之观览，故措辞宜庄重凯切。总之，日报广告与杂志广告之关系："日报杂志两种广告，为披露货品所均不可或缺，精于斯道者，能区别其所宜，而使之各得其用耳"。

十、"第十章　杂志广告地位之优劣"——
关于杂志广告篇幅优劣的论述

　　该章认为根据广告效果大小，将杂志广告篇幅优劣分成五个等级，最好的是底封面。杂志广告根据所处篇幅位置的优劣，来"拟定其价格之低昂"。"惟杂志之优先地位，当以'底封面'为首屈一指，则殆广告家所公认。今就杂志之篇幅，而酌定其等次如下：一、底封面，二、正封面之背后页，三、底封面之背后页，四、与目录相对之第一页，或与读料第一页相对之页，五、与读料末页相对之页"。"惟以记者观之，地位之高下优劣，仍系乎（一）所广告之物品，（二）稿本之种类，（三）该广告藉该杂志而达于何等人物之心目"。刊登杂志广告，除了考虑常规的篇幅地位优劣外，还应结合具体情况来考虑广告篇幅位置的选择。封底广告彩色印刷，效果彰显，但未必适用所有的广告类型，"欲以庄言名论，叙述其货品之性质与发卖之理由俾看杂志之通人，一见其广告而许为所言不谬。则此类稿本其体裁略同论说"，登封底彩色广告，反"失其尊严"。"蒙意以庄严胜之广告，其登载地位，当以正封面之背后页或与读料末页相对之页为最优。此足以引起一般阅者通达之思想及趣味"。

十一、"第十一章　总卖商之广告"——
关于零售广告的论述

该章认为，广告对"总卖商"来说十分重要。"而广告业之有裨于工厂及商人者，遂正如银行业之有裨于一味窖藏不知生利者之钱"。"惟近世一地方之总卖商，其营业之盛衰广狭，亦以广告为重要原因"。此处总卖商即 General merchant, 日用杂品商。发售干货、杂货及家用器具等总卖商，同业竞争激烈，"苟不于本地新闻纸中, 广登告白, 则领袖商人之地位, 必且渐降而为二三等商"。文章对总卖商及其广告的由来及发展作了介绍，重点论述了"零星广告"。"零星广告"就是"以货物零售于主顾之广告法"，即今天的零售广告。对零售广告历史的介绍。在"一商店仅售一部货物之时代"，无广告之必要。"在昔凡售干货者，即名干货商，人闻干货商之名，即知一切物品之属于干货类者，无不取给于该店，初无待该店刊布广告，而该店所售，既专限于干货一门，则除以售价较廉或货色较优与同业相竞争外，亦更无刊登广告之必要也"。到了商店分部经营时代，零售广告随之产生。"现行之零星广告法，为最近二十年间所产出。虽二十年以前之零售商人，亦尽有刊登广告者，特十九潦草塞责，漫无目的，所占篇幅，既极狭小，而所陈者又不过物美价廉等浮泛无当之夸语耳"。"详究其文字体裁，排印之方法"，零售广告可分为五类：（一）阿尔脱门 Altman 体，亦曰笃旧体。"其布告方法，至极简单，所用铅字，亦甚平常，于文字或辞令上之修饰，绝不措意"。（二）白话体。"其法专用寻常白话，务求婉转恳挚，与主顾登门购货，由店伙殷勤接谈时无异"。（三）大言炎炎惊人耳目之体。"一味铺张扬厉，铅字及标题，均取阔大而豪迈者，此与阿尔脱门体适然相反"。（四）

滑稽体。（五）文章或论说体。"奇字僻典，连篇累幅，冗谈琐语，层见叠出，作者既似通非通，读者亦似解非解"。零售广告结构分成三段。"美国商店中之进步较速者，其广告之结构，大抵分为三段：以简短而有味之引子居其先，以精练而流利之描写（即描写货物之品质种类等）居其中，后乃广附定格较宽之价目，及动人观览之图画"。总卖商对广告十分重视。"总卖商不特例设广告部于本店，且往往聘用岁修万金之专家，竭其心思日力，以谋该部事业之日进有功也。商家姑置其他利益及活动于弗顾，而亟亟以重金聘广告专家，不特未为失酌，抑且具见识力。一年所掷之俸为万金，而货物之因此增销者，每岁为五十万金，乃至一百万金，则其得失，不待精于数学者而明矣"。广告篇幅费用日增，商家购登广告者力求最大之收效，为此很重视广告经营如"设广告部于本店"，不惜重金聘用专家来负责广告事项，拓展货物销路。总卖商必须在各物之中标示每物价格，这样做可以"适餍众意"，也是"为流通其货物于市场之枢纽"。

十二、"第十二章 零星广告之预备"

商品广告促进货物的流通，因此商家对广告十分重视，为了提高零售广告效力，做了一系列准备工作。一是每年投掷巨资刊登广告，并重金聘用广告专家。二是在店内设置广告部，对广告部内部结构、配备、部长办公室设置、运营、部长职责等作了说明。三是广告材料之抉择。如字体、标题、体裁、表现方式等，由广告部部长根据稿本情况酌定。其中，提到了"钟点发卖"法即现今之"限时抢购"，该文认为这种广告方法"其法最新颖而效力亦宏"。四是"择一种货物为揭橥之法"。善为广告者，挑选一种货物，"施以牛眼或射的之法"，减价促销，以吸引公众注意。而从未到过该店之公众，为广告所吸引而光顾该店，"其所挑选之货物，可称为营业之磁针，以若干日发行此货，虽价格低减，不无损失。然他种优美动人之货，得藉是使来者流连常览"，带动其他货品销售，赢利就在其中。五是对零售广告图样的制版作了介绍。

十三、"第十三章 邮定广告"——关于邮购广告的论述

邮购广告的意义。"邮定广告者，谓广告之欲不藉代卖人或居间人，而使公众直接定购或采购货物，乃别于普通披露法而言者也"。其特点是"乃专拟指引人函购货物者耳"。邮购广告的功效及适用对象。"邮定广告功效实多"。"采用

邮定法之商家，凡有二种：（甲）专以邮递直接售货于销耗家者，（乙）虽亦以邮递直接售货销耗家，而其货又同时由各店铺发售者"。该书重点论述甲类邮购广告。甲类商家邮购广告优点是有用武之地，尤适合小城镇居民购物。"尤以小城镇之人民，不克享大城镇中所有人肆购物之机缘者，为关切独深"，邮购商家可藉印刷品展示推销所经营的货物。二是节省费用，推销成本低。"设于同一时期内，由发卖员承应此种种，则俸金旅费等所掷将几何耶？"三是先款后货，不存在呆坏帐问题。商店售物，"几莫不以赊欠法行之"……"届时尚不免未能应付，或终于落空者"。"凡来函购货，除少数先看样货再定去取者不计外，自余概须函款并发，先银后货。故邮定商店之营业，可称以先缴现钱为基础，而劣账损失及收账费用二端，自皆为此制所无有者也"。四是商家发卖"无论何种形式之商品，几一概可以邮定法行之"。邮购广告的分类及形式。邮购广告主要分为三类："（一）邮定广告，（二）小册子、薄叶本、提要书等，（三）有层次而不间断的通信"。以上三类孰轻孰重，该书"绘有图画之小册子或提要书乃锲合邮定广告与有望主顾之关键。只须其中所到发卖论，撰者合宜，则固足启阅者之信服，而因以收销之果"。该文认为第二类更重要。邮购广告创作要求。邮购广告以引起读者关切为最要。"邮购广告与普通广告有根本不同之处。普通广告，篇幅稍费，字句略冗，在所无害。若邮定广告，则大抵采用小篇幅。其目的在使读者感觉新需要，或使之知平时之旧需要。即今已有既速且廉之供给法"。邮购广告大抵采用小篇幅。遣辞造句，自成一格。"夫欲打动阅者之好奇心与关切心，则不能不言，而又不能多言，遣辞命句，须自成一格，以别异于寻常广告之林"。物价可以不列明，"意在使阅者之来问也"。"物品之图画，不可不备，意在引起读者好奇。篇幅超过四百行，必须于标题或引语中，抉出所广告货物之梗概"，以增加广告吸引力。

十四、"第十四章　采用邮定广告者之追求法"——关于邮购广告的反馈处理

读者看见邮购广告后，会产生疑问，或好奇心，来咨询商家。这对商家来说，是广告效果的显现，更是一次绝好的推销机会，一定不能怠慢。商家以书函回复，"大抵第一次追求书，未必能施其十分之感动。而挥写有法机智敏捷之书函，三发以后，其人必拜倒矣"。"然书函之发，当以四次为限。四发而其人

之心犹未动，则可以自认失败"。商家在回复来函时，应利用人类好奇的天性，"操纵之以为己利"，引人注目，打动读者。为此，商家的回函在格式、措辞、内容、落款等方面十分注意，避免犯小差错。商家复函，"应由主政者指授大意，并由其用墨水笔签缮姓名，不可借重橡皮图章等。函以简洁明白为贵，大都分四五节，以一页为限。若字句过多，或行数过密，则恐受者或不耐读。设能以最近分送之薄叶本，置诸信封之中，而即以信笺准薄叶本之大小，对折其间。信之措辞，须机警而爽剀，直语以薄叶本中所陈各节，历来主顾皆甚以为然，乞赐鉴核云云。是尤其较善者也"。对于各处反馈及回复信息，可以用列表格的方法处理。列表方法，便于检索和记载。"一检而即知其为何种之问讯，当时曾作何等之答复"。表中对于问讯人的购买心理和购买力等，均须撮要记载。

十五、"第十五章邮定广告用之小本书"

邮购广告分成三类形式，该书上文已述及。此处的小本书属于上文所述的第二类邮购广告。邮购广告的作用：对于商家来看，是起到辅助作用，对报刊广告起到一个有益的补充。"若专恃日报或杂志广告，而不以小本书为之补助，则货物之功用，发卖之理由，决不能馨述无遗，而使读者洞明彻晓，绝无疑窦也"。所以说邮购广告商家在开始时，先"以日报杂志之广告，为一般有望主顾种心理上受纳之根"，然后，"以小本书提要书等继之，使此根得以蓬勃生长，而渐进于购买之点"。关于小本书的制作技巧。该章重点谈了两点注意事项：一是从内容上看，"文字恶劣足为小本书之大害"；二是从形式上看，"小本书为商店之代表"，"切言之，则小本中所叙货物之代表"，印刷装饰应该"精究"即精美考究，否则难以打动潜在顾客。此外，应考虑小本书的制作成本，参照货物的售价酌定。总之，小本书的"撰者装饰，均不宜过涉苟简，而于货物之功用入行施等法，亦须明白指示"。

十六、"邮购广告的效果评估"——
"第十六章邮定广告之启钥或查检法"

该章论述了两种邮购广告的效果评估办法，如何实施及优缺点。第一种，最寻常的做法是"每登一次之广告，异其一种具名之形式"，"例如某处广告，其具名曰纽约唐恩街二一三至二一九号约翰华尔德琼思公司。又一处则曰纽约唐恩街二一三至二一九号华尔德琼思公司。又一处则曰纽约唐恩街二一三号琼思公司……"引起询问最多的广告及媒介，货物未必能销售得最多，不能绝对地以此为标准来"考察何种广告或登于何处之广告为最有牵引力"。第二种评估法是印花广告。具体做法，类似今天的广告回执。"印花广告者，乃于广告之一隅，黏有印花或空格一方，专便索阅提要书或小本子者，缮填姓名，剪以付邮。其一登于一种之书报者，辄自有其一种之特记，或花样微异，或字面不同"，凭此可知哪种邮购广告引起函索较多。印花广告方便了读者进一步索阅，但破坏了书报刊的完整，有读者"不愿剪割书报"。加上"印花空格，仅止一小幅"，名址字数较多，常"不易缮写完"，即使勉强写全了名址，"然亦糊涂而不清晰"。

十七、"第十七章街车广告"

街车即电车，搭载乘客行驶于街道的公共交通工具。街车广告就是今天的公交车广告。该章首先介绍了街车广告的缘起、现状、经营方式及收费办法。其次，阐述了街车广告的五大纲即五大特征："一、街车广告，仅能入于乘坐街车者之目"。广告牌只悬挂在车厢内，车厢外无广告。这一点与现今的公交车广告不同，现今公交车车厢内外都有广告。二、车内广告牌公置于两边，每次仅能有一边的广告被乘客所见到。三、"广告牌之所以悬于街车中者，以利用乘客闲暇之时间及心思耳"。四、街车广告效用，"无非取已在日报及杂志中再三布告之货物，而特再提醒公众，使弗忘耳"。五、报刊广告"常藉其编辑精神及其他品格，而增重广告之威严"，街车广告则"初无文学上之特色，或编辑上之精神，为之后盾或烘托也"。关于街车广告适用对象的论述。即"以何种商品为宜于刊登电车广告，藉以奏实效而博赢利"。答案是："凡公众销耗品，为人人每日或每星期所应用者"。"首推饮食品、衣着品以及一切家用品"。因为此类货物消费对象，是乘坐电车的男女乘客，刊登电车广告才可能奏效。欲刊登电车广告，必须先审察该货物"是否合于公众之用"。关于电车广告稿本的论述。即哪种电车广告稿本最能奏效。该文认为，"凡电车广告，必须简峭明白，适如分际，且大概以采用动人观瞻之图画为宜"。这是总原则，具体来说，"图画或示货物之形象，或表应用之方法，均无不可。其所用文字，宜取白话或闲话体。字迹须较巨，以求清晰，俾乘客无论于白昼或夜间，均得一目瞭然"。"以有味之图画，与简明之闲话，合为一体，在街车广告，最极相称"。

十八、"第十八章户外广告"

户外广告是指利用户外媒介所刊登的广告，如招贴、路牌、墙壁、灯箱、霓虹灯等。户外广告是一种古老的形式。该章首先论述了户外广告的作用、特征及形式。户外广告可以使平时"不睹书报中之广告者，得以触目而动心焉"，"常日碌碌，以事务过繁，心有专属，不暇阅看寻常广告者，亦可藉此以警动之"。"故铁道之旁、街衢之侧，乃至随在随处"，凡"租地以树揭招者，广告家莫不利用之"。"冀藉一辞一句，以吸引行路者之属目焉"。户外广告常见形式是油漆牌和印刷帖两类。户外广告受"风日侵陵"，应定期更新"重为布置"。关于户外广告的使用。"揭招乃披露法中一种增益补助之具，须与他种广告同时并用者"。"揭招"即户外广告。"无论何种披露法，必须揭布发卖理由，或声明发卖者之见解，揭招亦然"。"若徒以揭招为提醒人之具，则断无功效可言"。"广告家但须摘取发卖论中一语之菁华，列诸揭招"，"惟此一语之理由，必须为主顾所以未闻者"。"户外广告之所应戒者"即注意事项。谈论了两点。一是"揭招或他种户外广告者，只须摘取发卖论中三数语或一二行之菁华已足。其有好为繁冗者，必至欲求公众之注意，而公众反掉首而弗顾"。也就是说，户外广告忌"繁冗"。二是"至于广告牌之绘有图画者，宜察其发卖力之有无，而不必问其审美学之完缺"。不具有发卖力（即推销力）的广告，即使再美观，"亦徒为书画研究社"增加了一件"赏鉴之资料"罢了。该章强调了户外广告的发卖力，重在销售，而非美观，户外广告也不只是提醒主顾的工具。

十九、"第十九章广告运动之规划"——关于广告策划的论述

关于广告预算的策划。广告预算策划是广告策划的组成部分，也是广告活动首先应该做的事情。"凡欲从事于广告运动者，其应行审察之第一事，即在所费之款项"。广告预算的根据是企业的经济基础。企业根据每年的营业状况拨出若干款项作为来年的广告费，并归入成本。即"广告费为成本中一定之部分"，广告费是成本中的一部分。"广告之费，取给于销耗家"。即广告费最终由消费者买单。年终核算，若该年度营业增加，"则广告费照旧拨支"。如果"查得营业亏折"，就得考虑更改广告方法；"宜察核广告费有掷于不适当之媒介品"，即广告媒介选用不当。"广告之不当，亦有在稿本之缺乏理由，或论证不足者"。

企业营业亏损，可能与广告不当有关，应及时从广告方法、媒介选择、稿本撰写等方面作出判断和调整。关于"广告利益之查核"的内容，论述了广告收益的评估问题。年终核算，对所投广告费之收效或获利如何进行评估，并"以此为根据"，拟定第二年的广告预算及投放办法。对于新产品，没有过往经验可循，无法评估，应采取不同于老产品的广告预算策略。该章虽名广告运动规划，但重点谈论的是广告预算策划，只在最后一节"货物之销于全世界者"中，部分涉及的内容初步体现了广告策划的内容。对于全球销售的货物，做广告时，应考虑商标、媒介选择、稿本撰著、广告款项、发卖点等内容，初步体现了广告策划的思维，虽然文中没有明确提出现代的整体广告策划的思想，但其所涉及的广告活动内容，已与当今的广告策划理论接近，只是较零散，不系统，不完整，不明确。

二十、"第二十章广告与发卖部之关系"

这章介绍了广告和销售的关系，厂家应加强广告和销售这两个部门的联系，加强广告与经销商之间的联络。厂家"必须力谋广告发卖两部之联络"。"欲求广告有效力，必先与发卖部之计划相联络"。发卖部是指销售部。对于下述两种广告，厂家绝不刊登："一、登广告于并无发卖机关之地方或国，二、因杂志社或日报馆有特别便宜之篇幅，而偶登一次"。不在没有经销网点的地方刊发广告，不刊登虽便宜但未列入计划的零星广告。关于"地方广告应归何人主持"的论述。即"某种货品既上经销处或地方商店销售，则厂家应否许其就买人之货款内，酌提若干份以充地方广告费"。对于这一问题，该书认为地方广告应归厂家主持，"自行处置"。接着论述了一切广告应由厂家指挥的三点理由。"（一）使已定之披露政策，整齐划一，不至歧出；（二）不至委其责于无广告知识若经验之人，费用虽增而功效茫然；（三）有使地方经销人以个人才力，而不至全恃广告作用以售货之趋势"。

二十一、"第二十一章广告代理"

此章第一段概述广告代理的产生及发展现状，认为"近代广告，已成为一种专业及专技，设非广告代表人之力而何"，广告代理人是"广告家（广告主）与发刊家两者间之枢纽""出品人与销耗人之触接"的"先导"。接着，重点讨论了三个问题:"一、广告代理人之功用何在;二、其所尽于广告家者为何种役务;三、代理人是否为现代广告中不容已之原动力"。关于"广告代理人之功用"及职责(尽何种役务),该文论述道:"代理人之所有事,在挥斥广告家所拨定之资财,而能使其收优厚之报酬。……其役务在斟量某种媒介品为最合于某物之披露,而即代向该媒介品购定广告篇幅。代理人向日报购买此类篇幅,恒视广告家自买为合算"。因为代理人同时批量购买广告篇幅,能享受到更多的优惠。广告代理是代为厂家选择合适的广告发布媒介,为了更好地发挥作用,就必须"就所广告之物品,而悉心研究。并考察广告家之营业情形,以及该广告家与零售等商之营业关系"。广告代理人获酬方式,是向广告主"酌取佣钱"。不过大公司大多"自设有广告部长",上述广告代理人职能由该广告部部长承担。广告代理人还有一项特殊性质的职能,就是订购广告篇幅的费用及"财政上一切危险","均由该代理人以自己之信用等担任之也"。至于"代理人是否为现代广告中不容已之原动力",回答是肯定的。理由是:"全国广告事业,大都为其所控制。且广告业既发达后,代理人得以要求发刊家,使与己相傍,藉资维护"。此外,该章论述了广告代理人的定义,"作者所指之代理人,乃尽其诚恳正当之役务,而为广告家选择适宜之媒介品,以利其货物之行销者耳。"两种不良的倾向:一是"屯稿制度之趋势",二是"经办之广告过多,而个人服务难期有力之趋势"。"所谓屯稿制度者,预备一年应用之广告稿本,而递交于发刊家,使依期刊录"。很显然,这样一来,广告灵活性和适应性就显得不够了。

二十二、"第二十二章广告代理人运动之操纵"

论述了广告代理的性质。"夫代理业之所代表者,究为广告家,抑为杂志及日报之发刊人?此其界线,诚难划定"。现代广告学理论认为,广告代理业具有双重代理的性质,既全面代理客户的各项广告活动,又代理媒介版面和时间的销售。此章开头对这一问题作了讨论。接着,对广告代理业运作流程作了介绍。首先是广告代理人之选择,"除设备完善,能使广告费掷于生利之途外,又须其财力稳健,能负责任。且广告代理人,宜择其并不兼理同业之同一货品者"。其次是"广告费之拨定","酌拟广告费数目时,不妨稍从宽裕,或竟拟定最巨之数。庶市面或有意外之厄,可应付而无患"。第三,指定专人负责。"代理相关应就本机关办事员中,酌遣一人,照料其托事人之事务,而予以审慎周详之指挥。庶代理人与公司广告部长之联络，得以益臻敏捷而和谐"。"且该项被委之办事员，最好备一副手"，以防万一。第四，"宜由代理人与广告撰著人就公司与广告部长已协定之方法，而加以讨论"。第五，"日报杂志之选择"。第六，公司广告部长授意代理机关之广告撰著人，进行"稿本缮写或绘写"。第七，"稿本既备，须呈送广告部察阅"，或修改，或定稿刊发。第八，广告发布后，有无"错误""脱漏"，及"所登地位，所用铅字，是否愁与订约时所议定相合，则应由代理相关查核之"。广告代理与客户之关系。广告代理收取佣金，为客户服务。客户公司将上述琐事委托广告代理实行，"但规其大者远者"就可以了。如对于广告费用，"宜严密登记之，稽核之，以杜漏厄，且不至溢出于拨定款项之外"。

附录3
《广告学 ABC》主要内容及观点评述

一、第一章 广告之意义与功效

广告及广告学的产生。"广告之产生，是因为商业发达竞争剧烈的缘故。商业愈发达，竞争愈剧烈，广告也就愈重要，愈复杂了"。"到了现在，广告成为一种专门学术，其理论与实际都甚宽广复杂。在外国，有所谓广告学这一个名词，也不很久；在中国更是新颖了"。中国近代广告及广告公司的产生。"我国昔日，除了招牌和'仿单'以外，并没有广告这一回事。自从和外国通商以后，商业日渐复杂发达，广告之应用亦随之传入"。"因为广告的效力，那许多外国货，就有风行全国之势。于是我国商人看出广告之效力，觉得要做生意就非注重广告不可，广告就渐渐地发达起来"。"专门经营广告事业的广告公司，在上海已经成立了不少了"。什么是广告？"照我们中文的解释。广字是广大普通的意思，告是告诉，广告就是告诉大众，使大众知道的意思"。广告的目的当然不仅是使人家知道某事，还要使人家看了广告后，引起购买的心理。什么是广告学？"广告学就是研究如何能使广告得到最大效果的一种专门学术"。广告的功效究竟怎样？广告的效用"重要"且复杂，单就商业广告来说，"广告实在是商战的利器！""广告之功效，日渐显著。……广告到现在已经成为一种雄伟的商品分配的力量"。广告是"推销商品之助力"，是"一种经商必需的工具"。

二、第二章 广告之种类

广告可分为普通的和直接的两大类。"整个地说起来,广告可以大别为二类:普通的与直接的"。两者的区别特征是:"前者只用以作为一种普通的披露，而后者则目的在获得消费者直接的购定。普通的广告是有国际的范围的。它的披露是给大众全体的，说明其商品之优点，以引起大众的购买欲。直接的广告大概只以一地为限，目的是要得到直接的购买，所以每一次多少总是限于某一阶级的人民"。普通的广告可细分为四种："（一）教育的：强制的，与被动的。（二）手写的。（三）特殊的与诙谐的。（四）招贴"。直接的广告可细分成三种："小广告（有时亦属普通的）（二）邮寄定单（三）百货商店"。接着对每一种广告的特征、应用或注意事项作了介绍。"教育的广告是想给读者以商品品质与为用之消息。因此而获得将来销售之好誉，或引起立时的购买欲"。"强制的教育广告是一种或有画或无画的用标题的广告。为醒目与引人注意起见，标题常用大号字印的"。"被动的教育广告就是不用标题的普通广告，因为有许多人不喜欢看有标题之广告"。特殊的广告是，"有许多公司在广告中常用一种拟定的特质，读者一见就会认出是他们的广告"。诙谐的广告易"建起在读者脑中的印象"，但是如果"诙谐不得当"，会分散读者注意力。百货商店式之广告，"许许多多商品都登在一个广告上"，"所以每种商品所占有的广告空间是很小的。这种广告，看的人，女的比较男来得多。广告中商品之编排，最好有一定的格式，使顾客一见就能明晓"。类似于今天的商店和超市海报。

三、第三章　做广告前应用之智识

该章认为，广告"不得法"，仅靠"堆起一大串好听与好看的字眼"，无法令读者信服。做广告前，必须进行"分析和研究"，充分了解所广告之商品、市场及推销法。做广告前应有之智识，包括商品、市场及推销三个方面。（一）商品。对于所广告之商品，应获得如下智识："我们的商品和别家所出的，在质料上，价钱上和形式上比较起来，是怎么样？"如者上述三者均不如人家，费钱做广告与"别种牌子竞争"，就是"一种浪漫"。这是一种有普遍的消费的商品呢，还是只适用于某一阶级的？这种商品的特别优点在哪儿？是怎样制造的，所用原料如何？商品之出产易否，足以应因广告而来购买者之要求否？要是商品是装在罐头里或包在纸包的，外形美观引人吗？（二）市场。市场情形可通过调查法获悉。广告作者所应知道的关于市场的智识，包括知己知彼两方面。"非但要知道自己商品，还该熟悉竞争者之商品"。"能为此种商品创造出永久的需要否，或者这只是一种风行数月的新奇货物？购买者为何种人？购买者之习性如何？受过何种教育？怎样去接近他们？应该用何种广告？广告的媒介应该用哪一种？"这是知己。"人家所出的货物是怎样？销路如何？优点在哪里？劣点在哪儿？"这是知彼。（三）推销。广告作者对商品之推销方法应有的智识，包括："所广告之商品是如何卖法的——须经过批发者、零售商之手呢，还是直接卖与消费者的？销路是国际的呢，还是只限于本国之某一带地方？经售此种商品之商店，是那一种商店？样本之分赠，是由经售商发出的呢，还是总厂应人函索而寄送的？"总之，广告前通过调查，充分了解所广告之商品、市场情形及推销方法，掌握应用之智识，尤其必要。

四、第四章　广告之构成

该章首先阐述了广告写作的四个要点。"在拟草广告时，应常以下列四事置之脑中：吸引注意，引起兴趣，产生欲望，和促成交易"。这四点是广告心理功效循序渐进的四个步骤，实际上论述的是广告文案写作的 AIDA 法则。首先写作广告文案必须引人注意，然后才能引起读者兴趣，产生购买的欲望，最后促成购买行为，即 Attention（注意）、Interest（兴趣）、Desire（欲望）、Action（行动）。怎样才能做到上述四点呢？该章分别作了论述。如何"吸引注意"呢？有赖于标题、边线、图画和空白的应用。"（一）标题。用标题以引起读者阅读广告之心愿。（二）边线。广告之边线颇为重要，一则为广告文字作合适的架子，一则赖以与其他广告或文章分界开来。（三）图画。图画足以助广告引人注意，关于广告图画之应用，当以后再加研究。（四）空白。假如能善用空白，一定会使广告卓然独立，与众不同，亦且易于阅读"。第二步"引起兴趣"。"兴趣之引起，就是要刺激他的感觉——视、听、味、触和嗅，有时还当利用读者之志愿、家属与亲属之爱、社会的和宗教的本能，及其节俭之习性"。第三步"产生欲望"。如何令读者对广告商品产生购买的欲望呢？"分析起来，应有之步骤如下：（一）读者有一种需要。（二）这种需要可以所广告之商品满足之。（三）没有别种货物可以更满意地满足他的需要了。（四）他简直非购置广告上之商品不可"。最后一步"促成交易"。"价钱""购买地点"、附在广告上的"优待券"可以促成读者迅速购买。综上所述，该章认为，一个结构完整的广告，以报刊为例，通常由四部分构成："（一）引起注意的标题，（二）引起兴趣的引言，（三）产生欲望的事实的伸说，和（四）促成交易的结尾"。此外，该章还讨论了广告的目的，认为广告的目的"不一定要使读者看了广告之后就来购买"，"更重要的是要在读者的脑中，刻下一个深切的印象"。

五、第五章　人类本能与性别

该章讨论了人类本能与性别对做广告的影响。人类的本能可分为个性的本能、社会的本能和种族的本能三种。"个性的本能，如行动、食欲、利己、收集、骄傲、竞争、好奇、清洁等是。社会的本能，如羞耻、社交、同情、感谢、模仿、骄傲、牺牲等是"。种族的本能，"如性的反应、恋爱、结婚、家庭之爱护、父母子女之爱等"。还收录了一张美国哥伦比亚大学广告心理学教授的各种诉求广告对人类本能吸引力百分比的表格。不管哪种商品，广告作者可从表中先选出相吻合的诉求，针对消费者"择其强烈之本能以刺激之"。性别对广告的影响。性情、嗜好、感觉力、记忆力、行为等方面的不同，使针对女性、男性及男女双方的广告，产生了差别。

六、第六章　广告与文字

本章重点论述的是广告文案创作。文字是广告信息传播功能的主要承担者，也是广告的重要组成。广告文案是指广告作品的语言文字部分，不包括图画、色彩等非文字的内容。在电波媒介尚未盛行的时代，报刊依然是主要的广告媒介。对于报刊广告来讲，广告的文字部分就是广告文案。该章主要内容如下：首先，概括了广告文案的两个创作要点："浅显简明"和"富有情感"，并分别进行了详细的阐述。浅显简明，就是，"广告文字须绝对的浅显明白，简练而一针见血"。"所用字眼，务使受过普通教育者都能识得，不必翻查字典"。"专门的术语""外国文""科学名词"等，"均须避免不用"。"广告一定要做得简短，务使读者能一目了然，不必多费阅读的时间"。富有情感，就是在广告中"加入情感的分子"，"情感化"。"人是情感的动物"，"人其实都是易于感动的"，"总是被情感感动而实行的时候多"，"情感是成功的一个缺不了的要素"。其次，讨论了广告文案的内容要素。也就是对如何创作一则广告的构成部分：标题、引言、事实的伸说和结尾，作了论述。（一）标题。标题的重要地位。"标题是用以引起人们对于广告的注意的"。标题的创作原则。即"拟草标题之信条"，谈了6条原则。标题的形式。分为"叙述的""命令的""询问的"三种。"叙述的标题，只是把事实叙述出来"。"命令的标题就是用一种命令式的口吻"。"询问的标题就是用一句问句来做标题"。并分别举例说明三种标题形式。（二）引言。引言的作用。"引言是用来引起读者兴趣的，换言之，就是使读者有兴趣把广告看下去的文字"。引言的定义。"引言大概是从标题转上广告主旨上的一段文字"。引言的写作要求。"惟不宜过长，以致喧宾夺主"，"文笔须简洁警惕，意思又须自然而绝不勉强"。（三）事实的申说（即文告正文）这是广告文案的主干部分。申说事实时，应注意两点："甲，应说述群众所应该知道的关于商品的重要事实"。而是"要说得简明迷人"。"乙，说实话，不要过份夸张"。（四）结尾结尾的作用。"结尾是用来促人实行购买的"。结尾的创作要求。"应该用强有力的刺激的句子"。"商品的价钱应该说起的"。最后，该章论述了字体与广告的关系。"字体的大小粗细、美丑呆活、用得得法，足以使广告锻炼、有力、与庄严的"。广告字体选择原则。"广告字体之选择，应以易于认识、容易阅读为主要原则"。总之，该章讨论了广告文案的创作要点、如何创作一则完整的广告文案、字体和广告的关系三部分内容。

七、第七章　广告与图画

该章讨论了广告与图画的关系。众所周知，图画也是广告的重要组成。该章认为，应用图画，可提高广告的传播效力。"图画之应用甚大，虽不识文字者亦能会意。广告应用图画以传达思想，实在是很有效力的方法"。图画应用之原理。谈了四点："（一）用以引起读者注意，诱导读者去看广告上的文字。（二）用以使人熟悉商品之外形或其包装之格式，熟悉之后，在店里才可一见就知道了。（三）用以表示在应用中之商品。（四）用以表示广告所欲诉求的人"。图画应用"适当之作法"。如"切忌在广告中应用只为美观、古怪或夺目的图画"。公司应该雇用"有专门研究的人"来"负责"广告画，切忌广告"被丑陋与无意义的图画所破坏"。"滑稽的图画是应该避去的"。"图画的稿子，应该照相制版。这样才可以使印出来的广告清楚而又卓越"，等等。

八、第八章　彩色对于广告之利益

色彩是广告信息的要素之一，是"感化购买者的有力的工具"。关于色彩对于广告的价值。"彩色对于广告的价值有三：第一，足以吸引注意；第二，用以表现商品之特点以感化购买者；第三，用以画出商品包装的形象"。色彩的专门原理及其在广告中的应用。如三原色原理（红、黄、蓝）在广告中的应用。用"对照的主法"或"补色"来"显出一种颜色的鲜明"。简介了"最普通的彩色印法"三色版。此外，该章还强调了专门广告人才的重要。"彩色广告一定要请高等美术家才好"。因为，彩色广告印费及广告费"都是很贵的"，"假如用了二等技师来做这种工作，那不是白费金钱么？彩色不能使恶劣的图画变为有效力的"。

九、第九章　广告媒介之研究

该章讨论了11种广告媒介的情况。（一）报纸。认为"报纸是广告最普通的媒介"，"报纸是广告最好的媒介"。论述了报纸的七个优点："甲、报纸广告，以其读者众多，所以照比例算起来，是种种广告中最价廉的一种。乙、报纸广告有迅速及时的利益……。丙、报纸广告可以产生快的结果……。丁、报纸广告能使货物周转迅速，增加营业利息……。戊、在报纸上登广告，并不是只买用报纸上一点空间，同时享用了报纸之历史上的威权与影响……。己、报纸广告可以依报纸流通地的人民习惯性情以及气候经济情形，而改变广告上的语气……。庚、报纸广告还有一个利益，就是读者对于广告的反应来得迅速"。（二）杂志。认为杂志这种广告媒介"不若报纸之重要，但亦自有它的特点"。接着，论述了杂志广告媒介的五个优点。（三）传单。论述了传单的形式。"不仅是单张纸，书式的传单也包括在内"。传单的特点。"可以比在报纸杂志上说得详细一点"。传单的文字、体裁、装订与外观。拟草传单上图画的注意事项。（四）户外广告。户外广告的常见类型："招贴、油漆牌与电灯"。户外广告特点："其特点就在不费读者一点什么。……户外广告无需用手去翻就可见到它和悦地呈现在人眼前……"分别对招贴、油漆牌与电灯的形式、特点及使用作了简述。（五）电车中之广告。论述了电车广告的五个优点和电车广告的三点注意事项。（六）电影广告。论述了电影广告的优点（4点），认为电影广告"是一种新发明而最有效力的广告"，"老、幼、男、女"皆宜。缺点是"所费较巨，非一般商人所能应用"，而且"中国所流行的，不是这种活动电影广告，而是用文字的死片子"，效力"不及前者之大"。（七）邮递广告。简述了邮递广告的概念、形式及实施办法。邮递广告的优点（4点）。重点论述了邮递广告之一"信札"。信札广告的特点、长信在何种情形下使用是有效力的、写信札的注意事项。（八）游行。简述了游行广告的形式及注意事项。（九）包纸。简述商品之包纸用做广告的形式、特点及注意事项。（十）窗饰。文章论述了窗饰的定义、特点及橱窗广告货物陈列的一般原理（10点）。窗饰就是橱窗广告，"商店门前橱窗中商品之陈列"。认为"窗饰术"，是"一种专门技术"。（十一）音乐。论述了上海盛行的音乐广告的两种类型、使用商家及音乐广告的弊端。

十、第十章　商标与广告

商标的定义。"商标就是商品的标识"。商标的意义。"（一）商标保护消费者，使不为冒牌及伪制商口所欺骗。（二）商标是制造者给消费者的一种保证，凡此种商标之货物，都是可靠的"。商标的形式及特点。"商标或以一个字做成，或者用特别记号，或者是一个图画，再或者兼用字、记号或图"。"总以简单为主，要易于辨别，易于记得"。商标与广告的关系。"商标颇有助于广告。商标能在人们脑中刻下了印象，就等于商品被人记得。所以广告者总竭力将商标广告"。

十一、第十一章　广告主任之责任

广告主任的定义。"无论在公司，在商店里，总有负责广告的人，即所谓广告主任者是"。广告主任的责任。"广告主任之责任，因公司之性质大小不同而有殊异"。因此，该章对"小小的零售商店的广告主任""百货商店的广告主任"和"批发业的广告主任"的职责分别作了论述。广告主任责任重大。"他在公司中占有很重要的地位"。"他的权力比其他各部的主任还要大哩，营业的成功，大部分是靠着他的努力的"。正因为如此，广告主任的学识和经验就显得十分重要。"他不仅是一个广告专家，并且还应该具有对于做生意与贩卖术的学识"。"广告或贩卖术的专门学术，不是在几月之内可以学得的。事实上，要养成一个头等广告主任或贩卖主任，必须要经过数年的研究与训练"。广告主任不仅应重视研究和积累，而且还应持续地学习，与时俱进。"广告之方法与实施，在不断地变化，广告主任要不做落伍者，就不得不竭力趋时，伶聪活泼"。对广告主任的任职资格作了研究。其中最重要的四点是："他应该有随机应变之能""他定须富有办事力与忍耐性""他要有管理的能力""他要富有创造性"。

十二、第十二章　广告之经济

本章讨论了广告与价格的关系。广告对商品和服务的价格的影响，经济学家们对此一直存在争议。该章认为，广告费包含在定价内，最终由消费者买单。"广告费是一种营业费用，也是包括在卖价之内的。广告费是谁出的呢？这一个问题的回答，自然是'消费者'"。"出广告费的人，不是制造者，不是商人，而是消费者"。广告投入是否会提高商品的售价，让消费者为此多出一笔费用？"有了广告费之后，消费者对于商品多付了买价没有？假使没有广告，消费者可以少出一点钱反？"该章认为，广告不仅不会提高商品的售价，相反可能会降低商品的售价。"广告足以增加货物的需要，而减少其出产成本，所以反而使消费者出同样的价钱得到较好的货物，或者得到同等的货物，少出一点买价"。因为，"广告足以减轻商人卖货的成本"；"广告足以减轻商人制造的成本"；"而且因为销路一大"，购买原料的价钱，"可以便宜不少"，从而也降低了生产成本。此外，该章还论述了广告对商品品质的影响。广告不会降低商品品质，能使商品品质保持一致。"广告足以使制造物品质一律"。不做广告的商品，"其品质与广告的货物相等"，但是销路总是不如做过广告的货物。

十三、第十三章　广告之校样

该章认为，广告上不得有错别字，"所以在稿子排就以后，印出来的样张，一定要细加校对，改正之后，才可付印"。应使用校对符号对广告校样进行校对，"务必使排字人一看就能知道如何改正"。并且该章结尾处，把校对记号及改正后之样式，举例于后。

致　谢

　　博士论文虽然姗姗来迟，总算初步成形了。本书就是以我的博士论文为基础，补充了部分资料，经多次修改和整理而成。

　　当然，首先要感谢中国传媒大学广告学院给了我这次学习的机会，使得在江湖上"混迹"多年的我，能够重归校园，面壁洗心。更要感谢导师丁俊杰的师恩如山和我最初接触广告的引路人黄升民老师的悉心栽培和教诲。在论文的修改过程中，中国人民大学的倪宁教授、北京工商大学的罗子明教授、北京大学的陈刚教授等都给出了精辟、中肯的意见，深表谢意。当然，在论文的写作过程中，见面的和未曾谋面的，需要感谢的人和事太多太多了。在此一并感谢。

　　论文到此虽然可以暂告一段落了，可是心里依然不轻松。倒不是因为在写作过程中历经的种种磨难和艰辛，也不是才思枯寂、百思不得下笔的焦虑，而是因为"孤独"。当然，这不是一般意义上的孤独求解，而是一种学术研究过程中的上下求索、路漫漫其修远兮的心境。真是欲哭无泪、欲言无语，而又欲罢不能。学术史的写作真的是不容易。因为当年的无知，看似容易做时难，围城外的人看不见围城里的状况，铁定了心要写广告学术史的题目。其实草稿好几年前就写完了，觉得不理想，来来回回修改过，因为种种因素，一直未能最后完稿。在此期间，完成了人生的一系列大事，结婚、生子、评职称……重新在体制内进行奋斗。出差期间本希望忙里偷闲写论文，未料竟丢了存有论文的 U 盘，好在部分内容有备份，回来后又陆陆续续补上。好在九九八十一难已经过去了。现在闲暇基本上在陪孩子玩了。犬子名叫武勋桐，2岁1个月了，大眼睛，漂亮可爱，就是每天太晚睡了。也谢谢他给我枯燥的论文写作增添了不少亮丽的色彩。

就让一切随缘、随遇而安，顺其自然吧！

最后还要感谢的是：知识产权出版社慧眼识珠，使拙作得以出版面世；知识产权出版社的编辑在书稿的出版过程中付出了艰辛的劳动；科学出版社东方科龙公司首席策划编辑李小娟多方奔波，为本书联系出版事宜。拙作能高效率地与读者见面，离不开他们的热情支持和帮助！

武　齐

2013年11月29日

凌晨5点47分